REGAL...
Duly

8/14/04

taurus

RICHARD A. CLARKE

CONTRA TODOS
LOS ENEMIGOS

LAS CONFESIONES DEL RESPONSABLE DEL

ANTITERRORISMO DE LA CASA BLANCA

TAURUS

PENSAMIENTO

taurus

Título original: *Against All Enemies. Inside America's War on Terror*
© RAC Enterprises, Inc., 2004

© De esta edición:
2004, Santillana USA Publishing Company, Inc.
2105 N.W. 86th Avenue
Miami, FL 33122
www.alfaguara.net

Taurus es un sello editorial del **Grupo Santillana**.
Éstas son sus sedes:

• Santillana S.A.
Torrelaguna 60-28043, Madrid, España.
• Aguilar, Altea, Taurus, Alfaguara, S.A. de C.V.
Av. Universidad 767, Col. del Valle, México, 03100, D.F.
• Editorial Santillana Inc.
P.O. Box 19-5462 Hato Rey, San Juan, Puerto Rico, 00919.
• Aguilar, Altea, Taurus, Alfaguara, S. A.
Beazley 3860, 1437, Buenos Aires, Argentina.
• Distribuidora y Editora Aguilar, Altea, Taurus, Alfaguara, S.A.
Calle 80 N°. 10-23, Santafé de Bogotá, Colombia.
• Santillana S.A.
Av. San Felipe 731, Jesús María 11, Lima, Perú
• Editorial Santillana S.A.
Av. Rómulo Gallegos, Edif. Zulia 1er. Piso
Boleita Nte., 1071, Caracas, Venezuela

Diseño de cubierta: Eric Fuentecilla
Adaptación de cubierta al español: Mauricio Laluz
Fotografías de cubierta: © Fototeca EFE
Fotografía del autor: © Cover / Corbis

Traducción: Teresa Carretero, Eva Cruz, María José Delgado, Victoria E. Gordo del Rey,
Gloria Mengual, María Osorio, Marisa Rodríguez Tapia

ISBN: 1-59437-497-X
Primera edición: Mayo de 2004
Printed in the United States of America - Impreso en Estados Unidos de América

Diseño de cubierta reproducido con la autorización de Free Press

ÍNDICE

A los asesinados el 11 de septiembre de 2001, inclui-
dos los que intentaron evitarlo, como John O'Neill y los
extraordinariamente valientes pasajeros del vuelo 93 de
United Airlines; y a todos los que ellos dejaron atrás.

PRÓLOGO

Durante mis treinta años en la Casa Blanca, el Departamento de Estado y el Pentágono, he despreciado a los que al salir del Gobierno se apresuraban a escribir sobre él. De alguna manera, me parecía inadecuado exponer, según la expresión de Bismarck, «cómo se hace la salchicha». Sin embargo, tras dejar mi puesto en el Gobierno federal, me di cuenta de que muchas cosas que yo creía bien conocidas, en realidad no estaban nada claras para muchas personas.

A menudo me preguntaban «¿qué pasó exactamente el 11 de septiembre?». Al revisar el material disponible, descubrí que no existía una buena fuente, una buena recopilación de lo ocurrido aquel día que la historia marcará durante mucho tiempo como un punto de inflexión. Luego, cuando empezaba a pensar en impartir clases de posgrado en Georgetown y Harvard, me di cuenta de que no existía un solo relato desde dentro de la trayectoria histórica reciente que nos llevó al 11 de septiembre de 2001, ni de los hechos posteriores a dicha fecha.

Lo ocurrido durante 2003 en Irak y en todo el mundo me hizo sentirme cada vez más preocupado por el hecho de que muchos de mis conciudadanos estaban siendo engañados. La inmensa mayoría de los estadounidenses creía, como daba a entender el Gobierno de Bush, que Sadam Hussein tenía algo que ver con los ataques de Al Qaeda a Estados Unidos. Muchos pensaban que la Administración Bush hacía un buen trabajo en su lucha contra el terrorismo, cuando, en realidad, el Gobierno había desperdiciado la oportunidad de eliminar a Al Qaeda y en su lugar había fortalecido a nuestros enemigos al salirse por una tangente absolutamente innecesaria: la invasión de Irak. El surgimiento de una Al Qaeda nueva y cada vez más fuerte se debe en parte a nuestras acciones y omisiones. En muchos sentidos ahora nos encontramos ante un oponente más fuerte que la amenaza original a la que nos enfrentábamos antes del 11 de septiembre; y sin embargo no estamos haciendo lo necesario para aumentar la seguridad de Estados Unidos ante dicha amenaza.

Ésta es la historia, desde mi punto de vista, de cómo Al Qaeda se desarrolló y atacó Estados Unidos el 11 de septiembre. Es una historia sobre la CIA y el FBI, que se dieron cuenta demasiado tarde de que existía una amenaza contra Estados Unidos y que fueron incapaces de conjurarla incluso después de haber llegado a la conclusión de que se trataba de una amenaza real e importante. Es también la historia de cuatro presidentes:

• Ronald Reagan, que no contraatacó ante el asesinato de 278 *marines* de Estados Unidos en Beirut y violó su propia política antiterrorista al intercambiar armas por rehenes durante lo que luego se conocería como el escándalo Irán-Contras.

• George H. W. Bush, que no contraatacó ante el asesinato por Libia de 259 pasajeros del vuelo Pan Am 103, no contó con una política antiterrorista oficial y dejó a Sadam Hussein donde estaba, lo que exigió que Estados Unidos mantuviera una importante presencia militar en Arabia Saudí.

• Bill Clinton, que identificó el terrorismo como la principal amenaza tras el periodo de la guerra fría, tomó medidas para mejorar nuestras capacidades antiterroristas y, aunque esto no sea muy conocido por parte del público, aplastó el terrorismo de Irak e Irán contra Estados Unidos, frustrando además el intento por parte de Al Qaeda de dominar Bosnia; sin embargo, debilitado por los continuos ataques políticos, no pudo conseguir que la CIA, el Pentágono y el FBI hicieran lo suficiente para luchar contra la amenaza.

• George W. Bush, que con anterioridad al 11 de septiembre no actuó contra la amenaza de Al Qaeda a pesar de los repetidos avisos, y luego sacó ventaja política poniendo en marcha unas medidas obvias (aunque insuficientes) tras los ataques. Y emprendió una guerra innecesaria y costosa en Irak que fortaleció el movimiento radical y fundamentalista del terrorismo islámico en todo el mundo.

Lamentablemente, ésta es también la historia de cómo Estados Unidos no alcanzó un consenso sobre la gravedad de esta amenaza, y fue incapaz de hacer todo lo necesario para enfrentarse a ella hasta que se materializó cobrándose la muerte de miles de estadounidenses.

Y lo que es peor, es la historia de cómo, después de los ataques, Estados Unidos no consiguió eliminar el movimiento de Al Qaeda, que se transformó en una amenaza dispersa y escurridiza; de cómo, en cambio, iniciamos el contraproducente fiasco de Irak; de cómo el Gobierno de Bush politizó el antiterrorismo para asegurarse victorias electorales; de cómo persisten las vulnerabilidades en materia de seguridad nacional; y de lo poco que se está haciendo para luchar contra el desafío ideológico de unos terroristas que están distorsionando el Islam y convirtiéndolo en una nueva ideología del odio.

El azar ha querido que me encontrara en lugares clave del Gobierno de Estados Unidos durante un periodo en el que finalizaba una era y nacía otra. La guerra fría, que había comenzado antes de que yo naciera, estaba terminando cuando cumplí los cuarenta. Cuando comenzó la nueva era yo iniciaba lo que acabaría siendo una década sin precedentes de servicio ininterrumpido en la Casa Blanca trabajando para los últimos tres presidentes.

A medida que fueron desarrollándose los acontecimientos de 2003, comencé a sentirme en la obligación de exponer por escrito lo que sabía ante mis conciudadanos y ante aquellos que quisieran analizar este periodo en el futuro. Este libro responde al cumplimiento de esta obligación. Sin embargo, tiene algunas imperfecciones. Es un relato en primera persona; no se trata de un texto de historia. El libro, por tanto, es la narración de lo que un testigo vio, pensó y creyó desde su perspectiva. Otros que hayan vivido estos acontecimientos tendrán sin duda una visión diferente. No digo que estén equivocados, sino que ésta es la narración de lo que mi memoria me dicta. Quiero disculparme por adelantado ante el lector por el uso frecuente de la primera persona del singular y la naturaleza egocéntrica de la historia, pero resultaba difícil evitarlo al tratarse del testimonio directo de uno de los participantes.

La narración también es necesariamente incompleta. No se mencionan muchos hechos y participantes clave, y otros que merecerían una descripción detallada sólo se presentan brevemente. Aspectos importantes, como la necesidad de reformar los servicios de inteligencia, la seguridad del ciberespacio o el equilibrio entre la libertad y la seguridad no se analizan en profundidad. Habrá otros foros para llevar a cabo una reflexión más analítica sobre éstos y otros temas de gran especialización técnica y trascendencia política. Gran parte de lo que todavía está clasificado como secreto por el Gobierno de Estados Unidos se omite en este libro. He intentado, siempre que me ha sido posible, respetar las confidencias y la privacidad de aquellos sobre los que escribo. No obstante, hay algunas conversaciones que debía recordar, porque la ciudadanía y la historia tienen la legítima necesidad de conocerlas.

Reconozco que al escribir este libro corro un riesgo importante: que muchos amigos y anteriores colaboradores que no estén de acuerdo conmigo se sientan ofendidos. El Gobierno de Bush en particular tiene fama de ofenderse gravemente ante las críticas de anteriores colaboradores, y las considera una deslealtad. También es conocido por su afición a la venganza, como pudo comprobar mi amigo Joe Wilson y como ahora sabe el anterior secretario del Tesoro, Paul O'Neill. No obstante, es privilegio de los amigos expresar libremente el desacuerdo, y para mí, la lealtad hacia los ciudadanos de Estados Unidos debe anteponerse a la lealtad a cualquier entramado político.

Algunos dirán que esta narración es una justificación o una disculpa, una defensa de algunos y un ataque contra otros. Mi pretensión es que se base en los hechos, no que sea polémica. Durante una década de gestión de la seguridad nacional, muchos cometieron errores; sin duda yo también. Durante dicha década también se dieron muchos pasos importantes gracias al sacrificio desinteresado de miles de personas que, trabajando para la superpotencia, al mismo tiempo que se esfuerzan diariamente por avanzar en la senda de los principios y del progreso. He tratado de ser justo al contar lo que yo sé sobre los errores y sobre el trabajo. Dejo al lector la tarea de otorgar en última instancia la culpa y los méritos, no sin prevenirle de que no es fácil realizar una asignación precisa de las responsabilidades.

El lector atento observará que muchos nombres se repiten en el libro durante un periodo que no sólo no se limita a una década, sino que comprende más de dos. Esto refleja un fenómeno que a menudo pasa desapercibido: durante las últimas cinco presidencias, muchos responsables de la Seguridad Nacional, en los cuadros de rango medio, han tenido una presencia constante, como, por ejemplo, Charlie Allen, Randy Beers, Wendy Chamberlin, Michael Sheehan, Robert Gelbard, Elizabeth Verville, Steven Simon, Lisa Gordon-Hagerty y Roger Cressey. Cuando las cosas iban bien, era porque se les escuchaba y se ponían en práctica sus sabios consejos. Colaborando estrechamente con ellos había un grupo aún menos conocido de empleados administrativos, como la incondicional Beverly Roundtree, que me ha sabido mantener a raya y al día durante los últimos quince años de los veinticinco que llevamos de colaboración y amistad.

Nadie puede tener una trayectoria de treinta años trabajando en la Seguridad Nacional en Washington, incluidos diez años en la Casa Blanca, sin contar con una gran cantidad de ayuda y de apoyo. En mi caso dicha ayuda provino de republicanos, demócratas e independientes, desde miembros del Congreso hasta periodistas, homólogos extranjeros, colegas de enorme valía, mentores y discípulos, y una larga lista de jefes tolerantes y sufridos. Dado que algunos no querrán ser mencionados, no los nombraré aquí. Ellos saben quiénes son y yo también. Muchas gracias. Gracias también a Bruce Nichols, de Free Press, y a Len Sherman, sin los cuales no habría podido escribir un libro legible.

En el siglo XVIII, un pequeño grupo de norteamericanos eminentes elaboraron la Constitución que gobierna este país. En ella, incluyeron un juramento que el presidente de Estados Unidos debe prestar. Desde entonces, cuarenta y tres estadounidenses lo han hecho. Decenas de millones de estadounidenses han prestado un juramento muy similar al adquirir la ciudadanía o alistarse en el Ejército, convertirse en agentes del FBI, trabajar para la CIA o en la Administración federal.

Todos los grupos antes mencionados han jurado proteger la Constitución «contra todos los enemigos». En esta era de amenazas y de cambios, todos debemos renovar nuestra promesa de proteger la Constitución de enemigos extranjeros que puedan hacer objeto de ataques terroristas a nuestra nación o sus ciudadanos. Esta misión debería ser nuestra máxima prioridad, no las guerras innecesarias para verificar teorías propias, expiar culpas individuales o cumplir venganzas personales. También debemos defender a la Constitución de todo aquel que utilice la amenaza terrorista contra las libertades que la propia Constitución consagra. Dichas libertades se están viendo socavadas, y si en este país se lleva a cabo otro ataque terrorista del mismo impacto y gravedad, se producirán nuevos asaltos a nuestros derechos y libertades civiles. Por tanto, es esencial que evitemos que se produzcan más ataques y que protejamos la Constitución... contra todos los enemigos.

CAPÍTULO 1
EVACUAR LA CASA BLANCA

Salí corriendo por el ala oeste hacia el despacho del vicepresidente, haciendo caso omiso de las miradas y de la preocupación que mi actitud pudiera despertar. Me encontraba en una reunión en el edificio Ronald Reagan, a tres manzanas de allí, cuando Lisa Gordon-Hagerty llamó para decir que un avión se había estrellado contra el World Trade Center:

—Dick, hasta que sepamos de qué se trata, deberíamos ponernos en lo peor.

Lisa había estado en el centro de coordinación de crisis durante muchos ejercicios de simulacro y en muchas situaciones reales.

—De acuerdo. Reúne al CSG mediante videoconferencia de seguridad. Estaré allí en menos de cinco minutos— le dije mientras salía corriendo hacia mi coche.

El CSG era el Grupo de Seguridad y Antiterrorismo (Counterterrorism Security Group), y estaba formado por los jefes de todos los organismos antiterroristas y de seguridad del Gobierno federal. Yo lo presidía desde 1992. Podía convocarse en cinco minutos durante la jornada laboral, y en veinte en cualquier otro momento. Miré el reloj del salpicadero. Eran las 9.03 del 11 de septiembre de 2001.

Mientras me dirigía hacia la primera entrada de la Casa Blanca, Lisa volvió a llamar.

—Acaba de estrellarse otro avión contra la otra torre.

—Vale, ahora ya sabemos con quién nos la jugamos. Quiero tener en pantalla ahora mismo al máximo responsable en Washington de cada departamento, sobre todo al del Departamento Federal de Aviación (Federal Aviation Administration, FAA).

Mientras seguía hacia la puerta del ala oeste, Paul Kurtz, uno de los integrantes del equipo antiterrorista de la Casa Blanca, vino corriendo hacia mí.

—Estábamos en la reunión de personal de cada mañana cuando lo hemos oído. Condi me ha dicho que te buscara rápidamente y que se disolvía la reunión. Ella está con Cheney.

Al irrumpir en el despacho del vicepresidente, donde sólo se encontraban él y Condi (Condoleezza Rice, consejera del presidente para asuntos de Seguridad Nacional), me paré a tomar aire. Cheney tenía fama de impasible, pero vi una expresión de horror en su rostro.

—¿Qué opinas? —preguntó.

—Es un ataque de Al Qaeda, y les gustan los ataques simultáneos. Puede que haya más.

—De acuerdo, Dick —dijo Condi—. Tú eres el jefe en situaciones de crisis. ¿Qué recomiendas?

Ella y yo habíamos hablado de qué hacer si se producían ataques sucesivos. En junio le había dado una lista de cosas que había que hacer en caso de sufrir un ataque, en parte para subrayar mi convicción de que iba a ocurrir algo grave y de que necesitábamos pasar a la ofensiva.

—Estamos poniendo en marcha una videoconferencia de seguridad para dirigir la crisis —respondí—. Quiero hablar con los máximos responsables de cada departamento.

Mi mente iba a mil por hora, reelaborando la lista de los pasos que había que seguir en ese momento.

—Hazlo —ordenó el vicepresidente.

—El Servicio Secreto quiere que vayamos al refugio antiaéreo —añadió Condi—.

Asentí.

—Yo haría eso y... haría evacuar la Casa Blanca.

Cheney comenzó a recoger sus papeles. En el recibidor de su oficina solía haber dos agentes del Servicio Secreto. Cuando salimos, conté ocho, listos para irse al PEOC, el Centro Presidencial para Operaciones de Emergencia (Presidential Emergency Operations Center), un búnker situado en el ala este.

Justo a la salida del gabinete de crisis, conocido como *Situation Room*, en el sótano del ala oeste, está el centro de videoconferencias de seguridad, idéntico a aquél excepto por la hilera de monitores situada en la pared del fondo frente al asiento de la presidencia. Al igual que dicha sala, el centro de vídeo es pequeño, y las paredes están revestidas de madera oscura. El sello presidencial cuelga de la pared, por encima de la silla situada a la cabecera de la mesa.

De camino al gabinete de crisis, Ralph Seigler, el veterano subdirector del gabinete de crisis, me agarró del brazo:

—Tenemos línea con el NORAD para una reunión telefónica sobre la amenaza aérea.

Se trataba de un procedimiento establecido por el Mando de la Defensa Aeroespacial Norteamericana (North American Aerospace Defense Command, NORAD) durante la guerra fría para alertar a la Casa Blanca en caso de que los bombarderos soviéticos se acercaran demasiado al espacio aéreo de Estados Unidos.

—¿Dónde está POTUS? ¿A quién tenemos con él? —pregunté utilizando la jerga de la Casa Blanca para referirnos al presidente (acrónimo de President of The United States) mientras atravesábamos el centro a toda prisa.

—Está en un parvulario de Florida. Deb está con él —Deb era Deborah Lower, capitán de Marina y directora del gabinete de crisis de la Casa Blanca—. Tenemos línea con su móvil.

Cuando entré en el centro de vídeo, Lisa Gordon-Hagerty estaba pasando lista, y pude ver cómo la gente entraba precipitadamente en las salas de videoconferencia de toda la ciudad: Donald Rumsfeld en la de Defensa y George Tenet en la de la CIA. Pero, en muchos sitios, los máximos responsables estaban de viaje. El secretario de Justicia estaba en Milwaukee, así que Larry Thompson, su segundo, estaba a cargo del Departamento. Rich Armitage, el número dos del Departamento de Estado, estaba sustituyendo a Colin Powell, que se encontraba en Perú. El general de cuatro estrellas de la Fuerza Aérea Dick Myers sustituía al Jefe del Estado Mayor, Hugh Shelton, que se encontraba en el Atlántico. Bob Mueller estaba a la cabeza del FBI, pero acababa de ocupar ese puesto.

Cada directivo tenía a su lado a un miembro del CSG, y detrás de él podía verse a su personal gritando fuera de sí al teléfono y cogiendo papeles. Condi Rice entró detrás de mí con su ayudante, Steve Hadley.

—¿Quieres presidir esta reunión? —le pregunté.

Rice, como consejera de Seguridad Nacional, presidía habitualmente el Comité Directivo, integrado por los secretarios de Estado y de Defensa, el director de la CIA, el Jefe del Estado Mayor, y últimamente también el vicepresidente.

—No. Encárgate tú —retiré la silla de la cabecera de la mesa y me quedé de pie, con Condi muy visible a mi lado.

—Empecemos. Con calma. Vamos a utilizar el procedimiento de crisis, es decir, mantened desconectados vuestros micrófonos a menos que estéis hablando. Si queréis hablar, haced una señal a la cámara. Si es algo que no queréis que oiga todo el mundo, llamadme por el teléfono rojo.

Más adelante, Rice sería criticada en los medios de comunicación por algunos participantes anónimos en la reunión por «quedarse ahí sin hacer nada». Desde mi perspectiva, obviamente parcial, tuvo el valor de quedarse en segundo plano. Sabía que resultaría raro, pero también tenía la seguridad suficiente en sí misma para no sentir la necesidad de presidir la reunión; no quería perder tiempo. Recordé la escena que tuvo lugar en esta misma habitación cuando las bombas de Oklahoma. El presidente Clinton entró y se sentó, presidiendo la videoconferencia de CSG durante unos pocos minutos. Aunque mostró una gran preocupación y nos agradaba tenerle a nuestro lado, si se hubiera quedado habría retardado nuestra respuesta.

—Vas a necesitar tomar algunas decisiones rápidamente —dijo Rice fuera de cámara—. Yo voy al PEOC a reunirme con el vicepresidente. Dinos si necesitas algo.

—Lo que necesito es tener línea abierta con Cheney y contigo.

Me volví hacia mi colega en la Casa Blanca, el comandante Mike Fenzel, uno de los exponentes del éxito del competitivo proceso utilizado para elegir al personal de la Casa Blanca a lo largo de los años, al igual que otro comandante del Ejército llamado Colin Powell.

—Mike —dije—. Ve con Condi al PEOC y mantén una línea de comunicación segura conmigo. Te transmitiré todas las decisiones que necesitemos.

Fenzel estaba acostumbrado a la presión. Cuando era teniente condujo su vehículo de combate Bradley por la carretera de una base aérea iraquí disparando a los cazas MiG mientras éstos le disparaban a su vez. Como capitán guió a una compañía de infantería a través de una Liberia devastada por la guerra y se enfrentó a la multitud agolpada ante la embajada de Estados Unidos (dieciocho meses después del 11 de septiembre, Fenzel sería el primer hombre en lanzarse en paracaídas desde su C-17 durante una incursión nocturna en Irak).

—De acuerdo —comencé—. Vayamos a los hechos. FAA, FAA, adelante. Empecé a utilizar el estilo de comunicación de la radio táctica para que aquellos que me estuvieran escuchando desde otros centros de la ciudad pudieran oír a quién me dirigía a pesar del ruido que les rodeaba.

Jane Garvey, la responsable del FAA, estaba sentada en su sitio.

—Los dos aviones eran un 767 del vuelo 11 de American Airlines y otro 767 del vuelo 175 de United Airlines. Secuestrados.

—Jane, ¿dónde está Norm? —pregunté. Estaban buscando desesperadamente a Norman Mineta, secretario de Transportes, y, al igual que yo, un extraño vestigio del Gobierno de Clinton. Al principio, el FAA no pudo localizarle—. Bueno, Jane, ¿puedes suspender los vuelos? Vamos a tener que despejar el tráfico aéreo de Washington y Nueva York.

—Quizá tengamos que hacer mucho más que eso, Dick. Ya he suspendido todos los despegues y aterrizajes en Nueva York y en Washington, pero tenemos noticias de que que hay once vuelos fuera de ruta o incomunicados, quizá secuestrados.

—Mierda — susurró Lisa en voz baja.

No se oía ninguna conversación en las salas de videoconferencia que aparecían en pantalla. Todo el mundo escuchaba.

—Once —repetí—. De acuerdo, Jane. ¿Cuánto tiempo llevará hacer que aterricen todos los aviones que están ahora mismo en el aire?

Mi mente se remontó a 1995, cuando pedí al FAA que ordenara aterrizar a todos los aviones estadounidenses que sobrevolaran el Pacífico debido a una amenaza terrorista, lo que supuso un verdadero caos durante varios días. Entonces había llevado horas localizar al secretario de Transportes, Federico Peña.

—El jefe del control aéreo —continuó Jane— dice que hay 4.400 aviones volando en este momento. Podemos cancelar rápidamente todos los despegues, pero tenemos que hacer aterrizar a todos los que ya han salido... Nunca se había hecho esto antes. No sabemos cuánto tiempo llevará. Por cierto, es el primer día de Ben en este puesto.

Garvey se refería a Ben Sliney, el recién nombrado jefe de Operaciones Nacionales del FAA.

—Jane, si todavía no habéis encontrado al secretario, ¿estás preparada para ordenar la suspensión de los vuelos del país y el cierre del espacio aéreo?

—Sí, pero llevará un tiempo.

Poco después Mineta llamaba desde su coche, y le pedí que viniera directamente al gabinete de crisis. Tenía dos hijos trabajando como pilotos en United Airlines. No sabía dónde estaban aquel día. Sugerí que se reuniera con el vicepresidente.

Roger Cressey, mi ayudante y gran maratonista, había venido corriendo desde la consulta de su médico, a una distancia de ocho manzanas. Después de convencer a los vigilantes del Servicio Secreto para que le dejaran pasar al complejo, Roger se abrió paso hasta el gabinete de crisis. Sentí alivio al verle.

Me volví hacia la pantalla del Pentágono.

—Estado Mayor, Estado Mayor. Supongo que el NORAD tiene aviones de combate y aviones radar AWACS. ¿Cuántos? ¿Dónde?

—Me temo que el panorama no es bueno, Dick —Dick Myers, que había sido piloto de combate, sabía que los días en que había decenas de aviones de combate en alerta habían terminado con el fin de la guerra fría—. Estamos a mitad de un ejercicio NORAD, el *Vigilant Warrior*, pero... Otis ha mandado dos aviones hacia Nueva York. Langley está intentando poner en marcha otros dos. Los AWACS están en Tinker y no están en alerta.

Otis es la base de la Guardia Nacional Aérea en Cape Cod. La base militar aérea de Langley está a las afueras de Norfolk, Virginia. La de Tinker, el centro de todas las estaciones de radar de vuelo de Estados Unidos, se halla en Oklahoma.

—De acuerdo. ¿Cuánto tiempo nos llevaría tener a la CAP sobrevolando Washington DC? —Estábamos acostumbrados a mandar a la CAP, (Patrulla Aérea de Combate, Combat Air Patrol) a Irak, no a la capital del país.

—Lo antes posible. ¿Quince minutos? —preguntó Myers, mirando a los generales y a los coroneles que le rodeaban. Eran las 9.28.

Pensé en los ataques simultáneos contra las embajadas estadounidenses de Kenia y de Tanzania en 1998. Ahora existía la posibilidad de sufrir ataques múltiples en varios países.

—Estado, Estado. DOD, DOD. Tenemos que prever la posibilidad de que se produzcan ataques simultáneos en el extranjero. Hay que cerrar las embajadas. Poned las sedes del DOD (Departamento de Defensa, Defense Department) en alerta de combate.

En el monitor situado en la esquina superior izquierda se veían las noticias de la CNN sin sonido. Al ver que aparecía en pantalla el presidente, Lisa subió el volumen y la reunión de crisis se interrumpió para escuchar: «... contra el World Trade Center, en lo que parece un ataque terrorista a nuestra nación».

Durante la pausa, me di cuenta de que Brian Stafford, director del Servicio Secreto, se encontraba ahora en la sala. Me habló en un aparte.

—Tenemos que llevarle a un lugar seguro... y secreto. Ya he escondido a FLOTUS.

FLOTUS (First Lady of The United States) era la forma que utilizábamos en la Casa Blanca para referirnos a la primera dama de Estados Unidos, en este caso la Sra. Bush, entonces cuidadosamente escondida en algún edificio anónimo de Washington. Stafford, que había sido guardaespaldas del presidente Clinton, se ocupaba de los detalles de la protección presidencial. Todos sabían que, a pesar de su peinado estilo Elvis, Stafford era una persona responsable y seria. Él decía a los presidentes lo que tenían que hacer, educadamente y con su ligero acento sureño, pero sin dejar mucho lugar a la discusión.

Franklin Miller, mi colega, y ayudante especial del presidente en asuntos de Defensa, se sumó a Stafford. Frank me agarró por el bíceps.

—Creo que hoy estoy a tus órdenes. ¿Qué puedo hacer?

Con él se encontraba un miembro de su equipo, el coronel del cuerpo de *marines* Tom Greenwood.

—Puedes trabajar con Brian —le dije a Miller—. ¿Se te ocurre dónde llevar al presidente? No puede volver aquí hasta que sepamos qué coño está pasando —Sabía que no le sentaría bien al comandante en Jefe—. Y tú, Tom —dije dirigiéndome al coronel Greenwood—, trabaja con Roger Cressey para que llegue lo antes posible alguna CAP.

Stafford tenía otra pregunta:

—Cuando el *Air Force One* despegue, ¿pueden escoltarle aviones de combate?

—Sí, claro, podemos pedirlo —respondió Miller—. Pero ya sabéis que los aviones de combate de las CAP no pueden derribar aviones así como así dentro de nuestro espacio aéreo. Necesitamos una orden.

Miller llevaba dos décadas trabajando en el Pentágono y sabía que exigirían instrucciones claras antes de utilizar la fuerza.

Cogí el teléfono que tenía línea abierta con el PEOC. Escuché la el tono de marcación. Alguien al otro lado de la línea había colgado el aparato. Pulsé el botón del PEOC en el gran teléfono blanco de seguridad, que tenía veinte botones de marcación automática. Cuando el comandante Fenzel se puso al teléfono, le comuniqué las tres primeras decisiones que había que tomar necesariamente.

—Mike, alguien debe decirle al presidente que no puede venir aquí directamente. Cheney, Condi, quien sea. El Servicio Secreto está de acuerdo. No queremos que nadie diga dónde van cuando despeguen. Segundo, en cuanto despeguen deben llevar una escolta de aviones de combate. Tercero, necesitamos autorizar a la Fuerza Aérea para que pueda disparar a cualquier avión, incluso si se trata de un avión de pasajeros secuestrado, que parezca que amenaza con atacar y causar muchas muertes en tierra. ¿Entiendes?

—Recibido, Dick. Ahora mismo vuelvo a llamarte.

Pensé que Fenzel era bastante optimista sobre cuánto tardarían en tomarse estas decisiones.

Reanudé la videoconferencia.

—FAA, FAA, adelante. Informe de situación. ¿Cuántos aviones pensáis que pueden estar secuestrados?

Garvey leía una lista:

—Todos los aviones han recibido la orden de aterrizar en la pista más cercana. Éstos son los que consideramos como posibles secuestros: el vuelo 1.989 de Delta, en el estado de Virginia Occidental, el 93 de United Airlines, en el estado de Pennsylvania...

Stafford me pasó una nota: «El radar muestra que hay un avión que se dirige hacia aquí». El Servicio Secreto tenía un sistema que les permitía ver lo que el radar del FAA estaba detectando.

—Voy a desalojar el complejo —dijo. Estaba ordenando la evacuación de la Casa Blanca.

Ralph Seigler asomó la cabeza en la sala.

—Ha habido una explosión en el aparcamiento del Pentágono —dijo—. ¡Puede que sea un coche bomba!

—Si evacuamos la Casa Blanca, ¿qué vamos a hacer con el resto de Washington? —Era Paul Kurtz el que me preguntaba—. ¿Qué pasa con el COG?

El COG (Continuidad de Gobierno, Continuity Of Government) era otro programa heredado de la guerra fría. Estaba diseñado para reubicar a los funcionarios de la Administración en centros de trabajo alternativo. El COG también tenía la función de efectuar la transmisión de poderes en caso de que el presidente o los miembros clave del Gobierno resultaran muertos.

Roger Cressey se incorporó a la videoconferencia.

—Acaba de estrellarse un avión contra el Pentágono —anunció.

Yo todavía estaba hablando con el FAA, apuntando una lista de vuelos que podían estar secuestrados.

—¿Me has oído? —Cressey había sido cedido temporalmente por el Pentágono a la Casa Blanca. Tenía amigos allí; en realidad, todos los teníamos.

—Todavía veo a Rumsfeld en pantalla —respondí—. Así que no han debido de darle de lleno al edificio. No perdamos la calma. Vamos a estar concentrados. Roger, averigua dónde están los aviones de combate. Quiero a la Patrulla Aérea de Combate en cada ciudad importante del país. Ya.

La orden de Stafford de evacuar se estaba cumpliendo. A medida que el personal de la Casa Blanca abandonaba el complejo formado por la residencia, el ala oeste y el edificio Eisenhower (Executive Office Building), los miembros uniformados del Servicio

Secreto gritaban a las mujeres: «¡Si llevan tacones, quítense los zapatos y echen a correr!». Mi secretaria, Beverly Roundtree, estaba al habla con Lisa, diciéndole que ella y el resto de mi equipo estábamos todavía en el sótano del edificio Eisenhower.

—De acuerdo, de acuerdo —estaba diciendo Lisa, consciente de que no podría convencerle para que nos marcháramos—. Entonces coged el equipo de protección químico-biológica.

Nuestro coordinador de Continuidad de Gobierno (aquí le llamaremos Fred para proteger su identidad a petición del Gobierno), se unió a nosotros.

—¿Cómo activo el COG? —le pregunté. En los simulacros que habíamos realizado, la persona que hacía de presidente siempre era la que daba la orden.

—Dime que lo haga —respondió Fred.

En ese momento, Paul me pasaba el teléfono blanco conectado con el PEOC. Era Fenzel.

—El *Air Force One* está preparándose para el despegue, con algunos de la prensa todavía a bordo. Se desviará hacia alguna base aérea. La escolta de combate está autorizada. Y... —hizo una pausa— dile al Pentágono que tienen autorización del presidente para disparar contra aviones enemigos. Repito, tienen autorización para disparar contra aviones enemigos.

—Recibido.

Estaba asombrado de la velocidad a la que llegaban las órdenes procedentes de Cheney y, a través de él, de Bush.

—Dile que estoy estableciendo el COG —me volví hacia Fred—. Adelante. DOD, DOD —Traté de captar la atención de los que todavía salían en la pantalla del Pentágono—. Tres decisiones: una, el presidente ha ordenado el uso de la fuerza contra cualquier avión que se considere enemigo; dos, la Casa Blanca también está solicitando escolta para el *Air Force One;* tres, y esto afecta a todas las instancias, estamos estableciendo el COG. Por favor, activad los centros de mando alternativos y enviad allí a vuestro personal inmediatamente.

Rumsfeld decía que estaba entrando humo en la sala de teleconferencias de seguridad del Pentágono. Franklin Miller le instó a que cogiera un helicóptero y se dirigiera al centro alternativo del DOD.

—De eso nada. Soy demasiado viejo para trasladarme al centro alternativo —respondió el secretario de Defensa. Rumsfeld se mudó a otra sala del Pentágono y envió a su ayudante, Paul Wolfowitz, al centro alternativo.

El general Myers dijo:

—De acuerdo, derribar aviones, pero ¿cuáles son las ROE?

Las ROE eran las normas de procedimiento (Rules Of Engagement). Una cosa era decir en una reunión que se podía derribar un avión secuestrado que amenazara con matar a personas en tierra, pero los pilotos necesitaban directrices más específicas. Les pedí a Miller y a Greenwood que se aseguraran de que el Departamento de Defensa nos diera una respuesta rápidamente.

—No quiero que se retrase mientras se enfrascan en disquisiciones jurídicas.

Lisa me pasó una nota: «La CNN dice que hay un coche bomba en el Departamento de Estado. Hay fuego en la avenida Mall, cerca del Capitolio».

Ralph Seigler volvió a asomar la cabeza por la puerta.

—El Servicio Secreto informa de que tenemos un avión enemigo a diez minutos —dijo.

Beverly Roundtree entró y repartió máscaras antigás. Cressey sugirió que activáramos el Sistema de Emisión de Emergencia.

—¿Y qué les decimos que digan? —pregunté—. Estado, Estado... —Quería llamar la atención de Rich Armitage.

El vicesecretario de Estado había pertenecido a las fuerzas especiales de la Armada, como denotaba su aspecto. Me respondió al estilo de la radio táctica:

—Aquí Estado, adelante.

—Rich, ¿han bombardeado vuestro edificio? —pregunté.

—¿Qué coño dices? ¿Tengo aspecto de que me hayan tirado una bomba, Dick?

—Bueno, no, pero el edificio ocupa cuatro manzanas y vosotros estáis detrás de una gran puerta blindada. Y tenéis que activar el centro COG.

—Vale, joder, lo miraré yo mismo —dijo Armitage, levantándose de la silla y desapareciendo de la pantalla—. ¿Dónde demonios está nuestro centro COG...?

Fred volvió.

—Tenemos un helicóptero de camino para sacar del Capitolio al presidente del Congreso. ¿Todos los departamentos tienen que ir al COG o sólo los organismos de Seguridad Nacional?

El presidente del Congreso, Dennis Hastert, era el tercero en la línea presidencial, y el sucesor en caso de que Bush y Cheney murieran o quedaran incapacitados. Poco más tarde pasaría sorteando el atasco de tráfico de camino a un búnker subterráneo.

—Todos, Fred, todos los departamentos. Y comprueba con la policía del Capitolio si hay algún incendio.

—Ya lo he hecho —contestó Fred—. Es falso. No hay incendio, ni bombas, pero las calles y el metro están atestadas de gente que intenta salir de la ciudad. Va a ser difícil trasladar al personal a los centros alternativos.

Seigler otra vez:

—El avión enemigo está a ocho minutos.

Franklin Miller me llevó a un aparte. Miller y yo habíamos trabajado juntos en el Departamento de Estado en 1979. Desde entonces nuestra relación había sido cordial, pero competitiva. Miller se fue al Pentágono, mientras que yo me quedé en Estado. Los dos llegamos a directores, después a subsecretarios adjuntos, luego a vicesecretarios, y ahora los dos éramos consejeros especiales del presidente.

—Tenemos que sacar a esta gente de aquí —dijo Frank—. Pero si te quedas, me quedo contigo —añadió mirándome a los ojos.

El complejo de la Casa Blanca estaba ya evacuado si exceptuamos al grupo que seguía con Cheney en el refugio antiaéreo del ala este y al equipo que permanecía a mi lado en el gabinete de crisis del ala oeste: Roger, Lisa y Paul, de mi equipo antiterrorista, y Frank Miller y el coronel de *marines* Tom Greenwood, y media docena más de personas.

Roger Cressey, que estaba sentado a mi derecha, era un profesional de carrera en la Seguridad Nacional. Le había contratado como funcionario civil en el Departamento de Estado diez años antes. Para darle alguna experiencia del mundo real, le envié a una misión a la embajada en Tel Aviv. Más tarde, en 1993, le pedí que fuera a Mogadiscio para ayudar al almirante Jonathan T. Howe, que había dejado su puesto de asesor de Seguridad Nacional en la Casa Blanca para trabajar como gobernador de Naciones Unidas en Somalia. Cressey conducía una camioneta de noche por las oscuras calles de Mogadiscio con una 9 mm atada a su cadera, oyendo los disparos que sonaban por toda la ciudad. Dos años después, cuando otro estadounidense, el general Jacques Klein, fue nombrado por Naciones Unidas para dirigir la zona oriental de Eslovenia, devastada por las bombas, Cressey le había acompañado entre los escombros. Juntos tuvieron que tratar con los croatas y los serbios en guerra, entre los que había criminales de guerra, refugiados y matones del crimen organizado. Desde allí se fue a las oficinas del Pentágono encargadas de revisar los planes de guerra. Cressey se reunió conmigo en la Casa Blanca en noviembre de 1999, justo cuando estábamos poniendo a las fuerzas de seguridad en situación de alerta terrorista por primera vez. Ahora, con treinta y cinco años, estaba casado con una experta en armas de destrucción masiva del Departamento de Estado y tenía una preciosa hija de dos años. Él creía que su suegro estaba en el vuelo 77 de American (más tarde se enteraría de que Bob Sepucha estaba a salvo).

Lisa Gordon-Hagerty, sentada detrás de mí, había comenzado su carrera en el Lawrence Livermore National Laboratory como experta en armas nucleares y en los efectos de la radiación sobre la salud. Rubia y elegante, destacaba entre el personal de la Casa Blanca. Lisa había contribuido a crear y organizar el NEST (Nuclear Emergency Support Team, Equipo de Apoyo en Emergencia Nuclear). La función del NEST era prestar ayuda a las fuerzas especiales del Ejército estadounidense, entrenadas para incautar y desactivar las armas nucleares de los terroristas. Lisa se había entrenado con Delta Force y SEAL Team Six[*]. Me impactó su conocimiento de las armas de destrucción masiva, entre ellas las de tipo químico y biológico, especialmente durante el ataque al metro de Tokio de 1995, cuando unos terroristas lo rociaron con gas sarín. En 1998 le pedí que se viniera conmigo a la Casa Blanca para diseñar e implantar un nuevo plan nacional de defensa contra

---

[*] Unidades militares de Estados Unidos especializadas en la lucha antiterrorista. *(N. de la T.)*

ataques terroristas con armas químicas y biológicas. Tres semanas después de su llegada, se produjo el ataque de Al Qaeda contra dos embajadas estadounidenses en África. Lisa estuvo coordinando durante tres días seguidos la salida hacia Kenia y Tanzania de efectivos del FBI, el Departamento de Estado, los *marines* y los equipos de respuesta ante desastres.

Paul Kurtz, a mi izquierda, era otro funcionario de carrera. Le contraté por primera vez en 1987 para la Oficina de Inteligencia del Departamento de Estado. Allí se hizo un experto en armas nucleares y misiles balísticos. Con posterioridad a la Guerra del Golfo, fue enviado repetidas veces a Irak en misiones para la Agencia Internacional de la Energía Atómica (IAEA, International Atomic Energy Agency) y la Comisión Especial de Naciones Unidas, en busca de armas ocultas iraquíes. Más tarde, se convirtió en asesor político del Comandante de Estados Unidos para la operación Northern Watch (Vigilancia del Norte), con base en Turquía, volando cada semana en un Black Hawk a las áreas kurdas de Irak. La semana siguiente a abandonar dicho puesto, su sucesor murió cuando la Fuerza Aérea de Estados Unidos derribó por equivocación a un Black Hawk del Ejército estadounidense. Kurtz viajó después a Corea del Norte para inspeccionar el programa de armas nucleares. En la primera inspección, Kurtz y su equipo fueron obligados a entrar en un edificio de cemento rodeado por tropas coreanas que les abucheaban y les amenazaban con sus bayonetas a través de las ventanas. Entró a formar parte del equipo antiterrorista de la Casa Blanca en diciembre de 1999, y pasó el día de Navidad de dicho año acompañando al consejero de Seguridad Nacional en su visita a los centros antiterroristas de la CIA y el FBI como parte de la operación Alerta Terrorista del Milenio (Millennium Terrorist Alert). Al igual que Cressey, participaba en maratones y era la clase de persona que caía bien a todo el mundo.

Esta gente no perdió los nervios en ningún momento. Para mí, eran como mi familia, pero de repente me di cuenta de que quería que se marcharan por su propia seguridad. Me puse al habla con el FAA para ver si seguían pensando que había vuelos secuestrados en el espacio aéreo. Quedaban 3.900 aviones volando, y se creía que al menos cuatro de ellos estaban en manos de los terroristas.

Les agrupé a mi alrededor a la salida del centro de videoconferencias y les pedí que se marcharan. Lisa habló en nombre de todos.

—Vale, Dick —dijo—. Ninguno de nosotros te va a dejar, así que deja que volvamos ahí dentro.

—Un momento. Seremos el siguiente objetivo. No tiene nada de malo trasladarse. Algunos tenéis niños. Pensad en ellos —dije, mirando a Roger, que iba a ser padre de su segundo hijo en unos meses.

Roger no lo dudó ni un momento.

—Si no arreglamos esto entre todos —dijo—, puede que nadie tenga a nadie en quien pensar. Venga, no perdamos tiempo.

Pasó a mi lado rozándome y volvió a entrar en el centro de videoconferencias. Frank Miller cogió un bloc y dijo:

—De acuerdo. Si os quedáis, firmad aquí.

—¿Para qué coño hay que hacer eso? —preguntó Paul Kurtz.

Frank respondió mirando al grupo:

—Voy a mandar un correo electrónico con la lista de los que estamos en el complejo para que los equipos de rescate sepan cuántos cuerpos tienen que buscar.

Todo el mundo firmó y volvió a entrar. Reanudamos la videoconferencia.

—DOD, DOD, adelante —Pedí al Pentágono que me informara de los últimos datos sobre los aviones de combate.

Dick Myers tenía un informe de situación.

—Tenemos tres F-16 de Langley sobre el Pentágono. Andrews está haciendo despegar aviones de combate de la Guardia Nacional Aérea desde Washington DC. Tenemos aviones volando desde la Guardia Nacional Aérea de Michigan en dirección al este por si se produce algún ataque enemigo sobre Pennsylvania. Otros seis aparatos de Tyndall y Ellington están en ruta para reunirse con el *Air Force One* en Florida. Le escoltarán hasta Barksdale. El NORAD dice que a lo largo de la mañana tendrán a los AWACS volando sobre Nueva York y Washington.

El vicesecretario del Departamento de Defensa, Paul Wolfowitz, había sido trasladado al Mando Militar Nacional (National Military Command Center) fuera de Washington y se reincorporaba ahora a la conferencia.

—Tenemos que pensar en el mensaje que vamos a comunicar al público —dijo—. Decidles que no atasquen las carreteras. Hacedles saber que las líneas aéreas están bajo control. Contad lo que está ocurriendo. Tiene que salir alguien de la Casa Blanca.

—Paul, no hay nadie en la Casa Blanca salvo nosotros y no hay prensa en los alrededores. Creo que el presidente tendrá que decir algo cuando aterrice en Barksdale, pero tenemos que ser prudentes... En realidad no sabemos lo que está ocurriendo y sigue existiendo peligro de ataques... ¿Alguien quiere decir algo?

Dale Watson, alto responsable de antiterrorismo del FBI, estaba haciendo señales a la cámara indicando que tenía nueva información.

—Adelante, Dale.

—Dick, tengo algunas cosas. Nuestra Oficina de Nueva York informa de que la Autoridad Portuaria está cerrando todas las conexiones de puentes y túneles con Manhattan. Tenemos un informe de que un jet de gran tamaño se ha estrellado en Kentucky, cerca de la frontera con Ohio. Creemos que deberíamos ordenar la evacuación de todos los edificios emblemáticos del país, como el edificio Sears, Disney World, el Liberty Bell y el edificio de TransAmerica en San Francisco. Esto no ha terminado. Y, Dick, llámame al SIOC cuando puedas.

El SIOC, el Centro de Operaciones e Información Estratégica (Strategic Information and Operations Center), es el centro de mando del FBI. Dale tenía algo que decirme que no quería que oyera el resto de los participantes en la conferencia.

Frank Miller se hizo cargo de la videoconferencia y yo salí y llamé a Watson por una línea de seguridad.

—Tenemos las listas de pasajeros de las líneas aéreas —me dijo—. Reconocemos algunos nombres, Dick. Son de Al Qaeda.

Me quedé atónito. No porque el ataque fuera de Al Qaeda, sino porque a bordo del vuelo hubiera activistas de Al Qaeda cuyos nombres conocía el FBI.

—¿Entonces cómo cojones han podido subir a bordo? —pregunté.

—Eh, no mates al mensajero, amigo. La CIA olvidó hablarnos de ellos.

Dale Watson era uno de esos buenos tipos que hay en el FBI. Había estado intentando por todos los medios que el FBI fuera tras Al Qaeda en Estados Unidos, sin mucho éxito.

—Dick —dijo—, tenemos que asegurarnos de que ninguno de ellos escape del país, como hicieron en el 1993.

En 1993 muchos de los que pusieron las bombas en el World Trade Center huyeron al extranjero justo después del ataque.

—De acuerdo, entendido —respondí—. Mientras hablábamos ambos estábamos viendo en los monitores que la segunda torre del World Trade Center se desplomaba entre una nube de polvo.

—Ay, Dios mío —escuché susurrar a Dale por el teléfono.

—Dale, averigua cuánta gente había dentro.

Yo había estado muchas veces en el World Trade Center, la cifra que se me venía a la cabeza era 10.000. La cosa estaba pasando de la catástrofe a la calamidad más completa y total.

—Lo intentaré, pero tú conoces a uno de ellos. John acababa de llamar a la oficina de Nueva York desde allí.

John era John O'Neill, mi mejor amigo en el FBI y un hombre decidido a acabar con Al Qaeda, hasta que le apartaron de esa tarea porque estaba demasiado obsesionado con esta red terrorista y no se andaba con chiquitas en su afán por capturar a Osama Bin Laden. O'Neill no encajaba en el patrón reducido y limitado que el director Louis Freeh quería para sus agentes. Era demasiado vehemente; tenía ideas propias. El enfrentamiento de O'Neill con Freeh era un claro ejemplo de por qué el FBI no podía cumplir la misión de proteger nuestro territorio. Por eso O'Neill había dejado el FBI y acababa de ser nombrado director de seguridad del complejo del World Trade Center la semana anterior.

Estuvimos callados durante un momento.

—Dale, haz que todo el mundo evacue los edificios emblemáticos y de la Administración federal de todo el país.

—Muy bien —contestó—. Y, esto... Dick, sigue ahí. Te necesitamos.

Fui hacia el despacho de comunicaciones, en el que permanecían algunos de los más veteranos del personal del gabinete de crisis. Gary Breshnahan había entrado en la Casa Blanca como sargento del Ejército durante el Gobierno de Reagan. Para asegurar las comunicaciones del gabinete de crisis, Gary había acompañado al consejero de Seguridad Nacional Bud McFarlane en una misión secreta a Teherán que se convirtió en el episodio clave del escándalo Irán-Contras. Tiempo después, Gary fue el encargado de grabar en vídeo la declaración de Bill Clinton durante el proceso del *impeachment**. Era padre de tres hijos.

—No deberías estar aquí todavía, Gare —le dije.

—Quieres que este jodido vídeo funcione, ¿no?

—De acuerdo. Entonces, si te quedas..., ¿puedes sacar en pantalla a la Guardia Costera y al Tesoro?

—La Guardia Costera, sin problema. Pero apostaría mi hipoteca a que en el Tesoro no hay nadie.

Cuando volví al centro de videoconferencias, Cressey me dijo lo que pasaba con el avión que creíamos que se dirigía hacia nosotros.

—El vuelo 93 de United se ha estrellado a las afueras de Pittsburgh. Es raro. No parece haber causado grandes daños en tierra.

En uno de los monitores de la pared aparecía en ese momento una nueva imagen: una fila de hombres con uniforme azul claro con el comandante de la Guardia Costera Jim Loy en medio de ellos. Era uno de los más competentes servidores del Estado, un hombre tranquilo y eficaz (Loy se haría cargo más adelante de la nueva Administración de Seguridad de Transportes y luego sería ascendido a vicesecretario del Departamento de Seguridad Interior).

—Dick —me informó el comandante—. Tenemos una docena de *cutters*** dirigiéndose a toda velocidad hacia Nueva York. ¿Qué más podemos hacer para ayudar?

—Jim, tienes un capitán en cada puerto, ¿no? —pregunté. Jim asintió—. ¿Pueden cerrar los puertos? No quiero ningún cabo suelto hasta que sepamos qué ocurre. Y no quiero que pueda llegar nada que luego explote, como el gas natural líquido de Boston.

Tras la Alerta Terrorista del Milenio, supimos que activistas de Al Qaeda se habían infiltrado en Boston introduciendo tanques de gas natural líquido procedentes de Argelia. Supimos también

---

* Acusación formulada contra un alto cargo por delitos cometidos en el desempeño de sus funciones. Una especie de moción de censura. *(N. de la T.)*

** Modelo de embarcación a vela. *(N. de la T.)*

que si uno de los gigantescos tanques hubiera explotado en el puerto, habría barrido el centro de Boston.

—Tengo esa autoridad —Loy se volvió y señaló a otro almirante—. Y acabo de ejercerla.

—Justicia, Justicia, te escucho —comuniqué por radio a Larry Thompson, el vicesecretario de Justicia—. Larry, ¿puedes coordinar Inmigración y Aduanas y cerrar las fronteras terrestres?

—Dalo por hecho, pero ya sabes cómo son las fronteras. Se puede pasar por un montón de sitios, especialmente a través de la frontera canadiense. Por cierto, necesitamos ayuda para traer al secretario de Justicia. ¿Podemos obtener autorización para que venga un avión desde Milwaukee?

Para entonces todos los vuelos estaban prohibidos, excepto para los aviones de combate y los AWACS.

Frank Miller informó de que el Departamento de Defensa estaba en alerta general de emergencia 3.

—No había ocurrido algo así desde la guerra árabe-israelí de 1973 —dijo.

Me acordaba bien. Fue la primera vez que yo participé en una crisis. Era un joven empleado del centro del Mando Militar Nacional cuando se detectaron cabezas nucleares soviéticas camino de Egipto. El secretario de Defensa, James Schlesinger, había ordenado alerta de emergencia 3 y enviado fuerzas estadounidenses por toda Europa sin decírselo a nuestros aliados de la OTAN.

—Estado, Estado, adelante —Armitage respondió a la llamada—. Rich, el Departamento de Defensa está en alerta de emergencia 3, y ya sabes lo que significa.

Armitage lo sabía; había sido vicesecretario de Defensa durante el primer Gobierno de Bush.

—Significa que sería mejor avisar a los rusos antes de que se caguen en los pantalones.

Armitage activó el Centro de Reducción del Riesgo Nuclear (NRRC, Nuclear Risk Reduction Center), al final del pasillo, desde el Centro de Operaciones del Departamento de Estado. Estaba directamente conectado con el Ministerio de Defensa ruso, al lado del Kremlin. Permitía intercambiar información durante las crisis para evitar malentendidos y errores de cálculo.

Armitage volvió a aparecer:

—Joder, menos mal que lo he hecho. ¿A que no sabes quién estaba a punto de comenzar a maniobrar con todas sus fuerzas nucleares estratégicas?

Había convencido a su homólogo ruso para que aplazara la operación.

—Por cierto —añadió—. Estamos recibiendo llamadas de países de todo el mundo que quieren ayudar. Vamos a cerrar al público nuestras embajadas y reducir el personal para reforzar la seguridad.

Jane Garvey estaba moviendo los brazos ante la cámara.

—Tenemos controlado el vuelo 934, pero hay un problema en Alaska —Al parecer habían secuestrado un avión 747 de las líneas aéreas coreanas—. El vuelo 85 de Korean Airlines, NORAD no consigue establecer comunicación.

—¿El Centro de Alaska puede comunicarse con él? —pregunté. Quería saber si el FAA podía comunicarse con el 747. Garvey me indicó que sí señalando con el pulgar hacia arriba—. De acuerdo, decidle al avión coreano que obedezca las órdenes de los F-15 o tendremos que hacerlo explotar. No queremos tenerlos encima de Prudhoe Bay.

Imaginé que el 747 se estrellaba contra el puerto desde donde se exportaba el petróleo de Alaska.

El presidente Bush acababa de aterrizar en la base de la Fuerza Aérea de Barksdale, en Louisiana, escoltado por un avión de combate. Llamó a Cheney desde una línea segura. Basándose en las recomendaciones de Frank Miller, Cheney estaba presionando al presidente para que se trasladara a un búnker, o bien al situado en los cuarteles del Mando Estratégico en Omaha, o bien al del NORAD en Cheyenne Mountain, Colorado. Los periodistas que estaban a bordo tenían la orden de no comunicar dónde estaban.

Antes de volver a despegar, Bush grabó una declaración para que se emitiera en el momento en que volviera a estar en el aire:

—Estén seguros. Estados Unidos capturará y castigará a los responsables de estos actos cobardes —en ese momento no parecían muy cobardes—. Esta mañana la libertad ha sido atacada por unos cobardes anónimos. Defenderemos la libertad.

No parecía estar muy seguro.

Cressey me dijo que Fenzel me estaba buscando. Utilicé la línea abierta con el Centro de Operaciones de Emergencia de la Presidencia y de nuevo escuché el tono de marcación. Cuando pulsé el botón del PEOC, la persona que respondió al teléfono gruñó y pasó el auricular al comandante Fenzel.

—¿Quién es el imbécil que responde al teléfono por ti, Mike? —pregunté.

—Dick, el vicepresidente. Y quiere que vengas.

Frank Miller se quedó a cargo de la videoconferencia, convirtiéndose en ese momento en el jefe nacional de situaciones de crisis, puesto que yo había venido ocupando casi todo el día.

Había salido del gabinete de crisis del ala oeste en dirección a la residencia del ala este otras muchas veces antes, enseñando mi chapa de identificación a los numerosos guardias que me encontraba por el camino. En aquel momento, mientras cruzaba el ala oeste y la residencia, no me encontré a nadie. Ni un ruido siquiera. Los guardias habían recibido de Brian Stafford la orden de rodear el perímetro de los edificios situados detrás de la verja de la Casa Blanca. Habían acordonado las calles y colocado ametralladoras. En el interior de la verja, la Casa Blanca estaba inquietantemente vacía.

Durante aquel paseo silencioso, me tome un respiro por primera vez en aquel día:

• Éste era el «gran ataque de Al Qaeda» que habíamos advertido que se avecinaba, y era mayor de lo que cualquiera de nosotros habría imaginado, dejando fuera la posibilidad de un ataque nuclear. El derrumbamiento de las Torres podía haber causado un número de víctimas entre las 10.000 y las 50.000. Nadie lo sabía. Y no había terminado. Las palabras susurradas por Marlon Brando en *Apocalipsis Now* resonaban en mi mente: «El horror, el horror».

• Ahora bombardearíamos por fin los campamentos; probablemente invadiríamos Afganistán. Por supuesto, Bin Laden y sus ayudantes no estarían ya en los campamentos. De hecho, éstos estarían seguramente tan vacíos como la Casa Blanca. Comenzaríamos una larga lucha contra Al Qaeda, sin ningún tipo de restricciones. Pero era demasiado tarde. Habían demostrado que la superpotencia era vulnerable, que ellos eran más listos; habían matado a miles de personas.

• Las recriminaciones lloverían por todas partes. Pero no había tiempo para pensar en eso. Ahora no. Teníamos que actuar rápidamente. Probablemente había otros ataques en marcha, y era preciso detenerlos. El país estaba en estado de *shock*. La mayor parte del Gobierno había salido de Washington. La nación necesitaba sentir confianza. Teníamos que encontrar a nuestros muertos.

Cuando llegué al final de las escaleras del ala este, doblé la esquina y me encontré con una ametralladora en mis narices. Los guardias de seguridad de Cheney estaban equipados con chalecos antibalas, rifles y ametralladoras MP5. Aunque me conocían, no parecían dispuestos a abrirme la puerta acorazada.

—Eh, chicos, soy yo. El vice me ha dicho que venga. Por lo menos llamad ahí dentro y decidle que estoy aquí.

Mientras lo hacían, me cachearon. El ayudante de Condi Rice, Steve Hadley, vino hacia la puerta para identificarme y acompañarme dentro. Detrás de la puerta acorazada había más MP5 y rifles a lo largo del estrecho pasillo con literas a ambos lados.

En el Centro Presidencial para Operaciones de Emergencia el reparto era sin duda más político. Además del vicepresidente y de Condi Rice, estaba la esposa del vicepresidente, Lynne; su asesora política, Mary Matalin; su asesor de seguridad, Scooter Libby; el subdirector de personal de la Casa Blanca, Josh Bolten; y la directora de comunicaciones de la Casa Blanca, Karen Hughes. Los monitores emitían la cobertura informativa de cinco cadenas.

En una de las pantallas, pude ver el gabinete de crisis. Me acerqué a Mike Fenzel.

—¿Cómo van las cosas por aquí? —le pregunté.

—Bien —susurró el comandante Fenzel—. Pero no puedo escuchar la reunión de crisis porque la señora Cheney no deja de bajarme el volumen para poder oír las noticias de la CNN..., y el vicepresidente sigue colgando el teléfono de la línea abierta que tenemos contigo.

La señora Cheney era algo más que un simple miembro de la familia a quien había que proteger. Al igual que su marido, ella era una ideóloga de derechas y estaba expresando sus consejos y sus opiniones en el búnker.

Entré y me senté en cuclillas entre Cheney y Rice.

—El presidente está de acuerdo con ir a Offut —me informó Cheney. Por la forma de decírmelo, parecía que no le habían dado muchas opciones.

—Todavía no puede volver aquí —insistí—. ¿Necesitas algo? —pregunté al vicepresidente.

—Las comunicaciones en este sitio son horribles —contestó. Sus llamadas al presidente estaban teniendo problemas.

—¿Ahora entiendes por qué quería dinero para un nuevo búnker? —le dije sin poder resistirlo. El presidente había cancelado mis planes de unas nuevas instalaciones.

—Ya llegará —prometió Cheney—. ¿Tienes todo lo que necesitas?; ¿están todos haciendo lo que quieres? —preguntó Cheney tocándome el hombro. Conocía a Dick Cheney hacía doce años y durante todo ese tiempo me había fascinado su personalidad tan compleja. Aparentemente, era tranquilo y de hablar reposado. Pero debajo de la superficie habitaban unos principios muy fuertes, casi extremistas. Había sido uno de los cinco conservadores más radicales del Congreso. Las personas tranquilas a menudo esconden opiniones que parecerían fuera de lugar si se airearan. En la prensa se había especulado con que él fuera el presidente de asuntos de Seguridad Nacional en lugar del inexperto gobernador de Texas. Ahora quería asegurarse de que el presidente supiera lo que habíamos estado haciendo en su ausencia—. Quiero que prepares un informe para él cuando aterrice en Omaha. Y necesito un informe de todo lo que has hecho.

Volví sobre mis pasos a través del abandonado edificio central de la Casa Blanca. Eran las 12.30.

De vuelta en el ala oeste, descubrí que Gary Breshnahan estaba en lo cierto: nadie podía comunicar con el centro de videoconferencia del Tesoro. Hablé con Paul Kurtz. Él y yo habíamos pasado dos días recorriendo literalmente Wall Street unas semanas antes. Habíamos estado en la Bolsa de Nueva York, y también habíamos estado revisando los túneles por donde va el cable de fibra óptica hasta los conmutadores de Verizon y AT&T. Habíamos identificado varios edificios que en caso de ser inutilizados desconectarían a Wall Street del resto del mundo.

—Paul, habla con el Tesoro, con la Reserva Federal, activa el Sistema Nacional de Comunicaciones —le pedí—. Tenemos que asegurarnos de que los mercados pueden cerrar sus libros, y vamos a tener que proteger los centros de comunicaciones y el SIAC.

El SIAC es la Empresa de Automatización del Sector de los Valores (Securities Industry Automation Corporation), y proporciona los servidores, la fibra y las copias de seguridad de los datos que hacen que funcione la Bolsa de Nueva York y las de todo el país. Kurtz y yo habíamos estado en sus salas de ordenadores. El Sistema Nacional de Comunicaciones (National Communications System, NCS) era otra reliquia de la guerra fría; estaba ubicado en el DOD, pero trabajaba para la Casa Blanca. El NCS tenía la misión de garantizar que las redes de datos y telefonía más importantes funcionaran incluso en caso de ataque. En su sede de Arlington estaban reunidas las principales compañías telefónicas. Kurtz llamó al jefe de la reunión, Brent Greene, y le dijo:

—Diles que todas tienen que apoyar a Verizon.

Una central de conmutación de Verizon para Wall Street estaba situada al lado del World Trade Center, y podíamos ver por la televisión que el edificio, lleno de enrutadores y conmutadores, había sufrido daños.

Kurtz se puso en contacto con los creadores de mercado[*]. En 1993, cuando explotó una bomba en el World Trade Center, los consejeros delegados de las empresas de Wall Street llamaron directamente al presidente porque les impedían volver a entrar en las Torres. Al no poder cerrarse las operaciones del día, cientos de miles de millones de dólares estaban en el aire, sin asignar. Aquel día de hacía ocho años, a instancias del presidente, llamé al jefe de bomberos y llegué a un acuerdo con él para que el personal clave pudiera volver a entrar en las Torres. Ahora no existía esa posibilidad, ya que ambas se habían derrumbado. Kurtz llamó a los pro-

---

[*] Del inglés *market maker:* sociedad u operador con capacidad para comprar y vender acciones en cualquier momento, lo que le permite constituirse en un auténtico animador del mercado.(*N. de la T.*)

fesionales de Wall Street con los que nos habíamos visto aquel mismo año. Le dijeron que tenían un sistema externo de copia de seguridad y que se había evitado el problema de 1993. Le dijeron también que sería difícil reabrir los mercados debido a los daños en las infraestructuras.

Volví a entrar en el centro de videoconferencias y a asumir el mando.

—FEMA, FEMA, adelante.

El Organismo Federal de Administración de Emergencias (Federal Emergency Management Agency, FEMA) estaba a cargo de las situaciones de desastre, y jamás se había producido ninguna de la envergadura de ésta. Mike Brown, el subdirector, apareció en la pantalla.

—El alcalde ha ordenado la evacuación de la zona de Manhattan al sur de Canal Street. El gobernador Pataki ha llamado a la Guardia Nacional. Tenemos ocho equipos enviados por el FEMA de camino a Manhattan y cuatro de camino a Arlington. Tanto Nueva York como Washington DC han declarado el Estado de Emergencia.

—¿Cuántos muertos? —pregunté.

—No tienen ni idea; miles —dijo, moviendo la cabeza.

Cressey había estado preparando una presentación en Power-Point para cuando Bush llegara a Omaha, y Kurtz la agenda de lo ocurrido y de lo que habíamos hecho. El resultado parecía bueno, claro y directo. Le pedí a Kurtz que lo llevara al PEOC. Luego, al recordar las dificultades que yo había tenido para entrar, le pedí a mi oficial de enlace del Servicio Secreto, el agente Pete McCauley, que acompañara a Kurtz y respondiera por él.

Kurtz y McCauley caminaron incrédulos a través de la desalojada Casa Blanca, atravesando los puestos de guardia desiertos. Pete entregó los documentos a un agente de los que estaban a la entrada de la puerta acorazada al que conocía, para que se los trasladara al vicepresidente. Luego emprendieron el regreso por el exterior, a través de la Columnata y el jardín de rosas. A mitad de camino hacia el ala oeste, de repente escucharon un estruendo y al mirar hacia arriba vieron a dos Eagles F-15 pasando por encima de la explanada sur a unos noventa y cuatro metros de altitud, sacudiendo con su chirrido el edificio central de la Casa Blanca, de doscientos años de antigüedad. McCauley pegó la espalda a la pared y exclamó:

—¡Virgen Santa, Madre de Dios!

Kurtz, licenciado por la católica Universidad de Holy Cross, completó la plegaria:

—Bendita tú eres entre todas las mujeres y bendito es el fruto de tu vientre, Jesús.

Había llegado la Patrulla Aérea de Combate. La Casa Blanca era zona de guerra.

De vuelta en el gabinete de crisis, busqué a Breshnahan.

—POTUS está llegando a Offutt. Necesito conexión de vídeo con el Mando Estratégico, y también tengo que hacerles llegar el documento de PowerPoint.

Gary señaló que eso no sería un problema, pero que tendría que desconectarse de la Guardia Costera. Justo antes de las 15.00, vimos a Bush entrando a grandes zancadas en el búnker subterráneo del Mando Estratégico, en la base aérea de Offutt, Nebraska. Todos salieron del centro de videoconferencia del ala oeste, salvo Frank Miller y yo.

Se suponía que el último punto del programa era dónde debía estar el presidente. No obstante, empezamos por ahí.

—Voy a volver a la Casa Blanca tan pronto como el avión cargue el combustible —dijo el presidente—. Sin discusión. Punto dos, informe de Dick Clarke.

Empecé por el «qué ocurrió»: entre las 08.50 y las 10.06, cuatro aviones estrellados en tierra. Después, las «acciones de respuesta»: la permanencia en tierra de todos los vuelos del país, el cierre de las fronteras, el cierre de los puertos, las fuerzas militares en alarma 3, el traslado del Gobierno a los escondites, las unidades mortuorias del FEMA de camino a Manhattan.

Lo siguiente eran las «cuestiones para los próximas 24-48 horas». Dado que el presidente había decidido regresar a la Casa Blanca, sugerí que se designara a un sucesor constitucional y se instalara junto con su equipo de apoyo fuera de la ciudad (se localizó al secretario de Comercio Don Evans y se le trasladó a un lugar secreto fuera de la ciudad). Necesitábamos otra comparecencia pública del presidente, desde el Despacho Oval, a su regreso a la Casa Blanca. También había que tomar decisiones sobre la continuidad de la permanencia en tierra del transporte aéreo, el despliegue militar para proteger las infraestructuras clave aquí y en el extranjero y el calendario para la reapertura de los mercados. Era necesario ordenar al personal de la Administración federal que permaneciera en sus casas. Básicamente, necesitábamos que el país continuara parado durante uno o dos días hasta que supiéramos si iba a haber más ataques, organizáramos el refuerzo de la seguridad y pudiéramos empezar a recuperarnos.

El director de la CIA, George Tenet, era el siguiente. No dejó ninguna duda de que era Al Qaeda quien había cometido estas atrocidades. Ya se había puesto al habla con sus principales homólogos de todo el mundo para coordinar las fuerzas con vistas a un contraataque.

El secretario de Defensa, Don Rumsfeld, informó del estado de las fuerzas militares. La Flota del Atlántico (Atlantic Fleet) había salido de Norfolk y se dirigía con portaaviones y cruceros hacia Nueva York. Omitió que nadie había ordenado tal cosa al mando del Atlántico. En momentos como aquéllos, la iniciativa era algo positivo. Unos 120 aviones de combate estaban finalmente sobrevolando las áreas metropolitanas de Estados Unidos. Las fuerzas militares destacadas en todo el mundo estaban en estado de guerra.

El FEMA informó de que los equipos de protección civil urbana iban por la autopista camino de Manhattan. Una unidad de sangre estaba en camino. Los efectivos de emergencias estaban activados en el estado de Nueva York y Virginia y en el Distrito de Columbia. Luego el presidente se levantó, salió, y su avión despegó, escoltado por aviones F-15, a toda velocidad en dirección a la base de la Fuerza Aérea de Andrews. Era el único pasajero en Estados Unidos que volaba en ese momento. Los cielos estaban desiertos. De alguna manera, el FAA había conseguido hacer aterrizar cuatro mil vuelos, desviando a los procedentes de Europa a pistas de aterrizaje canadienses cerca de las cuales apenas había hoteles. Los canadienses estaban abriendo sus casas a los extranjeros, que poco a poco iban dándose cuenta de lo que les había ocurrido, de lo que le había ocurrido a Estados Unidos.

Una vez que Bush dejó Omaha, la torre número siete del World Trade Center se derrumbó, y con ella el puesto de mando del alcalde y la oficina del Servicio Secreto.

En el gabinete de crisis, la discusión empezó a girar en torno a los siguientes pasos a dar.

—Vamos a ver —empecé—. Todos sabemos que ha sido Al Qaeda. El FBI y la CIA estudiarán el caso y decidirán si estoy en lo cierto. Queremos saber la verdad, pero, mientras tanto, sigamos con la suposición de que ha sido Al Qaeda. ¿Qué es lo siguiente que debemos hacer? —pregunté en la videoconferencia.

—Repasemos —respondió Rich Armitage—: les dijimos claramente a los talibanes que si esto ocurría iríamos a por ellos. Ahora no hay que diferenciar entre los talibanes y Al Qaeda. La cosa va con los dos.

Los talibanes eran el grupo radical musulmán que controlaba Afganistán.

—¿Y Pakistán? —pregunté.

—Hay que decirles que no interfieran. Tenemos que eliminar el santuario—. Armitage estaba en racha. Si Pakistán no cooperaba, tendríamos un gran problema con un Estado islámico que disponía de armas nucleares.

—Necesitaremos presión presidencial en Yemen y también en Arabia Saudí —dijo John McLaughlin, el segundo de Tenet—. Y un programa de acción de máximo secreto para los próximos tres a cinco años de apoyo a la Alianza del Norte.

Sin embargo, era demasiado tarde para Massoud, el líder de la Alianza del Norte afgana. Había sido asesinado por Al Qaeda veinticuatro horas antes.

—Existen cuarenta y dos objetivos principales de los talibanes a bombardear —dijo el general Myers mientras revisaba un informe que le habían pasado.

Poco antes de las 7.00, el 747 conocido como *Air Force One* tomaba tierra en la base de Andrews, y el presidente se dirigía rápidamente hacia el *Marine One,* estacionado cerca. El helicóptero, acompañado de otros dos de señuelo, tomó una ruta que rodeaba la ciudad antes de aterrizar en la explanada sur de la Casa Blanca. Por encima de ellos, los AWACS vigilaban el cielo y dirigían a los F-15 y F-16 de la Patrulla Aérea de Combate. Estaban siguiendo a un pequeño avión de la USAF en el que viajaba el secretario de Estado, Colin Powell. Cuando aterrizó en Andrews, un convoy fuertemente armado le llevó rápidamente a la Casa Blanca.

A las 8.30 el presidente se dirigió a la nación desde el Despacho Oval. Karen Hughes había incorporado las conclusiones de la videoconferencia en el mensaje:

—No haremos distinciones entre los terroristas que han cometido estos crímenes y quienes les han ayudado.

Inmediatamente después del discurso, el presidente se reunió con nosotros en el PEOC, un lugar donde no había estado nunca. A diferencia de lo que parecía en sus tres comparecencias televisivas del día, Bush se mostraba confiado, decidido, convincente.

—Quiero que todos entendáis que estamos en guerra y que seguiremos en guerra hasta que esto haya terminado. No importa nada más. Todo está al servicio de esta guerra. Cualquier obstáculo en vuestro camino ha desaparecido. Tendréis todo el dinero que necesitéis. Ésta es nuestra única prioridad.

El presidente me pidió que me centrara en identificar cuál podía ser el próximo ataque y evitarlo.

Cuando, avanzada la conversación, el secretario Rumsfeld hizo notar que el derecho internacional sólo permitía el uso de la fuerza para evitar futuros ataques y no como castigo, Bush le respondió indignado.

—No —gritó el presidente dentro de la pequeña sala —. No me importa lo que diga el derecho internacional; alguien va a enterarse de lo que es bueno.

Bush ya conocía el dato de que la CIA tenía identificados a algunos de los secuestradores como miembros de Al Qaeda en Estados Unidos. Ahora quería saber si la CIA se lo había dicho al FBI y lo que el FBI había hecho al respecto. Las respuestas no fueron muy precisas, pero quedó claro que la CIA había tardado meses en decirle al FBI que los terroristas estaban en el país. Cuando el FBI lo supo, no consiguió encontrarles. Si el FBI hubiera mostrado su foto en el programa de televisión *America's Most Wanted* (Los más buscados de Estados Unidos) o hubiera alertado al FAA sobre su existencia, quizá la célula al completo hubiera podido ser detenida. La mirada de Bush daba a entender que quería volver sobre este tema más adelante.

En aquel momento, sin embargo, el presidente se refirió a los daños económicos. De alguna manera se había enterado de que cuatro centros comerciales de Omaha habían cerrado después de los ataques.

—Quiero la economía en marcha: los negocios, los bancos, la bolsa... Que todo esté abierto mañana.

Ken Dam, el vicesecretario del Tesoro, que ocupaba en aquel momento el lugar de Paul O'Neill, ya que éste se encontraba de viaje, señaló que se habían producido daños físicos en la infraestructura de Wall Street.

—Tan pronto como hayan terminado las operaciones de rescate, todo debe centrarse en reparar los daños para poder volver a abrir —ordenó Bush. Volviéndose al secretario de Transportes Norm Mineta, le instó a que los vuelos se reanudaran cuanto antes. Mineta sugirió que los vuelos podrían reanudarse al mediodía del día siguiente.

Brian Stafford aconsejó al presidente que pasara la noche en el búnker, pero no le valió de nada. Inmediatamente después de la reunión, el presidente se marchó al Despacho Oval y los teléfonos empezaron a funcionar. Yo volví al gabinete de crisis y encontré a mi equipo empleándose a fondo.

Cressey estaba al teléfono hablando con el jefe de personal del alcalde de Nueva York, Rudolph Giuliani.

—Lo que necesite, tropas, equipos... Y si el FEMA o cualquier otro organismo funcionan con lentitud, llamadnos directamente.

Kurtz estaba hablando con Verizon sobre la Bolsa. Le pedí que lo dejara un momento para poder darle lo que en la Casa Blanca llamamos directrices:

—De parte del presidente... dos prioridades. Primero, búsqueda y salvamento. Segundo, reabrir los mercados. Pídeme cualquier cosa que necesites para conseguirlo—. Paul levantó la mirada, y por primera vez le vi manifestar cierto cansancio.

—¿Unos ocho mil metros de cable de fibra óptica y una docena de conmutadores y enrutadores instalados?

—No creo que haya problema. Podemos conseguirlo. Entonces, ¿podéis abrir los mercados el jueves? —le presioné, recordando la decisión del presidente.

Tan pronto como lo dije me di cuenta de que era demasiado ambicioso, aunque en aquel momento ya estábamos recibiendo llamadas de consejeros delegados de Cisco, AT&T y otros, ofreciendo personal y equipos sin más preguntas.

—Intentaremos que sea el lunes —replicó Kurtz, y siguió con la llamada.

Lisa estaba hablando con el gobernador George Pataki.

—Entonces, ¿no tenéis siquiera una estimación del número de muertos?

La llevé a un aparte.

—¿Sabes? Esos detectores químicos y biológicos que estáis desarrollando... Quiero algunos aquí y en el Capitolio ya.

—Bueno, sólo hay tres pequeños problemas con eso, Dick —comenzó a decir Lisa—. Primero, son experimentales; segundo, están en California; y tercero, tenemos todos los vuelos cancelados.

—Vale, entonces, ¿estarán funcionando aquí en la Casa Blanca el miércoles? —pregunté.

—De acuerdo, de acuerdo —dijo, añadiéndolo a su lista.

El personal de Marina del comedor de la Casa Blanca había reaparecido y estaba repartiendo bocadillos.

—Vamos a trabajar toda la noche —Me di cuenta de que no había comido desde la noche anterior, cuando había ido a una nueva marisquería cercana a la Casa Blanca con Rich Bonin, del programa *60 Minutes.*

Bonin estaba obsesionado con Al Qaeda, y había realizado un reportaje sobre terrorismo conmigo y con Lesley Stahl en octubre. Me habían grabado tres horas de entrevistas para un espacio de diecisiete minutos. En aquel momento, sin que yo lo supiera, la CBS estaba emitiendo gran parte del material que no se utilizó entonces, incluyendo mi explicación del concepto de continuidad de Gobierno.

La noche anterior, Bonin me había preguntado si era cierto que yo había pedido un traslado. Bonin quería contar la historia de que yo quería abandonar el trabajo antiterrorista porque me sentía frustrado ante la falta de interés del nuevo Gobierno en Al Qaeda. Parecía que hacía siglos de eso.

Cogí un bocadillo del comedor y salí fuera con Cressey hacia el parking, que en su día había sido una calle pública conocida como West Executive Avenue. Mi coche seguía aparcado de lado, frente al ala oeste. Era el único vehículo que quedaba. La noche estaba clara y tranquila. Estábamos en el centro de Washington y apenas se escuchaba un ruido. Di parte a Roger de la reunión directiva con el presidente.

Me di cuenta de que hasta entonces no había mantenido una sola reunión sobre terrorismo con el presidente; sólo con Cheney, Rice y Powell. Finalmente habíamos celebrado nuestra primera reunión directiva sobre terrorismo hacía sólo una semana. El siguiente paso era una reunión con el presidente para informarle de nuestra propuesta de Directiva Presidencial sobre Seguridad Nacional (National Security Presidential Directive, NSPD). *The Washington Post* informaría más tarde (el 20 de enero de 2002) de que el objetivo de la NSPD era «eliminar a Al Qaeda». El plan requería armar a la Alianza del Norte en Afganistán para emprender la ofensiva contra los talibanes, presionando a la CIA para que hiciera uso de la «licencia para matar» que le había sido otorgada para perseguir a Bin Laden y a los líderes de Al Qaeda. Bush nunca había visto el plan, de cuyas partes se había informado a Cheney, Rice, Powell y algunos otros miembros del equipo en enero. No se me había permitido informar al presidente sobre terrorismo ni en enero ni después de enero hasta hoy, 11 de septiembre. Había pasado un tiempo desde que en enero solicitara con carácter «urgente» una reunión de Gabinete para aprobar un plan agresivo para perseguir a Al Qaeda. La reunión se había celebrado por fin exactamente hacía una semana, el día 4 de septiembre. Ahora, mientras hablaba con Cressey, pensé que el plan agresivo se llevaría a cabo.

—Bueno, de puta madre. Parece que finalmente van a hacer todo lo que queríamos. ¿Dónde demonios han estado durante los últimos ocho meses? —preguntó Cressey.

—¿Debatiendo los detalles del Tratado sobre Misiles Antibalísticos? —respondí, mirando al cielo en busca de la cobertura de los aviones de combate.

—Probablemente ahora también desplegarán el Predator —dijo Cressey, refiriéndose a su proyecto de matar a Bin Laden con un avión teledirigido provisto de misiles. La CIA había estado impidiendo el despliegue, negándose a verse implicada en una versión armada de vuelo teledirigido para localizar y matar a Bin Laden. Roger Cressey todavía estaba furioso por su negativa—. Si hubieran utilizado un Predator provisto con misiles en cuanto hubiera estado listo, habríamos podido matar a Bin Laden antes de que esto ocurriera.

—Ya, bueno, este ataque se habría producido de todas maneras, Rog. De hecho, si hubiéramos matado a Bin Laden en junio con el Predator y esto hubiera ocurrido de todos modos, nuestros amigos de la CIA nos habrían culpado diciendo que el ataque contra Nueva York habría sido una represalia, y habrían vuelto a hablar del exceso de celo de los tipos que se encargan del tema antiterrorista en la Casa Blanca.

Traté de prever las cosas, de pensar qué era lo mejor que podíamos hacer en ese momento.

—De ahora en adelante habrá una política de autoimplantación, o, como decís los del Pentágono, una especie de «yo me lo guiso, yo me lo como»; pero ya es tarde, demasiado tarde. Lo mejor que tú y yo podemos hacer es tratar de imaginar cómo impedir otros ataques.

Volvimos a entrar. La siguiente tarea era asegurar el sistema de transporte aéreo para que pudieran reanudarse los vuelos. La aviación de Estados Unidos llevaba mucho tiempo siendo insegura, y la Comisión para la Seguridad en la Aviación de 1997 había evitado las decisiones difíciles, como federalizar la seguridad de los aeropuertos. El FBI había intentado incluso eliminar el programa Policía Aérea Federal en 1998, aduciendo que si había agentes armados del FAA en un vuelo secuestrado, podían morir a manos de los comandos del FBI que lo atacaran. Ahora, teníamos miles de aviones esparcidos por las pistas de aterrizaje de Estados Unidos y Canadá, y probablemente a un cuarto de millón de pasajeros durmiendo en el suelo de los aeropuertos. También teníamos una amenaza permanente. ¿Habían atacado ya todos los grupos de Al Qaeda? Retomamos nuestra videoconferencia y planteé la pregunta al Departamento Federal de Aviación: ¿cómo podíamos reanudar los vuelos?

—No podemos volver a meter otra vez a todo el mundo en los aviones y continuar la actividad normal sin más —insistió Mike Canavan.

Canavan era general, antiguo comandante del Delta Force, que se había jubilado recientemente y había asumido el puesto de director de Seguridad en el FAA. Estaba en Puerto Rico llevando a cabo una reestructuración de personal de su operación San Juan cuando ocurrieron los ataques. Utilizando sus contactos militares, había conseguido un avión del Departamento de Defensa para volver, y gracias a sus contactos en el Departamento Federal de Aviación, había conseguido una escolta de F-16 para que no dispararan por error a su avión.

—Tenemos que registrar todos los aviones y los aeropuertos en busca de armas ocultas. Creo que les habían introducido en el avión algunos de los cuchillos o *cutters* que han utilizado.

Canavan tenía un informe en el que se decía que se habían encontrado *cutters* escondidos en uno de los aviones a los que se había hecho permanecer en tierra.

—Mineta le dijo al presidente que el sistema podría volver a funcionar el miércoles a mediodía. Eso nos dejaría sólo unas doce horas, Mike.

Yo buscaba una confirmación real del FAA, porque mi equipo no veía cómo iban a poder abrir los aeropuertos antes de transcurridos varios días.

—¿Abrir mañana? Eso es imposible, Dick.

Canavan ya había hablado con su jefe tras el regreso de Mineta de la Casa Blanca.

—Hemos estado hablando con las líneas aéreas. No podrían abrir a mediodía aunque quisiéramos. Y no queremos. Quiero que haya policía aérea federal en cada vuelo.

—Bien, eso significa miles de agentes de la Policía Aérea Federal, y la última vez que te lo pregunté había sólo unas cuantas docenas —dije, sabiendo adónde quería ir a parar Canavan. El FAA sólo había destinado agentes armados en unos cuantos vuelos en rutas extranjeras. Le hice a Canavan una propuesta que sabía que le gustaría—. Después de las bombas de los Juegos Olímpicos de Atlanta, mandamos allí cientos de agentes federales, de la Policía de Fronteras, de Aduanas, del Servicio Secreto, de la Policía Federal. Podemos volver a hacerlo, pero llevará días informarles y distribuirlos.

Canavan estuvo de acuerdo.

—Es lo que necesito por el momento, pero vamos a tener que contar con un amplio programa específico para la Policía Aérea Federal (Federal Air Marshals, FAM), y va a costar dinero.

—Mike, le hablé al presidente sobre los guardias de seguridad privada con salario mínimo encargados de hacer el registro de los pasajeros y el equipaje de mano. Él entiende que eso tendrá que acabar.

Tendríamos que registrar cuidadosamente a cada pasajero antes de reanudar los vuelos e implantar además un sistema permanente de seguridad.

—El FAA también tiene que encargarse de eso —presionó Canavan—. Pero por esta semana vamos a tener que reforzar el número de guardias de seguridad privada con los de verdad: la policía local, la Guardia Nacional, los agentes federales.

—¿Y qué hay de todo lo demás? —preguntó Paul Kurtz—. ¿Vamos a permitir que se reanuden todos los vuelos esta semana? ¿Qué hacemos con los aviones privados? Todos los días cuando miro por la ventana veo jets privados despegando del aeropuerto de Washington que vuelan derechos hacia la Casa Blanca antes de virar.

Los grandes aviones de pasajeros eran sólo una parte de la flota que había tenido que permanecer en tierra aquel día. El transporte aéreo de mercancías, los aviones privados, helicópteros de tráfico, aviones para la fumigación agrícola, zepelines y globos aerostáticos llenaban también los cielos de Estados Unidos cualquier día normal. Habría que ocuparse de ellos más tarde. Le pedí a Kurtz que trabajara con el FAA para ocuparse de este otro tipo de vuelos cuando tuviéramos un plan de seguridad para ellos. Durante las semanas siguientes, en las conversaciones telefónicas de Paul escucharía frases del tipo: «no me importa si no hay planos aéreos del partido; no se permiten zepelines sobre los estadios», o «¿qué quieres decir con que *yo* sigo manteniendo en tierra a todos los helicópteros de tráfico?».

Condi Rice volvió a reunirse con nosotros en el gabinete de crisis. El presidente quería ahora asegurarse de que todos durmiéramos un poco.

—Os necesito en plena forma por la mañana. Iros a casa.

Rice se ocupó de que lo interpretáramos como una orden. Me preocupó su seguridad en el caso de que tuviera pensado volver a su apartamento en el cercano edificio Watergate. El presidente también se había preocupado de eso; ella iba a pasar la noche en la residencia de la Casa Blanca.

Pasada la 1.00 de la mañana, acepté marcharme a casa un rato para ducharme y cambiarme de ropa. Lisa y Mike Fenzel se quedarían, apoyados por Margie Gilbert, de la Agencia Nacional de Seguridad (National Security Agency, NSA). Antes de marcharme, llamé a Pete McCauley para dar una vuelta y comprobar las posiciones del Servicio Secreto alrededor del edificio, y también para que nos pusieran en una lista para poder salir... y volver a entrar. Condujimos a través de sus barricadas, por las calles vacías. Un jeep Humvee con una ametralladora del calibre 50 estaba en la esquina de la 17 con Pennsylvania. Paramos en el puente de Roosevelt sobre el río Potomac y vimos que todavía seguía saliendo humo del Pentágono, iluminado por los focos que allí se habían instalado. Sentí un escalofrío. Mientras paraba y cerraba el coche, escuchamos el zumbido de un avión cuatrimotor. Eran los AWACS que sobrevolaban la zona.

Una hora más tarde, mientras me estaba vistiendo para regresar, volví a preguntarme cuántas células durmientes de Al Qaeda había en Estados Unidos. Llevaba mucho tiempo pensando que existían. También lo creía John O'Neill, que ahora yacía muerto bajo toneladas de acero. Y Dale Watson, que había intentado conseguir que el FBI se pusiera a buscarlas. ¿Existían más células planeando nuevos ataques? Habían muerto miles de personas; los que estábamos en el ala oeste estuvimos a punto de encontrarnos entre ellas. Ahora contábamos con toda la atención de las burocracias y el apoyo del presidente. Tenía que volver a la Casa Blanca y comenzar a planear la prevención de nuevos ataques. Encontré mi arma 357 facilitada por el Servicio Secreto, la metí en el cinturón y volví a salir en mitad de la noche, de camino al ala oeste.

Suponía que a la vuelta mantendríamos una ronda de reuniones para analizar cuáles serían los próximos ataques, cuáles eran nuestros puntos débiles y qué podíamos hacer al respecto a corto plazo. Sin embargo, me encontré con una sucesión de discusiones sobre Irak. Al principio me resultó increíble que estuviéramos hablando de algo que no fuera capturar a los miembros de Al Qaeda.

Luego me di cuenta (lo que me produjo un profundo dolor casi físico) de que Rumsfeld y Wolfowitz iban a tratar de aprovechar esta tragedia nacional para sacar adelante sus planes sobre Irak. Desde el inicio de la legislatura, e incluso bastante antes, habían estado presionando para que se declarara la guerra a Irak. Mis amigos del Pentágono me habían dicho que se rumoreaba que invadiríamos Irak en algún momento durante el año 2002.

La mañana del día 12, el objetivo del Departamento de Defensa era comenzar a distanciarse de Al Qaeda. La CIA declaró explícitamente en aquel momento que Al Qaeda era culpable de los ataques, pero Paul Wolfowitz, el segundo de Rumsfeld, no estaba convencido. Era una operación demasiado sofisticada y compleja, dijo, para haber sido llevada a cabo por un grupo terrorista, sin que un Estado patrocinador, Irak, les hubiera ayudado.

Recordé la imagen de Wolfowitz diciendo exactamente lo mismo en abril, cuando el Gobierno había mantenido su primera reunión de vicesecretarios sobre el terrorismo. Cuando yo recomendé en aquel momento que actuáramos contra Al Qaeda, Wolfowitz había rememorado el ataque al World Trade Center de 1993, diciendo que Al Qaeda no podía haberlo hecho en solitario y que debía de haber necesitado la ayuda de Irak. Centrarse en Al Qaeda era un error, había dicho en abril: el objetivo debía ser el terrorismo patrocinado por Irak. Wolfowitz rechazó entonces mi afirmación y la de la CIA acerca de que no había existido un terrorismo patrocinado por Irak contra Estados Unidos desde 1993. Ahora esta línea de pensamiento volvía a imponerse.

La tarde del miércoles, el secretario Rumsfeld ya hablaba de ampliar los objetivos de nuestra respuesta e «ir a por Irak». El secretario Powell respondió diciendo que era preciso centrarse en Al Qaeda. Aliviado por contar con algún apoyo, expresé mi agradecimiento a Colin Powell y a su ayudante, Rich Armitage.

—Creí que me estaba perdiendo algo —me desahogué—. Después del ataque de Al Qaeda, si ahora nos pusiéramos a bombardear Irak como respuesta sería como si hubiéramos invadido México después del ataque japonés a Pearl Harbor.

Powell sacudió la cabeza.

—Esto no ha terminado todavía.

En efecto, así era. Más tarde, aquel mismo día, el secretario Rumsfeld se quejó de que no había objetivos en Afganistán que mereciera la pena bombardear y que deberíamos plantearnos bombardear Irak, que tenía mejores objetivos. Al principio pensé que Rumsfeld estaba bromeando. Pero hablaba en serio, y el presidente no rechazó de plano la idea de atacar Irak. Por el contrario, señaló que lo que teníamos que hacer con Irak era cambiar el Gobierno, no sólo atacarlo con más misiles de crucero como Rumsfeld había sugerido.

La reacción del presidente de la Junta de Jefes de Estado Mayor, Hugh Shelton, ante la idea de cambiar el Gobierno fue cautelosa. Señaló que eso sólo podía conseguirse mediante una invasión que utilizara un contingente de fuerzas muy numeroso que llevaría meses preparar.

Los días 12 y 13 las conversaciones versaron sobre diversos temas: cuál era nuestro objetivo, quién era el enemigo, si nuestra reacción debía ser la lucha contra el terrorismo en general o contra Al Qaeda en particular... Si debíamos combatir todos los terrorismos, ¿tendríamos también que atacar a las fuerzas antigubernamentales de la selva colombiana? Paulatinamente, fue prevaleciendo lo obvio: haríamos la guerra a Al Qaeda y los talibanes. El consenso, no obstante, era que la lucha contra Al Qaeda y los talibanes sería la primera etapa de una guerra más amplia contra el terrorismo. También quedaba claro que habría una segunda etapa.

La mayoría de los estadounidenses no habían oído hablar nunca de Al Qaeda. De hecho, nuestros funcionarios más veteranos de la Administración no conocían el término cuando les informamos en la reunión de enero de 2001. Entre reunión y reunión encontré un momento libre para sentarme delante de mi ordenador y comencé a escribir: «¿Quién ha hecho esto? ¿Por qué nos odian? ¿Cómo responderemos? ¿Qué podemos hacer como ciudadanos de Estados Unidos para ayudar?». Todo iba fluyendo, una página tras otra. Escribí sobre el odio de Al Qaeda por la libertad, sobre la perversión que hacían de una religión tan bella, de la necesidad de evitar los prejuicios religiosos o étnicos. Pensando que podría ser de ayuda, se lo envié a John Gibson en forma de discurso.

Mientras tanto, Roger Cressey y yo fuimos desempolvando el borrador de la Directiva Presidencial sobre Seguridad Nacional y Al Qaeda, donde se autorizaba la ayuda a la Alianza del Norte en Afganistán. Lisa Gordon-Hagerty se unió a nosotros y comenzamos a elaborar también una lista de nuestros principales puntos débiles a escala nacional frente a posibles ataques terroristas, y a asignar las tareas a los distintos departamentos para comenzar a llenar las lagunas. Los trenes que transportaban mercancías peligrosas desviarían su ruta de las ciudades principales. Los aviones de fumigación agrícola se quedarían en tierra hasta que pudieran ser investigados para estar seguros de que los terroristas no los habían llenado de sustancias biológicas. Se enviaron equipos especiales de seguridad para proteger los núcleos de comunicaciones, las plantas químicas y los reactores nucleares.

George Tenet y Cofer Black (el alto responsable de antiterrorismo en la CIA) estaban empleándose a fondo, solicitando la acción de servicios de inteligencia aliados y preparándose para enviar a agentes de la CIA a Afganistán. Colin Powell y Rich Armitage estaban cambiando completamente la actitud de Pakistán, que estaba pasando de un apoyo poco entusiasta a la campaña de Estados Unidos contra Al Qaeda a la completa cooperación.

Más adelante, en algún momento de la tarde del día 12, abandoné el centro de videoconferencia y allí, paseándose solo por el gabinete de crisis, me encontré con el presidente. Parecía que quería hacer algo. Nos reunió a unos cuantos y cerró la puerta de la sala.

—Mirad —nos dijo—. Ya sé que tenéis mucho que hacer..., pero quiero que volváis a repasarlo todo, absolutamente todo, cuanto antes. Averiguad si Sadam Hussein ha hecho esto, o si está relacionado de alguna manera...

Una vez más me quedé sin habla, atónito, y se me notó.

—Pero, señor presidente, ha sido Al Qaeda.

—Lo sé, lo sé, pero... averiguad si Sadam está implicado. Intentadlo. Quiero saber el más mínimo detalle...

—Por supuesto, lo miraremos todo... otra vez —estaba intentando mostrarme más respetuoso, más receptivo—. Pero, ya sabe, hemos investigado varias veces un posible patrocinio de Al Qaeda por parte de algún Estado y no hemos encontrado ningún vínculo real con Irak. Irán tiene algo que ver, al igual que Pakistán y Arabia Saudí, y Yemen.

—Investiga a Irak, a Sadam —dijo el presidente, irritado, y se marchó.

Lisa Gordon-Hagerty se le quedó mirando boquiabierta. Paul Kurtz entró, cruzándose con el presidente cuándo éste salía. Al ver nuestras caras, preguntó:

—Pero bueno, ¿qué ha pasado aquí?

—Wolfowitz le ha convencido —dijo Lisa, moviendo la cabeza.

—No —respondí—. Oye, es el presidente. No lleva años como nosotros trabajando con el tema del terrorismo. Tiene todo el derecho a pedirnos que volvamos a investigar; y lo haremos, Paul.

Paul era el que tenía una mentalidad más abierta, así que le pedí que dirigiera el proyecto especial de coordinar a los departamentos e instancias del Gobierno para investigar de nuevo una posible vinculación de Bin Laden con Sadam Hussein. Al día siguiente presidió una reunión para determinar una postura oficial sobre las relaciones entre Irak y Al Qaeda. Todos los departamentos e instancias del Gobierno estuvieron de acuerdo en que no existía ningún tipo de cooperación entre los dos. Se envió un memorando a tal efecto al presidente, pero nunca tuvimos noticias de que le hubiera llegado.

A la semana siguiente, el presidente Bush pronunció ante la sesión conjunta del Congreso el discurso más elocuente de su carrera. Atrás quedaba cualquier inseguridad o torpeza como orador. Karen Hughes había elaborado personalmente el borrador del texto en su vieja máquina de escribir. Incluía mis preguntas y algunas de mis respuestas: quién es el enemigo, por qué nos odian...

Las semanas siguientes hubo una reunión detrás de otra. Un comité de coordinación de campaña, copresidido por Franklin Miller y por mí, desarrolló un plan estratégico para atacar a Al Qaeda. Un Comité de Alerta Interior (Domestic Preparedness Committee), presidido por el vicesecretario de Justicia, Larry Thompson, coordinó los esfuerzos de los distintos departamentos para identificar y remediar los puntos débiles de el país ante un nuevo ataque. El Gabinete y sus vicesecretarios mantenían los ojos bien abiertos. Fue una época de gran nerviosismo. Se produjeron comunicaciones falsas de comandos que iban a atacar a la Casa Blanca y bombas nucleares sobre Wall Street, pero muchas de las personas a las que ahora llegaban estas informaciones no tenían experiencia en inteligencia y no podían distinguir lo que era cierto de lo que no. El aeropuerto Reagan permanecía cerrado, pero debido a los temores de que un avión se pudiera dirigir a la Casa Blanca, estábamos en constante alerta.

Durante todo ese tiempo, no dejábamos de pensar en los muertos, en el horror. Los que se habían quedado en la Casa Blanca aquel día ya sabían en aquel momento por qué el vuelo de United se había estrellado en Pennsylvania, que aquellos heroicos pasajeros habían luchado y habían muerto, y que probablemente gracias a ello habían salvado nuestras vidas. Pero intentábamos mantener al margen las emociones para centrarnos en el trabajo que quedaba por hacer, el trabajo que nos había tenido ocupados en la Casa Blanca más de dieciocho horas al día desde aquel 11 de septiembre. Nos dijeron que se habían encontrado restos de mi amigo del FBI, John O'Neill, entre los escombros de Nueva York y que se celebraría un funeral en su ciudad natal, Atlantic City. Le dije a Condi Rice que nos tomaríamos medio día libre. Lisa, Roger y Bev Roundtree vinieron conmigo a Nueva Jersey.

Cuando terminó la misa y levantaron el ataúd de John, empezaron a sonar las gaitas y, por fin, rompí a llorar. Había tanto que lamentar. ¿Cómo había ocurrido todo esto? ¿Por qué no pudimos evitarlo? ¿Cómo impedir que volviera a suceder y librar al mundo del horror? Algún día encontraría tiempo para pensarlo y responder a todas esas preguntas.

Ese día ha llegado.

CAPÍTULO 2
TAMBALEÁNDONOS POR EL MUNDO ISLÁMICO

Sin que la mayoría de los estadounidenses (incluido su Gobierno) se diera demasiada cuenta, hace dos décadas empezó a crecer un nuevo movimiento internacional. Es un movimiento que no persigue el terror porque sí; su objetivo es la creación de una red de gobiernos que impongan a sus ciudadanos una interpretación minoritaria del Islam. Algunos de sus miembros exigen que su campaña tenga dimensión mundial. El *califato* que pretenden crear sería una teocracia severa y represiva, basada en la literalidad del Corán y el modelo social del siglo XIV. Luchan por su instauración mediante el miedo y una violencia terrible.

Para comprender por qué este movimiento escogió Estados Unidos como objetivo y por qué Estados Unidos no fue capaz de ver las repercusiones de sus propios actos, necesitamos recordar algunos acontecimientos de los últimos veinticinco años.

La historia, el hilo que nos lleva hasta el 11 de septiembre y la guerra actual contra el terrorismo y contra Irak, no empieza con Bill Clinton ni George W. Bush. Se remonta a sus dos predecesores: Ronald Reagan y George Bush padre.

En este capítulo vamos a ocuparnos, en primer lugar, de Ronald Reagan. Estaba obsesionado por enfrentarse activamente a la Unión Soviética, no sólo invirtiendo más dinero que el Ejército Rojo, sino ejerciendo la influencia militar de Estados Unidos en regiones nuevas para desestabilizar a Moscú. Sus esfuerzos para contribuir al derrumbe de la Unión Soviética dieron fruto, para sorpresa de la mayoría de los círculos oficiales en Washington. Al enfrentarse a Moscú en Afganistán, introducir el Ejército estadounidense en el Golfo Pérsico y fortalecer Israel como base para un flanco sur contra los soviéticos, Reagan abrió nuevas cuestiones. Las medidas eran indudablemente acertadas desde el punto de vista estratégico, pero los detalles de su puesta en marcha dejaron como herencia problemas e impresiones erróneas que, con el tiempo, fueron creciendo. Desde mi posición como cuadro medio de la Administración en aquella época, desempeñé un pequeño papel en cada uno de aquellos acontecimientos, que influyeron en mi idea sobre el lugar de Estados Unidos en la región.

El mundo que heredó Ronald Reagan como presidente acababa de cambiar debido a dos acontecimientos cruciales que se produjeron en 1979: la revolución iraní y la invasión soviética de Afganistán. Ambos acontecimientos dieron nuevo empuje al movimiento radical en el Islam, y arrastraron más a Estados Unidos hacia aquel mundo. Aunque en aquellos días no era más que un funcionario sin importancia, pude seguir los hechos de cerca. Nadie podía pensar entonces, a pesar de su espectacularidad, que aquellas transformaciones eran los primeros pasos de Estados Unidos hacia una nueva era en la que sus fuerzas librarían múltiples guerras en la zona y se encontrarían con el terrorismo de Oriente Próximo en su propio territorio.

Yo había llegado al Departamento de Estado en 1979 para trabajar sobre el tema del creciente poder militar de la Unión Soviética, en especial sus armas nucleares dirigidas contra la OTAN. Durante media década me había dedicado a estos asuntos en el Pentágono. Sin embargo, a finales de 1979, la Casa Blanca paralizó todas las conversaciones sobre el control del armamento nuclear con Moscú y empezó a concentrarse en el Golfo Pérsico, Oriente Próximo y el sur de Asia.

El boicot petrolífero árabe hacia Estados Unidos en 1974 había hecho que Washington viera con claridad la importancia de los recursos del Golfo Pérsico. En 1979, el mayor aliado de Estados Unidos en la región cayó violentamente derrocado por un grupo islámico radical. Y el día de Navidad, el Ejército Rojo soviético avanzó hacia el sur, en dirección al Golfo Pérsico, para invadir y ocupar Afganistán.

El Departamento de Estado estaba y está formado, sobre todo, por diplomáticos de carrera, especialistas en relaciones internacionales y asuntos regionales que pasan la mayor parte de su vida profesional en el extranjero. En 1979, la Oficina de Asuntos Político-Militares del Departamento de Estado (el *pequeño Pentágono del Departamento*) no la dirigía uno de esos especialistas, sino un antiguo columnista de *The New York Times,* Leslie Gelb. Para ayudarle a desbrozar los argumentos técnicos del Pentágono sobre el control de armas, Gelb creó una pequeña oficina de analistas militares, jóvenes y pertenecientes a la Administración civil. Yo formaba parte de ese equipo, junto con otros funcionarios que, en los veinte años siguientes, iban a desempeñar un papel constante y cada vez mayor: Arnold Kanter, posteriormente ayudante especial del presidente para la política de defensa y vicesecretario de Estado en el Gobierno de George Bush, padre; Randy Beers, que después trabajó en el Consejo Nacional de Seguridad (National Security Council, NSC) bajo cuatro presidentes; Franklin Miller, que iba a ocupar altos cargos en el Pentágono durante veinte años y luego sería ayudante especial del presidente, cargo que ocupaba cuando estuvo conmigo en la Casa Blanca evacuada el 11 de septiembre.

Tras la doble conmoción de la revolución iraní y la invasión soviética de Afganistán, a nuestro grupo de analistas político-militares le encomendaron un nuevo centro de atención: el Golfo Pérsico.

En el Golfo Pérsico, el sha de Irán había cubierto dos objetivos útiles para Estados Unidos durante la guerra fría. En primer lugar, garantizaba un suministro de crudo que no se había visto afectado por el boicot árabe. En segundo lugar, se había ofrecido a utilizar la nueva riqueza iraní para crear un Ejército moderno, «tan fuerte como el de Alemania», en el flanco sur de la Unión Soviética. El Estados Unidos de la guerra fría veía todos los asuntos de política exterior bajo el prisma del conflicto entre las dos superpotencias, igual que ahora vemos el mundo a través de la guerra contra el terrorismo. Existen paralelismos entre la guerra fría y la guerra contra el terrorismo. Ambos son conflictos mundiales, con guerras regionales, células durmientes secretas e ideologías en disputa. Además, en las dos existe la amenaza de la horrible destrucción de nuestras ciudades con armas de destrucción masiva (aunque en la guerra fría sabíamos que el enemigo poseía verdaderamente miles de armas nucleares). En ambos casos, nuestros adversarios quieren imponer su forma de Gobierno y su modo de vida a todas las naciones. Ahora, en retrospectiva, algunos (sobre todo, los nacidos después de 1970) opinan que Estados Unidos reaccionó de forma exagerada ante la amenaza de la guerra fría. Sin embargo, en aquella época parecía una lucha por la existencia, de una intensidad que ahora resulta difícil de recordar o comprender para mucha gente.

* * *

Tras la invasión soviética de Afganistán, nuestro pequeño equipo analítico empezó a recibir preguntas de los responsables del Departamento de Estado y la Casa Blanca. Parecía que se estaba construyendo una base soviética de bombarderos estratégicos en Afganistán. ¿Podrían atacar dichos bombarderos desde allí a las fuerzas navales estadounidenses en el océano Índico?, nos preguntaban. ¿Debía bombardear Estados Unidos la base afgana antes de que entrara en funcionamiento? Finalmente descubrimos que lo que se construía, en realidad, era un proyecto soviético para el desarrollo de herramientas agrícolas.

Si la Unión Soviética introducía tropas en Irán, ¿podrían éstas llegar al Golfo Pérsico antes de que las fuerzas estadounidenses organizaran un desembarco como el del día D? Sí, los soviéticos podrían llegar antes que nosotros, porque no teníamos ni fuerzas en la zona, ni un plan realista, ni la capacidad de enviar fuerzas al Golfo Pérsico; pero tampoco los soviéticos. La primera parte de la respuesta caló en los responsables de las administraciones de Carter y Reagan; la segunda parte quedó ignorada. Antes de 1979, Estados Unidos tenía escasa presencia militar en el océano Índico y el Golfo Pérsico. La excepción era una pequeña instalación naval en Bahrein, que habíamos aceptado mantener cuando se fueron los británicos.

De forma que Estados Unidos emprendió una febril campaña con el fin de desarrollar la capacidad militar necesaria para enviar fuerzas a la región y construir bases a las que enviar dichas fuerzas. Me pidieron que me reuniera con los estrategas militares estadounidenses a los que se les había asignado la tarea. No les encontré en las entrañas del Pentágono, sino al final de una ruidosa pista en una base de aviones de combate en Florida. Me esperaban en caravanas rodeadas por una alambrada, vestidos de camuflaje. Por supuesto, no tuve más remedio que preguntarles por qué.

—Nuestro nombre es Grupo Conjunto de Despliegue Rápido (Rapid Deployment Point Task Force, RDJTF) —explicó el general Robert Kingston—, así que quiero que dé la impresión de que podemos dirigirnos con rapidez a la región.

—¿Y pueden? —le pregunté.

—No, pero ahí entran ustedes. Nos tienen que conseguir varias bases —dijo Kingston sonriendo.

A varios militares compañeros suyos también les parecía un poco extraño que estuviera en una caravana y rodeado de alambradas en Tampa, y empezaron a llamarle «Bob el de las alambradas». Pero su entusiasmo y sus prisas eran contagiosos.

Mis colegas y yo nos encontramos pronto negociando en Egipto, Bahrein, Kuwait, Omán, los Emiratos Árabes Unidos, Qatar y Arabia Saudí. Ante la imposibilidad de conseguir bases, solicitamos acuerdos de «acceso» y el derecho a mejorar las instalaciones existentes. Ningún país quería ofender a la otra superpotencia dando claras facilidades al Ejército de Estados Unidos. Pero, en la mayoría de los casos, alcanzamos acuerdos que nos permitían mejorar en secreto las bases aéreas y el material bélico colocado allí, aunque sin garantías de que pudiéramos utilizarlo en caso de crisis. El caso de los saudíes fue distinto. Aceptaron la construcción de las instalaciones, pero dijeron que las iban a hacer mucho más grandes de lo que necesitaba su pequeño Ejército, un concepto que pasó a denominarse «exceso de construcción y exceso de abastecimiento». Al reino saudí llegaron miles de contratistas civiles estadounidenses, que despertaron el resentimiento de algunos musulmanes, para quienes el Corán prohibía la presencia de infieles en el país que alberga las dos mezquitas más sagradas del Islam.

Negociamos con los británicos sobre un puesto de abastecimiento de carbón olvidado desde hacía mucho tiempo en un peñón del océano Índico llamado Diego García (en años posteriores, mi homólogo de Londres y yo fuimos designados *coalcaldes* de aquella remota isla que ninguno de nosotros había visto). En 1980 preguntamos a los británicos: «¿Por favor, podríamos utilizar Diego García y tal vez ampliarla un poco?». Pronto fue un lugar desde donde podían lanzar B-52 y a punto de hundirse por el peso del material bélico estacionado.

Un año después de las conmociones de 1979, ocurrió otro suceso inesperado que involucró a Estados Unidos un poco más en la política de la región. El nuevo presidente de Irak, Sadam Hussein, lanzó un ataque preventivo contra Irán, en un intento de apoderarse de sus campos de petróleo. Es posible que además el líder iraní, el ayatolá Jomeini, hubiera provocado a Sadam al llamar a la mayoría chií de Irak a la rebelión. Al principio, Washington mantuvo la neutralidad. Estados Unidos no tenía buenas relaciones con Irak, que había estado muy vinculado a la Unión Soviética. Ahora bien, nuestras relaciones con Irán eran terribles, y cada vez peores.

El nuevo Gobierno iraní detuvo a los miembros del personal de la embajada estadounidense y los retuvo como rehenes durante un año. Después, Irán contribuyó al caos de Líbano, un país que Estados Unidos siempre había considerado amistoso y estable, un sostén prooccidental en el extremo oriental del Mediterráneo. Cuando la situación empeoró todavía más, en 1982, Ronald Reagan estaba en su segundo año de presidencia. Consideró que los acontecimientos de Líbano estaban vinculados al régimen antiestadounidense de Irán y eran una amenaza para Israel (país al que Reagan había empezado a llamar aliado), por lo que envió a los *marines* a Beirut. Con ello, Reagan inició una aventura que iba a ser desafortunada, y que daría a los terroristas la impresión de que podían atacar a Estados Unidos con relativa impunidad.

Reagan explicó al público, en horario de máxima audiencia, que íbamos a Líbano, en parte, «a causa del petróleo». Líbano no tenía petróleo. El grupo libanés Hezbolá, respaldado por Irán, reaccionó ante la nueva presencia militar estadounidense con espantosos atentados con coches bomba contra el cuartel de los *marines* y, en dos ocasiones, contra nuestra embajada. Sólo en el atentado contra el cuartel de los *marines*, murieron 278 estadounidenses.

No volvería a producirse una pérdida semejante de vidas estadounidenses por el terrorismo hasta el atentado libio contra el vuelo 103 de Pan Am, seis años después, durante la presidencia del primer Bush. Estas dos acciones fueron los atentados más letales de terroristas extranjeros contra ciudadanos estadounidenses hasta el 11 de septiembre. Durante el mandato de Clinton no hubo nada que se acercara remotamente a estos atentados en número de víctimas causadas por el terrorismo exterior. Pero ni Ronald Reagan ni George Bush padre tomaron represalias por aquellos ataques devastadores.

Después de la destrucción del cuartel de los *marines* en Beirut, los estadounidenses vieron por primera vez de qué era capaz el terrorismo en Oriente Próximo y hasta qué punto una confusa guerra civil de múltiples facciones podía arrastrarnos con ella. En el Departamento de Estado, nuestro recién creado equipo político-militar para Oriente Próximo se vio forzado a dar apoyo a la embajada asediada en Beirut. Aunque Reagan había decidido no atacar Siria ni Irán (que estaban implicados en los atentados contra los *marines* y la embajada), sí quería mantener una presencia diplomática estadounidense. Desde la sala de radio en el Centro de Operaciones, comprobábamos la situación de los diplomáticos norteamericanos que se habían refugiado en la residencia del embajador, en el barrio beirutí de Yazde.

—Yazde, Yazde, aquí Estado, cambio. ¿Cuál es su situación?

—Estado, Estado, aquí Yazde. Estamos recibiendo disparos de artillería desde unas colinas al otro lado de la calle —la voz llegaba con mucho ruido desde miles de kilómetros—. Nos vendría muy bien un poco de apoyo de Nueva Jersey.

No pedían que les enviáramos cartas de sus familias, sino que cesara el fuego del navío estadounidense que se encontraba frente a la costa. El Gobierno de Reagan había decidido disuadir de nuevos atentados con una demostración de su fuerza militar. Unos minutos más tarde, los largos cañones, devolviéndonos a la II Guerra Mundial, se volvieron hacia el este y dispararon sus famosos «proyectiles tan grandes como Volkswagens».

—Yazde, Yazde, ¿seguís recibiendo disparos desde las colinas? Cambio.

—Estado, aquí Yazde: ya no hay colinas.

Pero, a pesar de nuestra superioridad militar, no podíamos contrarrestar el fervor religioso de la facción apoyada por iraníes y sirios. Líbano parecía estar cayendo en una larga y sangrienta espiral de muerte y conflicto entre facciones; y Estados Unidos estaba mal preparado para influir en ella. Después de varios bombardeos, Reagan ordenó a las fuerzas que abandonaran el país. En todo Oriente Próximo se dieron cuenta de lo fácil que era expulsar a la superpotencia, de que Estados Unidos todavía estaba «bajo el trauma» de su derrota en Vietnam. Años más tarde, Osama Bin Laden hablaría de cómo el terrorismo había conseguido echar a Estados Unidos de Beirut, una ciudad de cuyos placeres había disfrutado antes de convertirse en un musulmán devoto.

Sobre este trasfondo de relaciones hostiles con Irán, la Administración Reagan decidió echar un nuevo vistazo a la guerra entre iraníes e iraquíes, que había estallado cuando Sadam Hussein invadió Irán en 1980 con la esperanza de aprovechar la debilidad del nuevo Gobierno revolucionario y su imposibilidad de obtener piezas de recambio de Estados Unidos para las armas que había comprado el sha. Se ha especulado con que Estados Unidos dio a Sadam luz verde para atacar Irán, tal vez con la idea de que, si capturaba la provincia petrolífera de Juzistán, seguiríamos teniendo acceso al crudo iraní, y tal vez porque Washington confiaba en que el nuevo régimen iraní se derrumbaría sin su principal fuente de ingresos. Ya entonces intenté encontrar pruebas de esa estrategia en el Departamento de Estado y a través de mis fuentes en el Pentágono y la Casa Blanca. Por lo que sé, la agresión de Sadam contra Irán fue para Washington una sorpresa equivalente a la representada por agresión contra Kuwait casi una década después.

Al poco de comenzar, la guerra entre Irak e Irán entró en punto muerto, con un elevado número de bajas en ambos bandos. Pidieron a nuestro pequeño equipo político-militar del Departamento de Estado que elaborara opciones para evitar una victoria iraní, o, como titulamos un documento, «Opciones para evitar la derrota iraquí». A medida que pasó el tiempo y se prolongó la guerra, se emplearon muchas de esas opciones. Aunque el Gobierno de Reagan no era aliado de Irak, había decidido que no podía permitir que Sadam Hussein cayera derrotado por el régimen islamista radical y antiestadounidense de Teherán.

En 1982, la Administración Reagan sacó a Irak de la lista de naciones que promovían el terrorismo. De esa forma, Irak pudo solicitar ciertos tipos de préstamos para el fomento de las exportaciones con el respaldo del Gobierno estadounidense. En 1983 llegó a Bagdad un enviado presidencial, como señal de apoyo a Sadam Hussein. Se envió con una carta del presidente a un hombre que había sido secretario de Defensa siete años antes, en un Gobierno republicano anterior. Aquel hombre era Donald Rumsfeld. No fue a Bagdad a derrocar a Sadam Hussein, sino a salvarle de una derrota probable ante el ataque iraní. Poco después vi que se empezaban a transmitir datos del Servicio Secreto estadounidense a Bagdad. Cuando Irán preparaba una ofensiva en un sector, los iraquíes se enteraban por las imágenes de los satélites estadounidenses, y Sadam contraatacaba con unas defensas reforzadas.

En 1984, Estados Unidos estableció de nuevo plenas relaciones diplomáticas con Irak. Aunque nunca le vendió armas, sí lo hicieron Arabia Saudí e Egipto, incluidas armas estadounidenses. Algunas bombas de las que habían comprado los saudíes en su programa de exceso de abastecimiento fueron a parar entonces a Sadam violando las leyes estadounidenses. No creo que los saudíes pidieran jamás permiso a Washington, pero tampoco creo que en el Gobierno de Reagan tuvieran ganas de que se lo pidieran.

Después de iniciar el envío de informaciones a Sadam, a nuestro equipo del Departamento de Estado le pidieron que pusiera en marcha la siguiente opción del plan para evitar la derrota iraquí: identificar las fuentes externas de suministros militares iraníes y presionar a esos países para que interrumpieran sus envíos. El nombre que dimos a esta tarea conjunta del Servicio Secreto y el cuerpo diplomático fue Operación Estancamiento. Pasé muchos días siguiendo la pista de envíos de armas a Irán y enviando instrucciones a embajadas estadounidenses en todo el mundo para que amenazaran a los Gobiernos con sanciones si no acababan con el tráfico de armas a Teherán. Toda aquella labor tuvo un éxito sorprendente, puesto que consiguió elevar el precio y reducir la reserva de armas al alcance de Irán.

En 1986, la guerra entre Irán e Irak se amplió con atentados contra buques petroleros. Para asegurarse de que su petróleo lle-

CONTRA TODOS LOS ENEMIGOS

gaba al mercado, Irak empezó a transportar su producto en petroleros kuwaitíes, que eran neutrales. Pero Irán no se detuvo ante la idea de atacar buques de un Estado *neutral*, y bombardeó esos petroleros. Entonces, la Unión Soviética se ofreció a enviar la Armada Roja al Golfo Pérsico para proteger los transportes de crudo iraquí. Horrorizada ante la perspectiva de una potencia de la Marina soviética en las rutas del petróleo, la Casa Blanca pidió a nuestro equipo del Departamento de Estado que propusiera una alternativa que pudiera satisfacer a Irak y Kuwait. Propusimos modificar la bandera de los petroleros kuwaitíes y cambiar sus matrículas y sus nombres para convertirlos en buques estadounidenses bajo la protección de la Armada estadounidense. Para defender a los buques estadounidenses que transportaban el petróleo de Sadam, la Marina situó grandes convoyes de buques de guerra en el Golfo Pérsico. En mi pared del Departamento de Estado localizamos en un mapa los campos de minas y la posición de los ataques contra barcos. Por primera vez, estudiamos qué se podía hacer si se producía una escalada hacia una guerra entre Estados Unidos e Irán. No se produjo, aunque ambos bandos hicieron disparos cuando los convoyes avanzaban por el Golfo (diez años después, el terrorismo me obligaría a examinar de nuevo opciones para una guerra con Irán).

De forma simultánea, el Gobierno de Ronald Reagan respondió a la amenaza de la intervención militar de la Unión Soviética en Oriente Próximo estrechando los lazos militares entre Estados Unidos e Israel. Antes de esa época, en el Departamento de Estado se daba por sentado que Estados Unidos no podía ampliar sus relaciones militares con los estados árabes y con Israel al mismo tiempo. En los años sesenta y setenta, las relaciones militares con Israel eran mínimas. Habíamos aumentado enormemente los suministros de armas tras la guerra árabe-israelí de 1973, pero los dos ejércitos prácticamente no se conocían. Ante la amenaza que representaba la Unión Soviética para el Mediterráneo oriental, el Gobierno de Reagan decidió cambiar la situación. La Administración propuso una «cooperación estratégica» con Israel, que era poco menos que una alianza militar. Con el fin de llevar la idea a la práctica, en 1983 creamos algo llamado Grupo Mixto Político-Militar (Joint Politico-Military Group, JPMG), un grupo estratégico conjunto de Estados Unidos e Israel. Primero como uno más del grupo y luego como responsable por parte de Estados Unidos, me esforcé por encontrar misiones que pudiera desempeñar el Ejército israelí en operaciones conjuntas con las fuerzas estadounidenses, en el caso de una guerra con la Unión Soviética. Mi colaborador en dicho esfuerzo fue un heroico piloto de combate israelí convertido en burócrata y estratega, David Ivry.

En 1981, los servicios de información israelíes obtuvieron datos irrefutables de que Sadam Hussein estaba construyendo el reactor nuclear Osiraq para desarrollar una bomba; y el Gobierno de Israel preguntó a Ivry qué opinaba de la posibilidad de bombardear preventivamente la fábrica. Él lo desaconsejó, aunque aseguró que su Fuerza Aérea podía hacerlo, si bien con riesgo considerable para los pilotos. Cuando el Gobierno, a pesar de todo, decidió ordenar el ataque, Ivry lo planeó personalmente. Posteriormente, Ivry siguió trabajando para sucesivos Gobiernos israelíes de diversos partidos como jefe civil permanente del Ministerio de Defensa, consejero nacional de seguridad y embajador en Washington.

Conocí a Ivry cuando el Congreso aprobó la Ley General contra el *Apartheid* (Comprehensive Anti-Apartheid Act) de 1987. Aunque la ley estaba dirigida a Sudáfrica, tenía una pequeña disposición por la que se exigía al Gobierno de Reagan que investigara qué naciones estaban enviando armas a Sudáfrica violando el embargo de Naciones Unidas. Esa misma disposición exigía que los resultados de la investigación se remitieran al Congreso, y abría la posibilidad de que Estados Unidos prohibiera la cooperación militar con cualquier Estado que hubiera violado el embargo. En el Departamento de Estado, nadie quería intervenir en la puesta en práctica de la disposición, porque, según la opinión predominante, la investigación iba a demostrar que el mayor proveedor de armas al régimen del *apartheid* era Israel. Dado que, en aquella época, yo era el subsecretario adjunto más joven en el Departamento de Estado y me encargaba del análisis de la información, la patata caliente cayó en mis manos y me pidieron que dirigiera la investigación. Reservé billete a Tel Aviv.

Sentado en el despacho de Ivry, en el corazón del Kiriat, el complejo amurallado de Tel Aviv que constituye el Pentágono de Israel, le expliqué al director general del Ministerio israelí de Defensa lo que sabía y lo que sospechaba sobre la cooperación entre Israel y Sudáfrica. Omití cualquier referencia a los rumores sobre la cooperación en armamento nuclear, pero mencioné el desarrollo conjunto de misiles balísticos de largo alcance y aviones de combate. David estaba claramente incómodo, pero empecé a pensar que no era sólo porque tenía delante a un joven norteamericano que lanzaba acusaciones contra él y su Gobierno.

—No digo que estemos haciendo eso, esos rumores que menciona usted —comenzó David—, pero necesitamos tener una industria de defensa; nuestra defensa no puede depender de otros países. Y una industria de defensa, en un país pequeño como el nuestro, tiene que exportar para sobrevivir, para controlar los costes. Nunca vendemos a los soviéticos ni a sus aliados. Hemos desarrollado nuestras propias tecnologías avanzadas de armamento. Contamos con ingenieros muy inteligentes y capacitados. Pero Estados Unidos no quiere comprar nuestras armas. Sus contratistas de Defensa impiden que el Pentágono nos compre; cuentan mentiras, dicen que lo que hemos desarrollado, en realidad, se lo hemos robado a ellos. Si se lo hemos robado, ¿cómo es posible que ellos no hayan sabido desarrollar esas mismas tecnologías: los vehículos aéreos no pilotados, las bombas inteligentes aire-tierra y otros?

Yo acababa de conocer al general Ivry, pero me pareció ver en él una faceta que no figuraba en el perfil que de él daba la CIA como endurecido piloto de combate.

—General, yo he estado en Sudáfrica. ¿Y usted?

Vaciló.

—Sí, he estado —dijo, y añadió una justificación inédita a los programas de armas—. Hay una comunidad judía muy amplia, y tenemos que garantizar su protección frente al antisemitismo.

—El antisemitismo es una cosa terrible y desagradable, general. Pude ver una pequeña muestra cuando era niño. Mi casa era la de la única familia no judía en el el barrio. Y pude ver lo que la gente le hacía al templo, los acosos, los insultos. Pero general, el *apartheid* es lo mismo. Es racismo. ¿No cree que un Gobierno fundado en el *apartheid* es un pecado?

Ivry tenía la vista fija en sus manos. En ese momento la alzó y me miró a los ojos.

—Sí, estoy de acuerdo.

Una semana después, Ivry pidió comparecer ante el gabinete israelí. Después de la reunión, el Gobierno anunció que ponía fin a toda relación militar con Sudáfrica y prohibía la importación y exportación de pertrechos entre los dos países, de acuerdo con el embargo de Naciones Unidas.

La cooperación estratégica entre Estados Unidos e Israel se puso en marcha con dificultades. Las Fuerzas de Defensa israelíes habían sido siempre un ejemplo de trabajo en solitario y nunca habían colaborado con las tropas de otro país.

Al principio, las negociaciones avanzaban con lentitud. Sugerí que podíamos realizar un ejercicio de guerra submarina.

—¿Por qué vamos a querer que encuentren ustedes nuestro submarino? —replicaron, confusos.

—Bueno, pues quizá podríamos realizar un ejercicio aéreo, parecido al de *Top Gun*.

—No, les derrotaremos y entonces sus pilotos se enfadarán con nosotros.

Sugerí que autorizaran a Estados Unidos a ubicar suministros militares en Israel para que nuestras fuerzas pudieran utilizarlos en caso de crisis con los soviéticos.

—Por supuesto. Y también los usaremos nosotros cuando tengamos una crisis.

No obstante, al final, llegamos a un acuerdo.

Mi homólogo en el Ejército estadounidense era un almirante de la Marina que, al principio, parecía saber poco de diplomacia. Cuando, en nuestra primera cena social en Tel Aviv, le preguntaron si había estado antes en Israel, el almirante Jack Darby se lo pensó un momento y respondió con un suave acento sureño:

—Bueno, depende si se cuenta cuando estaba en mi submarino. No sé si sabrán que a través del periscopio se ven muchas cosas.

Por fin, acordamos una serie de ejercicios que se fueron ampliando con el tiempo. Asimismo nos pusimos de acuerdo sobre el desarrollo de planes de guerra en caso de que la Unión Soviética emprendiera una acción militar en la región. Darby se ganó por completo al Ejército israelí y creó lazos de auténtica confianza personal. Posteriormente, cuando Jack Darby era jefe de la Fuerza Submarina estadounidense en el Pacífico, sufrió un ataque al corazón y murió mientras hacía *jogging* en Pearl Harbor. Las Fuerzas de Defensa israelíes trasladaron a toda su familia a Israel para que asistiera a la dedicación de una arboleda en medio del desierto en recuerdo de Jack Darby.

David Ivry estaba cada vez más preocupado por la posibilidad de que hubiera un ataque con misiles soviéticos, sirios o iraquíes contra Israel. Así que conseguimos convencer a Estados Unidos de que financiara el desarrollo de un sistema israelí de defensa antimisiles y de que, por el momento, desplegara sus propios misiles Patriot. Asimismo hicimos que el Pentágono evaluara el vehículo aéreo no pilotado y la bomba inteligente aire-tierra desarrollados por Israel. Los *marines* compraron el primero, y la Fuerza Aérea el segundo (años después, cuando me encontraba en la frontera iraquí con los *marines*, pude «dirigir el vuelo» de uno de dichos vehículos aéreos no pilotados sobre tropas iraquíes). Ivry también se convirtió en mi valedor ante el gabinete israelí y, a petición mía, consiguió que aceptaran las normas internacionales sobre no proliferación de misiles y armas químicas y biológicas.

Al principio de la primera Guerra del Golfo, Ivry y yo conspiramos para que nuestros Gobiernos aceptaran desplegar una unidad de Patriots del Ejército estadounidense en Israel. Hasta entonces, nunca había habido tropas extranjeras estacionadas en el país. También trabajamos para vender Patriots a Israel y para enlazar el Kiriat con los satélites estadounidenses que detectaban los misiles Scud iraquíes lanzados contra Israel. Después de la guerra, la CIA hizo circular rumores infundados de que Israel había vendido varios Patriots a China. En el Departamento de Estado, muchos que pensaban que yo estaba «demasiado próximo a los israelíes» intentaron echarme la culpa. Ivry me llamó.

—He oído que tienes problemas. ¿Te puedo ayudar en algo?

Le propuse, en broma, que invitara a Estados Unidos a enviar un equipo de inspectores a Israel para comprobar «en cualquier momento y cualquier lugar» si faltaba o se había manipulado alguno de los Patriots. Sabía que era una idea ingenua. Israel nunca iba a permitir a otro país semejante acceso sin restricciones. Pero Ivry no pensó que fuera una ingenuidad. Volvió a acudir al Gobierno en mi nombre. La posterior inspección del Ejército estadounidense llegó a la conclusión de que no había motivos para creer que Israel hubiera manipulado ni transferido ningún misil Patriot, *software*, diseños ni material relacionado. Yo quedé exculpado, pero me gané unos cuantos enemigos en la CIA y el Departamento de Estado).

El fortalecimiento de nuestra relación militar con Israel sólo se produjo cuando la Casa Blanca de Reagan se lo impuso al Pentágono y el Departamento de Estado. Era una decisión acertada desde el punto de vista militar y moral, pero es cierto que el estrechamiento de las relaciones con Tel Aviv acabó de inflamar a algunos árabes radicales y les dio motivos propagandísticos que les ayudaron a reclutar a terroristas para su causa antiestadounidense. Entre nuestra concentración en el Golfo y nuestros programas con Israel, a mediados de los años ochenta Estados Unidos tenía una presencia militar cada vez mayor en Oriente Próximo. Los *marines* aterrizaban con regularidad en Israel, los aviones de la Fuerza Aérea y la Marina utilizaban bases israelíes. Los radares de los Patriots examinaban los cielos. En Egipto, Omán y Bahrein, Estados Unidos poseía bombas y otros materiales bélicos en almacenes y búnkeres. Una gran escuadra de la Armada estadounidense surcaba el Golfo Pérsico. Reagan había dado jaque mate a los iraníes con su refuerzo de Sadam Hussein. Había consolidado nuevas relaciones con Israel y los principales Estados árabes para que el Ejército estadounidense pudiera actuar contra cualquier amenaza soviética en el Mediterráneo o el Golfo.

Todas estas acciones del Gobierno de Reagan eran defensivas. Sin embargo, lo que hizo en Afganistán fue pasar a la ofensiva, con una actuación que involucró a Estados Unidos todavía más en la zona.

A mediados de los años ochenta, cuando era subsecretario adjunto de Información en el Departamento de Estado, elaboré varios análisis sobre el coste que suponía para la Unión Soviética participar en las guerras locales en El Salvador, Nicaragua, Angola, Mozambique y Afganistán. Sólo teníamos cálculos y deducciones sobre los efectos en el presupuesto del Kremlin. No obstante, hasta los cálculos más modestos indicaban que eran una pesada carga para la economía soviética, ya en situación muy difícil. Por supuesto, ese había sido el objetivo del presidente Reagan y el director de la CIA, Bill Casey: que, al dar la vuelta a la situación, emprender la contraofensiva en las guerras locales y aumentar a toda velocidad su gasto de defensa, Estados Unidos pudiera obligar al Kremlin a una reacción que gravara terriblemente la economía soviética.

Afganistán ofreció a Reagan y Casey la mejor oportunidad para agotar a la otra superpotencia. Moscú había invertido demasiado allí. En vez de limitarse a manipular al Gobierno de Kabul y asegurar el área en torno a la capital, después de la invasión de finales de 1979 el Ejército Rojo había decidido pacificar el país. Se trataba de una gran operación para la que no estaban preparados, equipados ni entrenados. Los primeros combates sacaron a la luz los puntos débiles de las divisiones soviéticas, compuestas por reclutas, pero Moscú respondió con las fuerzas especiales Spetsnaz y tropas aerotransportadas. Empezó a utilizar helicópteros cargados de armamento y nuevos aviones de apoyo cercano, que en 1985 comenzaban a tener efectos devastadores.

Sin embargo, a pesar de su retórica, la Administración Reagan no había entregado mucho dinero a la resistencia afgana. Los analistas de la guerra de Afganistán en mi equipo iban anotando indicadores numéricos de los combates e informaciones anecdóticas sobre el espíritu de los combatientes afganos. En 1985, estaban cada vez más preocupados porque la balanza parecía inclinarse a favor de Moscú.

Mi jefe y mentor era un embajador de carrera, pero no precisamente de los más ortodoxos. Morton Abramowitz llenaba la penumbra de su despacho con el humo de su cigarro, y siempre iba dejando cenizas. No se daba cuenta de que el poco cabello que le quedaba solía estar de punta. Había salvado a cientos de miles de camboyanos cuando era embajador de Estados Unidos en Tailandia poniendo en marcha un programa de alimentos al otro lado de la frontera. Más tarde, como embajador en Turquía, sería el responsable de un programa similar para salvar a los kurdos tras la primera Guerra del Golfo. No le importaban las apariencias, sino que las cosas se hicieran.

—No me digas que estamos perdiendo, Clarke, dime qué coño podemos hacer al respecto.

Así recibió Abramowitz nuestro análisis sobre el giro de la situación en Afganistán. Nuestro análisis se centraba en que el helicóptero Hind-D era lo que había favorecido a los soviéticos. Las balas afganas rebotaban contra su chapa acorazada, y sus cohetes destrozaban los campamentos ocultos de los muyahidines.

—Tenemos que darles Stingers para que puedan derribar los Hinds —le respondí.

—Piensa en otra cosa. La CIA y el Pentágono no van a estar dispuestos a entregarles los misiles.

Mort estaba volviendo a encender la colilla de un cigarro:

—¿Quieres hacer algo? Ve a ver a tu amigo Richard Perle, el *Príncipe de las Tinieblas,* y convéncele para suelte los Stingers.

Perle era subsecretario de Defensa y desconfiaba enormemente del Departamento de Estado, que consideraba lleno de capituladores y acomodaticios en plena guerra fría. Después del golpe militar en Turquía en 1984, Perle había volado a Ankara para contrarrestar las denuncias que había hecho el Departamento de Estado en relación con la toma del poder. Su mensaje fue que se ocuparan de la inestabilidad, pero que trazaran un plan para la vuelta a un Gobierno civil. Perle sedujo a los pachás turcos, nombre que recibían los generales de cuatro estrellas. Le encantó el país, e insistió en viajar a todas partes y comprar alfombras y calderos. El Departamento de Estado me había ordenado que fuera en ese mismo viaje, para vigilar a Perle. Pero a mí también me sedujeron sus maneras y me convenció su lógica sobre la importancia estratégica de Turquía.

Ahora, a instancias de Abramowitz, utilicé mi incipiente amistad para reunirme en privado con Perle. Le pregunté sobre la oposición del Pentágono a enviar Stingers a Afganistán. Al principio lo negó, pero luego apretó el botón de un intercomunicador y le preguntó a un asistente si era verdad.

—¡Mierda! ¿Quién lo ha bloqueado? ¡Pues que se joda la CIA! —apretó otro botón y, más educado, preguntó—: ¿Puedo ver un momento a Cap?

Perle me dejó solo en el despacho durante mucho rato y bajó del cuarto piso al enorme despacho del secretario de Defensa, Caspar Weinberger, en el anillo E del tercer piso del Pentágono. Cuando volvió, su explicación fue muy sencilla:

—Cap no estaba enterado.

Yo seguía preguntándome si el hecho de que ya lo supiera ahora significaba que iba a aprobar el envío de Stingers a los muyahidines.

—Nada de Ejército estadounidense en territorio de Afganistán. Los *muyas* tendrán que ir a entrenarse a Pakistán.

Con los departamentos de Estado y Defensa y el Consejo Nacional de Seguridad a favor de enviar los Stingers, y con las fuertes presiones del Congreso, la CIA cedió. En septiembre de 1986, el entrenamiento ya estaba completado y las armas introducidas a escondidas en el país. A las pocas semanas de desplegar los misiles antiaéreos Stinger, dotados de infrarrojos, y los Javelins británicos, guiados por cable, los muyahidines elaboraron una astuta estrategia para utilizarlos en combinación con el fin de anular las medidas soviéticas de respuesta. El número de Hinds y MiG derribados fue pequeño al principio, pero luego experimentó un aumento espectacular. Cayeron más de 270 aparatos soviéticos. Hasta que se acabaron los Hinds. Los soviéticos dejaron de colocar sus tanques aéreos en situación de peligro.

Todo el programa de acción clandestino se amplió enormemente durante el segundo mandato de Reagan. Los estudios que se han desclasificado muestran que la inversión pasó de 35 millones de dólares en 1982 a 600 millones de dólares en 1987. Con escasas excepciones, los fondos sirvieron para comprar material que los servicios de información paquistaníes entregaban a los combatientes afganos. El personal de la CIA no podía entrar en Afganistán salvo en raras ocasiones.

Los analistas del Departamento de Estado no estaban autorizados a conocer los detalles del programa, ni siquiera en el caso de los Stingers. Sin embargo, sí podían ver sus consecuencias en la guerra y oían hablar de los Stingers a los afganos. En 1987, me dijeron que la balanza volvía a inclinarse a favor de estos últimos. Y pronto profetizaron que los soviéticos iban a retirarse a Kabul. Se equivocaron. En 1988, los soviéticos aceptaron retirarse por completo del país, cosa que empezaron a hacer al año siguiente.

Los servicios de información del Ejército paquistaní, con dinero de Estados Unidos, el Gobierno saudí y organizaciones *caritativas*, habían convertido a unos guerreros afganos decimonónicos y varios miles de voluntarios árabes en una fuerza que había vencido al poderoso Ejército Rojo. El Stinger había sido el factor decisivo.

Durante toda la guerra, los soviéticos se habían resistido a bombardear el santuario de los muyahidines y la base auxiliar estadounidense que constituía Pakistán. En unas cuantas ocasiones, sus aviones de combate habían traspasado la frontera, pero habían tomado muy en serio las advertencias de Estados Unidos y no habían atacado. Después del acuerdo de Ginebra, en el que se exigía la rápida retirada soviética, ocurrieron dos cosas. Primero, la base más utilizada por la CIA y los servicios secretos paquistaníes para almacenar armas destinadas a los afganos estalló de forma misteriosa, en una explosión de tremendas dimensiones. La vecina Rawalpindi sufrió sacudidas que duraron horas. Segundo, meses después, el militar que gobernara en Pakistán murió en un accidente de aviación no explicado. Nunca pude encontrar pruebas que demostraran que el KGB soviético había ordenado ambas acciones como represalia por su amarga derrota, pero siempre estuve convencido de que había sido así.

La noticia de la muerte del presidente paquistaní me llegó cuando Abramowitz y yo estábamos en la cubierta del USS *Theodore Roosevelt,* en el Atlántico. Un oficial de la Armada me dio en el casco para llamar mi atención en medio del rugido de los F-14 que estaban despegando. Nos hizo señales de que entráramos en la torre para poder hablar.

—Operaciones del Departamento de Estado acaba de llamarnos por radio. Quieren que vuelvan ustedes dos a Washington. Están preparando un avión de transporte para llevarles directamente a Andrews. Por lo visto, el presidente paquistaní ha muerto en un accidente de aviación.

Me alegré de tener un avión de transporte S-3 a nuestra disposición, pero me extrañó que el Departamento de Estado nos reclamara con tanta urgencia. Le pregunté:

—¿Qué más sabe?

—Ah, sí —replicó el oficial—. El embajador estadounidense también estaba a bordo del avión.

Abramowitz palideció. Yo me sentí como si me hubieran dado una patada en el estómago. El embajador era Arnold L. Raphel, íntimo amigo de Abramowitz y mentor mío. Había ascendido rápidamente en el Departamento de Estado y había demostrado una gran capacidad para comprender el sur de Asia y Oriente Próximo; y para arreglar los líos dejados en herencia por otros en Líbano y otros países. Pero, a pesar de sus triunfos y sus responsabilidades, Arnie (así le llamaba todo el mundo) siempre tenía tiempo para animar y aconsejar a los jóvenes y luchar contra el sexismo en el cuerpo diplomático. En años sucesivos, cuando nos tambaleábamos en Oriente Próximo de una crisis a otra, algunos nos preguntamos con frecuencia qué habría sucedido si Arnie no hubiera estado en aquel avión. El Gobierno estadounidense contaba con numerosos expertos muy informados sobre la Unión Soviética, pero con pocos altos cargos capaces de hablar urdu y farsi y, al mismo tiempo, mover los hilos en Washington.

¿Hicimos bien en armar a los afganos con Stingers y otras máquinas? ¿Fue un error involucrar a los saudíes? Muchos opinan que fueron unas políticas desacertadas, propias de la guerra fría, y que sembraron las semillas de Al Qaeda.

Incluso visto desde ahora, creo que el Gobierno de Reagan hizo bien en ayudar a los afganos y agotar la fuerza de los soviéticos. Habíamos intentado acabar con las guerras locales demostrando a Moscú que dichos conflictos podían ir en las dos direcciones. Nuestra seguridad se veía directamente afectada por aquellas luchas. En la guerra fría era mucho lo que estaba en juego. Además, pretendimos ayudar a un pueblo que había sido ocupado por un invasor llegado para instaurar un Gobierno títere. Los misiles Stinger, en su mayoría, se emplearon en la guerra o quedaron destruidos en la explosión de Rawalpindi. Algunos los volvimos a comprar. Otros desaparecieron, pero perdieron su eficacia al agotarse su batería. Los terroristas nunca los utilizaron, si bien Stinger pasó a ser el nombre genérico para los lanzamisiles de hombro antiaéreos en todo el mundo.

La intervención de los saudíes y otros Estados árabes también fue discreta. No sólo redujo el coste económico para Estados Unidos, sino que mostró a sus Gobiernos que teníamos objetivos y convicciones comunes, a pesar de nuestras diferencias sobre Israel. Ahora bien, Estados Unidos cometió, durante el mandato de Reagan, cuatro errores cuyas repercusiones vemos todavía hoy.

Primero, el hecho de que la CIA tuviera que ayudar a los afganos a través de los servicios secretos paquistaníes hizo que pudiéramos desarrollar en Afganistán menos relaciones y lealtades de las que habríamos podido establecer a cambio de los miles de millones de dólares invertidos (más adelante, en los años noventa, la CIA volvió a cometer un error similar cuando no introdujo agentes estadounidenses en el país para matar a Bin Laden y la dirección de Al Qaeda, sino que utilizó a afganos contratados).

Segundo, cuando Estados Unidos implicó a saudíes, egipcios y otros estados árabes en la lucha contra los soviéticos, buscó (o aceptó) la importación a Afganistán y Pakistán de un ejército de *árabes* sin tener en cuenta quiénes eran ni qué iba a ocurrir con ellos cuando se fueran los soviéticos. Los saudíes se encargaron de reunir el grupo de voluntarios. El jefe de los servicios de espionaje saudíes, el príncipe Turki, confió en un hombre procedente de una acaudalada familia dedicada a la construcción, que tenía lazos estrechos con la familia real saudí. Turki dio a uno de los hijos, un tal Osama Bin Laden, autoridad para reclutar, trasladar, entrenar y adoctrinar a los voluntarios árabes en Afganistán. Muchos de los reclutas eran gente desarraigada en sus sociedades. Muchos estaban vinculados a los Hermanos Musulmanes, un histórico grupo fundamentalista que amenazaba Egipto y Siria. Posteriormente, gran parte de aquellos voluntarios se integraron en la red Al Qaeda de grupos terroristas y organizaron campañas en Argelia, Egipto y otros lugares.

Tercero, la inmediata retirada de los activos y recursos estadounidenses tras la derrota soviética nos dejó con pocas posibilidades de influir en los acontecimientos sucesivos y de comprenderlos. Estados Unidos quiso disminuir el peso de Afganistán en nuestra política exterior y nuestro presupuesto de información, y abandonó prácticamente el país a su suerte (más tarde, después de nuestra invasión en 2001, también intentamos influir en Afganistán de la forma más barata posible). Tras la retirada soviética en 1989, las facciones afganas acabaron por derrotar al régimen títere y empezaron a luchar entre ellas. En la guerra civil quedaron destruidas Kabul y otras ciudades, lo cual generó una inmensa riada de refugiados que huyeron a Pakistán para sumarse a los que ya habían escapado allí durante la larga guerra contra los soviéticos. Los servicios secretos paquistaníes, a los que habíamos dado poder en Afganistán, utilizaron ese poder y esa influencia para poner orden en el caos a través de una nueva facción religiosa: los talibanes. Además, los paquistaníes facilitaron la posibilidad de que estos últimos recurrieran a los veteranos árabes de la guerra afgana, Al Qaeda, para que lucharan a su lado.

Cuarto, Estados Unidos no se esforzó en ayudar a que Pakistán comprendiera y abordara los efectos corrosivos causados en su sociedad por la mezcla de millones de refugiados afganos y los árabes ricos e inadaptados que habían llegado para quedarse. Por el contrario, preocupados por el programa nuclear paquistaní, los estadounidenses recortaron sus ayudas al país. Dicho recorte, como es natural, no acabó con el programa nuclear, pero garantizó que aquel país que estaba desplegando armas nucleares fuera una nación políticamente inestable y bajo la amenaza de un golpe de Estado de los más fanáticos.

El Ejército Rojo y la Unión Soviética sufrieron una gran transformación debido a la guerra de Afganistán. A medida que se acumulaban los cadáveres y las mentiras, la fe del ciudadano medio en el Partido Comunista disminuía sin cesar, al igual que el nivel de vida. Pero también hubo cambios en Afganistán.

La retirada del último soldado soviético se produjo en febrero de 1989, el primer mes completo del Gobierno de George Bush padre. Era cuestión de tiempo que cayera el Gobierno títere de Moscú. En Afganistán estaba naciendo una nueva estructura de poder. Los nuevos protagonistas eran los jefes tribales, que habían liderado a los combatientes; los responsables de los servicios de información del Ejército paquistaní, que les habían llevado los suministros estadounidenses; y los voluntarios árabes que habían llevado dinero y Coranes.

Éstos se reunieron en Kabul, Kandahar y Jalalabad, para reflexionar sobre lo que estaba ocurriendo en la Unión Soviética. Entre ellos estaban el saudí Osama Bin Laden, el paquistaní Jalid

Sheik Muhammad, un indonesio denominado Hambali y otros a los que no conocíamos entonces. Después de la derrota en Afganistán (y, a juicio de los árabes, debido a ella), la Unión Soviética estaba deshaciéndose. Algunos afganos y algunos combatientes árabes meditaban sobre lo que se podía hacer con dinero, Coranes y unas cuantas armas eficaces. Se podía derrocar a un Gobierno infiel. Más aún, se podía destruir una superpotencia. Acababan de hacerlo. Estábamos en 1990.

CAPÍTULO 3
MISIÓN INCOMPLETA, CONSECUENCIAS NO DESEADAS

A Charlie Allen le ardía el pelo. Así lo describió Steve Simon, entonces jefe del equipo de análisis político-militar del Departamento de Estado.

—Será mejor que hables con él. Cree que Irak va a hacerlo de verdad.

En 1990 yo me había convertido en subsecretario de Estado para Asuntos Político-Militares, escandalizando notablemente a muchos cargos del cuerpo diplomático, que pensaban que ese puesto, y muchos otros buenos puestos que yo ocupaba con jóvenes funcionarios expertos, deberían haberse reservado para miembros de su *sindicato*.

Charlie Allen despertaba gran admiración y gran rechazo en la CIA, por el mismo motivo: solía tener razón. Era una leyenda; siempre había estado involucrado en los programas más importantes, y había esquivado por muy poco el despido, porque Bud McFarlane le había arrastrado hasta Teherán en aquel infortunado viaje secreto con la tarta y el Corán. Ahora, como *National Warning Officer* (funcionario encargado de activar el Estado de Alarma), discrepaba de la opinión corporativa de la CIA en el sentido de que Irak sólo estaba intimidando a Kuwait para modificar el precio del crudo. En el análisis oficial que la CIA había entregado a la Casa Blanca se decía que nadie iba a ir a la guerra con temperaturas que alcanzaban los 50 grados. Al fin y al cabo, estábamos a finales de julio de 1990.

—¿Qué te hace pensar que es verdad, Charlie? Al fin y al cabo, ahí fuera hace 50 grados —le dije a Charlie Allen por el teléfono de seguridad para hacerle rabiar, sabiendo que la mención al análisis de la CIA le pondría nervioso.

—No creas a esos tíos. No distinguirían un T-72 iraquí ni aunque lo tuvieran aparcado junto a ellos en el aparcamiento de la CIA.

A Allen le ardía el pelo.

—En serio, ¿por qué crees que los iraquíes están tramando algo? ¿No estarán sólo intentando asustar a los kuwaitíes?

—Emcon —fue todo lo que respondió Charlie.

—¿Están operando bajo emcon? ¿Sin transmisiones por radio desde sus unidades? ¿Escondiendo sus localizaciones, sus movimientos? Eso no lo haces si estás intentando asustar a alguien.

—Lo has pillado, chaval.

Allen sabía que acababa de venderme su versión.

—De acuerdo. Intentaré reunir un Comité de Vicesecretarios, pero no hay nadie en la ciudad. Scowcroft y Bob Gates están en el Consejo Nacional de Seguridad. Baker y Eagleburger están en el Departamento de Estado. ¿Quién lo va a presidir?

Aunque no hiciera 50 grados en la capital de nuestra nación, Washington daba esa impresión, y la mayor parte del Gobierno había abandonado la ciudad.

El vicesecretario Bob Kimmit presidió la reunión de última hora de la tarde. Sólo Kimmit, Richard Haass del Consejo Nacional de Seguridad y yo parecíamos preocupados. El subdirector de la CIA, Dick Kerr, dijo que no había ninguna posibilidad de una invasión de Kuwait por Irak. El almirante Dave Jeremiah estuvo de acuerdo y rechazó mi sugerencia de mantener allí a las fuerzas estadounidenses que estaban abandonando la zona tras realizar un ejercicio. La Oficina para Oriente Próximo del Departamento de Estado tenía un informe de nuestra embajadora, April Glaspie, en el que daba cuenta de las garantías que Sadam le había dado. La reunión se terminó sin sensación de urgencia. Me fui a casa.

Steve Simon vino a verme, nos sentamos en el porche, y nos dispusimos a vaciar una botella de Lagavulin. John Tritak, entonces un destacado analista del Departamento de Estado, se unió a nosotros. Les describí lo que había ocurrido en la reunión y estuvimos quejándonos de la burocracia. Mientras servíamos la segunda ronda, sonó el teléfono. Lo cogió John.

—Tienes que volver. El Comité de Vicesecretarios se ha vuelto a convocar.

—¿Para qué?, ¿para decidir que no vamos a hacer nada otra vez? John sacudió la cabeza y sonrió.

—No, la verdad es que parece que sí hay un T-72 iraquí en el aparcamiento... de la embajada de Estados Unidos en Kuwait.

Los directivos volvieron a Washington. El presidente Bush se mostraba vacilante acerca de la respuesta que debía dar Estados Unidos. Su *alter ego* en política exterior, el secretario de Estado Jim Baker, y su secretario de Defensa, Dick Cheney, eran reacios a actuar. El consejero de Seguridad Nacional, Brent Scowcroft, sin embargo, pensaba que Irak acababa de modificar la ecuación estratégica, y que no se les debía permitir continuar. Lo mismo pensaba la primera ministra británica, Margaret Thatcher. Ambos señalaban que no había nada que se interpusiera entre el avance de las unidades del Ejército iraquí en Kuwait y los inmensos yacimientos de petróleo saudíes. Si no hacíamos nada como respuesta a la invasión de Kuwait por parte de Irak, Sadam Hussein creería que podía salirse con la suya y hacerse con los yacimientos del este de Arabia Saudí. Si eso ocurría, Bagdad controlaría la mayor parte del petróleo disponible del mundo. Impondría su voluntad a Estados Unidos.

Con reticencias, Bush y su equipo decidieron defender los yacimientos petrolíferos saudíes, y hacerlo deprisa. Necesitaban que los saudíes les dieran permiso para el despliegue defensivo, pero había algunos en el Pentágono y la Casa Blanca que pensaban que las fuerzas estadounidenses tenían que defender el petróleo saudí con o sin la aprobación de los saudíes.

La misión de convencer al Rey saudí de que aceptara a las fuerzas estadounidenses fue encomendada al secretario de Defensa Dick Cheney. Reunió a un equipo pequeño, que incluía al vicesecretario de Defensa Paul Wolfowitz, al Jefe del Estado Mayor Norman Schwarzkopf, a Sandy Charles, del Consejo Nacional de Seguridad, y a mí, que entonces era vicesecretario de Estado para Asuntos Político-Militares.

Nuestro viejo avión aterrizó en las Azores, en mitad del Atlántico, para repostar. Mientras se cargaba el combustible, condujimos hasta lo alto de una colina para contemplar la pequeña isla de noche. Estuve charlando con Schwarzkopf, que era un personaje poco conocido en Washington. Su Estado Mayor en Tampa se consideraba generalmente un lugar bastante remoto, el menos importante de los grandes centros militares. Pese a ello, tras pasar algún tiempo con él en Tampa ese año, a mí había llegado a gustarme aquel general con pinta de oso. Mientras me preguntaba cómo creía yo que iba a ir el viaje, miramos las luces de las Azores. De repente, un corte en el suministro eléctrico sumió la isla en la oscuridad.

—Bueno, esperemos que el viaje mejore después de esto —respondió Cheney.

Era de noche cuando aterrizamos en la tórrida ciudad de Jiddah y nos dirigimos al Palacio Real. Los príncipes saudíes estaban sentados en el lado opuesto de la gran estancia; el Rey estaba en el vértice de la sala de audiencias dispuesta en forma de U. Para ser una reunión nocturna en Jiddah en agosto, había un gran número de miembros de la familia real.

Como habíamos acordado durante el vuelo, Cheney comenzó diciendo que pensábamos que el reino podía estar en peligro. Las fuerzas iraquíes podían seguir hacia el sur desde Kuwait y hacerse también con los yacimientos saudíes. No había nada que les detuviera. Cedió entonces la palabra a Schwarzkopf, que puso en pie un caballete sobre el que fue colocando fotografías del satélite y mapas. Durante nuestro ensayo en el avión yo había temido que nuestro informe no resultara convincente. Volví a pensarlo entonces, al oírlo de nuevo: no teníamos ninguna prueba de que Irak tuviese la intención de seguir adelante, aunque yo creía que era posible, ahora o en el futuro.

Cheney concluyó la presentación prometiendo que las fuerzas estadounidenses vendrían sólo a defender el reino. El presidente Bush quería que el Rey supiera que tenía su palabra de que las fuerzas estadounidenses se marcharían en cuanto hubiera cesado la amenaza, o cuando se lo ordenara el Rey.

Éste se dirigió a sus hermanos para solicitarles su opinión. A pesar de nuestra presencia, se abrió un debate sobre la idea de tener tropas estadounidenses en el territorio del reino. «Nunca se marcharán», dijo uno de los príncipes en árabe. Nuestro intérprete nos susurraba la traducción. «Viola los principios del Corán», dijo otro. El debate parecía discurrir en nuestra contra. Entonces nos enteramos de que el Rey acababa de recibir un informe según el cual una unidad de la Guardia Nacional saudí había tropezado con una fuerza militar iraquí en las inmediaciones de la frontera saudí, que estaba mal señalizada. Quizá sí fueran a seguir adelante. El equipo de Cheney empezó a preguntar si deberíamos pernoctar allí.

Sentado junto al Rey y traduciendo lo que nosotros decíamos en inglés estaba el embajador en Estados Unidos y sobrino del Rey, el príncipe Bandar. Bandar había salido horas antes que nosotros utilizando su propio avión. Favorito del Rey, mimado por la élite social de Washington, Bandar estaba de acuerdo en que era necesario desplegar fuerzas estadounidenses, y había tratado de convencer de ella al Rey antes de la reunión. La tensión en la sala, tanto entre los estadounidenses a un lado de la habitación como entre los príncipes saudíes a quince metros de nosotros, era casi eléctrica. Ninguno de los dos grupos sabía lo que el Rey diría a continuación, pero todos sabíamos que, dijera lo que dijera, sus palabras tendrían enormes consecuencias en los años venideros.

Girándose hacia la derecha, el Rey dio literalmente la espalda a sus hermanos y miró directamente a Cheney.

—Confío en el presidente Bush. Dígale que haga venir a su Ejército, que vengan con todo lo que tienen, que vengan deprisa. Tengo su palabra de que se marcharán cuando esto haya acabado.

Siguió un largo monólogo sobre todo lo que él y su familia habían construido en el reino desértico, convirtiendo a un atrasado conjunto de tribus nómadas en una nación moderna. No estaba dispuesto a dejar que Sadam se lo robase.

Cuando nos preparábamos para abandonar el palacio, Cheney convocó un encuentro. Los estadounidenses formamos un apretado círculo en la entrada.

—Caras de póquer al salir de aquí. Todas las cámaras van a estar enfocándoos las caras para ver qué ha decidido el Rey. No dejéis que Sadam lo sepa. Si piensa que vamos a entrar, puede que se apresure y se haga con los yacimientos antes de que podamos llegar hasta allí.

Pero cuando se abrieron las puertas del palacio, la humedad era tan intensa que las gafas se nos empañaron inmediatamente.

En lugar de poner caras de póquer, el equipo estadounidense salió dando trompicones hacia sus coches, limpiándose las gafas, con aspecto confundido.

Los príncipes saudíes salieron por otra puerta. A algunos de ellos se les había ocurrido una alternativa a los estadounidenses. Sin que éstos lo supieran en ese momento, un saudí se había puesto en contacto con el jefe de inteligencia, el príncipe Turki. Se trataba del saudí que había reclutado a árabes para luchar en la guerra de Afganistán contra los soviéticos: Osama Bin Laden.

En 1989, al terminar la guerra de Afganistán, Bin Laden había regresado triunfante a Arabia Saudí. El príncipe Turki, por lo visto, le había pedido que organizara una resistencia fundamentalista basada en la religión contra el régimen comunista del sur de Yemen (los contactos que Bin Laden estableció entonces en Yemen resultarían más tarde valiosos para Al Qaeda). Bin Laden también había mantenido organizados a algunos de los combatientes afganos árabes. Cuando Kuwait fue invadido, se los ofreció al Rey para defender Arabia Saudí, y sacar a Sadam de Kuwait. Después de que abandonáramos el palacio, quizá Bin Laden fuera informado de la decisión del Rey.

Su ayuda no iba a ser necesaria. Él no se lo podía creer: dejar que los infieles entraran en el Reino de las Dos Mezquitas iba en contra de las creencias de la rama wahabí del Islam. Un gran número de soldados estadounidenses en el reino violaría los preceptos del Islam, pensaba el hijo del magnate de la construcción. Nunca se marcharían. Temía que el Rey hubiera cometido un error fatal, pero no cortó relaciones con el régimen. Siguió con su trabajo, transformando su organización tapadera, la Oficina Afgana de Servicios, en una red que vinculaba a los veteranos de la guerra de Afganistán en Argelia, Chechenia, Bosnia, Egipto y Filipinas.

De regreso al palacio de invitados, Cheney intentó informar al presidente. Su personal tuvo problemas para instalar un teléfono de seguridad, y luego descubrió que era incompatible con el sistema del Despacho Oval. Cuando por fin se estableció la comunicación, alguien informó al ayudante militar de Cheney de que el presidente se encontraba en una reunión. Incrédulo ante los retrasos, Cheney perdió su fachada de hombre imperturbable y finalmente estalló:

—Bueno, pues sácalo de la reunión —dijo—. Puede que estemos entrando en guerra.

Schwarzkopf estaba teniendo más suerte con su teléfono. Estaba hablando con Tampa.

—Preparen la 82ª División Aerotransportada y los cazas tácticos —ordenó. Al parecer, le preguntaban cuántos aviones—. Los que prevea el plan —respondió.

El plan, que casualmente CENTCOM acababa de poner en práctica como juego de mesa, hablaba de cientos de aviones. Era impreciso respecto a dónde tendrían su base y a cómo organizarlos.

Los saudíes estaban ansiosos porque involucráramos a otras naciones árabes. Cheney voló a El Cairo para persuadir al líder egipcio Hosni Mubarak de que enviara tropas a Arabia Saudí. Wolfowitz y yo volamos a Bahrein, Abu Dhabi y Salalah para solicitar permisos para el aterrizaje de aviones en bases aéreas de los países menores del Golfo. En los Emiratos Árabes Unidos, fuimos recibidos por el espectáculo poco frecuente de los emires de los siete estados federales sentados juntos bajo la dirección del presidente Zayed. Pensaban que les íbamos a pedir permiso para el aterrizaje de 48 aviones. Cuando pedimos permiso para doscientos, se pudo oír cómo contenían la respiración. Zayed, sin embargo, llevaba semanas intentando advertir a Estados Unidos de que Sadam iba a invadir Kuwait. Una semana antes había solicitado que la aviación acorazada estadounidense ayudara a su propia aviación a defender los yacimientos de los Emiratos del ataque iraquí. Ahora sabía que esta vez Estados Unidos iba en serio, y ordenó la construcción inmediata de más zonas de apoyo a la aviación de combate.

En Bahrein, el emir se mostró igualmente asombrado por el tamaño del despliegue aéreo que proponíamos.

—Claro que pueden ustedes venir —dijo—. Pero no hay sitio suficiente en el aeropuerto, y mi base aérea sigue en construcción.

Nos ofrecimos a terminarla.

Encontramos al Sultán de Omán en una fortaleza del siglo xv cerca del mar, en Salalah, enganchado a la CNN. Cuando se volvió hacia nosotros, estaba claro que sabía por nuestras anteriores escalas que íbamos a pedirle permiso para desplegar un gran contingente militar.

—Claro que pueden venir todos —nos dijo con una sonrisa. Como graduado de la academia militar británica, era un estratega. Además, le encantaban los aviones—. ¿Van a traer el Stealth? ¿Podré volar en él?

A medida que recibíamos permiso para alojar a la aviación estadounidense en los países del Golfo, íbamos pasando la información rápidamente a Schwarzkopf. La aviación ya había abandonado Estados Unidos. Ahora, al sobrevolar Dhahran, saliendo del Golfo, podíamos ver transportes pesados estadounidenses aterrizando con las unidades de municionamiento de la 82ª Aerotransportada. Estaban equipados con rifles, y sólo disponían de las balas que llevaban encima. Schwarzkopf los llamaba «bandas de frenado», por si Irak seguía adelante.

Escuchando por los cascos, oímos cómo los escuadrones de aviones de combate que iban entrando llamaban a los aviones AWAC que sobrevolaban Arabia Saudí en círculos.

—Centinela, aquí Tango Foxtrot 841 con doce pájaros, ¿dónde se supone que tenemos que aterrizar exactamente?, ¿en qué país?

A lo largo de toda nuestra ruta de regreso, a través del Mediterráneo y luego del Atlántico, oímos la charla de cientos de aviones militares estadounidenses que formaban un puente desde sus bases estadounidenses hasta el reino de Arabia Saudí y los Estados del Golfo. Los acuerdos de acceso y maniobra que habíamos logrado para detener a la Unión Soviética estaban poniéndose en práctica por primera vez para detener a Irak.

En los meses siguientes, el presidente Bush y el secretario de Estado Baker pusieron en marcha un *tour de force* diplomático. Crearon una coalición de consenso de más de cien naciones, muchas de las cuales aceptaron enviar tropas para defender Arabia Saudí y los Estados del Golfo. Mi trabajo era coordinar las solicitudes de unidades militares y encontrar sitio para la enorme y babélica fuerza militar que se dirigía al Golfo: franceses, sirios, egipcios, unidades de Suramérica y de Centroamérica, de África y de Asia. En un momento dado, cuando le dije a Cheney que los australianos habían decidido enviar aviones F-111, levantó los brazos en señal de frustración.

—Dick, no queda sitio para más aliados —dijo—. Deja de pedirles que vengan.

La actitud de Cheney de entonces presagiaba la que adoptaría doce años más tarde: podemos ocuparnos militarmente de Irak nosotros solos, y todos los demás no hacen sino crear más problemas de los que solucionan.

Bush y Baker, por el contrario, sabían que la idea de un Ejército estadounidense en guerra contra una nación árabe podía causar un daño enorme a la imagen de Estados Unidos en el mundo musulmán. Creían que la única manera de vacunarse contra ese daño era con un esfuerzo diplomático extraordinario, sin precedentes, para construir una coalición. Los dos pasaron largas horas al teléfono durante meses, construyendo y manteniendo unida la ecléctica coalición. Sabían que para que esa alianza se mantuviera firme, tenían que demostrar que se habían tomado tiempo, y que habían dado a Irak todas las oportunidades para evitar la guerra. No bastaba con dar esa impresión, sino que además había de hacerse un esfuerzo real y exhaustivo para lograr una solución pacífica. Sólo entonces las fuerzas estadounidenses podrían iniciar un ataque, junto con los ejércitos de siete naciones árabes. Sus históricos esfuerzos contrastan claramente con la política de voy-yo-solo, nada-evitará-la-guerra puesta en práctica por George W. Bush y Dick Cheney doce años después.

Cuando los esfuerzos diplomáticos de Bush y Baker fracasaron en su intento de persuadir a Sadam Hussein de que abandonara Kuwait, el plan cambió, pasando de la defensa de Arabia Saudí a la invasión de Kuwait. Los saudíes apoyaron el plan ofensivo, temiendo las consecuencias en su propio país si cientos de miles de soldados estadounidenses tenían que quedarse en su territorio durante años para defender el reino de una posible invasión iraquí.

Los iraquíes esperaban un asalto frontal sobre Kuwait, apoyado por un desembarco anfibio por parte de los *marines*. Yo también lo esperaba, hasta finales de noviembre de 1990, cuando Schwarzkopf me pidió que volara alrededor del Golfo para visitar a las unidades estadounidenses pronunciando discursos sobre la guerra inminente y sobre por qué debíamos combatir. Estaba una noche con la 101ª División Aerotransportada en un campamento avanzado en el desierto cuando me enteré de que se había planeado una trampa. Después de mi discurso, el quinto de un día muy largo, el general que estaba al mando de la división y yo nos encontrábamos en la fila del comedor con las tropas, y luego nos sentamos solos en una mesa en el exterior.

—¿A que son unas tropas magníficas? —me preguntó el general mientras nos comíamos unas judías con tomate.

—Sí, pero me pone enfermo pensar que muchos de los chavales con los que he estado hablando hoy van a morir en pocas semanas —admití.

El general pareció sorprendido.

—Joder, Dick, el Avemaría cogerá a Sadam desprevenido. Le vamos a hacer una envolvente antes de que sepa qué le está pasando. Estará todavía esperando a que lleguen los *marines*, cosa que nunca va a ocurrir.

Le pedí al general que me lo explicara sobre la arena. Dibujó un elocuente gancho a la izquierda desde Arabia Saudí hasta el interior de Irak, que atacaría a los iraquíes que estaban en Kuwait desde la retaguardia. La 24ª División de Barry McCaffrey (la misma que doce años después, rebautizada como la 3ª de Infantería, alcanzó Bagdad en sólo tres semanas) dirigiría el viraje. Sonreí.

—Bueno, general Shelton, si conseguimos que eso nos salga bien deberíamos ser capaces de eliminar al Ejército de Sadam de una vez por todas.

Hugh Shelton me devolvió la sonrisa.

—Ésa es la idea.

Shelton no tenía entonces ningún miedo de que las botas llegaran a pisar Irak. Cuando llegara el momento de que las botas pisaran el suelo de Afganistán en 1999, sería presidente de la Junta de Jefes de Estado Mayor, y su opinión sería otra.

A petición de Schwarzkopf, había colocado a parte de mi personal en su búnker de Riad. Schwarzkopf les pidió que se vistieran con uniformes de camuflaje, aunque eran civiles. Solicitó de uno de mis hombres, John Tritak, que acababa de terminar un curso de Estudios Bélicos en el King's College de Londres, que dirigiera una serie de seminarios para sus comandantes de mayor rango sobre cómo terminan las guerras. Tritak explicó la lógica de la «rendición incondicional», sobre la que insistía Churchill en la II Guerra Mundial. Mi personal en Riad también proporcionaba a Schwarzkopf informes extraoficiales sobre las maniobras burocráticas de Washington. Lo que Schwarzkopf también sabía era que mis hombres, a su vez, me mantenían bien informado sobre sus planes.

En cuanto comenzó la fase aérea del ataque estadounidense, los misiles iraquíes cayeron sobre Israel. Los informes iniciales que me llegaban en el Centro de Operaciones del Departamento de Estado hablaban de nubes químicas saliendo de los misiles. En caso de que eso fuera cierto, yo sabía que no podríamos reprimir una respuesta israelí. Seymour Hersh cuenta en su libro *The Samson Option* que Israel llegó a preparar misiles para lanzarlos contra Irak en este periodo, y lo hicieron de una manera que fue detectada por Estados Unidos. Los Patriot en Israel fueron lanzados contra misiles iraquíes, pero llegaron a tierra de todos modos. Mi homólogo israelí, David Ivry, me contó sus planes de enviar a su Fuerza Aérea al oeste de Irak para eliminar las lanzaderas de misiles iraquíes. Si eso ocurría, si se convertía en un ataque contra Irak por parte de Estados Unidos y de Israel, la coalición árabe-estadounidense podría romperse antes incluso de que comenzaran los combates terrestres.

Mi personal en Riad estaba informando de que Schwarzkopf se negaba a sacar a los aviones estadounidenses de sus misiones de bombardeo programadas para buscar misiles iraquíes en el oeste. Utilicé mi canal de comunicación no autorizado con Schwarzkopf y le llamé.

—Norm, me dijiste que te llamara directamente en cualquier momento que lo necesitase. Bien, lo necesito. Estoy oyendo que no tenemos muchos activos intentando localizar a los Scuds. Los israelíes están a punto de volverse locos.

—Que se vayan al infierno: ni un solo israelí ha muerto por los Scuds —respondió furioso Schwarzkopf—. Esos bichos no son más que petardos gigantes. Las misiones de bombardeo que estoy dirigiendo están eliminando unidades iraquíes que matarán a tropas estadounidenses si esos iraquíes siguen vivos cuando comiencen los combates terrestres.

Tenía razón: ni un solo israelí había muerto hasta entonces, y era cierto que necesitábamos bombardear a las tropas iraquíes en primera línea. También estaba equivocado: si no hacíamos algo con los Scuds, los paracaidistas israelíes serían las primeras tropas en entrar en Irak.

Cheney y Powell ordenaron a Schwarzkopf que desviara algunas misiones de bombardeo para ir a la caza de los Scuds. Una misión diplomática a Israel a cargo del vicesecretario Larry Eagleburger, y las promesas de que las fuerzas estadounidenses acabarían con las lanzaderas de misiles Scud, lograron persuadir a Israel de que se reprimiera (las misiones de localizar y bombardear a los Scuds fracasaron y no destruyeron un solo misil iraquí).

Una vez comenzados los combates terrestres, el plan de Schwarzkopf funcionó a la perfección. Las unidades iraquíes comenzaron a escapar de Kuwait. Mientras tanto, McCaffrey condujo a su división más lejos y más deprisa de lo que ninguna unidad estadounidense había logrado avanzar jamás en combate, colocándose en su posición para cortar la retirada iraquí desde la retaguardia. Pero entonces el tono belicista de la información que daban los medios estadounidenses empezó a cambiar: la televisión emitía informaciones sobre masacres de tropas iraquíes en retirada realizadas por la aviación estadounidense. Se entrevistaba al lado de sus aviones a pilotos que regresaban, y hablaban de «fuego expeditivo».

La versión de Schwarzkopf era que estos iraquíes en retirada eran unidades de combate con sus equipos intactos, en busca de nuevas posiciones. Los iraquíes que habían abandonado sus armas no estaban siendo atacados por la aviación estadounidense. Las unidades que estaban reposicionándose, sin embargo, eran una amenaza. Eran las divisiones de élite de la Guardia Republicana con los mejores equipos de los que disponía el Ejército iraquí. Podían reincorporarse al combate en cualquier momento. Schwarzkopf quería que McCaffrey y los ataques aéreos los eliminaran. Washington no opinaba lo mismo. La guerra estaba llegando a su hora número 100, Irak estaba abandonando Kuwait, y no tenía sentido arriesgarse a una cobertura informativa adversa en Estados Unidos. Schwarzkopf recibió la orden de parar. Aunque en sus memorias escribe que estuvo de acuerdo con la orden, no es ésa la impresión que obtuvieron algunos en su centro de control, que estaban sentados junto a él y hablando conmigo por el teléfono de seguridad.

Sobre el terreno, McCaffrey estaba anonadado. Unas pocas horas más y podía haber eliminado cualquier amenaza futura de Irak contra cualquiera, destruyendo las divisiones de la Guardia Republicana. Sin ellas, las posibilidades de que Sadam fuera derrocado hubieran aumentado. Mucha gente en Washington, sin embargo, había llegado a dar por sentado que el Ejército iraquí acabaría con Sadam el aventurero en cualquier caso, una vez terminada la guerra.

Schwarzkopf fue enviado a negociar una rendición con generales iraquíes en Safuán, cerca de Kuwait. Un equipo de trabajo conjunto Estados Unidos-Reino Unido dirigido por mí había estado discutiendo los términos propuestos de la rendición, incluyendo la destrucción del armamento pesado de las divisiones de la Guardia. En las conversaciones de Safuán, sin embargo, se permitió que las unidades iraquíes se retirasen intactas. A petición de los iraquíes, la prohibición de volar se modificó para permitir que el Ejército iraquí utilizara sus helicópteros. Las fuerzas estadounidenses que se encontraban en el interior de Irak se retirarían, aunque las unidades iraquíes no podrían estacionarse cerca de la frontera kuwaití.

Estados Unidos nunca tuvo un plan para marchar sobre Bagdad, ni hubo nadie en Washington que defendiera que había que hacer tal cosa. Las naciones árabes cuyo aporte de tropas a la coalición era mayor (Arabia Saudí, Egipto, Siria) no tenían ganas de ver tropas estadounidenses ocupando un país árabe, ni tampoco de ver a la mayoría chií tomando el control de Irak y montando un régimen proiraní. De modo que los saudíes y los egipcios habían apoyado la resolución del Consejo de Seguridad de Naciones Unidas, que autorizaba solamente la liberación de Kuwait.

La Administración Bush también se arredraba ante la enorme tarea de ocupar Irak. ¿Cuánto costaría eso? ¿A qué iraquí pondríamos al frente? ¿Qué haríamos con la mayoría chií en Irak? Si se les dejara hacer a ellos, pensaban, el Ejército iraquí escogería sin duda a algún general suní, pero a uno que sería menos peligroso que Sadam. Después de todo, esta derrota en Kuwait seguía muy de cerca a aquella otra en la larga guerra contra Irán, que había comenzado también por el deseo de Sadam de extender su territorio hacia los yacimientos de petróleo de otra nación. Los iraquíes ahora sufrían cientos de miles de muertes por su locura. La Casa Blanca de Bush estaba convencida, equivocadamente, de que Sadam no duraría.

Durante la posguerra, por supuesto, Sadam no fue derrocado. Bien al contrario, utilizó las unidades que le quedaban de la Guardia Republicana para masacrar a aquéllos que se alzaron contra él, notablemente a los chiíes, a los «árabes de las marismas» del sur, y a los kurdos del norte. Los helicópteros iraquíes localizaban y acababan con los rebeldes. Las fuerzas estadounidenses no hacían nada al respecto. Años después, los chiíes recordarían cómo Washington les había llamado a sublevarse para luego no hacer nada mientras los asesinaban.

Puede argumentarse, y se ha hecho bien, que Estados Unidos debería haber seguido en guerra un día o una semana más para destruir a la Guardia Republicana, como era la intención inicial. Para mí estaba claro entonces y lo está ahora que se necesitaban 72 horas más de combates. Después de todo por lo que habíamos pasado, necesitábamos asegurarnos de que el Ejército iraquí no era lo bastante fuerte como para suponer una amenaza futura, o íbamos a tener que mantener a nuestros militares en Arabia Saudí indefinidamente.

Hay incluso algunos que creen, equivocadamente, que deberíamos haber seguido hasta Bagdad. Entiendo por qué lo dicen, pero continuar hasta entrar en Bagdad hubiera hecho trizas la coalición y habría cargado a Estados Unidos con el peliagudo equipaje de un Irak ocupado. Lo que no entiendo es cómo puede haber gente que defienda la decisión de la Administración Bush de no hacer nada y dejar que la Guardia Republicana perpetrara un asesinato en masa de chiíes y kurdos. Estaba al alcance de nuestra mano el seguir bombardeando los objetivos del régimen y de la Guardia Republicana. Nuestros socios árabes de la coalición, y el mundo en general, habrían tenido que respetar la decisión estadounidense de retomar las hostilidades con el propósito limitado de detener la matanza. Si hubiéramos bombardeado a la Guardia Republicana y defendido a los chiíes y a los kurdos, el cálculo de Bush de que Sadam Hussein caería sin que tuviéramos que ocupar Bagdad podría haber resultado acertado. Como no lo hicimos, se cometió un escándalo moral y Sadam Hussein siguió en el poder; y Estados

Unidos tuvo que mantener tropas en Arabia Saudí para defenderlo contra un nuevo ataque sobre Kuwait por parte de una Guardia Republicana reconstruida.

* * *

Las armas de destrucción masiva no se habían mencionado apenas en la justificación de la guerra. A pesar de ello, antes del final de la guerra, mi equipo de trabajo británico-estadounidense para el periodo de posguerra se había concentrado en eso. Propusimos una Comisión Especial, dirigida por Naciones Unidas, que exigiría a Irak la destrucción de sus programas químicos, biológicos, nucleares y de misiles. La ONU la llamaría Comisión Especial de Naciones Unidas, (United Notions Special Commission, UNSCOM).

Después de la guerra, me puse a desarrollar planes para que la UNSCOM tuviera una base avanzada en Bahrein, equipos de varios aliados, y personal experto proveniente en su mayor parte de Estados Unidos y del Reino Unido. Le pedí a Bob Galluci, que había estado dando clases en la Escuela Superior de Guerra, que formara parte de la Comisión como el estadounidense más importante, ocupando el cargo de subdirector de la misma.

Aunque UNSCOM pudo ver un montón de armas químicas y algunos misiles, la inteligencia estadounidense y británica señalaba que Irak escondía otros programas, sobre todo su esfuerzo por reunir armas nucleares. Equipos de Naciones Unidas encontraron un enorme centro de investigación y desarrollo de armas nucleares, del que la CIA no había tenido noticia ni antes ni durante la guerra. Así que nunca había sido bombardeado. El programa estaba mucho más avanzado de lo que la CIA creía.

Antes de la guerra, la inteligencia israelí había informado con carácter urgente de que Irak estaba cerca de desarrollar un arma nuclear. Bajo presión de los analistas de la CIA, sin embargo, Israel se había negado a corroborar sus acusaciones con pruebas, o a revelar sus fuentes de información. Ahora empezaba a parecer que Israel podía haber tenido razón.

Entonces recibimos un informe de que los documentos relativos al programa nuclear iraquí habían sido retirados y escondidos en el Ministerio de Agricultura. Trabajando a través de la Comisión Especial, nosotros y los británicos planeamos abiertamente una inspección en un lugar próximo, que en el último momento se convertiría en una redada sorpresa contra el Ministerio. Las fuerzas especiales británicas y estadounidenses se camuflarían entre los inspectores y destruirían los cerrojos y abrirían los archivos antes de que los iraquíes pudieran reaccionar. Sabíamos que el plan tenía un problema: cómo saldrían de allí los inspectores una vez que descubriéramos los documentos sobre las bombas nucleares. Galluci y yo acordamos llegar una situación de punto muerto: los inspectores de Naciones Unidas no abandonarían el lugar ni entregarían los documentos. Mientras tanto, Estados Unidos prepararía una nueva campaña de bombardeos. Le di a Galluci un teléfono vía satélite y le prometí que lo utilizaríamos para ordenarle que dejara los documentos y se alejara de la zona antes del comienzo de los bombardeos.

La redada funcionó. Se encontraron documentos con información sobre armas nucleares antes de que los iraquíes se percatasen de lo que estaba pasando. Pero las unidades de seguridad iraquíes llegaron deprisa, y rodearon el Ministerio. Exigieron que se les devolvieran los documentos. Galluci se negó, y a eso siguió el punto muerto que habíamos anticipado. Cuando Galluci llamó por el teléfono vía satélite, le di los números de teléfono de las cadenas de información televisiva, que le entrevistaron en directo durante el punto muerto. El consejero nacional de seguridad Brent Scowcroft aprobó un plan para reiniciar los bombardeos y se lo envió al presidente. Scowcroft parecía contento ante la perspectiva de nuevos bombardeos, creyendo quizá que podía crearse otra oportunidad para que el Ejército iraquí derrocara a Sadam. Los objetivos eran las unidades especiales de la Guardia Republicana y otras unidades que apoyaban a Sadam.

Galluci volvió a llamarme desde el aparcamiento de Bagdad al Centro de Operaciones Especiales. Le dije lo orgullosos que estábamos todos:

—Bob, esto funciona. Estuviste genial en CNN. Recuerda: «¡El mundo está mirando!».

Tanto Galluci como yo habíamos protestado contra la guerra de Vietnam en los años sesenta.

—Sí, lo recuerdo bien —susurró Bob por el teléfono vía satélite—. Pero Dick, hemos encontrado aquí la pistola humeante. Estos tíos casi tienen la bomba. Los iraquíes nunca me dejarán salir de aquí con este documento.

Los traductores de árabe del equipo de inspección habían encontrado el informe anual del programa de armas nucleares y lo habían traducido al inglés. Revelaba que el diseño estaba terminado y que el material enriquecido pronto estaría disponible en cantidad suficiente para llevar a cabo la primera explosión nuclear. Antes del estallido de la guerra, científicos iraquíes estimaban estar a menos de un año de esa detonación.

—Bueno, ¿puedes enganchar un fax al teléfono? Tenemos que enseñarle las pruebas al mundo, a Naciones Unidas.

Podía saborear el éxito, pero seguía habiendo riesgos. El punto muerto en el aparcamiento vallado podía írsenos de las manos. Los iraquíes que lo rodeaban iban bien armados.

—No. El fax no funciona con el teléfono vía satélite —Galluci y su equipo ya habían examinado las opciones—. Tenemos lo que llaman una cámara digital, sin película, pero tampoco conseguimos que eso funcione del todo bien.

Las cámaras digitales eran aún algo muy nuevo para nosotros.

—Vale, Bob, conoces bastante bien a Beverly Roundtree; trabajasteis juntos en la PM, ¿no? —dije. Mi ayudante, Bev, había trabajado con Galluci cuando dirigía un departamento de la Oficina Político-Militar—. Es capaz de escribir al dictado durante horas. Te la voy a poner al teléfono.

En efecto, nos llevó horas. Con las cámaras de todo el mundo y las pistolas de los iraquíes apuntando al equipo de UNSCOM, los inspectores se fueron turnando para leerle a Beverly Roundtree el documento que estaba sobre la mesa del presidente y del secretario general de Naciones Unidas cuando llegaron a trabajar por la mañana. Cuando ellos estaban llegando, Beverly abandonaba el Centro de Operaciones del Departamento de Estado y se iba a casa a dormir.

Enfrentado a la perspectiva de reiniciar los bombardeos, sin embargo, el secretario de Estado Baker regresó a Washington y convenció al presidente Bush de que aceptara una solución negociada al punto muerto. Baker tenía mucha influencia sobre Bush. Tenía un teléfono sobre la mesa de su despacho en el Departamento de Estado que le conectaba directamente con el Despacho Oval. Por lo que yo pude observar, Baker no vacilaba a la hora de hacer llamadas desde ese teléfono. En privado, Baker no trataba a Bush con toda la deferencia que un secretario de Estado suele otorgar a un presidente. Él pensaba que había hecho presidente a Bush a través de sus propias maniobras políticas.

Baker además dudaba a veces de las habilidades de Bush. En una cumbre de la OTAN en Londres a principios de la legislatura, Baker me dejó asombrado al venir a sentarse a mi lado en el auditorio, mientras yo escuchaba la conferencia de prensa del presidente Bush. Mientras Bush contestaba las preguntas que le iban haciendo los periodistas, el secretario de Estado me proporcionaba sus propios sabrosos comentarios susurrándomelos al oído.

—Mierda, ha estropeado esa respuesta... Yo le dije cómo lidiar con ésa... Oh, no, nunca sabrá arreglárselas con ésa otra...

Yo era uno de los ayudantes de Baker, pero no era capaz de entender por qué se esforzaba en desdeñar al presidente ante un público de una sola persona: yo. Pasado el tiempo llegué a comprender que Baker dudaba a menudo del juicio del presidente. Baker nunca habría ido a la Guerra del Golfo, cosa que dejó clara en varios momentos en los meses que siguieron a la invasión de Kuwait por parte de Irak. Los dos amigos y rivales, juntos, demostraron cómo había que construir una coalición internacional y cómo Estados Unidos puede hacer lo que tiene que hacer sin autoinfligirse heridas. Sin embargo, también fracasaron a la hora de enfrentarse a los retos de la posguerra, como harían también sus sucesores doce años más tarde.

Después de la Guerra del Golfo, con Sadam aún en el poder y su Ejército reconstruyéndose, era necesario que un gran número de fuerzas estadounidenses se quedaran en la región, especialmente en Arabia Saudí, donde la mayoría de las fuerzas residuales tenían su base. Me dieron un avión a reacción *Gulfstream* y Baker me ordenó que volara por el Golfo asegurando nuevos acuerdos con los seis Estados del Golfo para que pudiéramos mantener parte de nuestras fuerzas militares en sus países.

Volando de un lado al otro del Golfo, obtuvimos acuerdos básicos con Kuwait, Qatar, Bahrein y Omán. Ya no tendríamos sólo acuerdos secretos de acceso con equipos limitados y ocultos con base en lugares preestablecidos. Se llegó también a un compromiso provisional con los Emiratos Árabes Unidos, pendiente de un acuerdo sobre cómo tratar al personal estadounidense en caso de que vulnerara las leyes locales, pero los conjuntos de portaaviones militares podrían atracar regularmente cerca de Dubai.

Arabia Saudí, sin embargo, se negaba a negociar un acuerdo para que su territorio sirviera de base. Pero tampoco el Rey ordenó la salida de todas las tropas estadounidenses, como había dicho Cheney que podía hacer. La presencia continuada de Sadam y su Ejército había modificado el cálculo del Rey anterior a la guerra en el sentido de que los estadounidenses podían y debían marcharse cuando hubiera terminado la guerra en Kuwait. La enorme presencia militar estadounidense se redujo rápidamente después de la guerra, pero poco a poco fue quedando claro a la población saudí que una parte permanecería allí. Escuadrones de combate y aviación de apoyo se quedarían en varias bases aéreas. El cuartel general estadounidense también permanecería activo, aunque en niveles menores. Los saudíes, además, salieron en masa a comprar nuevas armas de fabricación norteamericana. Con cada negocio de armas venían más civiles estadounidenses a hacer funcionar las máquinas.

Los disidentes saudíes que habían protestado inicialmente contra la presencia estadounidense ahora volvieron a quejarse de que las fuerzas estadounidenses en el reino constituían un sacrilegio. La CIA no sabía gran cosa acerca de estos disidentes, quiénes eran, qué decían. Los saudíes nos mantenían al margen de sus debates internos. Entre los disidentes se encontraba Bin Laden, que se volvía más crítico con el Rey. El Gobierno saudí emprendió una operación contra los disidentes, amenazándoles con sanciones penales y económicas. A pesar de su trabajo previo para el príncipe Turki en Afganistán y en Yemen, Bin Laden no se libró de las represalias del Gobierno. En su caso el Gobierno amenazó también a su extensa familia y sus gigantescas posesiones empresariales. Invitado a Jartum por Hasan al-Turabi, el fundamentalista fanático que había tomado el poder en Sudán, un Bin Laden lleno de rencor montó su campamento al otro lado del mar Rojo. Poco después, convocó a sus árabes afganos para que se reunieran con él.

Sadam seguía en el poder. Las inspecciones de Naciones Unidas se restringían cada vez más. Las fuerzas estadounidenses se estaban estableciendo por toda la zona del Golfo. Osama Bin Laden había roto con el régimen saudí y se había trasladado a un Estado proscrito que financiaba el terrorismo. Era 1991. Al finalizar el año, la Unión Soviética dejó de existir como entidad legal. Durante la guerra fría cada acción militar de una superpotencia había provocado una reacción en la otra. Por tanto, movimientos a gran escala de activos militares, tales como el desplazamiento de medio millón de tropas estadounidenses al Golfo Pérsico, habrían supuesto el riesgo de una reacción espectacular por parte de los soviéticos. Además, las naciones que incrementaban significativamente su relación militar con una de las superpotencias sabían que se arriesgaban a disgustar a la otra. Por tanto, el nivel de cooperación de que disfrutó Estados Unidos durante la primera Guerra del Golfo hubiera sido imposible durante la guerra fría.

La guerra fría había servido también para reprimir algunas rivalidades tradicionales étnicas y religiosas bajo el pesado glaciar del Estado totalitario comunista, particularmente en los Balcanes y en Asia Central, donde había muchos musulmanes. Puesto que la religión era política durante la guerra fría, un arma fue promocionada por Estados Unidos como contrapunto a la ideología antireligiosa de la Unión Soviética.

Cuando la guerra fría terminó, Estados Unidos podía desplazarse en gran escala al Golfo Pérsico para solucionar una crisis en la zona, pero también podían estallar tensiones étnicas y religiosas en los Balcanes y en Asia Central; y el fervor religioso ya no podía dirigirse contra los comunistas. Aquellos que se sentían desfavorecidos por el sistema global y deseaban culpar de sus desgracias a las fuerzas extranjeras no tenían más que una nación con dominio mundial a quien culpar de sus problemas, un objetivo principal para motivar a sus seguidores: Estados Unidos.

Capítulo 4
La vuelta del terror (1993-1996)

En 1993, el Gobierno de Clinton subió al poder con un programa político para hacer frente a la situación posterior a la guerra fría, pero el terrorismo no figuraba en él. Para el anterior Gobierno de Bush tampoco había constituido un problema serio. George Bush padre no formuló una política oficial en materia de antiterrorismo y optó por ocuparse del único episodio terrorista importante contra Estados Unidos acaecido durante su mandato (la bomba del vuelo 103 de Pan Am) por la vía diplomática más que con el uso de la fuerza. Tras los tumultuosos años de la Administración Reagan, con los bombardeos de Líbano y Libia, Estados Unidos parecía disfrutar de una época, en general, sin terrorismo contra la nación.

En enero de 1993, el nuevo consejero de Seguridad Nacional Tony Lake me solicitó —una medida más bien inusitada— que me quedara en la Casa Blanca cuando el equipo de Bush se marchara. Lake, a instancias de Madeleine Albright, me pidió que me dedicara a los asuntos relacionados con el final de la guerra fría, como el mantenimiento de la paz y los Estados proscritos. Aunque el terrorismo estaba incluido en mi cartera de «asuntos mundiales», ocupaba un puesto bastante bajo en la lista de prioridades del nuevo equipo. Pero todo eso iba a cambiar, y con rapidez.

* * *

La gran consola telefónica blanca sonó de repente. Nunca la había oído, así que, al principio, no estaba seguro de qué era ese sonido. En el pequeño visor de la consola apareció un nombre: «Scowcroft». Brent Scowcroft, consejero de Seguridad Nacional del primer presidente Bush, se había ido de la Casa Blanca el mes anterior junto con casi todo su personal, salvo yo y unos cuantos rezagados más. ¿Por qué me llamaba en ese momento a través de un teléfono de alta seguridad como ése? Cogí el auricular.

—¿Han sido los serbios? —era Tony. Yo no tenía ni idea de a qué se refería—. ¿Han sido los serbios los que han puesto la bomba? ¿Ha sido una bomba?

—No lo sé todavía, Tony —fingí—. Estamos haciendo comprobaciones. Te llamaré en cuanto tengamos algo; no tardaré mucho.

La siguiente llamada que hice fue al gabinete de crisis.

—¿Ha habido una bomba?

—Verá, se acaba de producir una explosión, pero no sabemos si ha sido una bomba, señor. En el World Trade Center —contestó un joven oficial de la Armada—. Sé que usted se ocupa del terrorismo, señor, y se supone que debemos informarle si pasa algo que pueda ser terrorismo, pero, ¿quiere información también cuando sucede en Estados Unidos? ¿Llevan ustedes las crisis nacionales también?

La idea de que los atentados terroristas podían tener lugar en Estados Unidos era completamente nueva para nosotros entonces. El Consejo Nacional de Seguridad, al que me había incorporado en 1992, se había ocupado sólo de política exterior, de defensa y de asuntos relacionados con el Servicio Secreto.

—Sí, sí, nosotros nos ocupamos —improvisé, tomando sobre la marcha una decisión al respecto—. Nos concierne todo lo que suceda en Estados Unidos y en lo que puedan intervenir agentes extranjeros. Como el tiroteo en la CIA.

Un mes antes, cuando el Gobierno de Clinton llevaba apenas cuatro días en el poder, un joven paquistaní llamado Mir Amal Kansi se fue hasta la carretera 123, en Virginia, y se puso a disparar a los automovilistas que estaban parados en un semáforo esperando a ponerse en marcha para ir a la sede de la CIA. Tres personas resultaron muertas. Kansi consiguió salir del país después del tiroteo. Ni la CIA ni el FBI habían averiguado nada interesante acerca de quién era Kansi o a qué grupo pertenecía.

—Entonces, ¿qué es lo que se sabe de la explosión en Nueva York? —pregunté—.

—Pues, señor, se dice que ha sido un transformador que ha explotado, pero le mantendremos al corriente. Y, señor, en el futuro, si hay alguna explosión, sea donde sea, no dejaremos de comunicárselo inmediatamente.

Me puse en contacto con Richard Canas, un agente de la Agencia de Lucha Antidroga que estaba a mi servicio.

—¿Conoces a alguien de la policía de Nueva York?

* * *

Yo formaba parte del Consejo Nacional de Seguridad desde 1992, siendo presidente Bush y asesor de Seguridad Nacional Brent Scowcroft, a quien conocí durante la Guerra del Golfo. A Scowcroft, por entonces jubilado, le habían solicitado que fuera consejero de Seguridad Nacional de nuevo (ya lo fue con Gerald Ford) para que recompusiera la desastrosa situación en que habían dejado el organismo Ollie North y otras personas. North era entonces un funcionario en los inicios de su carrera, encargado de asuntos de terrorismo. El terrorismo había pasado a primer plano tras los atentados contra nuestra embajada y los cuarteles de la Armada en Beirut, el secuestro de estadounidenses en Líbano, los secuestros de aviones en Oriente Próximo y el atentado libio en un establecimiento frecuentado por militares estadounidenses en Berlín.

North había reaccionado con rotundidad... con demasiada rotundidad. Él y el asesor de Seguridad Nacional John Poindexter traspasaron la barrera y se internaron en políticas y procedimientos secretos, con poca visión de futuro y en algunos casos probablemente ilegales, al decidir vender armas a Irán con la esperanza de liberar a los rehenes estadounidenses allí retenidos, y al desviar parte de los beneficios obtenidos hacia los rebeldes anticomunistas de la Contra nicaragüense. El Congreso había prohibido prestar ayuda a la Contra, y el comercio con armas para liberar a los rehenes iba en contra de las repetidas declaraciones de Reagan en el sentido de no negociar jamás con terroristas. El presidente Reagan y el vicepresidente Bush se libraron por los pelos de figurar personalmente como culpables. Cuando Bush llegó a la presidencia en 1989, pidió a Scowcroft que procurara que el Consejo Nacional de Seguridad fuera menos beligerante y restara importancia a la respuesta de Estados Unidos al terrorismo. Por fortuna para Scowcroft, salvo el atentado contra el vuelo 103 de Pan Am, hubo pocos atentados terroristas contra Estados Unidos mientras él fue el responsable. Lo menos que se puede decir de las respuestas de Bush y Scowcroft al ataque del Pan Am 103 es que fueron débiles. Aunque murieron 259 pasajeros a manos de agentes de información libios, Estados Unidos no respondió con la fuerza. Por el contrario, intentó que Naciones Unidas impusiera sanciones a Libia.

Cuando llegué al Consejo Nacional de Seguridad fue para ocupar la jefatura de una nueva oficina encargada de la proliferación de misiles y armas químicas, biológicas y nucleares. No obstante, al secretario Baker no le gustó la idea de que una cuestión de importancia creciente como ésa se tratara fuera del NSC, y así se lo hizo saber a Scowcroft. Así que me asignaron los «programas internacionales», cuyas actividades no encajaban en ninguna de las oficinas regionales del NSC. Una de esas actividades era el terrorismo, que seguía estando allí y seguía considerándose un asunto de baja prioridad cuando recibí la llamada de Tony sobre la explosión en el World Trade Center.

* * *

Entretanto, Richard Canas había empleado sus destrezas policiales y sus contactos en la Casa Blanca para que le pasaran con el jefe de policía que se hallaba en el mismísimo World Trade Center.

—Dick, tengo al teléfono a un subinspector. La policía de Nueva York ha ordenado a sus hombres, a los que se encargan de las bombas, que bajen al agujero. Y dicen que no cabe duda de que ha sido una bomba.

Convoqué al Grupo de Seguridad y Antiterrorismo para mantener una reunión en el gabinete de crisis. Había seis personas muertas en Nueva York y cientos de heridos.

A los pocos días del bombardeo del World Trade Center, el FBI efectuó un arresto. Los magos del FBI, los especialistas forenses, habían registrado los escombros del sótano de la torre y averiguado qué vehículo transportaba la bomba. Ya nos habían sorprendido a todos con la reconstrucción del Pan Am 103 a partir de las piezas esparcidas por varios cientos de kilómetros cuadrados, así como con la determinación de cuál había sido la maleta que contenía la bomba. Y en este caso supieron identificar el camión de alquiler de la empresa Ryder, y rastrear su pista, que les condujo a una franquicia situada no muy lejos de allí, en el norte de Nueva Jersey. Por increíble que parezca, en la agencia de alquiler dijeron que la persona que alquiló el camión tenía que volver al día siguiente para recoger el depósito de lo que afirmó era un camión robado.

Con la detención de Muhammad Salameh, el caso saltó a primera plana. Un operario de un establecimiento de almacenes de alquiler llamó al FBI porque sospechaba que era posible que los terroristas hubieran utilizado uno de los almacenes para preparar la bomba. Tirando de esos hilos de información, el FBI elaboró una lista con los miembros de la célula que había hecho explotar la bomba: varios egipcios, un jordano, un iraquí, un paquistaní... No habían sido los serbios. El Grupo de Seguridad y Antiterrorismo volvió a reunirse.

—Muy bien —comencé—, así que ya tenéis los nombres de los tipos que lo hicieron. ¿A qué grupo pertenecen? O, como se decía en una gran película, ¿quiénes son estos tíos?—. Mi pregunta iba dirigida a Bob Blitzer, que estaba en la reunión como representante del FBI.

—Nadie que conozcamos —contestó Blitzer, visiblemente apesadumbrado—. En Nueva York creen que puede haber alguna conexión con el tipo que disparó a un rabino allí el pasado otoño. Parece que todos están relacionados con un ulema musulmán de Egipto, un hombre que está en Brooklyn o en Jersey.

El representante de la CIA, Winston Wiley, había contrastado todos los nombres con los que figuraban en la base de datos.

—No son miembros conocidos de Hezbolá ni de Abu Nidal ni de la *yihad* islámica, ni de ningún otro grupo terrorista. En la oficina nos facilitaron algunos números de teléfono en el extranjero a los que llamaron estos tipos, y estamos intentando localizarlos, pero no hemos reconocido ninguno de los números.

—Entonces, ¿qué quieres decir? —le pregunté—. ¿Que estos tíos se encontraron en un partido de baloncesto en la YMCA de Brooklyn o Jersey y decidieron volar el World Trade Center porque estaban aburridos? ¿Quieres que me crea algo así?

—Podría ser —dijo Wiley encogiéndose de hombros.

—¿Cómo entraron? —pregunté—. ¿Qué pone en su solicitud de visado? ¿Terrorista?

—Bueno —explicó Blitzer—, dos de ellos se presentaron sin más en el aeropuerto JFK el año pasado, sin documentación alguna, ni siquiera falsa. Uno de ellos fue detenido porque llevaba manuales de instrucciones sobre cómo fabricar una bomba. El otro era Ramzi Yusef.

—Veamos, a ver si lo he entendido: ¿dejamos que un tío que iba con un manual de fabricación de bombas se vaya del aeropuerto JFK en un taxi, aunque se había presentado aquí sin pasaporte? —No podía creérmelo. Los de Inmigración habían cursado una citación para que Yusef compareciera ante un juez de inmigración en una fecha posterior y le habían dejado entrar al país. Ramzi Yusef era el hombre que el FBI señalaba ahora como jefe de la célula. Después del atentado, Yusef había desaparecido y estaba en algún lugar del extranjero.

—No te preocupes, Dick, los atraparemos a todos —me garantizó Blitzer—. Les seguiremos la pista. Averiguaremos para quién lo hicieron.

La Oficina del FBI de Nueva York es tan grande, que quien la dirige es subdirector del FBI, no un agente especial al mando, como sucede en la mayoría de las ciudades. De hecho, el jefe de Nueva York tiene bajo su mando a tres de estos agentes especiales. Uno de ellos era el responsable de la Seguridad Nacional. Aunque en el pasado ese cargo había consistido en seguirles la pista a los espías soviéticos, también contaba con la supervisión de un grupo de lucha antiterrorista. Como en cualquier otra ciudad, el FBI de Nueva York actúa en estrecha colaboración con las fiscalías local y general. Tras el atentado contra el World Trade Center, el

FBI de Nueva York y la fiscal general emprendieron la labor de averiguar exactamente a qué nos enfrentábamos.

En un plazo de dos semanas después del atentado, el FBI ya tenía bajo custodia a cuatro miembros de la célula. Ahmed Ajaj estaba detenido desde que llegó al aeropuerto JFK el año anterior. Muhammad Salahme fue arrestado al ir a retirar el depósito que había dejado en la agencia de Ryder el 4 de marzo. Nidal Ayyad, ciudadano estadounidense, fue detenido el 10 de marzo. Abdul Yasim, interrogado el 4 de marzo, fue puesto en libertad porque convenció al FBI de que él no había participado y de que colaboraría con ellos. Voló de inmediato a Irak, donde, creemos, fue encarcelado por el régimen de Sadam Hussein. Eyad Ismoil voló a Jordania y permaneció oculto hasta que fue detenido dos años después. El jefe de la célula, Ramzi Yusef, desapareció y se convirtió en el terrorista más buscado por el Grupo de Seguridad y Antiterrorismo, hasta que volvió a aparecer más tarde en Filipinas.

La investigación efectuada en Nueva York no tardó en desvelar una red que había apoyado a los autores del atentado. La red, que se extendía por Brooklyn, Queens y el norte de Jersey, parecía centrarse en Omar Abdel Ramán, un egipcio ciego que ejercía de jefe espiritual de los radicales egipcios. Ramán había sido sentenciado *in absentia* por terrorismo en Egipto. Figuraba en la lista de visados vigilados por el Departamento de Estado, pero se las arregló no se sabe cómo para que le concedieran un visado en la embajada de Estados Unidos en Sudán y se trasladó a Nueva York. Al parecer, el Gobierno de Egipto solicitó la extradición, pero ésta fue rechazada.

Al mantener bajo vigilancia a Ramán, el FBI no tardó más que unos meses en descubrir otra célula que planeaba atentar con bombas en Nueva York. En esta ocasión debía ser en los túneles de Lincoln y Holland, la sede de Naciones Unidas y otros lugares representativos. A finales de junio de 1993, los conspiradores y Ramán se encontraban en el Centro de Detención Metropolitano de Manhattan del Gobierno federal. Parecía que la maquinaria antiterrorista funcionaba bien.

Pero no era así. El FBI y la CIA deberían haber podido responder a la pregunta «¿quiénes son estos tíos?», pero aún no podían.

La verdadera respuesta era que se trataba de un grupo del que ni el FBI ni la CIA habían oído hablar hasta el momento: Al Qaeda. El primer miembro de esta organización arrestado en Estados Unidos, como descubrimos más tarde, fue El Sayyid Nosair, quien asesinó al rabino Meir Kahane, exaltado líder de la Liga de Defensa Judía, en Nueva York en 1992. La investigación efectuada por el FBI entre los sospechosos del atentado del World Trade Center vinculaba a éstos con Nosair. Bin Laden fue quien pagó, en última instancia, los gastos judiciales de Nosair. En su apartamento se encontraron materiales que le relacionaban con una tal Oficina Afgana de Servicios; sin embargo, muchos de los materiales escritos en árabe tuvieron que esperar años después de la detención hasta que el FBI los tradujo. A los cuatro detenidos en un principio por el atentado del World Trade Center en 1993 se les vinculó de inmediato con el Centro Al Kifah de Brooklyn. Este centro era fundación y filial declarada de la Oficina Afgana de Servicios (Mahktab al Kiddimah), dirigida por Bin Laden. El jeque ciego había pasado algún tiempo en Afganistán con Bin Laden y era miembro de la *yihad* islámica egipcia, por entonces ligada ya a Bin Laden. Ahmed Ajaj fue detenido en el aeropuerto JFK por llevar materiales relacionados con bombas, entre ellos un manual en cuya portada figuraba el nombre de Al Qaeda. Ramzi Yusef llegó incluso a llamar a Bin Laden desde Nueva York.

Hacía tres años que Osama Bin Laden había formado Al Qaeda. Y en la CIA y el FBI no sólo nadie conocía esta organización, sino que, al parecer, tampoco habían oído hablar de Bin Laden. En las reuniones que mantuvimos en 1993 nunca se había mencionado ese nombre entre los sospechosos del atentado del World Trade Center. Del que sí habíamos oído hablar era de alguien que podía ser tío de Ramzi Yusef. Utilizaba varios nombres, y parecía estar detrás del misterioso dinero de Yusef. Uno de los nombres que empleaba era Jalid Sheik Muhammad. El papel que desempeñaba no estaba claro con exactitud, pero había conexiones, y, por consiguiente, el FBI quería atraparle, dondequiera que se encontrara.

* * *

Dio la casualidad de que en Washington fui yo quien vio por primera vez pruebas de un auténtico atentado terrorista cometido por Sadam contra nosotros; y lo curioso es que la respuesta que dio el presidente Clinton fue un éxito para disuadir a aquél de volver a utilizar el terror contra nosotros.

Yo tenía la costumbre de leer todos los días cientos de informes de los servicios de inteligencia, mensajes de embajadas y traducciones de los medios de comunicación extranjeros que el gabinete de crisis me remitía diligentemente. Entre semana les echaba un vistazo, pero los fines de semana era cuando tenía más tiempo libre. Un domingo de abril me llamó la atención el tema sobre el que versaba uno de ellos. En un periódico de Londres publicado en árabe aparecía la noticia de que la policía kuwaití había impedido un intento de asesinato del anterior presidente Bush.

Ni el Servicio Secreto ni el FBI ni la CIA habían informado al respecto, y tampoco la embajada. En todo caso, algo me decía que no debía quitar importancia a esa información. Así que llamé a nuestro embajador en Kuwait, Ryan Crocker, un funcionario de carrera y experto en el mundo árabe.

—Ryan, ¿has visto el artículo que aparece en un periódico de Londres sobre el intento de asesinato del ex presidente Bush?

No lo había visto, pero sí me contó lo bien que se lo había pasado Bush en Kuwait. Entonces se quedó callado.

—Dick, te conozco, así que, ¿no me estarás diciendo que pregunte a los kuwaitíes sobre el artículo? Porque, desde luego, ya sabes que tenemos orden de no aceptar instrucciones directas del personal de la Casa Blanca.

Uno de los legados de los excesos cometidos por Ollie North era la prohibición de que el personal del Consejo Nacional de Seguridad ordenara directamente a los embajadores que hicieran algo.

—No, no, desde luego que no, Ryan. Ni se me había pasado por la cabeza —dije riéndome entre dientes desde mi extremo de la línea de seguridad.

—Ahora que me he enterado de esa historia, es posible que pregunte a alguien a quien, por casualidad, voy a ver esta noche...

A la mañana siguiente, sobre mi escritorio había un sobre sellado, un mensaje tan confidencial que no debía enviárseme por medios electrónicos desde el gabinete de crisis. Era un informe de nuestro embajador en Kuwait en el que se afirmaba que los kuwaitíes estaban ocultando información sobre una conspiración que habían frustrado. El objetivo era matar al ex presidente Bush, y casi se consiguió. Había varias personas detenidas que implicaban al servicio de inteligencia iraquí.

Llamé a Lake:

—Sadam ha intentado matar a Bush.

Después de que le informara del caso, el consejero de Seguridad Nacional me dio instrucciones:

—Dígale al Departamento de Estado que se lo deje claro a los kuwaitíes. Tienen que decírnoslo todo.

Eso me permitió redactar un cable con instrucciones para Crocker y preguntar si el Departamento de Estado podía enviárselo en su nombre. De manera que Crocker expuso con claridad al Gobierno kuwaití que nos habíamos enterado del intento de asesinato y solicitó formalmente permiso para ver a los detenidos. Eran dieciséis. Dos de ellos, de nacionalidad iraquí, admitieron que los servicios de inteligencia iraquíes los reclutaron en Basora y les dieron un Toyota, modelo Land Cruiser, en el que habían instalado una sofisticada bomba. Su cometido era aparcar el coche cerca de la Universidad de Kuwait y luego detonar la bomba por radio cuando el presidente Bush y el emir pasaran en coche por allí. Habría matado a cualquiera que estuviera en un radio de unos cuatrocientos metros. El intento de asesinato había fracasado porque el vehículo se había visto envuelto en un accidente de tráfico, y un policía kuwaití descubrió que iba cargado de bombas, así que empezó a detener a los ocupantes de los coches.

Siguiendo instrucciones de Tony Lake, solicité al Servicio Secreto, al FBI y a la CIA que enviaran equipos a Kuwait. La secretaria de Justicia, Janet Reno, y el director de la CIA, Woolsey, acordaron que se llevarían a cabo dos investigaciones independientes, aunque paralelas: una a través de los cuerpos policiales y otra a través de los canales de inteligencia. Hubo que esperar más de un mes, pero a comienzos de junio había ya un borrador de ambos informes. Las dos agencias corroboraron la historia de los prisioneros. Los materiales explosivos procedían sin duda alguna de los servicios secretos iraquíes.

El 23 de junio, Lake había acudido a almorzar, como todos los miércoles, con el secretario de Defensa Les Aspin y el secretario de Estado Warren Christopher en el despacho de Lake, situado en el ala oeste. Durante el almuerzo éste me llamó para que me sumara al encuentro.

—Nos gustaría que organizara una misión de represalia contra Irak. Sólo lo harán usted y dos personas más: una de Defensa y otra de Estado. ¿Cuándo estará listo el plan, la lista de verificación?

Al grupo se sumó otra persona de la CIA, y en cuestión de un día teníamos una lista de objetivos elaborada por la Junta de Jefes de Estado Mayor y la CIA. El secretario Christopher abogó con firmeza, por motivos jurídicos, por que la lista se limitara a una instalación: la sede de los servicios de inteligencia iraquíes. Quería también que fuera un sábado por la noche, para reducir al mínimo el número de víctimas. Christopher se había salido con la suya.

Elaboramos el plan. Los buques se colocarían en posición de ataque. La Junta de Jefes preparó una «orden de ataque» para el CENTCOM (mando militar regional de Estados Unidos para Oriente Próximo y sucesor del Grupo Conjunto de Despliegue Rápido). Se enviarían, de forma escalonada, mensajes personales del presidente al emir de Kuwait, al Rey de Arabia Saudí y al primer ministro británico. Para evitar filtraciones, se enviarían desde la Casa Blanca y no desde el Departamento de Estado. Se mandarían instrucciones a la delegación de Estados Unidos en Naciones Unidas para que solicitara la reunión urgente del Consejo de Seguridad. El Departamento de Justicia y la CIA tendrían informes oficiales con datos concretos que ofrecer a la prensa y las embajadas extranjeras, en los que estuvieran detalladas las pruebas con las que contábamos. El presidente se encargaría de llamar a todos los dirigentes del Congreso, uno por uno. Se informaría al ex presidente Bush. Se pondría en situación de alerta máxima a las embajadas y tropas de Estados Unidos en la zona, en previsión de la reacción iraquí. Los centros de la CIA y las oficinas del FBI someterían a vigilancia a los agentes iraquíes. El presidente ofrecería un breve comunicado desde el Despacho Oval. Los iraquíes recibirían una escueta advertencia que reflejara las funestas consecuencias de cualquier acto ulterior de terrorismo en contra de Estados Unidos.

Elaboré un dosier con la lista de verificación, una programación cronológica y los documentos de ejecución y se lo di a Lake el viernes. Lo miró y dijo:

—Buen material. Lléveselo y enséñeselo al presidente. Yo mismo le diré que va a ir. Así que, manos a la obra.

El personal del NSC, por lo que yo sabía, no se presentaba en el despacho del presidente así como así; ni siquiera sus ayudantes especiales, como era mi caso. Brent Scowcroft era el que hablaba por nosotros ante el presidente. Como mucho, Brent había permitido en algunas ocasiones que un miembro del personal estuviera presente un rato. Y ahora me acababan de pedir que fuera a ver al presidente para tratar con él de la primera vez que iba a emplearse la fuerza en su Administración. El presidente había mantenido ya una reunión, de carácter reservado, con los altos cargos para abordar este asunto, y se había mostrado firme. Pero la derecha tenía ciertas dudas acerca de si Clinton llegaría alguna vez a usar la fuerza.

Ante el plan detallado que le presentaron, Clinton se mostró pragmático.

—Bien, esto puede enseñarle la lección; en caso contrario, nos veremos obligados a hacer algo más.

El sábado por la mañana, el secretario de Prensa de la Casa Blanca, Dee Dee Myers, que no sabía lo que estaba a punto de pasar, comunicó a la prensa acreditada de la Casa Blanca que no sucedería nada el resto del día. Ante tal noticia, un grupo de periodistas de la Casa Blanca se marchó a ver un partido de béisbol que se celebraba en Baltimore. Cuando se fueron, yo empecé a enviar mensajes desde el gabinete de crisis.

Poco después de las 18.00 de la tarde comenzó a reunirse un pequeño grupo de altos funcionarios del Gobierno en el despacho de Lake. Yo me dirigí al Despacho Oval para ayudar al presidente con las últimas llamadas de notificación a los altos representantes del Congreso. Acababan de lanzarse los misiles de crucero.

—Entonces ¿cuándo vamos a tener imágenes de los misiles? —me preguntó el presidente.

—En realidad, no es posible tener imágenes de los misiles, señor, aunque dispondremos de imágenes de los daños que produzcan las bombas a través de los satélites, y podremos mostrárselas mañana a primera hora —le expliqué.

—¿Mañana por la mañana? Dentro de una hora voy a comparecer por televisión para informar de que hemos volado ese edificio, y antes quiero saber si lo hemos hecho. ¿Por qué no llevan cámaras los misiles? —insistió el presidente.

—Si los misiles pudieran establecer comunicación, alguien podría detectarlos u obstaculizarlos. Pero sabemos cuántos hemos lanzado y cuándo, así que podemos calcular cuántos alcanzarán el objetivo y cuándo...

—¿No podemos establecer comunicación con los misiles? Entonces, ¿qué pasaría si quisiéramos que volvieran? —preguntó el presidente.

—Pero... usted no quiere hacerlo, ¿verdad, señor? Porque no puede... No existe un mecanismo por el que... —dije tartamudeando.

—No, no quiero, pero lo que sí quiero es saber con certeza que hemos hecho saltar por los aires ese lugar antes de dirigirme al mundo para decirles que lo he hecho.

Volví al despacho de Lake para informarle. El almirante Bill Studeman, el número dos de la CIA, empezó a hacer llamadas. Se cambió la orientación de los satélites.

—No sabemos nada —informó—. Los misiles tendrían que haber hecho impacto hace unos minutos, pero los datos de que disponemos no alcanzan a confirmarlo... tiene que pasar un tiempo.

Una atmósfera sombría fue apoderándose del despacho mientras nos preguntábamos qué íbamos hacer con la comparecencia televisiva del presidente ante la nación. Y mientras nosotros hablábamos, él apareció en las pantallas. En todas las cadenas se vio que a los presentadores de informativos del sábado por la noche se les comunicaba algo y anunciaron una comparecencia inesperada del presidente. Uno de ellos dijo: «No sabemos por qué».

Clinton leyó la breve declaración y, después, casi de inmediato, se presentó en el despacho de Lake con el vicepresidente Al Gore.

—Creíamos que no iba a seguir adelante con la comparecencia —confesó Lake—. Pensamos que necesitaba pruebas de que los misiles habían alcanzado el objetivo.

Gore instó al presidente a que compartiera con nosotros algo que los dos máximos dirigentes del país sin duda encontraban gracioso.

—Vale, vale —accedió Clinton—. Yo necesitaba una relativa seguridad de que los misiles habían dado en el blanco; y ninguno de ustedes me la proporcionaba... así que he llamado a la CNN... No tenían a nadie en Bagdad esta noche, pero el cámara de su oficina de Jordania tiene un primo o un familiar que vive cerca de la sede de los servicios secretos, así que le han llamado —la expresión de casi todos los presentes era de horror—, y el primo ha dicho que sí, que todo el lugar había volado por los aires. Estaba convencido..., así que he pensado que teníamos cierta seguridad.

El empleo de la fuerza por parte de Clinton no iba a constituir un problema. Al día siguiente, sin embargo, se mostró claramente disgustado con la noticia de que algunos de los misiles habían errado el objetivo y habían matado a una famosa artista del mundo árabe que, al parecer, tenía una casa enfrente del Mujabarat, el servicio de inteligencia iraquí.

Al principio me desilusionó que la represalia hubiera sido tan pequeña, que se hubieran eliminado objetivos de la lista y que el ataque se hubiera previsto para que tuviera lugar durante la noche, cuando no hubiera más que unos cuantos agentes de los servicios secretos iraquíes. Mis amigos del anterior Gobierno de Bush me dijeron, con cierta imprecisión, que habían oído que la familia Bush se sentía decepcionada también por lo limitado de la respuesta.

Mi desilusión desapareció con el tiempo, ya que parecía que Sadam había comprendido el mensaje. Tras esas represalias de junio de 1993, ningún servicio de inteligencia ni cuerpo de seguridad de Estados Unidos volvió a presentar prueba alguna de apoyo iraquí al terrorismo dirigido contra estadounidenses. Hasta que invadimos Irak en 2003.

* * *

El primer año del Gobierno de Clinton, la voluntad del nuevo presidente de utilizar la fuerza fue puesta a prueba por segunda vez en Somalia. Volviendo la vista al pasado, es posible que la batalla de octubre en Mogadiscio fuera el segundo caso de participación de Al Qaeda en un atentado contra estadounidenses. El presidente Bush había enviado tropas a Somalia para que ayudaran a acabar con la enorme hambruna que había colocado a cerca de 700.000 personas al borde de la muerte. Sus compatriotas armados estaban robando y vendiendo la ayuda humanitaria. Las organizaciones internacionales de ayuda a los damnificados no podían desarrollar sus operaciones con seguridad. El presidente Bush, tras su derrota al volver a presentarse como candidato, había enviado tropas a Somalia para garantizar la entrega de la ayuda humanitaria. Brent Scowcroft me pidió que actuara como coordinador de la Casa Blanca en esa operación y, en enero de 1993 me rogó que informara a su sucesor, Tony Lake, acerca del asunto.

Encontré a Lake en el despacho de la presidencia en funciones, que ocupaba una planta de un edificio de oficinas privadas en la avenida Vermont. No lo había visto nunca hasta entonces. Él y la zona de suelo donde se leía «Seguridad Nacional» eran los únicos signos de tranquilidad en el maremagno de empleados novatos y de otros con el currículum en la mano.

—Pues... le agradezco que venga, pero creo que no tendremos que preocuparnos demasiado de Somalia, puesto que la presencia de Estados Unidos allí será un recuerdo para el día de la toma de posesión del presidente —dijo Lake.

—Ah, no, en realidad la entrada de tropas estadounidenses en Somalia no finalizará hasta finales de enero —contesté al tiempo que le mostraba un mapa del Pentágono en el que estaba representado el despliegue de las unidades de Estados Unidos. Lake miró con desconfianza el mapa.

—Nos han dicho que Naciones Unidas tomaría el mando. Que las tropas estadounidenses se marcharían —no dijo quién se lo había dicho en concreto, pero supuse que habían sido mis jefes de la Casa Blanca.

—Naciones Unidas está dando largas al asunto, señor Lake. Boutros-Ghali piensa que el relevo va a suponer mucha tensión para Naciones Unidas.

La reacción de Lake pareció la de un hombre al que le acababan de decir que tenía cáncer. Y, en cierto modo, así era.

El secretario general de Naciones Unidas, Boutros Boutros-Ghali, había aceptado a regañadientes que el organismo que él representaba desempeñara una función allí, pero la llegada de una fuerza de paz de Naciones Unidas se estaba haciendo esperar. Boutros-Ghali instó a Estados Unidos a que un estadounidense dirigiera la operación de Naciones Unidas, a fin de garantizar la máxima coordinación entre Naciones Unidas y Estados Unidos. Lake convenció al ayudante de Scowcroft, el almirante Jonathan Howe, de que se encargara de esa labor. Poco después de la llegada de Clinton al poder, la coordinación de la operación somalí pasó de la Casa Blanca al Departamento de Estado y su Oficina de Asuntos Africanos. A Howe no tardaron en ponerle a prueba los caudillos somalíes, en especial Farah Aideed. En junio, los hombres de Aideed asesinaron a dos docenas de soldados paquistaníes que actuaban bajo el reciente mando de Naciones Unidas.

La respuesta de Howe fue firme. Si los somalíes pensaban que podían ir matando paquistaníes así como así, el esfuerzo internacional de ayuda humanitaria había acabado. Era necesario arrestar a Aideed y desarticular sus milicias. No hacía mucho que Howe se había jubilado como almirante cinco estrellas. Conocía bien la capacidad militar de Estados Unidos. Elaboró de inmediato una lista detallada de fuerzas suplementarias, que incluía a los comandos Delta Force, para que detuvieran a Aideed, y a la artillería aerotransportada AC-130, para que destruyera la infraestructura de su milicia. Consiguió los aviones, aunque sólo para realizar unos cuantos ataques. A pesar de las presiones del Consejo Nacional de Seguridad, el Pentágono se negó a enviar tanto comandos como la mayor parte de lo que Howe necesitaba, hasta el punto de que detuvo los ataques de los AC-130 antes de que destruyeran la infraestructura militar de Aideed.

En junio, Aideed se movía con toda libertad por Mogadiscio, con escasa o nula protección. A un equipo Delta le hubiera resultado fácil arrestarle. En todo caso, tras el ataque de los AC-130 a sus almacenes de armas, se ocultó y dio orden de que se efectuaran más ataques a la coalición, incluidas las tropas estadounidenses. En septiembre, las fuerzas de Aideed mataron a tres compañías estadounidenses.

Sólo entonces accedió el Pentágono a enviar comandos. El Mando Conjunto de Operaciones Especiales (Jont Special Operations Command, JSOC), que contaba con las conocidas Delta Forces, dominaba la ciencia de las operaciones nocturnas por sorpresa y de las operaciones discretas y secretas. Sin embargo, en Mogadiscio actuaron a plena luz del día y avanzaron hacia la ciudad con docenas de helicópteros. Como las operaciones se repetían, los somalíes fueron aprendiendo. El 3 de octubre de 1993, en el incidente del *Black Hawk* derribado, las fuerzas de Aideed respondieron y entablaron combate, derribando dos helicópteros con lanzagranadas. Murieron dieciocho estadounidenses y probablemente 1.200 somalíes.

Cuando el Consejo Nacional de Seguridad se reunió con el presidente en la sala del gabinete, éste estaba furioso. Somalia no daba la imagen que Clinton se había formado de su primer año de Gobierno. Era un asunto heredado, y el Ejército le había fallado. En junio había seguido los consejos del Pentágono, no los de Howe, y habían resultado ser erróneos. Aunque en junio podrían haber capturado a Aideed, le habían dejado escapar. Cuando el Ejército aceptó por fin enviar el JSOC a Mogadiscio, actuaron como si no se enfrentaran a fuerzas hostiles, no se preocuparon de averiguar cuáles eran sus tácticas habituales y provocaron un desastre. Clinton estaba sentado en silencio, con la cara enrojecida, en la Sala del Gabinete, escuchando a Warren Christopher, Les Aspin y Colin Powell. Me di cuenta de que estaba dejándoles hablar, aunque él ya había tomado una decisión. Estaba harto de escucharles respecto al asunto de Somalia.

Una vez expresadas todas las opiniones, Clinton dejó de garabatear y levantó la mirada:

—Muy bien, pues esto es lo que vamos a hacer. No vamos a marcharnos corriendo con el rabo entre las piernas. Ya he escuchado al Congreso; y eso es lo que todos ellos quieren: salir de allí mañana. Tampoco vamos a arrasar Mogadiscio para demostrar nuestra chulería de gran superpotencia. Todo el mundo sabe que podríamos hacerlo; no tenemos que demostrarlo ante nadie. Vamos a enviar más tropas, con tanques, aviones y todo lo que sea necesario. Vamos a hacer una demostración de fuerza. Y vamos a seguir entregando los alimentos. Y si alguien quiere jodernos, responderemos, a gran escala. Y vamos a hacer que Naciones Unidas se presente por fin allí y tome el mando. Díganle a Boutros-Ghali que tiene seis meses para hacerlo, ni un día más. Y entonces..., entonces será cuando nos marchemos.

Al terminarse la reunión, Clinton nos indicó a Lake y a mí que le siguiéramos por una puerta lateral que daba a la zona exterior del Despacho Oval.

—Quiero que seamos nosotros los que nos encarguemos de este asunto, ni el Departamento de Estado ni el Pentágono —dirigió la vista hacia mí—. No van a morir más soldados estadounidenses; ni uno más. Hagan lo que tengan que hacer, sea lo que sea.

En los días que siguieron a la reunión había francotiradores estadounidenses apostados en los tejados y muros de los edificios de la base. Cuando veían a algún somalí por la zona que llevara armas, lo liquidaban. La publicidad que se dio a esas muertes fue escasa o nula. Cuando las fuerzas estadounidenses volvieron a las calles, lo hicieron con tanques. Seis meses después, Estados Unidos cedió por fin el mando de la operación a las fuerzas de paz de Naciones Unidas. No se produjeron más bajas estadounidenses.

Durante esos seis meses, yo insté una y otra vez a la CIA a que averiguara de dónde procedían los rumores que circulaban en la prensa extranjera acerca de ciertos terroristas que podrían haber entrenado a los soldados de Aideed. Ellos descartaban su veracidad. Pregunté a mis amigos Mike Sheehan y Roger Cressey, que habían trabajado en Mogadiscio en 1993, cuál era su opinión.

—¿Cómo coño va a saberlo la CIA? —fue la respuesta de Mike—. Ellos no tenían a nadie en el país cuando llegaron los *marines*. Fue entonces cuando enviaron a unos cuantos tipos que no habían estado allí nunca. Relevaban a la gente cada pocas semanas, y los que estaban allí se pasaban todo el tiempo en la playa de la base, en unas confortables caravanas que la Fuerza Aérea les había llevado hasta allí.

Al parecer, Sheehan y Cressey estaban en lo cierto. Aunque la CIA no lo sabía en 1993 y 1994, posteriormente aparecieron pruebas, que se incluyeron en la acusación de Estados Unidos contra Bin Laden: Al Qaeda había enviado asesores a Aideed y había co-

laborado en el plan para derribar los helicópteros estadounidenses. Es más: Al Qaeda había bombardeado un hotel en Yemen en
diciembre de 1992, ya que pensaban que el personal de la Fuerza
Aérea estadounidense que participaba en la operación de Somalia
vivía allí (los estadounidenses habían sido evacuados porque los
servicios de información yemeníes habían oído rumores de que
se tramaba un atentado). La CIA no fue capaz entonces de averiguar quién había bombardeado el hotel.

Así pues, cuando el Gobierno de Clinton miraba hacia atrás y
veía el terrorismo de 1993, no consideraba los acontecimientos
ocurridos en Somalia como pertenecientes a esa categoría. Tampoco pensaban en Bin Laden ni Al Qaeda, porque aún no tenían
noticia de que ese terrorista y su organización existieran.

Sin embargo, Al Qaeda y Bin Laden sí pensaban en Estados Unidos. Y aunque Estados Unidos no había «ahuecado el ala» por la
presión del Congreso, ellos lo percibieron así. La permanencia durante seis meses más y el pacífico traspaso de poderes a Naciones
Unidas no les habían impresionado. Pero sí tomaron nota de que
no arrasaron Mogadiscio. De nuevo, se decían unos a otros, Estados
Unidos ha sido humillado por un país del Tercer Mundo. Como en
Vietnam. Como en Líbano. Como los soviéticos en Afganistán.

Lo que Al Qaeda no parecía entender es que Estados Unidos no
pretendía quedarse en Somalia. Habían ido allí un tiempo determinado, hasta que la anquilosada burocracia de Naciones Unidas
pudiera enviar una fuerza de paz. En virtud de su propia definición
limitada de lo que es un objetivo, Estados Unidos había hecho lo
que se proponía. ¿Obró Clinton correctamente al no responder con
represalias a mayor escala por el asesinato de dieciocho comandos
estadounidenses? Yo no estaba seguro entonces, como no lo estoy
ahora. Matamos a más de un millar de somalíes en un día. ¿Deberíamos haber hecho más? Podríamos haber seguido buscando a Aideed, pero los recursos de un hombre escondido en su propio país
podrían haber puesto en entredicho el prestigio de Estados Unidos, si se establecían comparaciones. Nuestro autodominio, ¿redu-
cía nuestro poder de disuasión? Por aquel entonces temí que así
fuera, pero no podía ofrecer ninguna idea brillante para resolver-
lo. Tras la muerte de 278 *marines* en Beirut, Reagan había invadido

Granada, en cierto modo para demostrar que aún podíamos hacer uso de la fuerza. Yo no dudaba de que Clinton no tardaría en usarla otra vez, en Bosnia y quizá en Haití, y no sólo para demostrar determinación, sino porque eran situaciones que lo exigían. Volviendo la vista atrás, dudo de que hubiera algo que pudiera haberse hecho para disuadir a Al Qaeda. Matar a más somalíes inocentes no habría ayudado gran cosa.

* * *

Justo a finales de 1993, recibí una última y memorable lección sobre terrorismo. Tony Lake y su jefa de Gabinete, Nancy Soderberg, nos habían instado, a mí y a mis subordinados, a que nos ocupáramos directamente de las familias de las víctimas del terrorismo, en especial de los familiares del atentado al vuelo 103 de Pan Am. Este avión lo habían destruido los terroristas libios en 1988. Las familias se sentían ofendidas por el trato que habían recibido de la Administración Bush. En particular, no entendían por qué se había rechazado su propuesta de levantar un monumento en su memoria en el cementerio nacional de Arlington, sobre todo teniendo en cuenta que muchas de las víctimas eran militares.

Nos reunimos con los familiares. Escuchamos sus historias y colocamos en nuestros escritorios las fotografías de sus hijos caídos. La nave había explotado cuando se encontraba sobre Lockerbie, Escocia, matando también a algunos vecinos de esa población. Los ciudadanos se volcaron con las familias de todas las víctimas. Lockerbie había donado piedras para un *cairn*, una construcción conmemorativa escocesa hecha de piedras apiladas: una por cada víctima. Acompañado por mi colega Randy Beers, nos dirigimos al cementerio y escogimos un lugar para emplazar el *cairn*.

En el quinto aniversario del ataque, el presidente viajó a aquel lugar para pronunciar unas palabras y empezar a cavar antes de comenzar la construcción del monumento. Era justo antes de Navidad, y el tiempo era frío, húmedo y ventoso. El presidente le pidió a un niño que había perdido a su padre en el avión que le ayudara con la pala. Se arrodilló junto al pequeño y le dijo algo en un susurro. Un solitario gaitero de Lockerbie tocaba *Amazing Grace*.

Cuando la gente se dirigió a sus coches y fue a cobijarse de la lluvia, le pregunté a la madre del niño qué era lo que le había dicho el presidente.

—Ha dicho: «Mi padre murió también, antes de que yo naciera. Sé bueno con tu mamá».

Esa noche, los informativos mostraron la imagen del presidente saliendo del Despacho Oval hacia la ceremonia del *cairn* y, acompañando a la imagen, la voz del periodista de la Casa Blanca informaba de las acusaciones de conducta impropia realizadas por ex agentes de policía de Arkansas. No mencionaron el Pan Am 103.

* * *

Aunque ni la CIA ni el FBI habían oído hablar de Al Qaeda, los numerosos atentados terroristas de 1993 hicieron que el equipo de Clinton, desde el presidente hasta el último miembro se viera inmerso en el asunto en 1994. Clinton, Lake y yo pensábamos que nuestra respuesta al terrorismo debía ser relevante en la lista de medidas para conformar el mundo tras la guerra fría.

Parte de esa respuesta consistía en formular una nueva política sobre antiterrorismo en sustitución de lo que Reagan había firmado siete años antes. El primer Gobierno de Bush careció de una política formal en esa materia. Como yo mismo descubriría, las batallas por el poder podían desbaratar los mejores esfuerzos para luchar contra el terrorismo, y, como Tom Ridge demostraría mucho más tarde, es más fácil perder el tiempo en la reorganización burocrática que en conseguir algo concreto. Mientras yo redactaba y distribuía una nueva política para su aprobación por todos los departamentos y organismos competentes, saltaron a la palestra tres cuestiones relacionadas con la formulación de políticas. La primera: ¿era el terrorismo un problema de los cuerpos policiales o del Servicio Secreto? Aunque la pregunta se planteaba así, lo que en realidad quería decir era: ¿se encargaría de ello la CIA, o nos limitaríamos a arrestar y enjuiciar a los terroristas como si fueran criminales organizados?

La respuesta que Clinton aprobó —con acierto, en mi opinión— fue que empleáramos todos los recursos de cualquier departamento u organismo que fuera de ayuda. Si el FBI podía contribuir, por ejemplo, mediante la reconstrucción de los restos del Pan Am 103 siniestrado y la determinación de quién había subido la bomba a bordo, aprovecharíamos esas aptitudes. No era muy significativa la capacidad de la CIA para los análisis forenses ni para interrogar a cientos de testigos y reunir la información dispersa a fin de efectuar una investigación posterior al atentado. Si podíamos perseguir a terroristas concretos, detenerlos y traerlos a Estados Unidos para procesarlos y castigarlos, debíamos hacerlo, aunque tuviera que encargarse de ello el FBI. Teníamos que recurrir a todos los organismos que pudieran contribuir de alguna manera. Algunos afirmaron que esas detenciones y enjuiciamientos no eran disuasorios para los terroristas. Yo creo que eso no podía saberse. Lo que sí se sabía era que llegaría el día en que el proceso de enjuiciamiento penal resultaría ineficaz contra el terrorismo, y como consecuencia, necesitábamos respuestas del Servicio Secreto, militares y diplomáticas.

Si al FBI le gustó la respuesta a la primera cuestión relativa a las políticas, la segunda no le agradó tanto. La segunda pregunta se refería a la función que desempeñaba la Casa Blanca y su Consejo Nacional de Seguridad en acontecimientos internos. Fue la pregunta que me planteó el oficial de guardia del gabinete de crisis: «¿Llevan ustedes las crisis nacionales también?». Tras el bombardeo del World Trade Center y los atentados del jeque ciego, pensé que la pregunta se respondía por sí sola. Si participan agentes externos, nosotros participamos. Hasta que no sepamos que no participan agentes externos, suponemos que participan. El problema con el que se topó la política de inmediato fue el secreto que rodea la actividad del FBI. Institucionalmente, las cincuenta y seis Oficinas del FBI informaban sólo a los fiscales federales de todo el país. También había comunicación entre la sede central del FBI y los órganos externos, así como, en menor medida, entre la sede del FBI y el Departamento de Justicia.

Para tratar de eliminar ese obstáculo, Lake, su ayudante Sandy Berger y yo nos acercamos a la cavernosa oficina de la secretaria de Justicia. Allí, en una sala en la que habrían cabido holgadamente varios salones del Trono saudíes, nos reunimos los tres con Janet Reno y representantes del FBI. Yo me encargué de explicarles el problema. Si el NSC iba a coordinar la política en materia antiterrorista y a mantener al presidente informado de lo que era necesario hacer, necesitábamos saber qué sabía el FBI. Los agentes del FBI allí presentes explicaron que la información resultante de una investigación criminal no podía compartirse con «civiles».

Reno, a quien yo no conocía bien en esa época, permanecía sentada en silencio y tomaba notas en su libreta oficial. Me preguntaba hasta qué punto la habían «captado» ya los del FBI, o en qué medida iba a tener valor para hacerles frente. Ya había demostrado un enorme coraje al asumir públicamente la responsabilidad del desastroso asedio a los miembros de la secta religiosa de Waco, Texas. Al actuar de esa manera, se hizo responsable de un incidente que había sido asignado inicialmente a la policía federal de otro departamento (en un principio, fueron agentes de la Oficina de Alcohol, Tabaco y Armas de Fuego (Bureau of Alcohol, Tobacco and Firearms, ATF), perteneciente al Departamento del Tesoro, los que tomaron por asalto el conjunto de edificios), y que terminó con la muerte de varios niños, a consecuencia de los malos consejos que le dio el FBI. En cualquier caso, se volvió hacia los representantes de la Casa Blanca y del FBI presentes en la sala y emitió su fallo:

—Si se trata de terrorismo en el que intervienen poderes o grupos extranjeros, o si podría tratarse de eso, la Oficina contará lo que sabe a unos cuantos altos cargos de NSC.

Lake y Reno acordaron que se firmaría un memorando de acuerdo en el que se diera constancia de ese principio. Nunca llegaron a firmarlo. Los abogados del FBI y del Departamento de Justicia bloquearon el documento durante años. En todo caso, ése era el principio por el que nos regíamos, y cuando yo sabía algo de personas o acontecimientos, podía utilizar el «Acuerdo Lake-Reno» para obtener información. En alguna ocasión, hubo incluso unos cuantos altos cargos del FBI que nos ofrecieron información de forma voluntaria. No obstante, lo habitual era que el FBI reaccionara como si Lake-Reno fuera un centro turístico en Nevada.

La tercera cuestión sobre la formulación de una política en esta materia reflejaba de manera excepcional la personalidad del Gobierno de Clinton. Era la siguiente: ¿qué papel debería desempeñar el Gobierno federal con respecto a las víctimas del terrorismo? Para Clinton, Lake y Reno, este asunto ocupaba un lugar preponderante. Ahora conocían personalmente a los familiares de las víctimas del Pan Am 103, quienes les habían contado cómo se enteraron de la muerte de sus seres queridos: fue la compañía aérea y no el Gobierno quien les informó. A menudo la noticia no se había comunicado bien, y no había nadie a quien acudir para organizar las medidas que debían adoptarse para ocuparse de los muertos. A partir de ese momento el Gobierno federal desempeñaría una función: la de aliviar el duelo y facilitar información sobre el curso de las investigaciones.

Yo tenía una cuarta cuestión que añadir a las tres anteriores: las armas de destrucción masiva y el terrorismo. Aunque no había indicios de que un grupo terrorista hubiera atentado para conseguir armas de destrucción masiva, existía una inquietante correlación entre la lista de países a los que clasificábamos de «Estados que financian el terrorismo» y la lista de países que tenían armas químicas. Mi trabajo anterior en el campo de la no proliferación de armas me había enseñado que la lucha antiterrorista y las «comunidades» relacionadas con la no proliferación que había en el Gobierno apenas se conocían entre sí. Eso tenía que cambiar. En los departamentos, nadie se opuso a que incluyera una política en materia de antiterrorismo y armas de destrucción masiva; sólo lo consideraron «raro».

Alcanzado el acuerdo sobre estas cuestiones, el presidente Clinton firmó la Directiva Presidencial número 39 (PDD): «Política de Estados Unidos en materia de antiterrorismo». En ella se insistía en la política de no hacer ninguna concesión, que la Administración Reagan había conculcado al vender armas a Irán para liberar a los rehenes estadounidenses. Ello exigía la adopción de medidas tanto ofensivas como defensivas para «reducir la capacidad terrorista» y para «reducir los puntos vulnerables dentro y fuera del país». Se emplearían recursos de los cuerpos de seguridad, el Servicio Secreto, las Fuerzas Armadas y el Cuerpo Diplomático, que se coordinarían entre sí. Por último, no habría «prioridad mayor que la de prevenir la adquisición de armas de destrucción masiva» por parte de los terroristas, o, si eso fallaba, no habría mayor prioridad que «quitarles esa capacidad».

* * *

La nueva política sonaba bien, pero por causa del Servicio Secreto siguió siendo irregular. La investigación sobre los otros dos terroristas del World Trade Center proseguía en 1994, centrada sobre todo en Ramzi Yusef. Éste seguía actuando, pero sus actividades no llamaron la atención del Servicio Secreto estadounidense. Tramó sin éxito dos atentados, desconocidos para nosotros en aquella época: uno para matar al Papa y otro posterior para matar al presidente Clinton, ambos en Filipinas. Más tarde, en enero de 1995, la policía de Manila respondió a unos disparos realizados desde un edificio de apartamentos.

El mensaje procedente de Manila apareció en la pantalla de mi ordenador un sábado por la mañana. Lo imprimí y me dirigí a toda velocidad hacia el ala oeste desde mi oficina, en el West Executive Building o edificio Eisenhower, cruzando el aparcamiento conocido como «West Exec». Tras interrumpir la reunión que mantenía en ese momento Tony Lake sobre Bosnia, anuncié:

—Han encontrado a Ramzi Yusef.

—¡Eso es una gran noticia! —respondió Lake.

—No, no lo es. Se ha escapado —dije casi sin aliento—. Y su plan era hacer estallar aviones comerciales estadounidenses en el Pacífico con bombas escondidas a bordo, unas bombas cuya presencia no es fácil de advertir y en las que se emplean explosivos líquidos. Se montan en el mismo avión, en el cuarto de aseo, y se dejan allí. Después, el terrorista se baja del avión en la siguiente escala y la nave continúa hasta que estalla por los aires. Los filipinos han encontrado algunas de las bombas, pero no todas. Ramzi Yusef tenía ya seleccionados los vuelos: United, Northwest..., hasta once también 747.

Lake se imaginó la escena. El hombre que había volado el World Trade Center y que llevaba casi dos años fugitivo andaba por ahí suelto, con unas bombas diseñadas para repetir el episodio del Pan Am 103 de forma simultánea en varios aviones sobre el Pacífico.

—¿Ha ordenado que retengan el avión en tierra? —preguntó Lake.

Yo había llamado ya al Departamento Federal de Aviación y les había dicho que se pusieran en contacto con las compañías aéreas para que detuvieran todos los vuelos con origen en el Pacífico. Me habían contestado que así lo harían, aunque me advirtieron también de que sólo el secretario de Transportes estaba autorizado a retener aviones en tierra. Informé a Lake de todo lo que me habían dicho.

—Póngame con el secretario de Transportes —dijo Lake, ofreciendo el teléfono a su ayudante. Después se volvió hacia mí—. ¿Quién coño es el secretario de Transportes?

Lake pidió al jefe de Gabinete de la Casa Blanca, Leon Panetta, que se uniera a nosotros mientras varias personas intentaban localizar al secretario Federico Peña.

—Bien —decidió Panetta—, pues si el secretario está autorizado, el presidente también lo está. Dígales a las compañías aéreas que retengan los aviones por orden del presidente.

Se ordenó a las líneas comerciales estadounidenses cuyos vuelos previstos procedieran del Pacífico que retuvieran los aviones. A las naves que ya estaban en vuelo se les indicó que debían regresar. Al personal de vuelo se le ordenó que buscara en los cuartos de aseo de los aviones, entre el revestimiento del techo, así como en cualquier otro sitio en el que pudiera haber escondida una bomba hecha con pilas, un reloj y un envase de líquido para limpiar lentillas. No se encontró nada. A partir del día siguiente, y una vez reanudados los vuelos, no se permitió a ningún pasajero llevar ningún tipo de líquido a bordo. En los cacheos se retiraban los frascos de perfume y colonia. Ramzi Yusef había vuelto a escaparse.

El Grupo de Seguridad y Antiterrorismo ya había decidido ofrecer una recompensa por él, y se había autorizado la distribución de cajas de cerillas por todo Oriente Próximo y el sur de Asia, en las que se informaba del importe: dos millones de dólares. Hubo un auténtico aluvión de personas que decían saber dónde estaba Yusef y reclamaban la recompensa. En casi todos los casos se trataba de pistas que no conducían a ninguna parte. A principios de febrero, sin embargo, una de las personas que llamó sí lo sabía. Cuando le preguntaron los agentes de seguridad del Departamento de Estado que estaban en nuestra embajada en Islamabad,

Pakistán, dio detalles que lo convertían en una fuente fidedigna. Lo que sucedió a continuación fue una detención modélica. Se llevó a cabo con la mayor rapidez. El embajador solicitó y consiguió el respaldo paquistaní para poder arrestarlo y extraditarlo desde ese país. Mientras un equipo de detención del FBI volaba allí desde Nueva York, la embajada organizó como pudo su propio equipo de agentes de seguridad del Departamento de Estado, agentes de la Agencia de Lucha Antidroga y un agente regional del FBI en Tailandia. La madrugada del día en que Ramzi Yusef tenía previsto coger un autobús a Afganistán, le despertaron sin muchos miramientos unos agentes paquistaníes y estadounidenses. Pocos días después estaba de vuelta en Nueva York.

Ramzi Yusef tenía muchos aliados. Su verdadero nombre era Abdul Basit, había nacido en Pakistán y se crió en Kuwait, donde trabajaba su padre. Después de su detención, el misterio que le rodeaba y la atención que provocaba siguieron siendo tan intensos como mientras anduvo huido. Casi todos los atentados terroristas o similares generan una leyenda urbana que pone en entredicho la versión oficial. Después de los atentados del 11 de septiembre, una de las historias más extendidas se basaba en que los ataques al World Trade Center habían sido obra de Israel, que habría advertido a los judíos de que no acudieran al trabajo ese día. Después de que se estrellara el TWA 800, lo que se dijo fue que había sido la Armada estadounidense la que había derribado el 747 civil. En el caso de Ramzi Yusef, el rumor que circulaba era que, detrás de ese nombre, había en realidad dos personas: una, el hombre al que detuvo el FBI en Pakistán, y la otra, un cerebro del los servicios secretos iraquíes, el Mujabarat. Esta leyenda formaba parte de la teoría de Laurie Mylroie.

Para las personas que estaban en el Gobierno de Estados Unidos y que conocían los servicios secretos iraquíes, la frase «cerebro de los servicios secretos iraquíes» era un oxímoron. Los miembros del Mujabarat tenían una bien merecida fama de «inspectores Clouseau» de Oriente Próximo. Además, Ramzi Yusef, o Abdul Basit, participó en el atentado al World Trade Center, conforme al testimonio de muchos testigos presenciales, las huellas examinadas y otras pruebas. Eso no impidió que Laurie Mylroie afirmara que el verdadero Ramzi Yusef no se hallaba en el Centro de Detención Metropolitano de Manhattan, sino que estaba repantigado a la derecha de Sadam Hussein en Bagdad. La tesis de Mylroie se basaba en que existía una complicada trama elaborada por Sadam para atacar a Estados Unidos, y que Yusef/Basit era su instrumento, empezando por el primer atentado contra el World Trade Center. Estas teorías convencieron a un pequeño grupo, en el que se encontraban el recién relevado del cargo de director de la CIA, Jim Woolsey, y Wolfowitz.

Como informaba Jason Vest en el *Village Voice* (27 de noviembre de 2001):

> Según el Servicio Secreto y fuentes diplomáticas, Powell (así como George Tenet) estaba furioso por el plan de espionaje privado organizado por Wolfowitz en septiembre. Al parecer, Wolfowitz estaba obsesionado por demostrar una enrevesada teoría defendida por la subinspectora del Instituto Americano de Empresa Laurie Mylroie, en virtud de la cual se vinculaba a Osama Bin Laden y a Sadam Hussein con el atentado contra el World Trade Center en 1993. Según un veterano agente del Servicio Secreto, Wolfowitz envió al anterior director de la CIA y cabalista James Woolsey al Reino Unido con el encargo de recopilar más *pruebas* para poder exponer argumentos en favor del caso. A Woolsey se le pidió también que estableciera contacto con los exiliados iraquíes y otras personas que pudieran reforzar la teoría de que el pirata aéreo Mohammed Atta trabajó para el servicio de espionaje iraquí en la planificación de los ataques del 11 de septiembre, así como en los posteriores envíos postales de ántrax.

Al final resultó que sólo había un Ramzi Yusef, que no era un agente iraquí y que llevaba años en una cárcel de Estados Unidos.

Yo, más que ningún otro en el Gobierno de Clinton, quería una justificación para acabar con el régimen de Sadam Hussein. Puesto que participé en la planificación y ejecución de la Guerra del Golfo, me enfureció que la guerra se detuviera sin eliminar a la Guardia Republicana y que se permitiera a Sadam masacrar a la oposición chií y kurda mientras Estados Unidos se quedaba de brazos cruzados. Yo esperaba que el incidente en el aparcamiento de la UNS-COM (Comisión Especial de Naciones Unidas), que yo había ayudado a idear, se tradujera en una nueva ronda de bombardeos masivos que habrían debilitado al régimen. El mismo motivo me movió a ejercer presión para que se efectuara una gran ronda de bombardeos en Irak en 1993 tras el descubrimiento de la tentativa de magnicidio contra Bush. Nadie *deseaba* más que yo que el ataque al World Trade Center fuera obra iraquí, para así poder justificar la reanudación de la guerra con Irak... Pero no había pruebas definitivas que condujeran a Bagdad. En 1994, numerosas pruebas comenzaban a apuntar hacia otra organización cuyo nombre y perfil nos eran desconocidos aún, pero a la que pertenecía un hombre al que la CIA se solía referir como «el patrocinador del terrorismo Osama Bin Laden».

Los saudíes, hartos de la continua propaganda de Bin Laden contra el régimen, le habían privado de la nacionalidad en 1994. Había rumores que indicaban que un tiroteo en la casa de Bin Laden en Jartum había sido obra del servicio de espionaje saudí, que había intentado matarle utilizando a mercenarios yemeníes. Su nombre figuraba en el Servicio Secreto en relación con actividades terroristas en lugares tan remotos como Filipinas y Bosnia. A partir de 1993, Lake y Nancy Soderberg me acompañaron en mi labor de importunar a la CIA para recabar más información sobre ese hombre y su organización. La CIA dudaba en un principio de que hubiera tal organización.

Aunque el nombre de Bin Laden afloraba con una frecuencia cada vez mayor en los informes secretos de 1993 y 1994, los análisis de la CIA seguían refiriéndose a él como a un acaudalado niñato radical que jugaba al terrorismo enviando cheques a los grupos terroristas. La CIA sabía que existía una Oficina Afgana de Servicios, pero no la veía como la tapadera de una red terrorista. Los agentes de la CIA de mayor rango explicaron al Grupo de Seguridad y Antiterrorismo que la Oficina era lo que afirmaba ser, a saber, una especie de asociación de veteranos de guerras extranjeras para los árabes que habían combatido en Afganistán. Reconocieron que tal vez algunos terroristas estaban utilizando a algunos de sus agentes o servicios, pero no dijeron que en ese momento estaba dirigida por Osama Bin Laden y que estaban reclutando, pagando y organizando medios de transporte a terroristas en una docena de países e incluso más. Pero así era.

* * *

Dos meses después de la detención de Ramzi Yusef, un domingo de marzo por la tarde, me dieron la noticia de que se había producido una explosión horrible en el centro de la ciudad de Oklahoma. Tenía todo el aspecto de ser un acto terrorista. Pero, ¿en Oklahoma? Llamé a la Casa Blanca desde Haití y me puse en comunicación con mi ayudante, Steve Simon, en el gabinete de crisis. Tuvo que salir de una reunión con el Grupo de Seguridad y Antiterrorismo para atender mi llamada. Me sentí culpable por interrumpir la reunión:

—¿Quién preside la reunión mientras tú hablas conmigo? —le pregunté.

—Oh, no te preocupes, está en buenas manos —contestó Simon con sorna—. Bill Clinton es quien preside la reunión del Grupo.

Mi único consejo fue que no se diera por hecho que el atentado de Oklahoma fuera obra de un grupo árabe o islámico. No olía bien. Simon ya había caído en la cuenta, y la Casa Blanca había advertido públicamente de que nadie debía llegar a conclusiones respecto a quién lo había hecho y de que nadie se dedicara a tomar represalias contra ningún grupo religioso o étnico. Unas horas más tarde, no cabía duda de que el atentado era obra de estadounidenses.

Las repetidas apariciones y discursos del presidente tras el atentado de Oklahoma no sólo fueron de gran ayuda para consolar a una nación conmocionada, sino que también contribuyeron a centrar el problema del terrorismo. Clinton se refería sin cesar a lo que podría pasar si los terroristas atacaran alguna ciudad de Estados Unidos con armas de destrucción masiva. Y no contento con trabajar con lo que teníamos, Clinton decidió intentar conseguir más autorización legal y más fondos para aumentar nuestra capacidad de pasar a la ofensiva contra el terrorismo. Se me pidió que hiciera un inventario de lo que necesitábamos.

Ése fue el primero de varios informes financieros dirigidos por mí entre 1995 y 2000. En una época de recortes presupuestarios, elevamos el presupuesto federal destinado al antiterrorismo de 5.700 millones de dólares en 1995 a 11.100 millones en 2000. El presupuesto del FBI en esta misma materia creció más del 280 por ciento en ese periodo. También intentamos conseguir más competencias para el FBI, entre otras: que las disposiciones de escucha telefónica a la delincuencia organizada pudieran aplicarse también a los terroristas; que la financiación de grupos terroristas fuera un delito grave; que se facilitara el acceso a información sobre los viajes de los terroristas; y que se acelerara la deportación de los que estuvieran relacionados con los grupos terroristas más prominentes. Aunque la mayoría de los fondos que solicité en 1995 fueron aprobados por la Casa Blanca y su Oficina de Gestión y Presupuestos, algunos no recibieron la aprobación del Congreso. No existía un solo punto de financiación para el antiterrorismo, sino varios presupuestos de distintos departamentos. Solicitamos financiación al Departamento de Energía, al Departamento de Sanidad y Servicios Humanos, al Departamento de Defensa, al Departamento de Justicia, al Organismo Federal de Administración de Emergencias y a otros departamentos cuyos representantes en el Congreso no acertaban a ver qué tenían que ver «sus» organismos con la política antiterrorista.

Solicité una nueva prohibición jurídica de la recaudación de fondos para grupos terroristas, porque varias personas de la Administración habían frustrado los intentos del CSG de perseguir el dinero procedente de estas actividades. En enero de 1995 habíamos convencido al presidente de que promulgara una orden ejecutiva que declarara delito grave conforme a la Ley de Poderes Económicos Internacionales en caso de Emergencia) recaudar o transferir fondos a determinados grupos terroristas o sus organizaciones más destacadas. Rick Newcomb, director de una oscura aunque poderosa Oficina del Tesoro, la Oficina de Control de Activos Extranjeros, estaba deseoso de llevar a la práctica sus nuevas competencias. Newcomb era un brillante burócrata de carrera entregado a su profesión, que conocía las reglas y procedimientos en esta materia mejor que nadie.

Newcomb y yo examinamos el caso de la Holy Land Foundation de Richland, Texas. Estábamos convencidos de que infringía la orden ejecutiva. Newcomb se valió de la policía de Aduanas para hacer que se cumplieran sus órdenes y, previa supervisión del Grupo de Seguridad y Antiterrorismo, hizo que se prepararan para entrar en la Fundación, romper las cerraduras, confiscar los archivos y bienes, y cubrir las puertas y ventanas con carteles en los que se leyera claramente que se había efectuado una redada. Pero el director del FBI, Louis Freeh, y el secretario del Tesoro, Bob Rubin, se opusieron. Al primero le preocupaba la marginación que podrían sufrir los árabes en Estados Unidos, y afirmaba que, si se utilizaba la Ley de Poderes Económicos Internacionales en caso de Emergencia, el caso podía ser recusado por los tribunales. Por su parte, Rubin temía que la ley no se sostuviera ante una recusación. Se había mostrado también reacio a respaldar cualquier medida contra el blanqueo de dinero por temor a que causara una evasión de capitales de Estados Unidos y suscitara objeciones por parte de otros países, preocupados por la inviolabilidad del «secreto bancario» (un caso, éste, que propició extrañas alianzas, como la del congresista republicano Dick Armey, que se opuso también a violar el «secreto bancario»).

La redada no llegó a efectuarse. La Holy Land Foundation continuó con sus actividades; y lo único que yo pude hacer al respecto fue solicitar una nueva ley que fuera irrebatible, una clara expresión de la voluntad del Congreso de luchar contra las fuentes de financiación del terrorismo.

Aunque parezca mentira, las autorizaciones jurídicas que solicitamos no recibieron la aprobación del Congreso en 1995. Yo pensaba que estas cuestiones se resolvían entre dos partidos, pero había una intensa desconfianza y animadversión entre la Casa Blanca demócrata y el Congreso republicano, que iba más allá de las políticas en materia de antiterrorismo. Se había producido un atentado contra el World Trade Center, habían estado a punto de producirse ataques contra lugares emblemáticos de la ciudad de Nueva York y contra los 747 en el Pacífico, se había lanzado gas sarín en el metro de Tokio, se volaban autobuses en las calles de Israel, se había reducido a escombros un edificio oficial en el centro de Oklahoma..., pero muchos congresistas se oponían al proyecto de Ley antiterrorista. Los republicanos del Senado, como Orrin Hatch, estaban en contra de ampliar a los terroristas las disposiciones relativas a las escuchas telefónicas, aprobadas para la delincuencia organizada. Tom DeLay y otros republicanos de la Casa Blanca coincidieron con la Asociación Nacional del Rifle en que la propuesta de restricciones a la fabricación de artefactos explosivos infringía el derecho a portar armas. Tendríamos que esperar a 1996 para intentar otra vez reforzar nuestra capacidad de combatir el terrorismo.

CAPÍTULO 5
LA CASI GUERRA, 1996

Aunque los miembros del equipo de Seguridad Nacional de Clinton habían tomado posesión en 1993 sin pensar en el terrorismo, a principios de 1996 estaban preocupados por él y temían que se produjera un gran atentado ese año. Pero no esperaban que procediera de Al Qaeda. La CIA todavía no había empezado a usar esa expresión en sus informes.

La teocracia radical que había sustituido al sha de Irán en 1979 no había disminuido su fanatismo. Aunque los rehenes estadounidenses en Teherán salieron en libertad a principios de 1980, el régimen prosiguió un camino de acciones contra Estados Unidos. Irán había desempeñado un papel fundamental en los tres atentados con camiones bomba perpetrados por los terroristas de Hezbolá en los años ochenta contra instalaciones norteamericanas en Líbano, en los que murieron ciudadanos estadounidenses. Además, había sido el cerebro oculto de los largos secuestros de rehenes estadounidenses en Líbano, entre ellos los de varios periodistas, un coronel de los *marines* y el jefe de un centro de la CIA, estos dos torturados y asesinados.

A lo largo de los años ochenta, Irán libró una guerra de ocho años, para defenderse contra la invasión de Sadam Hussein. La guerra se había extendido al Golfo y había incluido atentados iraníes (e iraquíes) contra buques petroleros. Para protegerlos, la Armada estadounidense había intercambiado disparos con navíos y aviones iraníes. En 1989, durante una de estas escaramuzas con buques iraníes de menor tamaño, el *USS Vincennes* había confundido un avión comercial de Iran Air con un aparato de combate, de modo que lo derribó y mató a 290 civiles.

Cuando me enteré del derribo, pensé que se había acabado nuestra «neutralidad» en la guerra entre Irán e Irak. Habíamos ayudado a Irak pasándole informaciones, escoltando su petróleo en buques kuwaitíes y cortando suministros militares a Irán. Aun así, decíamos que éramos neutrales. Pero ahora, después de matar a cientos de civiles iraníes, imaginé que Teherán nos iba a atacar directamente como represalia, con lo que nos arrastraría a la guerra y a colocarnos claramente del lado de Sadam.

Sin embargo, el derribo por error del vuelo de Iran Air acabó con la guerra. Los dirigentes de la revolución iraní, consumidos por ocho años de guerra, buscaban una excusa para terminarla; y ese suceso les sirvió. En público, afirmaron que los estadounidenses empezaban a luchar contra ellos abiertamente y que no podían enfrentarse a Estados Unidos e Irak al mismo tiempo. Dijeron que, si las luchas continuaban, podían darse circunstancias que supusieran el fin de la revolución, seguramente mediante una invasión por Estados Unidos. Irán declaró un alto el fuego. Sadam Hussein, cuyos recursos humanos y materiales también estaban exhaustos por su desgraciada aventura contra los iraníes, lo aceptó inmediatamente. La guerra entre Irán e Irak había terminado. Habían muerto 350.000 personas.

Ahora bien, la exportación encubierta de la revolución iraní siguió adelante, gracias al Cuerpo de la Guardia Revolucionaria Iraní, su rama especial denominada Fuerza Qods (Fuerza de Jerusalén), el Ministerio de Información y Seguridad y su propia legión extranjera formada por milicias de otros países, Hezbolá. Este grupo, cuyo nombre significa en árabe «partido de Dios», fue, al principio, el instrumento de Irán entre los libaneses y los palestinos que vivían en Líbano. Después, Teherán lo amplió y creó sucursales en países tan cercanos como Arabia Saudí y tan lejanos como Brasil y Uruguay. El Gobierno iraní se dedicó a producir propaganda totalmente antiestadounidense y acoger a terroristas de todo el mundo islámico en conferencias sobre la lucha contra Israel y Estados Unidos.

En respuesta, Estados Unidos continuó con las sanciones económicas que había establecido en 1980 y mantuvo congelados en fideicomisos los activos iraníes en nuestro país. A pesar de estas sanciones, Irán seguía exportando petróleo a Estados Unidos, por valor de hasta 1.600 millones de dólares en 1987. Durante la «guerra de los petroleros», Estados Unidos añadió nuevas sanciones para debilitar todavía más a Irán en su guerra contra Sadam Hussein: acabó con la importación de crudo iraní y prohibió exportar a dicho país productos civiles que pudieran tener uso militar.

Cada vez había más pruebas de que Irán contaba con armas modernas y materiales para fabricar armamento químico, biológico y nuclear. Teherán intentó comprar misiles y aviones a Moscú y Pekín, y firmó un pacto con Rusia para construir una central nuclear civil. Al no tener que gastar más dinero en la lucha contra Irak, su ayuda a Hezbolá se incrementó, y aumentaron los atentados de dicho grupo contra Israel. El Congreso y el Gobierno rivalizaron en imponer nuevas sanciones contra Irán, pero la actividad de Hezbolá no hacía sino aumentar. En 1992, el senador John McCain auspició la Ley de No Proliferación para Irán e Irak, que preveía sanciones para los terceros países que exportasen armas «convencionales avanzadas», o componentes de éstas, a cualquiera de esas dos naciones.

En 1992 se produjo un atentado contra la embajada israelí en Buenos Aires. En 1994, estalló una bomba en un centro cultural judío de la misma ciudad, y murieron 85 personas. Las informaciones recogidas indicaban que Hezbolá e Irán eran responsables de los atentados, pero el Gobierno argentino se mostró reacio a acusarles.

En 1995, el senador Alfonse D'Amato propuso una legislación que prohibía todo comercio con Irán (excepto los artículos humanitarios) e impedía que las filiales estadounidenses en terceros países comerciaran con petróleo iraní. En respuesta, el Gobierno de Clinton instauró otra prohibición parecida, mediante un decreto ley. La acción supuso interrumpir las negociaciones para un contrato de miles de millones de dólares que Conoco estaba llevando a cabo en Irán. Dick Cheney, presidente de Halliburton, se opuso a las sanciones estadounidenses. Clinton ordenó al vicepresidente Gore que coordinara los esfuerzos para construir oleoductos y gaseoductos que sacaran los recursos de Asia Central (sobre todo, Kazajstán) a través de rutas que no atravesaran territorio iraní, con lo que impedía que Irán obtuviese los beneficios económicos que había esperado sacar de los nuevos contratos sobre conducciones. La

Casa Blanca y el Departamento de Estado lanzaron una campaña coordinada para convencer a los aliados de que cortaran sus relaciones económicas con Irán, aunque con escaso fruto.

No satisfecho con las acciones administrativas, a finales de 1995, el Congreso aprobó nuevas sanciones legales contra Irán y una partida secreta para financiar acciones encubiertas de la CIA dirigidas contra el régimen iraní. El secreto apareció filtrado en *The Washington Post* un mes después, en enero de 1996. El *Post* alegaba que se había añadido una pequeña cantidad, 18 millones de dólares, a instancias del presidente de la Cámara, Newt Gingrich. Decía que Gingrich había pretendido que el dinero sirviera para «derrocar» el régimen iraní, pero había llegado a un acuerdo con la Administración para utilizar un lenguaje que permitía que los fondos se utilizaran para «cambiar el comportamiento» del Gobierno de Teherán.

Aunque Estados Unidos había prometido no intentar la caída del régimen revolucionario dentro del acuerdo para la liberación de los rehenes de la embajada en 1981, el Gobierno iraní seguía creyendo y temiendo que Washington deseara devolver el trono al Sha. La noticia de que Gingrich había convencido a Clinton para que financiara la subversión causó la alarma en toda la jerarquía iraní. En una acción simétrica a la de Estados Unidos, el Majlis (Parlamento) iraní aprobó de manera pública los fondos para acciones encubiertas contra Estados Unidos. La acción del Majlis era, sobre todo, una medida propagandística; el IRGC y el Ministerio de Información y Seguridad ya trabajaban contra Estados Unidos en todo el mundo.

En marzo de 1996 se produjeron en Israel cuatro atentados suicidas en nueve días, con el resultado de 62 personas muertas. La opinión de los servicios secretos israelíes fue que Hezbolá e Irán estaban involucrados en los atentados. Aunque, más tarde, los atentados suicidas se convertirían en algo casi habitual para los israelíes, en 1996 el mundo se estremeció. El presidente Clinton se apresuró a organizar una cumbre con 29 dirigentes árabes y europeos, que se celebró en Sharm el-Sheij, Egipto. Esta cumbre internacional fue la prueba de que los Gobiernos árabes rechazaban el terrorismo. Irán no asistió.

Ante el temor a atentados terroristas patrocinados por los iraníes contra Estados Unidos, el Grupo de Seguridad y Antiterrorismo (CSG) formó un equipo encargado de examinar qué podía hacer Irán y cómo podíamos detener e impedir los atentados. Uno de los objetivos posibles que estudiamos fueron los Juegos Olímpicos, previstos para agosto de 1996 en Atlanta. El FBI dijo que era el organismo federal responsable de la seguridad de los Juegos y que llevaba un año haciendo planes, así que pedí que sus miembros informaran al CSG en abril.

John O'Neill era el representante del FBI en el CSG y se encargó de que varios agentes del FBI, del cuartel general y de la Oficina de Atlanta, acudieran al gabinete de crisis de la Casa Blanca para informarnos de todo lo que habían hecho. John presentó orgulloso al equipo y nos sentamos a escuchar y ver sus diapositivas de PowerPoint. La charla fue breve y nos dio poca información. El equipo no supo contestar la mayoría de las preguntas que hicimos los miembros del CSG, que procedíamos de diversos organismos. Me di cuenta de que O'Neill estaba avergonzado, así que di por cerrada rápidamente la reunión. Mientras el grupo salía de la sala, me metí con O'Neill en la sala de al lado, la cantina, que estaba vacía.

—No ha sido muy prometedor, John.

—¿Sabes lo que pienso? —sonrió O'Neill—. Tenemos que ir. Todo el CSG. Vamos allí a ver hasta qué punto está todo hecho una mierda.

Dos semanas más tarde, dos docenas de expertos en antiterrorismo, pertenecientes a ocho organismos distintos, aterrizaban en Atlanta procedentes de Washington y subían a un autobús para dar un paseo poco frecuente por la ciudad, en busca de posibles fallos de seguridad. Después del paseo, el equipo de Washington se reunió con las autoridades locales y los representantes en Atlanta de los organismos federales que llevaban dos años preparando la seguridad de los Juegos Olímpicos. Teníamos varias preguntas.

Lisa Gordon-Hagerty, del Departamento de Energía, fue la primera:

—Cuando recorríamos la Villa Olímpica, vi que, en realidad, es el campus de la Politécnica de Georgia —todo el mundo asintió—, y que hay un reactor nuclear en el centro del campus —asintieron

CONTRA TODOS LOS ENEMIGOS

unos cuantos—. Y no vi ninguna verdadera medida de seguridad en el edificio del reactor, pero supongo que hay combustible agotado allí mismo —no asintió nadie. Varias personas salieron de la reunión para hacer llamadas.

Siguió Steve Simon, del gabinete del NSC. Era un estudioso de la historia militar y un auténtico especialista en Oriente Próximo:

—Atlanta es un gran nudo ferroviario todos los trenes que van de norte a sur y de este a oeste en el sur pasan por el centro de la ciudad. Por eso era un centro tan importante para la Confederación y un objetivo clave para la Unión.

De nuevo gestos de asentimiento, pero más cautelosos. Yo pensaba que tal vez no teníamos que haber mencionado una guerra en la que un organismo de Washington había ordenado el incendio de Atlanta y Scarlett O'Hara se había quedado sin hogar.

—Pero, cuando se circula por la ciudad, no se ven vías —continuó Simon. Alguien de allí dijo que había muchos túneles subterráneos—. El problema es que esos túneles pasan justo por debajo del Estadio Olímpico —prosiguió Simon—. Y esos trenes transportan materiales muy explosivos y peligrosos, incluso aunque ningún terrorista ponga nada en ellos. ¿Tienen algún plan para registrar los vagones o desviar el tráfico?

No lo tenían.

—Muy bien, el reactor nuclear y los vagones con cargas químicas suscitan la cuestión del plan y las herramientas necesarias para enfrentarse a un incidente químico, biológico o radiactivo —intervino R. P. Eddy, del Consejo Nacional de Seguridad—. ¿Podemos saber cuál ese plan?

No había ninguno.

El representante del Servicio Secreto que había venido de Washington preguntó sobre el control del acceso a las sedes olímpicas, especialmente el estadio en el que iba a sentarse el presidente.

—¿Quién va a imantar y registrar a toda la gente que entre en el estadio?

Después de explicar que «imantar» significaba buscar metales, por ejemplo pistolas, con magnetómetros de mano o de arco, el representante del Comité Olímpico reveló su plan de utilizar a ciudadanos voluntarios en cada puerta. No iban a usar magnetómetros.

Pensando en el plan de Ramzi Yusef para hacer estallar varios 747 y las imágenes del Pan Am 103, yo pregunté sobre los aviones.

—¿Qué ocurre si alguien hace estallar un 747 sobre el estadio, o incluso estrella un avión contra él?

El agente especial al frente de la Oficina del FBI en Atlanta estaba furioso ante el interrogatorio de los sabelotodos de Washington.

—Me resulta un poco Tom Clancy —me contestó en tono de burla. Yo le fulminé con la mirada—. Pero, si ocurre, será problema del FAA —añadió.

—Muy bien. ¿Almirante Flynn? —me volví hacia Cathal Flynn, el miembro retirado de las SEAL (las fuerzas especiales de la Marina) que estaba a cargo de la seguridad en el Departamento Federal de Aviación (FAA). Flynn había nacido en Irlanda y, después de 25 años en la Marina estadounidense con Cathal como nombre de pila, prefería que le llamaran «irlandés».

—Bueno, Dick, podríamos prohibir que vuelen aviones sobre el estadio durante las pruebas, mediante un aviso a los pilotos —respondió el irlandés.

—¿Y qué ocurre si un terrorista secuestra un avión y viola la prohibición? —pregunté.

—Entonces llamaríamos a la Fuerza Aérea, si viéramos en el radar que un avión ha violado la prohibición. Pero, para entonces, sería demasiado tarde —explicó Flynn con su profunda voz de barítono—. Claro que, si cerrasen el transpondedor del aparato, ni siquiera les veríamos en el radar. Nuestros radares no son como los de la defensa aérea. Están para el control del tráfico aéreo, y dependen de que el avión nos envíe una señal de radio que nos indique su altitud.

Entonces, el representante del Departamento de Defensa nos explicó qué era la ley del *posse comitatus,* la prohibición de que el Ejército utilice la fuerza dentro del territorio de Estados Unidos. Jim Reynolds, del Departamento de Justicia, señaló que se podía ignorar el *posse comitatus* y que ya se había hecho unos años antes, «precisamente aquí, en Atlanta», para permitir que las fuerzas especiales del Ejército ayudaran a someter un motín carcelario.

—Sí, pero está también el derecho internacional, que respetamos, y que prohíbe el derribo de un avión civil. Ya nos enteramos bien cuando disparamos contra el Airbus iraní —fue la respuesta del DOD.

—Vale, vale. O sea, ¿a quién le toca impedir que un avión secuestrado se estrelle contra el Estadio Olímpico? —pregunté frustrado.

—Para empezar, no hay que dejar que secuestren el avión —propuso el hombre del FBI en Atlanta.

Volvimos a Washington. En el vuelo de regreso, John O'Neill y yo nos preguntamos en voz alta cómo íbamos a conseguir que los organismos de Washington hicieran todo lo necesario para la seguridad en Atlanta, incluidos gastos y traslado de equipos. No quedaba demasiado tiempo. En teoría, el vicepresidente Gore presidía un comité para los Juegos Olímpicos, pero era uno más de los muchos encargos que le había atribuido el presidente Clinton. El consejero de Seguridad Nacional de Gore era Leon Feurth, una de las personas más expertas en cuestiones de seguridad y terrorismo que conocía, así que fuimos a verle.

Una semana después, el vicepresidente de Estados Unidos subía por Pennsylvania Avenue, en una pequeña comitiva, hasta la sede central del FBI. O'Neill había preparado el gran salón de banderas de la primera planta para una reunión del CSG en la que cada organismo iba a presentar nuevos informes sobre sus planes de actuación para la seguridad de los Juegos Olímpicos. Notifiqué a todos los organismos que no sería yo quien presidiera ese día la reunión, sino Gore. Así que la asistencia fue mayor.

En el coche, mientras nos dirigíamos al edificio J. Edgar Hoover, le expliqué una vez más la situación a Gore.

—He aquí varias preguntas que quizá podría usted hacer, de forma inocente —le dije, mientras le pasaba una lista de lo que habíamos preguntado en Atlanta—. Luego, al cabo de un rato, tendría que parecer muy enfadado.

—Se me da bien parecer enfadado —sonrió Gore.

Es verdad que tenía un genio considerable cuando le parecía que la burocracia no reaccionaba como debía.

Después de las presentaciones y alguna explicación, Gore sacó las preguntas de su bolsillo. Algunos de los miembros del CSG se dieron cuenta de lo que se avecinaba.

—Ya sé que todos tienen sus instrucciones, pero me gustaría hacer algunas preguntas que me preocupan...

Las respuestas seguían siendo las mismas.

—Señores —dijo el vicepresidente—. Sé que el general Shelton seguramente podría asustar personalmente a la mayoría de los terroristas, pero no podemos poner a Hugh en cada esquina. Necesitamos un plan mejor que éste.

Shelton era el jefe del Mando Conjunto de Operaciones Especiales y, con sus botas de campaña, se le había visto sobresalir por encima de Gore cuando se habían saludado al principio de la reunión. El vicepresidente se volvió hacia su derecha, donde estaba yo, y me confirió toda la autoridad que necesitaba.

—Dick, voy a pedirte que coordines todo, que utilices todos los recursos necesarios de estos organismos. ¿Alguien tiene algún inconveniente? —Por fin podíamos trabajar.

Yo había ayudado al Servicio de Aduanas estadounidense cuando quiso convencer al Congreso para que convirtiera los viejos aviones antisubmarinos S-3 de la Armada en radares volantes para descubrir las avionetas que introducían drogas desde Suramérica. Les llamé para preguntarles si estarían dispuestos a llevar sus P-3 a Atlanta durante los Juegos. También les pedí que llevaran alguno de sus helicópteros Black Hawk para situar a bordo a francotiradores del Servicio Secreto con rifles del calibre 0,50 que pudieran disuadir o eliminar las amenazas aéreas contra las ceremonias. El Departamento de Defensa aceptó establecer un puesto conjunto de coordinación aérea con la FAA y colocar un radar del Ejército en una colina a las afueras de Atlanta. También se mostró dispuesto a tener un caza de la Guardia Nacional en alerta, preparado para despegar. Después de varias semanas de intentar convencer al consejero general del Tesoro (entonces, tanto Aduanas como el Servicio Secreto dependían del Tesoro), empezábamos a tener un plan de defensa aérea.

Lisa Gordon-Hagerty y Frank Young crearon un equipo de respuesta preparado para afrontar incidentes químicos, biológicos o nucleares. Se llevaron suministros médicos especiales, unidades de descontaminación, miles de trajes protectores y cientos de paquetes de detección y diagnóstico. Estaba previsto que miembros de los laboratorios nucleares del Departamento de Energía, el Departamento de Sanidad y Servicios Humanos, el mando de armas químicas del Ejército y los comandos del Mando Conjunto de Operaciones Especiales del DOD trabajaran unidos en un grupo especial situado en una base aérea a las afueras de la ciudad, en la que se establecería un puesto de mando interministerial.

El Servicio Secreto empezó a examinar todos los locales olímpicos para descubrir sus puntos débiles y elaboró un plan para registrar a todas las personas que entraran. Iban a trasladar a cientos de agentes a Atlanta. O'Neill garantizó que a ellos se les añadirían cientos de agentes del FBI, que patrullarían en secreto las calles y aguardarían en lugares clave con equipos especiales de intervención rápida. El Departamento de Transportes convenció a los ferrocarriles de que desviaran los cargamentos de materiales peligrosos y colocaran a más policías ferroviarios para vigilar los trenes. En los vuelos que llegasen a Atlanta se examinaría de forma especial a los pasajeros. El Departamento de Energía ordenó cerrar temporalmente el reactor nuclear y retirar sus residuos.

En mayo disponíamos de un plan para llevar a varios miles de agentes federales y el equipamiento necesario a diversas instalaciones dentro y alrededor de Atlanta, con un coste que ascendía a decenas de millones de dólares. Entonces nos dimos cuenta de que el paquete de medidas preventivas y de respuesta que habíamos establecido, junto con las restricciones que habíamos impuesto, volvería a ser necesario en algún otro sitio. En la época posterior a los Juegos Olímpicos, cada vez que hablábamos de este tipo de medidas globales para proteger un acontecimiento, seguimos llamándolas las «reglas de Atlanta».

Sin embargo, para nuestra desolación, las reglas de Atlanta no consiguieron impedir que un hombre solo pusiera una bomba en los Juegos. No importa que fuera una bomba pequeña, ni que estallara en una plaza pública y no en una prueba deportiva. Lo que necesitábamos a toda velocidad eran dos cosas: una demostración de fuerza tranquilizadora, que no convirtiera los Juegos Olímpicos en una especie de ejercicio militar, y saber quién había detonado la bomba que mató a una persona e hirió a 111.

La demostración de fuerza tranquilizadora y no amenazadora resultó la tarea más fácil. Pedimos a los departamentos del Tesoro y de Justicia que nos proporcionaran rápidamente cientos de agentes federales de uniforme, aunque los uniformes eran chubasqueros de policía de asalto y gorras de béisbol. Unos aviones de la Fuerza Aérea llevaron a agentes de fronteras procedentes de Texas y California. Por las calles de Atlanta se vio a policías de Aduanas, del Servicio de Inmigración y Nacionalización, guardas forestales y guardianes de prisiones. Los Juegos siguieron adelante.

Sin embargo, fue más difícil averiguar quién había colocado la bomba. Oí el rumor de que el FBI había detenido a alguien y llamé a un amigo en el centro de mando de la Oficina.

—Es verdad, tienen a un tipo. Louis Freeh está en este momento al teléfono para decirles a los de Atlanta qué tienen que preguntarle. Freeh cree que es él.

Su tono insinuaba que las cosas no eran como parecían.

—¿Y tú qué opinas?—pregunté.

—A Atlanta no le parece que sea este tipo el de la bomba. Era un policía privado que estaba en el lugar. Pero no digas que no sabemos quién lo hizo, porque Louis ya lo ha decidido.

El policía privado era Richard Jewell. Había descubierto la bomba y había evacuado de la zona a numerosas víctimas posibles. La teoría de Freeh era que había preparado todo el incidente para conseguir un trabajo propiamente dicho en la policía. Después de arruinarle la vida con la publicidad negativa de la detención y las filtraciones a los medios desde el FBI, Jewell quedó en libertad. El verdadero terrorista resultó ser Eric Rudolph, que cometió varios atentados más. Cuando el FBI, por fin, decidió perseguir a Rudolph, en 1998, Freeh fue a Carolina del Norte para dirigir la búsqueda, en la que se emplearon helicópteros del FBI y centenares de agentes, sin que diera fruto. Rudolph fue detenido posteriormente, en 2003, por la policía local.

Después de los Juegos Olímpicos de 1996, para institucionalizar lo que habíamos aprendido en Atlanta, sugerí que creásemos una designación oficial, la de «Acontecimientos Especiales en materia de Seguridad Nacional». De esa manera, el CSG podría declarar formalmente como tales determinadas ceremonias públicas, y los organismos participantes podrían pedir dinero al Congreso por adelantado, a diferencia de lo que ocurrió en Atlanta, donde tuve que prometer a cada organismo que se le devolvería el dinero. El FBI estuvo de acuerdo, con la condición de que todos los acontecimientos estuvieran a su cargo. Después de su actuación en Atlanta, yo no podía aceptarlo. A pesar de sus objeciones, insistí en que el Servicio Secreto compartiera la dirección. El Servicio Secreto había demostrado en Atlanta que estaba mejor equipado y preparado para evitar un atentado terrorista mediante la eliminación de los puntos débiles.

En años sucesivos, el CSG declaró varios acontecimientos como Acontecimientos Especiales, entre ellos la conmemoración del 50º aniversario de Naciones Unidas en Nueva York, el 50º aniversario de la OTAN en Washington, la Convención Nacional Republicana en Filadelfia, la Convención Nacional Demócrata en Nueva York, y las tomas de posesión presidenciales en 1997 y 2001. En todas aquellas ceremonias se vio el incremento de la seguridad. Lo que no se vio tanto fueron los miles de unidades especiales de respuesta con vehículos de aspecto amenazador escondidas en edificios cercanos, ni a los centenares de agentes secretos federales en las calles, los botes guardacostas en los ríos o los aviones que sobrevolaban la zona. Fueron invisibles las actividades de información desarrolladas en las ceremonias y en todo el mundo por el FBI, la CIA, el Servicio Secreto, la Agencia Nacional de Seguridad, Aduanas, Inmigración, Seguridad Diplomática, los Guardacostas y el Departamento de Defensa, con el fin de detectar y prevenir el terrorismo. Por desgracia, el trabajo de equipo y la integración que obligatoriamente exhibían todos durante los acontecimientos especiales no siempre continuaron cuando la situación terminaba.

* * *

En mayo de 1996, poco antes de los Juegos Olímpicos de Atlanta, llegaron a Washington noticias de un extraordinario descubrimiento de las autoridades belgas. Habían interceptado un cargamento que se dirigía a Alemania. Dentro de una caja etiquetada como «pepinillos» había un arma de diseño especial, el mayor mortero nunca visto. El arma estaba preparada para lanzar una enorme carga explosiva a corta distancia, por ejemplo sobre el muro de una embajada israelí o estadounidense. El envío procedía de Irán.

El Departamento de Defensa atendió nuestra petición de situar temporalmente un nuevo grupo de portaaviones en aguas de Irán, como señal disuasoria para Teherán. La Marina estaba cada vez más preocupada por los misiles antinavío que Irán estaba situando en las islas del Golfo Pérsico y en su costa, especialmente en el estrecho extremo del Golfo que da al océano Índico: el estrecho de Hormuz. A principios de mayo, el DOD anunció que Irán había comprado misiles de largo alcance a Corea del Norte y estaba llevando a cabo un programa para proteger sus misiles en búnkeres reforzados.

La Armada utilizaba dos puertos en el Golfo Pérsico. Sólo uno de los dos, en los Emiratos Árabes Unidos, podía albergar un portaaviones. Este puerto, próximo a Dubai, vio más buques de la Marina estadounidense y más marinos que cualquier otro puerto fuera de Estados Unidos durante los años noventa. Pero era un puerto comercial, sin ninguna instalación permanente de la Marina. La base estadounidense estaba a varios cientos de kilómetros al norte, en el país isleño de Bahrein. Allí vivían y trabajaban millares de marinos estadounidenses. Después de la guerra de los petroleros y la primera Guerra del Golfo, la pequeña base de la Armada en Bahrein se había convertido en una instalación amplia y llena de actividad. En 1996, el DOD anunció que la base iba a ser el cuartel general de una nueva entidad, la Quinta Flota. Dado que la Marina soviética estaba oxidándose en los puertos de Siberia y la iraquí se encontraba en el fondo del Golfo Pérsico y Shatt al-Arab, la Quinta Flota no tenía más que un enemigo posible: Irán.

Bahrein estaba gobernado por los Jalifa, una familia musulmana suní. El sha de Irán había pretendido quedarse con el país, basándose en una relación perdida en la historia. Una comisión de Naciones Unidas decidió en contra de la reivindicación iraní en 1970, y la isla conservó su condición de país independiente. Tenía escasos depósitos de petróleo o gas, así que los Jalifa convirtieron la isla en un destino de estilo occidental, con tiendas, bancos y espectáculos para los saudíes y otros turistas sujetos a restricciones en sus propios países. No obstante, más de la mitad de los ciudadanos de Bahrein eran musulmanes chiíes, que se sentían desprovistos de sus derechos por los Jalifa y constituían un fértil caldo de cultivo para Irán.

A principios de junio, el embajador de Bahrein en Washington me llamó para pedirme, en nombre de su ministro de Exteriores, una reunión urgente en la Casa Blanca. Me enseñó fotografías de bombas y otras armas que se habían encontrado en Bahrein la víspera. Me entregó un documento que resumía una conspiración de la Guardia Revolucionaria Iraní para preparar un ataque armado contra los Jalifa e instalar un Gobierno proiraní en Bahrein. El instrumento de Teherán era algo llamado Hezbolá Bahrein, un grupo de chiíes de Bahrein creado en Qum, Irán, en 1993, que llevaba más de dos años entrenando terroristas en Irán y Líbano. En Bahrein habían detenido a 29 de sus miembros; otros habían huido a Irán. El embajador me dio detalles de los interrogatorios hechos a los presos de Hezbolá.

Aunque la prensa occidental no le prestó mucha atención, el intento de golpe de Estado en Bahrein era una prueba más de que Irán apoyaba el terrorismo y pretendía expulsar al Ejército estadounidense de la región. En el plazo de dos semanas íbamos a tener más.

El Ejército estadounidense había llegado a Arabia Saudí en agosto de 1990 y allí seguía en 1996, aunque en menor número. Los soldados estaban repartidos por media docena de instalaciones. En la provincia oriental, donde vivía la mayor parte de la minoría chií, la Fuerza Aérea estadounidense disponía de un complejo de viviendas en edificios altos, cerca del pueblo de Jobar. El 25 de junio de 1996, sufrió un atentado terrorista mediante un camión bomba. Murieron 19 estadounidenses.

En realidad, el de Jobar era el segundo atentado contra una instalación militar de Estados Unidos en Arabia Saudí. En noviembre de 1995, el cuartel general en Riad de la misión militar estadounidense responsable del entrenamiento de la Guardia Nacional saudí había sufrido la explosión de una bomba que mató a cinco norteamericanos. Unos días después, las autoridades saudíes detuvieron a cuatro hombres, obtuvieron sus confesiones y les ejecutaron. A pesar de las peticiones de Estados Unidos de que aplazaran las ejecuciones para poder llevar a cabo una investigación propia, los saudíes decapitaron a los cuatro individuos. Después, dieron muy pocos detalles sobre quiénes eran y sobre las razones de su actuación.

Con el fin de que no se repitiera el incidente anterior, le pedí a Clinton que escribiera al Rey para pedirle la plena cooperación en una investigación conjunta sobre el atentado de Jobar y anunciarle que iba a enviar a un equipo del FBI. Asimismo le sugerí que nombrara al general de cuatro estrellas retirado Wayne Downing para que dirigiera una investigación estadounidense independiente sobre la seguridad de nuestras instalaciones en la región, y en especial sobre qué había fallado en Jobar. Conocía a Wayne desde que era comandante, y no tenía la menor duda de que nos diría la verdad. Clinton se mostró de acuerdo. El Pentágono, tanto el personal civil como el militar, se indignó porque el presidente emprendiera una investigación sobre la negligencia militar.

Después de una reunión del CSG para coordinar los trabajos de ayuda, me reuní con el equipo antiterrorista del NSC. Examinamos todos los informes de la CIA, el NSA, Defensa y Estado sobre amenazas en Arabia Saudí durante los dos últimos años. Unos cuantos, de entre los miles de informes guardados, permitían ver una línea clara. La Fuerza Qods del Cuerpo de la Guardia Revolucionaria Iraní había creado grupos de Hezbolá en Bahrein, Kuwait y Arabia Saudí. Habían reclutado en secreto a terroristas y les habían enviado a entrenarse en Irán y Líbano. Arabia Saudí se había enterado y había presentado una protesta ante Irán. Irán había negado la acusación. Una noche, los guardias de fronteras saudíes vigilaban con un perro detector de bombas, a sugerencia de Estados Unidos, y notaron algo en un coche situado en un puesto de aduanas. El coche tenía un cargamento de explosivos plásticos muy complejos. El interrogatorio y la investigación posteriores permitieron detener a agentes de Hezbolá en Arabia y averiguar que el coche pertenecía a la Hezbolá saudí y procedía de un campamento en el valle libanés de la Beqaa. En teoría, el campamento estaba dirigido por un saudí llamado Mugassal, que, en realidad, trabajaba para la Fuerza Qods, las fuerzas especiales de Irán. La bomba estaba destinada a un atentado contra una instalación militar estadounidense en Arabia Saudí.

Los saudíes no nos habían dicho ninguna de estas cosas. Habían pedido discretamente a los sirios que cerrasen el campamento de Hezbolá en el valle de la Beqaa, bajo control de Siria, y que les entregaran a los terroristas saudíes. Siria declaró no saber nada.

Al día siguiente del atentado en Jobar, le presentamos a Tony Lake un informe detallado del NSC que declaraba culpables a la Fuerza Qods iraní y su organización títere, la Hezbolá saudí. Lake nos creyó y se preguntó por qué la CIA no había llegado a la misma conclusión. Le envió el informe al director de la Agencia, John Deutch, que replicó que no era más que una teoría entre muchas.

En el FBI, el director Louis Freeh se apresuró a responder a la solicitud de la Casa Blanca de que su departamento realizara una investigación. Fue una de las pocas ocasiones en las que Freeh hizo de buen grado algo que le había pedido la Casa Blanca. Alguna vez les había dicho a los altos cargos del FBI que los que trabajaban en la Casa Blanca eran «políticos» y no se podía confiar en ellos. Sin embargo, muchos de sus colaboradores llevaban años trabajando conmigo y otros funcionarios de la Casa Blanca especializados en Seguridad Nacional, en delicadas tareas de antiterrorismo, contraespionaje y antinarcóticos. Siguieron haciéndolo, aunque reconocieron que ya no le contaban a Freeh todo lo que pasaba en sus reuniones de la Casa Blanca.

Para Freeh, que se había dedicado a casos de drogas y crimen organizado en nueva York, los asuntos internacionales eran un terreno nuevo. Poco después del atentado de Jobar, el embajador saudí, el príncipe Bandar, fue a verle. Bandar conquistó a Freeh durante sus frecuentes reuniones en la residencia saudí de Virginia y le facilitó reuniones en Arabia, adonde Freeh acudió para coordinar en persona la investigación. John O'Neill le acompañó, y me dijo que le había asombrado el contraste entre la adulación y el protocolo que los saudíes habían derramado sobre Freeh y su capacidad de mentir cuando llegaba el momento de hablar de la investigación. Según O'Neill, Freeh no pareció darse cuenta de la duplicidad.

Aparte del apretón de manos, los saudíes no tenían la menor intención de cooperar con el FBI. El atentado había revelado una vulnerabilidad interna del reino saudí: la oposición armada de los musulmanes chiíes en la provincia oriental. El ministro del Interior, Nayef, negó al FBI acceso a las pruebas y los testigos. Cuando los saudíes atribuyeron los orígenes del atentado a Mugassal e Irán, detuvieron a varios miembros de la Hezbolá saudí que todavía permanecían en el país, pero se negaron a que el FBI tuviera contacto con los prisioneros, así como a reconocer que el atentado lo había preparado Irán. Nayef y otros miembros de la familia real estaban preocupados por lo que podía hacer Estados Unidos con esa información.

Casi un año después del atentado, los saudíes sí transmitieron un dato interesante. Aseguraron que habían seguido la pista de un miembro de la célula terrorista hasta Canadá. Pidieron a Estados Unidos que intercediera ante los canadienses para que devolvieran al sospechoso a Arabia Saudí. Mi opinión era contraria, y sugerí al CSG que organizáramos una vigilancia del sospechoso, Hani el-Sayegh, para ver con quién se reunía y con quién hablaba. Por desgracia, nuestros acuerdos con Canadá nos impedían llevar a cabo operaciones unilaterales en su territorio. De forma que el FBI solicitó la vigilancia a las autoridades canadienses. Pero ellos se quejaron de que no tenían el personal ni el dinero necesarios para llevar a cabo una labor de vigilancia constante.

Louis Freeh dio con una posible solución.

Propuso interrogar a Sayegh y pedirle su cooperación a cambio de una suavización de la sentencia. Así era como Freeh se había ocupado de los casos de crimen organizado, capturando a la banda a base de «regatear» con los miembros menos importantes y conseguir que implicaran a sus jefes a cambio de cierta indulgencia. Freeh preguntó si la Casa Blanca y el Departamento de Estado aceptarían que Sayegh testificara ante un gran jurado aunque el resultado pudiera ser una serie de acusaciones contra autoridades iraníes. El Comité Directivo del NSC se reunió y decidió que debíamos encausar a quien indicaran las pruebas, incluidos los miembros del Gobierno iraní.

No me pareció que plan de Freeh fuera a funcionar con Sayegh, y le pregunté:

—¿Por qué va a aceptar ir a la cárcel si no tenemos ninguna prueba contra él? Si le traemos aquí, tendrán que dejarle en libertad y podrá recorrer las calles en Estados Unidos como un hombre libre.

No pude convencer a Freeh, que se dispuso a interrogar a Sayegh. Cuando lo detuvieron el saudí habló sin reparos con las autoridades canadienses y el FBI en Canadá. Reconoció que el atentado de Jobar había estado dirigido por el líder de la Hezbolá saudí, Mugassal, y la Fuerza Qods iraní. Extrañamente, aceptó venir a Estados Unidos y testificar ante un gran jurado. Le dijeron que iba a ir a la cárcel por haber participado en atentados terroristas contra Estados Unidos, pero que su sentencia iba a ser leve. Sayegh aceptó el trato y lo trajeron.

Sin embargo, una vez en Estados Unidos, Sayegh se negó a cooperar y solicitó asilo político, con la excusa de que, si volvía a Arabia Saudí, le torturarían y le decapitarían. Desde luego, le habrían decapitado por matar a estadounidenses, pero, aun así, se tramitó su petición de asilo en el Departamento de Estado y el Departamento de Justicia. Cuando le preguntaron sobre el atentado de Jobar y el papel de Irán, cerró la boca. Su abogado, nombrado por el Gobierno, presentó un recurso para que le dejaran en libertad mientras se examinaba la solicitud de asilo. El FBI no tenía pruebas contra él. Sayegh estaba a punto de salir por la puerta de un edificio federal a las calles de Estados Unidos cuando a Freeh se le ocurrió una idea con la que demostró auténtica imaginación. Ordenó que se mantuviera detenido a Sayegh por haber entrado ilegalmente en Estados Unidos, a pesar de que había sido el FBI el que le había introducido.

Dos años después, en 1999, Sayegh fue entregado a los saudíes sin haber prestado nunca testimonio delante de un gran jurado ni haber proporcionado ninguna prueba desde que puso el pie en Estados Unidos. Unos agentes del FBI le acompañaron a Arabia Saudí, sin dejar de recordarle durante todo el vuelo que siempre estaban a tiempo de dar la vuelta si estaba dispuesto a testificar. Sayegh les ignoró.

Durante los dos años que Sayegh pasó detenido en Estados Unidos, Freeh intentó que el príncipe Bandar le explicara por qué el FBI no lograba más cooperación por parte del Gobierno saudí. Por lo visto, Bandar le explicó a Freeh que la Casa Blanca no quería que los saudíes cooperaran con él. Según Bandar, Clinton no deseaba pruebas de que Irán había colocado una bomba en una base aérea estadounidense; no quería emprender una guerra contra Irán. Freeh le creyó. Coincidía con su propia opinión del presidente, poco halagüeña, pese a que era el hombre al que debía su rápido ascenso desde un puesto federal sin importancia en Nueva York. En la Casa Blanca nos enteramos de que Freeh se dedicaba a repetir la explicación de Bandar de por qué había fracasado la investigación sobre Jobar, y a informar a congresistas y reporteros sobre la supuesta maniobra de encubrimiento de Clinton.

Freeh tenía que haber dedicado su tiempo a arreglar el caos en el que se había convertido el FBI, una organización con 56 *principados* (las 56 oficinas locales, muy independientes) y sin ninguna tecnología moderna. Debería haber dedicado su tiempo a buscar terroristas en Estados Unidos, donde Al Qaeda y sus miembros habían echado raíces y muchas organizaciones terroristas estaban recaudando fondos. En cambio, prefirió ser el investigador jefe en casos famosos como los de Jobar, la bomba de Atlanta y el posible espionaje chino en nuestros laboratorios nucleares. Da la impresión de que, en todos esos casos, su intervención personal sirvió para que las investigaciones acabaran en callejones sin salida. Sus contactos con los republicanos del Congreso y sus partidarios en los medios de comunicación impedían que el presidente le despidiera sin riesgo de convertirle en un mártir de la derecha republicana y hacer de su caso una *cause célèbre*.

En realidad, Clinton seguía una dirección opuesta a la que pensaba Freeh. En las conversaciones con las autoridades saudíes, Estados Unidos dejó siempre claro, a instancias del presidente, que tenía que haber una cooperación total, no la rápida decapitación de sospechosos que se había producido en el caso de Riad. Como nos habían advertido de que los saudíes no querían que Estados Unidos comenzara otra guerra en el Golfo Pérsico por represalia contra Irán, aseguramos a los dirigentes saudíes que no iba a haber sorpresas, que Estados Unidos consultaría todo con los saudíes antes de reaccionar a lo que averiguara sobre los responsables del atentado. Los saudíes prometieron a Clinton que nos iban a contar todo lo que sabían y que iban a cooperar por completo con el FBI. Hicieron todo lo contrario.

Al parecer, algunos miembros de la familia real saudí, como el padre de Bandar, sultán ministro de Defensa, sí veían con buenos ojos la posibilidad de una guerra entre Estados Unidos e Irán, si el primero conseguía derrocar al régimen de Teherán. Bandar, en conversaciones privadas con altos cargos estadounidenses, celebradas en 1996 y 1997, sugirió que lo único que reprimía a los saudíes a la hora de implicar a Irán era el temor a que las represalias estadounidenses se quedaran a medias. Si Estados Unidos podía prometer una guerra total y hasta el final, seguramente el reino saudí contaría todo lo que sabía sobre la implicación iraní en el atentado de Jobar. Sandy Berger le dijo a Bandar que Estados Unidos no podía comprometer lo que iba a hacer sin haber visto antes las pruebas.

Otros miembros de la familia real saudí opinaban que cualquier guerra con Irán terminaría con una victoria pírrica. La guerra de Estados Unidos contra Irak había estado a punto de arruinar a los saudíes, con toda su riqueza petrolífera. Habían gastado tanto dinero para financiar las fuerzas de Estados Unidos y la coalición, y para comprar más armas a los estadounidenses, que les quedaba muy poco para cualquier otra cosa, y tenía pagos atrasados con proveedores extranjeros. La presencia de tropas estadounidenses en Arabia Saudí había sido desestabilizadora. Otra guerra significaría el regreso de tropas en gran número. Se decía que el príncipe heredero era de esta opinión. Dado que el Rey estaba prácticamente incapacitado, el príncipe heredero Abdulá era quien ejercía de hecho la Regencia. Sin decirle nada a Estados Unidos, inició conversaciones con Irán.

Al cabo de muchos meses, los dirigentes saudíes e iraníes acordaron fundamentalmente lo siguiente: Irán no auspiciaría ni apoyaría el terrorismo en Arabia Saudí, y Arabia Saudí no permitiría que Estados Unidos lanzara ataques contra Irán desde su territorio.

La presión de la Casa Blanca sobre los saudíes para que cooperaran en la investigación continuó durante tres años, con cartas del presidente y gestiones personales de los consejeros de Seguridad Nacional Lake y Berger. El vicepresidente Gore mostró su famoso genio en una de esas reuniones, cuando golpeó la mesa y preguntó a un príncipe saudí qué tipo de país ocultaba la identidad de gente que había matado a personal militar estadounidense estacionado en Arabia para defender la integridad territorial y a la familia real saudíes.

Por fin, después de que pasara el suficiente tiempo como para convencer a los saudíes de que Estados Unidos se había tranquilizado y no iba a bombardear Irán, el FBI obtuvo permiso para hablar con los sospechosos. Cinco años después del atentado, un gran jurado formuló los cargos.

Mientras Freeh perseguía a los saudíes, la Casa Blanca se preparaba para la guerra. Habíamos convencido a Tony Blake de que Irán era responsable del atentado de Jobar, y la CIA pronto estuvo de acuerdo y sugirió que había una gran probabilidad de nuevas acciones terroristas respaldadas por los iraníes. Clinton nos dijo que, si llegaba el caso de tener que usar la fuerza contra Irán, «no quiero ningunas medias tintas de mierda». Lake convocó lo que denominaba el Grupo Reducido, formado por el director de la CIA, Deutch, el secretario de Defensa William Perry, el secretario de Estado Christopher y el consejero de Seguridad Nacional del vicepresidente, Leon Feurth, para examinar las opciones.

Por otro lado, Lake nos envió a su mano derecha, Sandy Berger, y a mí a ver al presidente de la Junta de Jefes de Estado Mayor, John Shalikashvili. La Junta tenía por costumbre no mostrar jamás sus planes de guerra a personal no militar, a pesar de que varios civiles del Pentágono le habían ordenado que lo hiciera a lo largo de los años. Yo conocía el número del plan de guerra para Irak y le pedí a Lake que llamara a Shali y le pidiera que nos informara.

John Shalikashvili no parecía el militar que más mandaba en Estados Unidos. Nacido en Polonia, en una familia de la Georgia soviética, todavía tenía acento. Sin uniforme tenía el aspecto de un pediatra amable. Yo había oído su nombre por primera vez en 1991, cuando, en calidad de subsecretario adjunto para asuntos político-militares, recibí el encargo de organizar una reunión entre un mando estadounidense y otro iraquí para decirles a los iraquíes que abandonaran el norte de su país. Las fuerzas de Estados Unidos iban a intervenir para salvar a los kurdos, que, muertos de hambre, huían hacia las nevadas montañas de Turquía. Mientras observaba un gran mapa detallado del norte de Irak, encontré una ciudad cercana a la frontera turca que se llamaba Zajo.

—Dile a la misión de Estados Unidos ante Naciones Unidas que llamen al embajador iraquí para que tenga preparado a un alto oficial para reunirse con un general estadounidense, por ejemplo, en Zajo, a mediodía, pasado mañana —le ordené a mi ayudante ejecutivo, Martin Wellington—. Luego dile al Pentágono que envíe un general a Zajo.

Wellington volvió a las pocas horas y dijo:

—Los iraquíes quieren saber en qué lugar de Zajo se supone que deben reunirse con Shalikashvili.

—¿Reunirse con quién? ¿Es que los rusos quieren intervenir? —pregunté a Wellington, que me aseguró que era el nombre de un general estadounidense.

Shali llevó a cabo una labor heroica: rescató a los kurdos y los trasladó, sanos y salvos, de Turquía a sus pueblos de origen en Irak. Cuando llegó el momento de sustituir a Colin Powell como presidente de la Junta de Jefes de Estado Mayor, en 1993, muchos apoyamos la designación de Shali. A diferencia de Powell, al que irritaba el empleo del Ejército para compromisos menores, Shali creía que los militares tenían un papel que desempeñar en la estabilización de situaciones al borde de la conflagración bélica.

En nuestra reunión de julio de 1996 en el Pentágono, Shali hablaba de una guerra sin contemplaciones. El Ejército tenía casi un plan para cada contingencia. El correspondiente a Irán parecía trazado por Eisenhower. Varios grupos de divisiones de Infantería y Marina barrerían el país en unos cuantos meses.

—¿Y si antes quisiéramos hacer algo un poco menos intenso? —preguntó Berger.

—Entonces —dijo Shali, mientras cogía otro mapa—, CENTCOM tiene también un plan para bombardear las instalaciones militares de la costa: puertos de la Marina, bases aéreas e instalaciones de misiles.

—Supongamos que lo hiciéramos; que bombardeáramos sus instalaciones costeras —pregunté—. ¿Qué ocurriría?

—Si me preguntas qué creo yo que ocurriría, Dick, la respuesta es que volverían a atacarnos con misiles escondidos, barcos pequeños y células terroristas; a nosotros, los saudíes y los bahreiníes —contestó Shali.

—No conviene —dijo Berger, moviendo la cabeza—. Es un toma y daca. Entonces tendríamos que volver a atacarles.

Clinton nos había dicho a Lake, a Berger y a mí que no quería emprender una escalada de ataques mutuos. Si íbamos a actuar, quería un ataque masivo que intimidara a los iraníes hasta dejarles sin capacidad de respuesta. En 1989, los iraníes habían interrumpido la guerra con Irak porque decían estar convencidos de que Estados Unidos e Irak, juntos, iban a emprender acciones que amenazaban la continuidad de la revolución. ¿Podíamos conseguir que volvieran a pensar lo mismo?

—¿Qué hay del viejo concepto de estrategia nuclear de la dominación en escalada —pregunté—, con un primer ataque tan fuerte como para que el enemigo pierda alguna cosa que valore muchísimo? Después se le dice que, si responde, perderá todo lo que valora.

—Podríamos hacerlo —indicó Shali—. Voy a hablar con los chicos de Tampa.

Estaba claro que iba a hacerlo incluso aunque yo no lo hubiera sugerido. A Shali, las opciones que le habían dado en CENTCOM le gustaban tan poco como a nosotros.

El Grupo Reducido estudió lo que ya denominábamos la Opción Eisenhower, entre otras. Una de las alternativas era atacar los campamentos terroristas patrocinados por Irán en Líbano. Otra era mandar a un enviado presidencial a Europa y Japón para intentar convencer a nuestros aliados de que participaran en un boicot económico, pero esta vez con la promesa de una respuesta militar de Estados Unidos contra Irán si no se sumaban a las sanciones económicas. Asimismo había una opción de los servicios de espionaje. Cuando se le presentó esta última posibilidad al Grupo Reducido, Leon Feurth dijo:

—Esi tendríamos que hacerlo sólo porque sí.

La operación de espionaje tenía virtudes intrínsecas, como había señalado Feurth, pero, si se combinaba con una amenaza clara a los iraníes, a través de canales privados, el mensaje obtendría más credibilidad: acabamos de mostrar lo que podemos hacer para heriros. Si vuestros agentes siguen perpetrando atentados terroristas contra nosotros, os causaremos daños que perjudicarán enormemente a vuestro régimen. Éste era un golpe doble típico de la dominación en escalada. Si no conseguíamos disuadir a Irán, siempre podíamos recurrir a los nuevos planes de CENTCOM. Por desgracia, hacían falta meses para situar a todos los agentes de la CIA y coreografiar una serie de acciones secretas más o menos simultáneas en todo el mundo.

* * *

Durante nuestros debates sobre la respuesta que debíamos dar a Jobar ocurrió algo que casi estuvo a punto de acabar con las discusiones y llevarnos claramente a la decisión de entrar en guerra con Irán. En una cálida noche de verano, sólo tres semanas después del atentado de la Torres de Jobar, los servicios de guardacostas y la Fuerza Aérea realizaban un ejercicio nocturno conjunto de búsqueda y rescate en las cosas de Long Island, con lanchas y aviones. A las 8.31, muchos de los que participaban en las maniobras vieron una bola de fuego en el firmamento al este de la isla, a unos 5.000 metros de altura. Era el vuelo TWA 800, un 747 que viajaba desde el aeropuerto Kennedy hacia París. A bordo había 230 personas.

Poco después de las nueve de la noche, el CSG se reunió en una videoconferencia a través de líneas seguras que enlazaban el gabinete de crisis con los centros de operaciones de la FAA, el FBI, los guardacostas, el Departamento de Estado, la CIA y el Pentágono. Fui corriendo desde Virginia, aterrado ante lo que creí que iba a suceder. La Opción Eisenhower: la invasión de Irán.

La descripción que nos dieron los guardacostas era muy gráfica: si alguien hubiera salido con vida, la operación de rescate que estaba realizándose antes de que se produjera la explosión podría haber significado la salvación de los supervivientes. Pero no sobrevivió nadie. Decenas de cuerpos desnudos que flotaban en el agua se fueron acumulando en las lanchas y en el muelle de la pequeña estación de guardacostas de Moriches. Las ropas habían desaparecido por la fuerza de la explosión y la velocidad de la caída. También había restos del avión por todas partes.

La FAA no podía explicarse lo que había ocurrido. La trayectoria del vuelo y las comunicaciones desde la cabina eran normales, el aparato había ascendido a 5.800 metros y, de pronto, había desaparecido.

—Muy parecido al vuelo Pan Am 103 —sugirió el irlandés Flynn—. Pero es demasiado pronto para saberlo.

El FBI había reaccionado con una gran movilización. John O'Neill notificó que centenares de agentes de Nueva York se dirigían al aeropuerto Kennedy y a Long Island para acordonar el escenario del crimen y empezar a interrogar a los testigos. Jim Kallstrom, director del FBI en Nueva York, había ordenado que se estableciera un centro móvil de mando junto a la estación de guardacostas de Moriches, para que el FBI pudiera hacerse cargo de la operación.

—John, me parece admirable esa reacción —comenzó el *irlandés* Flynn—. Pero alguien tiene que señalar que la responsable de los incidentes con aviones de pasajeros es la Junta de Seguridad Nacional en el Transporte (NTSB).

—Si es un acto criminal, no —respondió O'Neill—. Además, con qué elementos cuenta la NTSB?

Decidimos que iba a haber una investigación paralela hasta que supiéramos qué había ocurrido. Todos creíamos saber lo que había ocurrido y que acabaría por ser un problema del FBI.

Sin embargo, en días sucesivos, no aparecieron datos que hicieran avanzar la investigación. Muchos testigos describieron lo que parecía ser el lanzamiento de un misil tierra-aire justo antes de la explosión. La TWA había aprendido de los errores de Pan Am en el atentado de Lockerbie, y tenía un plan para ocuparse de los familiares de las víctimas. Les llevó al aeropuerto Kennedy y les alojó en un hotel cercano, en el que podían estar informados. Al principio, no había nada de que informarles. Luego, durante la cena, apareció un forense de Long Island con fotos de los cuerpos para que los identificaran. Las familias indignadas y atribuladas aparecieron en todos los informativos de la noche. Y Bill Clinton las vio.

Nos convocó al Despacho Oval.

—Quiero ir allí mañana; quiero ver a esas familias.

No me pareció la mejor de las ideas: los familiares estaban deseando linchar a alguien. Si el presidente de TWA no se ponía a su alcance, quizá se conformaran con el presidente de Estados Unidos.

Le sugerí que podía ser problemático ver a los familiares en su situación actual.

—Además, mañana va a Atlanta, a los juegos Olímpicos.

Cosa que también me asustaba.

—Consigan un intérprete de francés. Muchas familias son francesas —siguió el presidente, como si yo no hubiera hecho ninguna objeción—. Iré desde Kennedy a Atlanta.

Cuando salíamos del Despacho Oval, se le ocurrió una cosa más.

—Y quiero anunciar nuevas medidas de seguridad para los aviones cuando esté en Kennedy. Así que elaboren algunas.

Habíamos trabajado con Evelyn Lieberman, adjunta al jefe de Gabinete de la Casa Blanca, y Kitty Higgins, secretaria del Gabinete, sobre la idea de una Comisión para la Seguridad en la Aviación (Commission on Critical Infrastructure Protection). Un avión de una línea barata, ValuJet, se había estrellado en los Everglades a principios de año porque llevaba un cargamento peligroso . Murieron casi 200 personas. Las líneas aéreas necesitaban restablecer la confianza en los viajes por avión, tal como le decían los líderes del sector a Lieberman. Desde mi punto de vista, una comisión serviría para sacar a la luz todas las deficiencias en seguridad aeroportuaria que habíamos debatido el *irlandés* y yo. Pero el presidente quería unas nuevas medidas de seguridad para anunciarlas inmediatamente. Llamé a Flynn:

—Diles a tus abogados que hoy no duermen en casa.

Por la mañana volé con el presidente y la primera dama al aeropuerto internacional Kennedy y, en el *Air Force One,* les informé sobre las medidas que iba a anunciar. A partir de ese momento, nadie podría entrar en un avión sin un documento oficial de identidad con fotografía, cuyo nombre coincidiera con el del billete. Aumentarían los registros aleatorios de pasajeros y equipajes. Temporalmente, no se permitiría que hubiera coches aparcados junto a los edificios de las terminales. La facturación exprés se interrumpiría de momento. El vicepresidente Gore iba a encabezar una nueva Comisión para la Seguridad en la Aviación en la que participarían familiares de víctimas de vuelos que hubieran sufrido accidentes. La comisión recomendaría cambios permanentes para aumentar la seguridad.

Al llegar al hotel del aeropuerto, nos dirigimos a un salón de baile en el que aguardaban las familias. Eran muy numerosas. El presidente habló desde un pequeño estrado, con pausas para la traducción consecutiva al francés. Al acabar, la señora Clinton fue a reunirse con trabajadores de la Cruz Roja y otras organizaciones que estaban allí cerca. El presidente, para mi desesperación y el espanto del Servicio Secreto, se mezcló con la multitud. Empezó a reunir a la gente en pequeños grupos familiares, a rezar con ellos, abrazarles, hacerse fotos, ver las fotos de sus seres queridos que habían muerto, y escuchar con atención. Me pareció que estaba a punto de llorar. Yo lo estaba, así que salí de la sala. Abrí la puerta del salón de al lado, en el que se había instalado una capilla. Y allí, sola, de rodillas, estaba la señora Clinton rezando. Salí. Un grupo de cámaras de televisión y periodistas esperaba para entrevistar a las familias indignadas, que iban saliendo despacio, en pequeños grupos, después de haber estado un rato con el presidente.

—¿Le han dicho al presidente lo furiosos que están por cómo les han tratado? —gritó un reportero.

—El presidente ha sido muy bueno al venir a acompañarnos —contestó una mujer que parecía una madre desconsolada—. Es muy amable.

Así seguimos durante mucho tiempo. Al terminar, el presidente subió a un podio frente al *Air Force One* y anunció las nuevas medidas de seguridad. Y luego se fue a los Juegos Olímpicos. Su declaración puso de relieve que no sabíamos todavía si la tragedia había sido consecuencia de una acción terrorista. Yo sabía que ésa era su opinión, y que estaba preparándose para lo que iba a tener que hacer como respuesta. Cuando el 747 blanquiazul despegó hacia Georgia, me quedé solo en la pista. Un agente del FBI me llevó al aeropuerto de La Guardia para volver en avión a Washington. En la terminal había una larga cola. El tipo que estaba delante de mí me lo explicó:

—Nuevas medidas de seguridad. Tiene que tener un documento de identidad con una fotografía.

Varias semanas más tarde volví a La Guardia con John O'Neill. Un helicóptero del FBI nos aguardaba en la pista. O'Neill intentaba convencerme de que le consiguiera al FBI dinero para pagar la tremenda operación que estaban llevando a cabo para recobrar los restos del avión y reconstruirlo. Estaban rehaciendo el 747 en un hangar gigantesco de Bethpage, Long Island, en el que la NASA había construido originalmente parte de las naves *Apolo*. Reconstruir un 747 hecho pedazos parecía tan difícil como la misión a la luna. Mientras nos dirigíamos a Bethpage, O'Neill me dijo que las entrevistas con los testigos apuntaban a un ataque con misil, un Stinger.

Intenté disuadirle de esa teoría.

—Estaba a 5.000 metros. Ningún Stinger ni ningún otro misil puede llegar tan arriba. La distancia y el ángulo están demasiado alejados de la playa, e incluso desde un barco que estuviera en la posición apropiada, es imposible subir tanto.

John quería pruebas del Pentágono. Le dije que las obtendría.

En Bethpage, O'Neill me dijo que me diera una vuelta, que hablara con los técnicos y visitara el laboratorio que había instalado el FBI en ese lugar. Era un lugar tranquilo y extraño. Había asientos de avión repartidos por el suelo. Una ventana apoyada allí cerca. Una habitación llena de maletas. Un trozo enorme de cola.

Me detuve a preguntarle a un técnico qué estaba haciendo.

—Intento ver las marcas y los desgarros —me explicó—. Una bomba causa un tipo concreto de marcas en el metal de alrededor, como pequeños montículos. Y líneas claras de desgarro en los sitios en los que se separa el metal.

—¿Así que la bomba estalló aquí cerca? —le pregunté—. ¿En qué lugar del avión estaba esto?

—La explosión se produjo justo delante del centro, bajo el suelo de la cabina de pasajeros, debajo de la fila 23. Pero no fue una bomba —añadió—. Vea la forma de las marcas y el desgarro. Fue una erupción lenta y gaseosa, desde dentro.

—¿Qué hay debajo de la fila 23? —pregunté, con la sensación de que aquello no era lo que pensaba.

—El depósito central de combustible. Estaba sólo medio lleno; es posible que se calentara en la pista y provocara una nube de gas en el interior. Y si hubo una chispa o un cortocircuito... —imitó una explosión con las manos.

—Un momento —dije—. ¿Cómo puede haber una chispa dentro de un depósito de combustible?

—Estos viejos 747 tienen una bomba eléctrica dentro del depósito central de combustible... El combustible corroe el aislamiento. Si hay una chispa... —volvió a representar la explosión con las manos.

No había ninguna marca, ningún desgarro, ningún indicio de una explosión provocada desde fuera por un misil Stinger, ni tampoco huellas de que hubiera habido una bomba a bordo.

Los motores, cuando los sacaron del océano, tampoco mostraron ninguna señal de que los hubiera golpeado un misil. Posteriormente, una simulación del accidente indicó que lo que les pareció a los testigos la trayectoria ascendente de un misil había sido, en realidad, una columna de combustible de la explosión inicial, que caía, se incendiaba y subía en llamas hasta provocar una segunda explosión, más grande, del combustible. En noviembre de 1997, el FBI llegó a la conclusión de que no había pruebas de que se tratara de un acto criminal. En mayo de 1998, la NTSB ordenó la inspección y la posible sustitución del aislamiento de los cables en el depósito de combustible de los 747.

Ese día de verano de 1996, volví de Bethpage a la Casa Blanca y pedí reunirme con Tony Lake y Leon Panetta. A esas alturas, ya sabían que, cuando pedía una reunión, quería decir que había probabilidades de que estallara alguna cosa. Les esbocé un diseño del 747 y les expliqué lo del depósito de combustible.

—¿La NTSB está de acuerdo contigo, o el FBI? —preguntó Lake.

—Todavía no —reconocí. Aun así, estábamos animados, aunque sin entusiasmos.

Por desgracia, el debate público sobre el incidente se vio ensombrecido por teorías conspirativas. Estas teorías son una constante en la lucha antiterrorista. Sus partidarios mantienen al mismo tiempo dos ideas contradictorias: a) que el Gobierno de Estados Unidos es tan incompetente que puede no caer en explicaciones que, en cambio, ellos sí son capaces de descubrir, y b) que el Gobierno de Estados Unidos es capaz de ocultar secretos importantes y tremendos. La primera idea tiene cierta validez. La segunda es una pura fantasía. No obstante, descartar las teorías de la conspiración de buenas a primeras es peligroso. A poco de empezar a trabajar en el Gobierno aprendí a no creer que los expertos del Gobierno lo saben todo. La lista de grandes fallos de los servicios de información y las fuerzas del orden es demasiado larga como para no tener en cuenta otras opiniones. Y, como siempre me he sentido escéptico sobre lo que me contaban los distintos organismos y siempre me intrigó la posibilidad de la explicación más inesperada, animaba constantement a mis analistas a que tuvieran la mente abierta y se tomaran en serio todas las afirmaciones. Por eso habíamos investigado siempre la posible intervención iraquí en el atentado de 1993 contra el World Trade Center, sin obtener resultados.

Por ese motivo también, en 1996 le pedí al director de Antiterrorismo en el gabinete del NSC, Steve Simon, que fuera a la casa de Pierre Salinger en Georgetown. El antiguo secretario de prensa de la Casa Blanca había afirmado públicamente que tenía pruebas de que el TWA 800 había sido derribado. Simon estuvo fuera mucho tiempo. Cuando volvió, tenía el aire de una persona que acaba de estar en una misión muy difícil y frustrante, no un simple recorrido de tres kilómetros a un elegante barrio de Washington.

—¿Qué demonios te ha pasado? —le pregunté cuando entró en mi despacho y se detuvo allí, furioso, en silencio, con los brazos cruzados y una mirada de profundo desagrado.

Por fin estalló:

—Pierre el valiente está chiflado; se ha vuelto loco. El mundo real es un planeta del que se fue hace tiempo —dicho esto, Simon se dio la vuelta y se fue a su despacho, que en otro tiempo había pertenecido a Ollie North.

Cuando se calmó, conseguí que me contara lo que había pasado. Salinger pensaba que un F-14 de la Marina estadounidense había derribado el TWA 800, y acompañaba la idea con todo tipo de fantasías. Las pruebas del Departamento de Defensa, la FAA y el FBI demostraron sin lugar a dudas que se equivocaba.

* * *

Otra teoría conspirativa me interesó porque nunca pude probar que no fuera cierta. A primera vista, parecía poco probable: Ramzi Yusef o Jalid Sheik Muhammad habían enseñado a Terry Nichols cómo volar el Edificio Federal de Oklahoma. Lo malo fue que, al investigar, comprobamos que tanto Ramzi Yusef como Nichols habían estado en la ciudad de Cebú en los mismos días. Yo había estado en Cebú años antes: se encuentra en una isla de las Filipinas centrales. Era una ciudad en la que se podía haber difundido la noticia de que una chica local había llevado a casa a su novio norteamericano, y que él odiaba al Gobierno de Estados Unidos.

Yusef y Jalid Sheik Muhammad habían ido allí para ayudar a crear una filial de Al Qaeda, con el nombre filipina, una sección de un héroe de la guerra afgana contra los soviéticos, Abu Sayaff. ¿Era posible que el experto en explosivos de Al Qaeda hubiera conocido al estadounidense airado que proclamaba su odio hacia su Gobierno? No lo sabemos, pese a que el FBI llevó a cabo algunas investigaciones. Lo que sí sabemos es que las bombas de Nichols no funcionaban antes de que fuera a Filipinas, y a su regreso se hicieron letales. También sabemos que Nichols siguió llamando a Cebú mucho después de que su mujer hubiera vuelto a Estados Unidos. La última coincidencia es que varios agentes de Al Qaeda habían asistido a una conferencia islámica radical, varios años antes, nada menos que en Oklahoma City.

* * *

Desde mi posición, Jobar, el TWA 800 y la bomba de los Juegos Olímpicos de Atlanta habían dado la imagen, en parte equivocada, de una nueva oleada de terrorismo contra Estados Unidos, e incluso dentro de Estados Unidos. Era un buen momento para emprender el juego washingtoniano de buscar nuevas fuentes de financiación. Elaboré una petición de Complementos de Emergencia y se la presenté al Jefe de Gabinete de la Casa Blanca, Leon Panetta.

Los Complementos de Emergencia (peticiones de dinero que se enviaban al Congreso después del presupuesto del presidente) eran anatema para otro sector de la Casa Blanca, la Oficina de Gestión y Presupuestos. El proceso normal de elaboración de presupuestos tardaba meses, y la Oficina controlaba los resultados. Conseguir dinero para actividades antiterroristas no era fácil a través de los cauces normales, porque, muchas veces, los departamentos implicados no solicitaban los fondos. Eso quería decir que el gabinete del NSC tenía que asegurar que nosotros sabíamos mejor que el Gobierno lo que necesitaban en sus presupuestos. En los dos últimos periodos había conseguido aumentar bastante los fondos para lucha antiterrorista, pero no había logrado todo lo que necesitábamos. Cuando en la Oficina de Gestión y Presupuestos se enteraron de que había presentado una petición de emergencia, no les sentó demasiado bien. Sabían que, si la Administración pedía dinero para lucha antiterrorista en un año de elecciones presidenciales (y 1996 lo era), el Congreso aprobaría cada centavo, con creces. Entonces, el nuevo presupuesto se convertiría en la base para discutir el siguiente. Lo que más inquietaba a la Oficina era el equilibrio presupuestario y la reducción del déficit. Y había hecho un buen trabajo.

No obstante, el personal de la Oficina de Gestión y Presupuestos se consolaba pensando que Leon Panetta había llegado al cargo de Jefe de Gabinete después de ser su director, y seguro que compartiría su opinión.

Nos reunimos en torno a la larga mesa de conferencias de Panetta: el Jefe de Gabinete, yo, y seis funcionarios de la Oficina. Panetta, sin dejar de hacer garabatos en un cuaderno y casi sin mirar, preguntó:

—¿Qué necesitas, Dick?

Los funcionarios de la Oficina empezaron a remover papeles; no les gustaba que la reunión empezase así.

—Un poco más de mil millones. —Se oyeron exclamaciones y gruñidos. Continué—. Cuatrocientos treinta para mejoras en la seguridad de los aviones, cuatrocientos treinta para protección de bases del DOD como Jobar, un poco más para el FBI y un poco más para la CIA.

Panetta había asistido a las reuniones de ese verano, en las que habíamos hablado de la guerra contra Irán. La Oficina de Gestión y Presupuestos, no. Pagar para prevenir el terrorismo era una decisión mucho más atractiva que las que había creído que íbamos a tener que tomar.

—De acuerdo, me parece bien. Lo llevaremos al Congreso esta semana. ¿Algo más?

Se levantó de la mesa. Fin de la reunión.

Teníamos el dinero. Y llevamos a cabo la actuación del Servicio Secreto contra los iraníes.

El estudio de las revoluciones del profesor Crane Britton aseguraba que, en la vida de cualquier revolución, había etapas previsibles. Cuando el movimiento se convertía en Gobierno, su ardor acababa por enfriarse, una fase que Britton llamaba Thermidor. Llevamos desde 1979 esperando el Thermidor de Teherán. Ha sido como esperar a Godot.

Después de la operación del Servicio Secreto, y tal vez a causa de ella y de las graves amenazas de Estados Unidos, entre otros motivos, Irán abandonó el terrorismo contra Estados Unidos. Se evitó la guerra contra aquel país, con lo que se dio más tiempo para que llegara Thermidor, para que el pueblo iraní pudiera hacerse con el control total de su Gobierno. Pese a la elección del «moderado» presidente Jatami en 1997, los servicios iraníes de seguridad siguieron apoyando el terrorismo contra Israel y dieron apoyo y permiso de paso seguro a Al Qaeda.

Después del atentado de Oklahoma City, Clinton había terminado 1995 con un discurso ante la quincuagésima Asamblea General de Naciones Unidas dedicado al terrorismo, donde habló de la necesidad de acabar con los santuarios, de perseguir su dinero y negarles el acceso a las armas de destrucción masiva. En noviembre, fue al cementerio de Arlington para descubrir la placa en homenaje al Pan Am 103 y volvió a hablar sobre la amenaza permanente del terrorismo. En abril de 1996, después de Jobar, pronunció otro discurso sobre el terrorismo en la Universidad George Washington, y declaró la guerra contra el terror antes de que el término se pusiera de moda:

—Ésta será una lucha larga y difícil. Sufriremos contratiempos. Pero, así como ningún enemigo pudo impedir que lucháramos para alcanzar nuestros objetivos y proteger nuestros valores en la II Guerra Mundial y la guerra fría, tampoco hoy nos impedirán que llevemos a cabo la dura lucha contra el terrorismo. El terrorismo es el enemigo de nuestra generación, y debemos vencerlo... Pero quiero dejar claro al pueblo estadounidense que, aunque podemos derrotar a los terroristas, tardaremos mucho tiempo en derrotar al terrorismo. Estados Unidos seguirá siendo un objetivo porque tenemos una presencia única en el mundo, porque actuamos para promover la paz y la democracia, porque hemos adoptado una actitud más dura contra el terrorismo y porque somos la sociedad más abierta de la tierra. Ahora bien, cambiar una de esas cosas, sacar a nuestras tropas de los lugares conflictivos del mundo, darles la espalda a quienes se arriesgan por la paz, debilitar nuestra oposición frente al terrorismo, restringir la libertad que nos corresponde por derecho, sería dar al terrorismo la victoria que no debe y no va a lograr.

Poco después, el 9 de septiembre de 1996, Clinton solicitaba formalmente más de un billón de dólares para la lucha antiterrorista. Justo un mes después de que presentara la solicitud, el Congreso la aprobaba: dinero para tener más agentes anteterroristas en la CIA y el FBI, para que Inmigración pudiera buscar a posibles terroristas que intentasen entrar en el país, para que Rick Newcomb, del Tesoro, pudiera contratar a gente encargada de seguir la pista al dinero que financiaba el terrorismo, para que el Departamento de Estado y el Departamento de Defensa reforzaran sus instalaciones en el extranjero, para mejorar la seguridad en los edificios federales, para formar y entrenar unidades antiterroristas de respuesta a catástrofes en las grandes ciudades, y para programas relacionados con las armas de destrucción masiva en los centros de control de las enfermedades y el Departamento de Energía.

La Comisión para la Seguridad en la Aviación (la Comisión Gore) pidió y obtuvo dinero para programas de inspección de los equipajes, comprobación de las bolsas de mano, investigación de los pasajeros, formación del personal para dichos exámenes, investigación sobre el refuerzo de la seguridad en los aviones, y contratación de más agentes de seguridad para la FAA. Sin embargo, la Comisión Gore no quiso recomendar que el Gobierno federal se encargara de la inspección de pasajeros y equipajes en los aeropuertos. Dijo que seguiría siendo tarea de las líneas aéreas, que, a su vez, iban a seguir encargando la labor a empresas subcontratadas con personal mal remunerado.

Ya entonces se veía con claridad que la Comisión Gore no se había marcado objetivos lo bastante ambiciosos en cuanto a la seguridad en los aeropuertos y el registro de pasajeros. Por otro lado, que el Gobierno federal hubiera asumido la tarea habría supuesto contratar a 50.000 nuevos funcionarios y gastar varios miles de millones más de dólares, en un momento en el que tanto la Administración como el Congreso se enorgullecían de haber recortado el número de funcionarios y el presupuesto federal. Sin embargo, la Comisión Gore sí aprobó que hubiera más exámenes para los guardias privados a los que se contratase, nuevas máquinas para inspeccionar el equipaje y un sistema de tipificación de los pasajeros. Los sucesos de 1996 (el accidente del ValuJet debido a un depósito de oxígeno que estalló y el del TWA por un cable gastado en un depósito de combustible) no habían creado las condiciones políticas necesarias para llevar a cabo una enorme transformación en la forma de garantizar la seguridad en la aviación. Ni en el Gobierno ni en el Congreso había nadie dispuesto a apoyar una nueva Dirección de Seguridad en el Transporte con 50.000 funcionarios.

Una propuesta que se rechazó y que podía haber empeorado las cosas fue la de la eliminación, sugerida por el FBI, del pequeño programa de Policía Aérea Federal del FAA. Al FBI le preocupaba el hecho de que, si un avión era secuestrado, cualquier policía a bordo podía convertirse en un obstáculo para el Equipo de Rescate de Rehenes del FBI, que estaba entrenado para capturar un avión tomado. El FBI no fue capaz de decir por qué los policías aéreos eran un peligro mayor que los cientos de agentes del FBI, el Servicio Secreto, la Lucha Antidroga, la Policía Federal y otras fuerzas del orden, que volaban armados todos los días. Tampoco abordó la cuestión de que, para que el Equipo de Rescate de Rehenes pudiera abordar un avión secuestrado, el aparato, antes, tenía que aterrizar.

El Servicio Secreto y el Servicio de Aduanas habían cooperado en Atlanta para proporcionar una defensa aérea rudimentaria contra cualquier aparato que pretendiera estrellarse contra el Estadio Olímpico. Volvieron a hacerlo durante otros Acontecimientos Especiales para la Seguridad Nacional, y decidieron crear una unidad de defensa aérea permanente para proteger Washington. Por desgracia, los dos organismos pertenecían al Departamento del Tesoro, cuyos responsables no querían financiar una misión así ni correr el riesgo de que derribaran un avión equivocado. El Tesoro impidió que se creara la unidad, y mis intentos desde la Casa Blanca para anular su decisión no dieron fruto. La idea de que un avión pudiera atacar Washington le parecía absurda a mucha gente, y los riesgos de derribar un avión en una ciudad se consideraron demasiado elevados. Además, dijeron los detractores de nuestro plan, la Fuerza Aérea siempre podía sacarse de la manga un avión de combate para proteger Washington, si llegaba el caso. En los casos de secuestro de aviones (y, en una ocasión, cuando creímos erróneamente que un avión de Northwest estaba secuestrado), la Fuerza Aérea había interceptado el aparato con sus cazas. Sólo conseguimos que se permitiera al Servicio Secreto seguir estudiando opciones de defensa aérea, incluida la posibilidad de situar misiles cerca de la Casa Blanca. La mayoría de la gente que había oído hablar de nuestros esfuerzos para crear un sistema de defensa aérea por si los terroristas intentaban estrellar un avión contra el Capitolio, la Casa Blanca o el Pentágono, se limitó a pensar que estábamos locos.

Capítulo 6
Al Qaeda al descubierto

Durante los primeros años de la Administración Clinton se escuchó el redoble de tambores del terrorismo. Fueron once los atentados que hicieron aumentar el interés en Estados Unidos, desde el primer atentado contra el World Trade Center, hasta el tiroteo a las garitas de seguridad de la sede central de la CIA, pasando por las bombas en los Juegos Olímpicos de Atlanta y otros. Ni la CIA ni el FBI acusaron de ninguno de esos atentados a una organización llamada Al Qaeda. La historia de cuándo y cómo Estados Unidos comenzó a dirigir sus miradas hacia Al Qaeda se ha visto enmarañada recientemente en algunos reportajes. Ya es hora de aclarar las cosas.

Un hombre llamado Osama Bin Laden, un supuesto financiero, había sido remota y provisionalmente relacionado con o una o dos de las operaciones, pero no había sido inculpado en ninguna de ellas. Quizá, dijo la CIA, tuvo algo que ver con el atentado fallido contra los norteamericanos en Yemen en 1992, y puede que hubiese alguna conexión entre él y Ramzi Yusef, la persona que perpetró el atentado contra el World Trade Center en 1993, y que después organizó el de Filipinas. Los presuntos responsables de los atentados terroristas a los que los medios de comunicación se referían, representaban una amalgama de amenazas que parecían controlables y que no estaban relacionadas entre sí: los servicios de inteligencia iraquí en la tentativa contra el ex presidente Bush; los servicios de inteligencia iraní en el ataque a la Fuerza Aérea estadounidense en las Torres Jobar, en Arabia Saudí; un lobo solitario procedente de Beluchistán en el atentado contra las garitas de seguridad de la CIA; dos tipos raros de la derecha estadounidense en las bombas de Oklahoma; un clérigo egipcio en el plan para hacer explotar los túneles de la ciudad de Nueva York; un aspirante a policía convertido en guardia de seguridad en el caso de las bombas contra los Juegos Olímpicos de Atlanta; un ingenioso palestino-kuwaití en el atentado contra el World Trade Center en 1993; un grupo de saudíes, ahora decapitados, en el bombardeo de las instalaciones de la misión del Ejército estadounidense para adiestramiento militar en Riad; finalmente, la caída del vuelo 800 de la TWA podía haberla provocado un misterioso individuo desde una lancha en las costas de Long Island, o incluso podía haberlo hecho un piloto de la Marina estadounidense. Para 1997, se había dado jaque mate a los dos servicios de inteligencia hostiles, por un lado bombardeando la sede de los servicios iraquíes, y por otro con una operación contra la inteligencia iraní. Muchos de los otros protagonistas estaban en la cárcel o muertos, y tanto el guardia de seguridad como el marino estadounidense habían sido exonerados del bombardeo de Atlanta y del derribo del avión de la TWA, respectivamente. Si había un patrón al que todo eso respondiese, ni la inteligencia estadounidense ni las leyes federales fueron capaces de verlo.

A pesar de todo, este régimen sistemático de destrucción y muerte fue suficiente para que generásemos una respuesta desde la Casa Blanca. La Administración Clinton había empezado a incrementar progresivamente los fondos para la lucha contra el terrorismo. Por primera vez en cuarenta años, una Administración había creado y financiado un programa de gran envergadura para defender el interior del país. Clinton se había referido al terrorismo en una serie de discursos importantes: en la Academia de la Fuerza Aérea; en la ciudad de Oklahoma; en la Universidad George Washington; en Anápolis; dos veces en Naciones Unidas; otras dos veces frente al monumento en recuerdo del vuelo 103 de la Pan Am; en la Casa Blanca; en Lyon, Francia; y en Sharm el-Sheij, en Egipto. La mayoría de los medios de comunicación hicieron caso omiso del patrón de respuesta elaborado por la Administración y de sus advertencias. Aunque algunos funcionarios federales estaban alarmados por el aumento del terrorismo y trabajaban con diligencia para hacerle frente, otros en el FBI, la CIA y el Departamento de Defensa no veían la urgencia por ningún lado.

Ahora sabemos que el atentado contra el World Trade Center en 1993 fue obra de Al Qaeda, como también lo fueron los planes frustrados de atentar contra edificios emblemáticos de Nueva York y aviones de líneas comerciales estadounidenses que sobrevolaban el Pacífico. Sin embargo, en aquél momento el FBI y la CIA atribuyeron esos sucesos a Ramzi Yusef y al jeque ciego, ambos en prisión desde 1995. Circularon rumores acerca de una posible implicación árabe en los ataques contra las tropas estadounidenses en Somalia, pero ni el Departamento de Defensa ni la CIA pudieron verificarlos.

Los detalles del atentado contra las instalaciones de la misión del Ejército estadounidense para adiestramiento militar en Riad no se pudieron establecer con precisión, debido a la falta de cooperación saudí. El atentado de más envergadura en Arabia, el de Jobar, fue orquestado por la organización saudí Hezbolá, bajo la estrecha supervisión de la Guardia Revolucionaria de Irán y de sus milicias Qods. Irán también organizó atentados terroristas en Israel, Bahrein y Argentina.

Excluyendo los atentados de Nueva York, el resto de los perpetrados en Estados Unidos fueron cometidos por lunáticos solitarios. No hemos podido encontrar ninguna conexión entre Mir Amal Kansi, la persona que disparó a las garitas de seguridad de la entrada de la CIA, y ningún grupo conocido. Los atentados de Oklahoma y de Atlanta los realizaron norteamericanos de la extrema derecha, ligeramente vinculados a grupos patrióticos y a extremistas religiosos. En otro atentado, que potencialmente podía haber sido devastador, los implicados eran norteamericanos de grupos de extrema derecha que planearon hacer explotar unos depósitos de gas en Fresno. La vigilancia que el FBI realizaba sobre esos grupos evitó el desastre.

* * *

A pesar de la falta de pruebas de que la mano de Bin Laden estuviese involucrada en una serie de atentados terroristas, entre 1993 y 1994 Lake, Berger, Soderberg y yo, preguntamos con insistencia a la CIA para saber algo más sobre un hombre que en algunos de su propios informes sin analizar aparecía mencionado como el «financiero terrorista Osama Bin Laden». Nos parecía poco probable que ese hombre cuya mano se encontraba en tantas organizaciones sin conexiones aparentes entre sí, fuese un simple donante, un filántropo del terror. Daba la impresión de que había alguna fuerza organizadora y que quizá esa fuerza fuera él. Sabíamos que él era lo único que tenían en común los diversos grupos terroristas. Pero no nos quedaba más remedio que seguir manteniendo la increíble idea, proporcionada por la CIA y el FBI, de que el grupo que había atentado contra el World Trade Center no era más que una serie de individuos que se habían encontrado unos con otros y habían decidido irse a Estados Unidos para hacer estallar cosas.

En 1991, el Gobierno saudí había renunciado a seguir intentando persuadir a Osama Bin Laden de que dejase de criticar a la familia real, su alianza militar con Estados Unidos y la presencia continua de su Ejército. A pesar de las amenazas a la extensa, rica y bien conectada familia Bin Laden y a su imperio de empresas constructoras, Osama siguió pasándose de la raya. El Gobierno saudí, frustrado, le mandó abandonar el país.

Eligió marcharse a Sudán, que en aquél momento era el refugio seguro por antonomasia para los terroristas de todos los colores. El Gobierno de Sudán estaba dominado por el Frente Nacional Islámico, cuyo líder era Hasan al-Turabi. Aunque supuestamente era un religioso erudito, Turabi predicaba un odio especialmente impregnado de violencia. Bin Laden y Turabi se conocían a través de la creciente red internacional de islamistas radicales. Cuando el Gobierno saudí aumentó la presión sobre Bin Laden, Turabi le invitó a establecerse en Sudán. Bin Laden llegó con su dinero y sus hombres, los árabes excombatientes de la guerra de Afganistán. La mayoría de esos excombatientes se enfrentaban a penas de prisión si regresaban a sus países de origen: Egipto, Kuwait, Argelia o Marruecos.

Ahora sabemos con certeza que Turabi y Bin Laden organizaron varios proyectos juntos: una nueva empresa constructora; una nueva compañía de inversiones; el control de los mercados sudaneses de materias primas; un aeropuerto nuevo; una carretera entre las dos ciudades más grandes de Sudán; nuevos campos de entrenamiento para terroristas; una fábrica de cuero; alojamientos para los árabes excombatientes de la guerra de Afganistán; envíos de armas a Bosnia; apoyo a los terroristas egipcios que planeaban derrocar al presidente Mubarak; y una industria autóctona de armamento (que incluía armas químicas). Los dos radicales fundamentalistas eran almas gemelas que compartían la visión de una lucha mundial para establecer un Califato en estado puro. Los dos salían juntos y, a menudo, comían el uno en casa del otro. En su tiempo libre, Bin Laden salía a montar a caballo con el hijo de Turabi.

Antes de ir a Sudán, Bin Laden había vuelto a Afganistán, el lugar donde había desempeñado su ahora bien conocido papel en la guerra contra la Unión Soviética. Se encontró con un Afganistán possoviético dividido en facciones de grupos tribales poco interesados en escuchar sus consejos o sus directrices. Aunque allí se seguía luchando, ya no se trataba de una *yihad* contra los no musulmanes. La *yihad* sí se libraba, en cierto sentido, en Filipinas, donde los musulmanes del sur luchaban desde hacía siglos contra el Gobierno cristiano. Bin Laden envió allí a algunos de sus lugartenientes clave, entre otros a su cuñado Muhammad Yamal Jalifa, a Ramzi Yusef, y al tío de éste y su mentor Jalid Sheik Muhammad. También en Rusia, donde los musulmanes oprimidos se aprovecharon de la caída de la Unión Soviética para intentar la independencia de la provincia de Chechenia, se libraba una *yihad*. Bin Laden envió dinero, armas y algunos de los árabes excombatientes de la guerra de Afganistán a su colega saudí Bin Jatab, que estaba en Chechenia, un lugar que parecía el escenario perfecto para la *yihad*.

Los ingredientes con los que soñaba Al Qaeda para propagar su movimiento eran un Gobierno cristiano que atacase a una región musulmana más débil, lo cual permitiría que el nuevo grupo terrorista pudiese alistar *yihadistas* de otros países para que viniesen a ayudar a sus hermanos de religión. Después del éxito de la *yihad*, la región musulmana se convertiría en un Estado islámico radical, un perfecto caldo de cultivo para más terroristas, que serían parte de la red última de Estados islámicos que compondrían el nuevo gran

Califato, o Imperio Islámico. Bosnia también parecía encajar en ese esquema. La caída del comunismo en Yugoslavia había provocado que todas las repúblicas étnicas que formaron parte de aquella unión artificial se vieran impulsadas por una fuerza centrífuga hacia sus propias órbitas. Hacía tiempo que la provincia de Bosnia, de mayoría musulmana, había estado discriminada respecto a las regiones centrales cristianas, y el intento de independencia de Bosnia de 1991 fue brutalmente reprimido por el Gobierno de Belgrado, dominado por los serbios. A pesar de las protestas internacionales, la Administración George H. W. Bush hizo poco por detener la matanza. El general Scowcroft y su amigo íntimo Lawrence Eagleburger, vicesecretario de Estado, consideraron que la disolución de Yugoslavia era un embrollo imposible cuya resolución era mejor dejarla en manos de la Unión Europea (Eagleburger, ex embajador de Estados Unidos en Yugoslavia, tenía un instinto para la política exterior casi infalible, pero después de sus años en Belgrado era muy reacio a implicar demasiado a Estados Unidos en los asuntos balcánicos; fue secretario de Estado durante un breve periodo en 1992, cuando el presidente Bush ordenó a un reticente Jim Baker organizar su campaña para la reelección).

Al contrario de la *yihad* chechena, que Rusia intentó sustraer al examen del mundo, Bosnia fue el centro de atención durante su lucha contra Serbia. También fue un centro de observación para los servicios de inteligencia de la Europa occidental y de Estados Unidos. Lo que vimos en Bosnia fue una guía abierta de la red de Bin Laden, aunque en aquél momento no la reconocimos como tal. A principios de 1992, empezaron a llegar los árabes que habían sido muyahidines en Afganistán. Con ellos llegaron los organizadores, los encargados del dinero, los logistas, y las organizaciones «benéficas». Crearon desde empresas a redes bancarias. Como habían hecho en Afganistán, los árabes organizaron sus propias brigadas, supuestamente como parte del Ejército bosnio, pero funcionando por su cuenta. Los *muyas*, como se les terminó llamando, actuaron como guerreros auténticamente feroces contra los serbios, que estaban mejor armados. También practicaron torturas terribles, asesinatos y mutilaciones que parecían excesivas, incluso para los estándares balcánicos.

Los bosnios, que estaban atenazados, claramente hubieran preferido arreglárselas sin esos salvajes incontrolables, pero el presidente bosnio Alija Izetbegovic decidió aceptar ayuda viniese de donde viniese. Estados Unidos habló mucho pero hizo poco para detener al Ejército serbio. Irán envió armas. Más aún, Al Qaeda envió hombres entrenados, combatientes curtidos. Los servicios de inteligencia de Europa y Estados Unidos rastrearon las fuentes de financiación y de apoyo de los *muyas,* lo que les llevó hasta Bin Laden en Sudán y a instalaciones creadas previamente por los *muyas* en la propia Europa occidental.

Los vínculos llevaban hasta la mezquita de Finsbury Park en Londres, el Centro Cultural Islámico de Milán y la Agencia de Ayuda al Tercer Mundo de Viena. También llevaban hacia la Fundación Internacional de Benevolencia de Chicago y la Organización Internacional para la Ayuda Islámica en Arabia Saudí. Estas organizaciones benéficas proporcionaban fondos, trabajos, documentos de identidad, visados, despachos y todo tipo de apoyos a la brigada internacional de combatientes árabes en Bosnia y sus alrededores. Antes del 11 de septiembre, los gobiernos occidentales, incluido el estadounidense, no encontraron base legal alguna para cerrar esas organizaciones.

Muchos de los nombres que vimos por primera vez en Bosnia, aparecieron más tarde desempeñando otros papeles, trabajando para Al Qaeda. Entre los *yihadistas* más importantes que lucharon en Bosnia estaban: Abu Sulaiman al-Makki, que posteriormente, en diciembre de 2001, apareció al lado de Bin Laden cuando el líder de Al Qaeda ensalzó los atentados del 11 de septiembre; Abu Zubair al-Haili, que fue arrestado en Marruecos en 2002 cuando organizaba un atentado contra barcos estadounidenses en el estrecho de Gibraltar; Ali Ayed al-Shamrani, arrestado por la policía saudí en 1995 y rápidamente decapitado por su implicación en el atentado contra la misión de ayuda militar estadounidense en Arabia Saudí; Jalil Deek, arrestado en diciembre de 1999 por su papel en los planes para atentar contra instalaciones norteamericanas en Jordania al comienzo del nuevo milenio; y Fateh Kamel, que fue identificado como parte de la célula organizadora del Plan del Milenio en Canadá. Aunque los servicios de inteligencia occidentales nunca calificaron la actividad de los *muyas* en Bosnia como una *yihad* de Al Qaeda, ahora está claro que era exactamente eso.

Estados Unidos, a pesar de no tener una idea clara de lo que era, comenzó a actuar contra la presencia *yihadista* en Bosnia. Los funcionarios estadounidenses le dejaron claro a Izetbegovic que los *yihadistas* tenían que marcharse, que tenía que darse cuenta de que estaba cabalgando sobre un tigre que llegado el momento le engulliría. La Administración Clinton hizo del final de la guerra de los Balcanes la prioridad principal de su política exterior, y para conseguirlo mandó fuerzas del Ejército de Estados Unidos y negoció con minuciosidad los Acuerdos de Dayton. (Ese acuerdo de paz se firmó gracias al esfuerzo y dedicación de Clinton, Lake, Berger, Albright, el embajador Dick Holbrook, y el general Wes Clark. Hasta conseguirlo, el equipo de Holbrook se enfrentó a tragedias personales. Un vehículo blindado de su convoy perdió el control, cayó por un barranco y se incendió. Clark consiguió sacar a algunos de los que estaban dentro, antes de que el coche explotara. Murieron tres personas, entre ellos Nelson Drew, colega mío en el Consejo Nacional de Seguridad). Parte de los Acuerdos de Dayton exigía que se expulsara a los *muyas* de Bosnia una vez terminada la guerra. No sabíamos que formaban parte de Al Qaeda, pero sabíamos que eran terroristas internacionales.

No utilizamos sólo la diplomacia y las fuerzas de paz. En 1995, desapareció Abu Talal al-Qasimy, el líder de los *muyas* egipcios en Bosnia. Anteriormente había dirigido una delegación de la Organización Internacional de Ayuda Islámica en Peshawar, en la frontera entre Pakistán y Afganistán. Trabajó con Ayman Zawahiri, el líder de la *yihad* islámica egipcia (más tarde lugarteniente de Bin Laden) mientras estuvo exiliado en Dinamarca. La respuesta a esa desaparición fue un coche bomba contra la policía croata. La bomba la puso un canadiense que trabajaba para la Agencia de Ayuda al Tercer Mundo con base en Viena.

Cuando quedó claro que la diplomacia no había funcionado del todo, las tropas francesas atacaron en 1998 una de las instalaciones de los *muyas,* que seguían funcionando en Bosnia y que violaban los Acuerdos de Dayton. Arrestaron a once personas, dos diplomáticos iraníes y nueve *muyas.* Las instalaciones estaban llenas de explosivos y de armas, y también se encontraron allí planes para atentar contra las tropas estadounidenses y las de otros países occidentales. También en 1998, se interceptó un cargamento de explosivos de plástico C-4 destinado a una célula terrorista de la *yihad* islámica egipcia en Alemania. Todo indicaba que los explosivos se iban a utilizar para una serie de atentados a las bases militares estadounidenses en Alemania. El mismo año, desapareció una célula terrorista de la *yihad* islámica egipcia localizada en la cercana Albania. El grupo, liderado por Abu Hajir (Mahmoud Salim), planeaba hacer estallar la embajada estadounidense en Tirana.

Estados Unidos amenazó al presidente bosnio Izetbegovic con rescindir la ayuda militar, y posteriormente acabar con todo tipo de asistencia, si no expulsaba a los *muyas*, cumpliendo así íntegra y escrupulosamente los Acuerdos de Dayton. Los bosnios dijeron que habían expulsado a todos, excepto a 60 hombres que se habían casado con mujeres bosnias y que por tanto se habían convertido en ciudadanos bosnios. Hasta el año 2000, en su última semana en el cargo, Izetbegovic no expulsó a Abu al-Ma'ali, líder de los *muyas* restantes (Holanda le aceptó en su territorio). Izetbegovic nunca les expulsó a todos. Todavía en el año 2002, Estados Unidos identificó células de Al Qaeda en Bosnia, que fueron hostigadas por la policía bosnia.

A pesar de los lapsos de Izetbegovic, Bosnia fue un fracaso para Al Qaeda. Invirtieron hombres y dinero, pero no les fue posible establecer una base amplia y permanente, y no lograron convertir a otro país en parte del Califato. Sin embargo, consiguieron mucha más experiencia y cavaron madrigueras más profundas en la Europa occidental. Bosnia fue un gran éxito para Estados Unidos. El Gobierno islámico en Bosnia sobrevivió gracias sobre todo a Estados Unidos, a pesar de que tardó en afrontar el conflicto. Estados Unidos también consiguió bloquear la influencia de Irán y la de Al Qaeda en el país. Además, la CIA logró inutilizar algunos sectores de la red de Al Qaeda y dejar al descubierto otros. Muchos de los que quedaron al descubierto estaban en Europa, donde Al Qaeda se aprovechó de las políticas para refugiados y de otros tipos de generosidad internacional para echar raíces. A pesar de que los Gobiernos de Europa occidental sabían lo que tenían en sus respectivos países, muchos de ellos siguieron haciendo la vista gorda ante la presencia de Al Qaeda. La mezquita de Finsbury Park en Londres, el Centro Cultural Islámico de Milán y espacios similares de encuentro para los terroristas siguieron funcionando sin ningún tipo de obstáculo.

* * *

Durante los años de Bin Laden en Sudán, este país sirvió de base no sólo para el armamento y los combatientes que irían a Bosnia, sino también para los terroristas de Egipto, Etiopía, Uganda, e incluso de la Libia de Gaddafi. Los servicios de inteligencia y el Ejército de Sudán apoyaron a los terroristas. En junio de 1995, el presidente egipcio Hosni Mubarak voló a Etiopía para asistir a una reunión de la Organización para la Unidad Africana en Addis Abeba. Un asesor de los servicios de inteligencia de Mubarak, sabiendo que terroristas egipcios con base en Sudán planeaban matar a Mubarak (igual que habían asesinado a su predecesor, Anuar el-Sadat), insistió en que utilizara una limusina blindada y con francotiradores en el techo, desde que llegase al aeropuerto. Sin ellos, Mubarak estaría muerto. Los terroristas de la *yihad* islámica intentaron bloquear la carretera, disparar contra la limusina y bombardear la caravana. Fallaron por muy poco. Las pruebas acusaron de los ataques a terroristas con base en Sudán e indicaron que el Gobierno sudanés les estaba apoyando.

Después de este suceso, Egipto y nosotros (junto con otros países de la región) intentamos y conseguimos que el Consejo de Seguridad de Naciones Unidas sancionase a Sudán. Previamente, sólo Libia había estado sometida a sanciones de Naciones Unidas como consecuencia del apoyo a los terroristas. En el CSG consideramos que esas sanciones habían supuesto un extraordinario éxito diplomático. El CSG pensó además llevar a cabo ofensivas directas, y se examinaron las opciones para atacar las bases de Bin Laden y/o Turabi en Jartum y sus alrededores. La Casa Blanca pidió al Pentágono que planease una operación militar de las fuerzas especiales estadounidenses contra las bases relacionadas con Al Qaeda en Sudán. Semanas más tarde, un equipo del Pentágono informó al asesor de Seguridad Nacional, Tony Lake, y a otros altos cargos en el despacho de Lake del ala oeste. Se plantearon como opciones atacar una instalación terrorista denominada en el informe del Pentágono «Alojamiento de Excombatientes de la guerra de Afganistán», o bien hacer estallar un banco en el centro de Jartum en el que se creía que Bin Laden guardaba su dinero, además de otras posibilidades. Aunque el Estado Mayor informó cumplidamente del plan, recomendó con firmeza que no se llevase a cabo. Después de estudiar los detalles, Lake respondió: «Ahora entiendo por qué; esto no es algo subrepticio. No tiene nada de discreto ni de encubierto. Sencillamente es ir a la guerra contra Sudán».

El jefe militar encargado de informar asintió con la cabeza: «Eso es lo que nosotros hacemos, señor. Si quiere una acción encubierta, para eso está la CIA». Pero la CIA no tenía capacidad para organizar operaciones de envergadura contra Al Qaeda en Sudán, ni encubiertas ni de ningún otro tipo.

Puede que los saudíes, o quizá los egipcios, hubieran estado pensando lo mismo respecto a la necesidad de llevar a cabo algún tipo de operación encubierta contra Bin Laden en Sudán. Nos llegaron informes desde Sudán sobre dos incidentes en los que alguien había intentado matar a Bin Laden en Jartum. Sabíamos también que Mubarak estaba mandando mensajes a Jartum para que controlase a los terroristas, si no querían algo peor. Egipto había situado tropas y aviones en la frontera de Sudán e incluso, a principios de la década de 1980, en una ocasión había usado su Fuerza Aérea para bombardear una emisora de radio antiegipcia en Jartum. Mubarak volvía a amenazar con una concentración progresiva de tropas. El débil Ejército sudanés podía derrotar a las tribus cristianas del sur del país, pero no podía competir con el Ejército egipcio. Se estaban complicando las cosas allí para el líder de Al Qaeda.

En 1996, Afganistán tenía mucha mejor pinta para Bin Laden. El Gobierno títere que los soviéticos habían dejado en Kabul había caído y, después de diez años de luchas entre las distintas facciones, Pakistán había intervenido para estabilizar la situación. Con la esperanza de que los millones de refugiados afganos que estaban en Pakistán volviesen a su país, los servicios de inteligencia paquistaníes (ISID) habían armado y adiestrado al movimiento religioso talibán para que se hiciese con el control en la mayor parte de

Afganistán. El líder de los talibanes era muy similar a Turabi, el presidente sudanés: un fanático religioso cuyo objetivo era crear un Estado teocrático a punta de pistola. El *mulá* Omar, igual que Turabi, era un viejo conocido de Bin Laden y estaba deseando contar de nuevo con sus hombres y su dinero.

Turabi y Bin Laden se separaron como amigos y se comprometieron a seguir luchando y a que Jartum se pudiera seguir usando como refugio seguro.

En los últimos años, funcionarios de los servicios de inteligencia sudaneses, junto a norteamericanos cercanos al régimen de Sudán, se han inventado una fábula sobre los últimos días de Bin Laden en Jartum. Según esa fábula, el Gobierno de Sudán se ofrece a arrestar a Bin Laden y entregárselo encadenado a los agentes del FBI, pero Washington rechaza la oferta porque la Administración Clinton no considera importante a Bin Laden o no encuentra ningún sitio en el que juzgarle.

Los únicos atisbos de realidad de esa fábula son: a) que el Gobierno de Sudán estaba negando apoyo al terrorismo a raíz de las sanciones de Naciones Unidas, y b) que el CSG había iniciado conversaciones informales con algunas naciones sobre la posibilidad de encarcelar a Bin Laden o de juzgarle. Nadie se ofreció para hacer ninguna de las dos cosas. No obstante, si hubiéramos tenido la posibilidad de ponerle las manos encima lo hubiéramos hecho con placer. La fiscal general de Manhattan, Mary Jo White, podría haber encausado «a un bocadillo de jamón», dicho coloquialmente. No cabe duda de que en 1996 la señora White podía haber dictado un auto de procesamiento contra Bin Laden si lo hubiéramos necesitado. En la primavera de 1998 lo dictó. La realidad respecto a la supuesta oferta sudanesa de entregar a Bin Laden es que Turabi no estaba dispuesto a traicionar a su compañero de lucha terrorista, y que realmente nunca lo intentó.

Si hubieran querido hacerlo, el Gobierno del FNI (Frente Nacional Islámico) hubiera arrestado a Bin Laden, igual que arrestó al legendario terrorista Ilyich Sánchez («Carlos el Chacal»), cuando fue descubierto por la CIA en Jartum y, posteriormente, por los servicios de inteligencia franceses en 1994. Sin embargo, Carlos era un lobo solitario que no le servía de nada al FNI. Osama

Bin Laden era un hermano de sangre ideológico, amigo de la familia, y un benefactor de los líderes del FNI. Tenía además muchos seguidores bien armados.

Turabi y Bin Laden decidieron trasladar a la dirección de Al Qaeda a Afganistán para reducir la presión internacional sobre el FNI, y para ayudar a los talibanes a situar a otra nación en el Califato. Sudán, pensaron, ya estaba en el camino correcto (Turabi fue arrestado por el Ejército sudanés en 2002 y el FNI expulsado de los puestos que ocupaba en el Gobierno).

Sin embargo, el CSG dejó de considerar la posibilidad de llevar a cabo ataques militares o de la CIA en Jartum. Después de la marcha de Bin Laden en 1996, una serie de informes de los servicios de inteligencia constataron que un socio suyo llamado Abu Hafs al-Muratani estaba en Jartum ocupado en dar apoyo a células terroristas con base en otros lugares. Los informes eran tan concretos que sabíamos en qué hotel estaba y la habitación en la que se alojaba. Envié los informes a Sandy Berger, asesora nacional de Seguridad, recomendando que capturásemos al terrorista. Mis compañeros de todos los departamentos del CSG estuvieron de acuerdo.

Las capturas, o más exactamente las «rendiciones extraordinarias», eran operaciones para aprehender a terroristas en el extranjero, normalmente sin ponerlo en conocimiento del Gobierno anfitrión y, casi siempre, sin que dicho Gobierno hiciese ningún tipo de reconocimiento público. En los tiempos de la Administración Reagan se llevó a cabo una de esas capturas. Fawaz Yunis, que en 1985 había participado en el secuestro de un avión jordano en el que murieron tres norteamericanos, fue engañado para subir a un barco atracado en la costa libanesa, en el que fue apresado por agentes del FBI y de los comandos tierra y aire de la Marina. A mediados de la década de 1990, este tipo de capturas se convirtió en una actividad rutinaria para el CSG. Regularmente se detenía a los terroristas, a veces lo hacía un equipo del FBI y otras el personal de la CIA, para someterlos a juicio en Estados Unidos o para que fueran encarcelados en otros países. Todos los terroristas que perpetraron los atentados contra el World Trade Center en 1993, fueron encontrados y llevados a Nueva York, excepto uno de ellos. No obstante, la propuesta captura de Jartum no llegó a ninguna parte. Se organizaron muchas reuniones con Berger en el ala oeste de la Casa Blanca para pedir la captura. El Estado Mayor dio siempre la misma respuesta, que era la que daba cada vez que se le pedía algo que no quería hacer:

* sería preciso un operativo muy amplio;
* la operación era arriesgada y podía fallar, las tropas estadounidenses podrían ser apresadas y asesinadas, lo que pondría en evidencia al presidente;
* su «opinión como militares profesionales» era no llevarla a cabo;
* pero, por supuesto, lo harían si recibían órdenes por escrito del presidente de Estados Unidos;
* y, por cierto, los abogados militares decían que sería una violación del Derecho Internacional.

Richard Shultz, catedrático de la Fletcher School, llegó a conclusiones similares acerca de cómo el Ejército de Estados Unidos rehusó luchar contra el terrorismo antes del 11 de septiembre. Su estudio está resumido en el artículo «Show Stoppers», aparecido en el *Weekly Standard* del día 21 de enero de 2004.

La primera vez que yo propuse una captura, en 1993, Lloyd Cutler, asesor de la Casa Blanca, solicitó una reunión con el presidente para explicar que eso suponía violar el Derecho Internacional. Dio la impresión de que Clinton estaba del lado de Cutler hasta que llegó a la reunión Al Gore, que vino con retraso porque acababa de llegar de Sudáfrica en un vuelo nocturno. Clinton resumió para Gore los argumentos de ambas partes: Lloyd dice esto. Dick dice lo otro. Gore se rió y dijo: «Es una decisión fácil. Por supuesto que es una violación del Derecho Internacional; por eso tiene que ser una operación encubierta. Ese tipo es un terrorista. Id y traedlo de los huevos». Intentamos hacerlo, pero no lo conseguimos. Aprendimos que, a menudo, cuando se consigue llevar al lugar de la operación a un equipo de capturas las cosas han cambiado. Que a veces los servicios de inteligencia se equivocan. Que algunos Gobiernos colaboran con los terroristas. A pesar de todo, valía la pena intentarlo, porque a veces tuvimos éxito.

En la discusión sobre Sudán de 1996, Berger se dirigió hacia George Tenet para preguntarle si la CIA podía capturar al hombre que estaba en aquella habitación de hotel de Jartum. Tenet contestó que no tenían capacidad para hacerlo en un entorno tan hostil, ni tampoco podían encontrar a un servicio de inteligencia amigo que pudiese (o quisiese) hacerlo.

Mike Sheehan, coronel de las Fuerzas Armadas Especiales, que había trabajado conmigo en misiones antiterroristas en Somalia y en Haití, se ofreció a ir a Jartum y realizar el secuestro él mismo. Lo dijo sólo medio en broma: «Seguro que ese tipo no tiene ni guardaespaldas. Le das un golpe en la cabeza y lo metes en una furgoneta Chevrolet». Para total frustración de Berger, de Albright y mía, finalmente la CIA admitió que no podía hacer nada efectivo para llevar a cabo la captura en Jartum. Lo único que el DOD, hizo fue seguir ofreciendo opciones, todas las cuales suponían casi una declaración de guerra a Sudán. Dos años más tarde, cuando Sheehan visitó el cuartel general del Mando Conjunto de Operaciones Especiales (al que pertenece la Delta Force) estuvo hablando con dos colegas de los boinas verdes. Se contaron historias sobre operaciones que habían realizado y sobre «las que se habían quedado en el aire», las misiones planeadas pero nunca llevadas a cabo. Los dos le contaron a Sheehan el plan que hubo para secuestrar a un líder de Al Qaeda en un hotel de Jartum.

—Hubiera sido una delicia —dijeron—. Seis tipos, dos coches, entrar y salir. Buscar una salida fácil por la frontera y volar a casa; poco arriesgado.

—¿De verdad? —preguntó Sheehan, haciendo creer que no sabía nada sobre la captura propuesta—. ¿Qué pasó? ¿Por qué no lo hicisteis?

—La puta Casa Blanca —dijo asqueado uno de los boinas verdes—. Clinton dijo que no.

—¿Cómo lo sabéis? —preguntó inocentemente Mike.

—Nos lo contó el Pentágono.

Ya fuese para atrapar criminales de guerra en Yugoslavia o terroristas en África y Oriente Próximo, la historia se repetía. La Casa Blanca quería acción. Los militares de alto rango se oponían y colocaban al presidente en una situación desde la que era casi imposible contrarrestar sus objeciones. Cuando en 1993 la Casa Blanca decidió apoyarse en el Ejército para secuestrar a Aideed en Somalia, el propio Ejército fastidió la operación, y en conversaciones *extraoficiales* con periodistas y diputados culpó del fracaso a la Casa Blanca. ¿Qué asesor de la Casa Blanca querría que algo así se repitiese? Pero a pesar de todo, aprendimos que a menudo los altos cargos del Ejército dejaban caer entre sus subalternos el rumor de que eran los políticos de la Casa Blanca quienes rehusaban llevar a cabo las acciones. El hecho es que el presidente Clinton aprobó todas las capturas que le pidieron que considerase. Todas las capturas propuestas por la CIA, el Departamento de Justicia o el de Defensa durante mi permanencia en el puesto de presidente del CSG, entre 1992 y 2001, fueron aprobadas.

Adelantándome en la cronología, debería mencionar que la CIA podría haber actuado cerca de Jartum en 1998. Hacía años que nos llegaban informes de que Sudán intentaba fabricar armas químicas. Los informes, procedentes de distintas fuentes, entre otras el UNSCOM, indicaban que Sudán estaba fabricando bombas químicas y obuses de artillería. Había algunos lugares en Sudán en los que se podían producir las sustancias químicas necesarias. Uno de ellos era una planta química en Shifa. Los informes de los servicios de inteligencia indicaban que dicha planta se había beneficiado de las inversiones de la Comisión para la Industria Militar de Sudán, que a su vez recibía fondos de Bin Laden. Bin Laden había creado una empresa de inversiones, Taba Investments, cuando se trasladó a Jartum. Por otro lado, muchas fuentes de información decían que Bin Laden buscaba armas químicas, incluso armas nucleares. Antes de que llegasen los informes sobre la planta química de Sudán, no estaba claro dónde podría obtener esas armas.

Fotografías de Shifa tomadas por satélite mostraban una planta como muchas otras del mundo, capaz de producir una variedad de sustancias químicas, tanto inocuas como susceptibles de ser utilizadas con fines militares. En 1991 y 1992, había trabajado con Ron Lehman, director del Control de Armamento, en el desarrollo de una prohibición internacional de sustancias químicas y de unos procedimientos de inspección que permitiesen verificar su cumplimiento. Durante el proceso de esa negociación, me arrastré literalmente por plantas químicas y aprendí mucho de los ingenieros químicos. En 1992, durante la negociación internacional posterior, los países participantes estuvieron de acuerdo en que muchas plantas químicas un día podían producir sustancias que afectaban al sistema nervioso, al siguiente pintura o fertilizantes y dos días después medicinas. Por eso, el tratado sobre la Inspección de Armas Químicas incluyó inspecciones internacionales de plantas químicas «inocuas», que permitían asegurar que en los últimos tiempos no se habían utilizado para fabricar material armamentístico. El tratado decía que los inspectores internacionales podían tomar muestras del suelo de dentro y fuera de las plantas para analizarlas. Sudán rehusó firmar el tratado.

Cerca de Shifa había dos instalaciones más. Una de ellas era un grupo de edificios rodeado de muros muy altos, con muchas medidas de seguridad, de la que los confidentes de la zona decían que era una instalación relacionada con armamento. La otra era un lugar para almacenar obuses de artillería. Era bastante probable que componentes básicos de las armas químicas se fabricasen en Shifa de vez en cuando y luego se trasladaran a una planta de procesamiento cercana para mezclarlos con agentes letales que serían insertados en los obuses de artillería, que a su vez se trasladaban al almacén de la esquina.

La CIA se propuso determinar si la planta de Shifa dedicaba parte de su actividad a producir gases letales para armamento. A este fin, la CIA envió a Jartum a un agente que recogería rastros de sustancias que hubieran salido de la planta flotando por el aire o en forma de líquidos residuales. Era muy arriesgado llegar a la planta y recoger muestras, pero la misión se llevó a cabo con éxito. Las muestras se llevaron a un laboratorio de análisis independiente, no gubernamental, con una reputación establecida de fiabilidad. Los análisis revelaron la presencia de una sustancia química conocida como EMPTA.

La EMPTA es una sustancia que se ha utilizado como ingrediente esencial en el gas nervioso iraquí. No tiene ningún otro uso conocido, ni ninguna otra nación que sepamos ha utilizado la EMPTA para ningún otro propósito. ¿Qué hacía en Sudán una sustancia del armamento químico iraquí? Fuentes del UNSCOM y del Gobierno de Estados Unidos habían afirmado que en una instalación cercana a Shifa había iraquíes trabajando en algo. ¿Podía Sudán haber contratado a iraquíes con el dinero de Bin Laden para fabricar armas químicas? Parecía estremecedoramente posible. Después de todo, el régimen de Jartum estaba implicado en una campaña que intentaba exterminar a los negros que vivían en el sur de Sudán. Muchas organizaciones internacionales de ayuda habían encontrado pruebas de horrores tales como el bombardeo de unos comedores benéficos. Las armas químicas permitirían a Jartum acelerar la matanza y expulsar del país a los supervivientes. Era también muy probable que los amigos de Bin Laden en el régimen de Jartum proporcionasen a los terroristas parte de la producción de armas químicas.

En 2001, en el interrogatorio que Pat Fitzgerald, ayudante del fiscal general de Estados Unidos, le hizo a Yamal al-Fadl, un agente de Al Qaeda, éste describió como algo normal sus viajes a Sudán como parte de su papel dentro de la organización terrorista. Dijo que su actividad consistía en supervisar el trabajo que Al Qaeda desarrollaba en Jartum para fabricar armas químicas.

* * *

Durante sus primeros cuatro años en Sudán, Bin Laden permaneció en la sombra, sin enfrentarse abiertamente a Estados Unidos. En 1995, su dinero y su apoyo dejaron rastro en Bosnia, Chechenia, Filipinas, Egipto, Marruecos y Europa. Había rumores que le conectaban con los atentados en Nueva York, Somalia, Arabia Saudí y Yemen. Pero eran sólo rumores. Podía ser cierto que conociese a Jalid Sheik Muhammad, que a su vez podía ser tío de Ramzi Yusef, autor del atentado contra el World Trade Center en 1993 y de la tentativa de atentado contra los Boeing 747 que sobrevolaban el Pacífico. Quizá uno de los cuñados de Bin Laden, Muhammad Yamal Jalifa, llevaba dinero a grupos terroristas igual que lo hacía el que llevaba la bolsa del dinero en el programa de televisión *The Millionaire* en la década de 1950 (en enero de 1995, Jalifa fue detenido por la policía de aduanas estadounidense en el aeropuerto internacional de San Francisco). A instancias mías,

Jim Reynolds, del Departamento de Justicia, intentó por todos los medios encontrar datos que permitiesen procesar a Jalifa en relación con el atentado contra el World Trade Center en 1993 o con cualquier otro delito. Lamentablemente, el Departamento de Justicia no pudo conseguir un auto de procesamiento y Jalifa fue extraditado a Jordania, donde posteriormente fue liberado por falta de pruebas allí también).

En el verano de 1995, Bin Laden escribió una carta pública al rey Fahd de Arabia Saudí, denunciando la presencia de las tropas estadounidenses. La CIA, bajo la presión de la Casa Blanca y con el apoyo del personal del Centro Antiterrorista, comenzó a planear la puesta en marcha de una delegación que se dedicase a investigar lo que ya entonces estaban de acuerdo en considerar como «la red de Bin Laden». Como no querían arriesgarse a ubicar la delegación en Jartum, donde estaba Bin Laden, propusieron algo innovador: una «delegación virtual». Esta delegación virtual estaría estructurada como una sucursal en el extranjero. Ni siquiera estaría físicamente en la sede central de la CIA.

Fue en la primavera de 1996 cuando se movieron dos fichas del tablero de ajedrez. Bin Laden se fue a Afganistán, cerrando algunas de sus empresas y de sus casas en Jartum. Tras su partida, Yamal al-Fadl, que lo sabía todo sobre «la red de Bin Laden» con base en Sudán, buscó protección estadounidense. Había desviado fondos y temía que Al Qaeda le matase. El interrogatorio a al-Fadl ayudó a la nueva delegación virtual a descubrir el tamaño y la forma de la red. Lo que encontraron fue algo activo y diseminado, con presencia en más de cincuenta países a través de grupos afines y células durmientes. Ramzi Yusef y el jeque ciego eran parte de esa red. Bin Laden no era sólo el patrocinador financiero: era el cerebro del grupo.

También supimos que la red tenía un nombre: «los cimientos», o «la base», como en los cimientos de un edificio. Osama Bin Laden, hijo de un contratista, le dio nombre a la red terrorista usando una expresión árabe: Al Qaeda. Era la primera pieza, la base necesaria para el edificio que sería una teocracia global: el gran Califato.

Los talibanes acogieron con entusiasmo a Bin Laden en Afganistán. Había estado financiando los campos de adiestramiento para terroristas mientras estuvo en Sudán. Los combatientes capturados en Chechenia y Bosnia habían sido adiestrados en esas instalaciones. En aquel momento, con nuevas incorporaciones, los campos se extendían por todo el mundo islámico. Los que hacían las cosas bien se licenciaban y eran enviados a la Brigada 55, una unidad creada por Bin Laden para ayudar a los talibanes a luchar contra sus oponentes, o a células durmientes distribuidas por todo el mundo.

En 1996 y 1997 el CSG planeaba la captura de Bin Laden en Afganistán. Uno de los planes proponía que un equipo de capturas afgano llevase a Bin Laden atado y amordazado hasta un pista de aterrizaje arenosa, donde un avión de la CIA aterrizaría durante un breve espacio de tiempo, e inmediatamente saldría de Afganistán, volando bajo para eludir los radares. La CIA, aunque generalmente reacia a actuar en Afganistán, hizo una excepción lo suficientemente larga como para inspeccionar la rudimentaria pista de aterrizaje, para ver si podría soportar un aterrizaje, unas maniobras y un despegue. Enviaron un avión, sin ningún tipo de distintivo, a un país vecino.

El defecto de este plan estaba en que no podíamos saber la fecha en que llevaríamos a cabo la captura. Si lo secuestráramos cuando se presentarse la ocasión, y no en un momento elegido por nosotros, el comando tendría que custodiar a Bin Laden durante casi un día hasta que llegase el avión. Durante ese día, los hombres de Bin Laden y los talibanes saldrían en su busca. Las posibilidades de que detectasen el avión, y quizá de que capturasen al personal de la CIA, eran elevadas.

Se elaboró una alternativa a ese plan. El equipo afgano de captura no se limitaría a esperar a que Bin Laden pasase por allí, sino que iría a capturarle a su «granja», mientras el avión de la CIA volaba hacia el país. Sonaba bien. Pedí que me mostrasen fotografías y mapas.

La granja Tarnak se parecía más al fuerte de Gunga Din que a la granja de Dorothy en *El Mago de Oz*. Y estaba claro que no estaba en Kansas. En el recinto de la granja había varias docenas de casas rodeadas por un muro de unos cuatro metros de alto. En cada una de las esquinas del muro había un nido de ametralladoras. Fuera, había aparcados dos tanques T-55. Un ataque frontal por parte del equipo afgano muy probablemente hubiera resultado en las muertes de los pocos activos que la CIA tenía en ese país. Unánimemente, el CSG decidió no llevar a cabo ese ataque (una de las muchas leyendas urbanas sobre Al Qaeda que surgieron tras el 11 de septiembre decía que la fiscal general Janet Reno había vetado la operación. No es cierto. Lo hicimos George Tenet y yo para evitar que todos nuestros efectivos afganos muriesen por nada.) Los afganos de la CIA buscarían otro modo de hacerse con el líder de Al Qaeda.

* * *

Aunque no conseguimos capturar a Bin Laden, en 1997 la CIA consiguió llevar a cabo con éxito una captura como revancha. Desde que Mir Amal Kansi disparó contra empleados de la Agencia en la misma puerta de su sede, la CIA había prometido venganza a las familias de las víctimas. El día después del tiroteo ya sabían el nombre de Kansi. Aún así, éste había volado tranquilamente de vuelta a Pakistán y nadie se lo había impedido. Ningún agente de la CIA le esperaba en el aeropuerto, a su llegada a Pakistán. Kansi, como Bin Laden (salvando las distancias jerárquicas), también era la oveja negra de una familia importante y muy adinerada. La familia Kansi, afectada por lo que había hecho este hijo, compró protección para Mir Amal a un señor de la guerra afgano.

Durante cuatro años, la CIA urdió varios planes para seguir con precisión el rastro de Kansi y capturarle. A pesar de ser realmente creativos, ninguno de los planes funcionó. Lo más destacable de aquellos planes es que en ninguno de ellos la CIA pensó en infiltrar a alguno de sus equipos o del Departamento de Defensa en el fuerte afgano en el que se escondía Kansi. Una vez más la CIA era reacia a introducir a su personal en Afganistán. Al cabo de un tiempo, Kansi empezó a pensar que la CIA se había olvidado de él y comenzó a viajar a Pakistán. Y los paquistaníes empezaron a hablar. Finalmente, con engaños, la CIA atrajo a Kansi a una reunión sobre un supuesto negocio de tráfico de armas. El CSG elaboró el plan al detalle. Acordamos que el sospechoso sería en-

CONTRA TODOS LOS ENEMIGOS

tregado a la policía de Fairfax, Virginia, para ser procesado por el fiscal de la Commonwealth. Sería más rápido que ponerle en manos de los juzgados federales. Entonces nos dispusimos a esperar a que llegase la noche de la reunión.

El aparcamiento de la CIA estaba casi vacío aquel fin de semana. La puerta principal estaba cerrada. Di la vuelta y entré por una puerta lateral en la que había un guarda adormilado. En lugar de ir al Centro de Operaciones, con las enormes pantallas de la Sala de la Guerra, fui a la sala de comunicaciones del Centro Antiterrorista, una especie de cuarto oscuro lleno de equipos electrónicos apilados. Allí, un pequeño grupo se agolpaba alrededor de una radio consola. Recordando una escena de la II Guerra Mundial con Londres llamando a una unidad de la resistencia francesa.

Pero a quien llamaba el encargado de la radio era a una furgoneta Chevrolet que se había detenido frente a un restaurante chino y un hotel, en una ciudad paquistaní cerca de la frontera con Afganistán. En la Chevrolet había un equipo mixto de la CIA y del FBI que esperaba la llamada a la oración matutina. Nuestra fuente había localizado a Mir Amal Kansi en el tercer piso del hotel. Kansi esperaba que un amigo suyo, que le iba a acompañar a la mezquita, llamase a la puerta a las cuatro de la mañana. Nosotros esperábamos algo distinto.

El reloj del cuarto de radio dio las cuatro de la mañana, hora paquistaní. La radio seguía en silencio. Miré alrededor de la habitación iluminada por una luz roja y vi a George Tenet con una sudadera y mascando un puro. George había tenido un infarto leve cuando trabajábamos juntos en la Casa Blanca, lo que puso fin a nuestras escapadas a una tienda de puros cercana. Ahora se limitaba a masticar uno. Su lugarteniente, el general John Gordon, rondaba por la puerta. Aunque Gordon había aprendido a tener mucha paciencia cuando dirigía una escuadrilla de misiles MX de la Fuerza Aérea, en la que nunca había acción real (gracias a Dios), su paciencia obviamente se estaba acabando. Con una tensión que iba en aumento en la atestada y tórrida sala, Tenet no pudo más:

—¿Dónde mierda están? Preguntadles dónde están; aquí ya son las cuatro y cuarto.

—Red Rover, Red Rover, adelante, cambio. —El operador de radio intentaba llamar al equipo que estaba en el terreno.

Nada.

A las 16.30 todos estaban dando vueltas por el pasillo fuera de la sala de radio. Por fin la radio chisporreteó: «Base, base, aquí Red Rover. El paquete está volando. Repito, el paquete está volando». Inmediatamente empezaron a aparecer botellas de champán de debajo de los asientos y se descorcharon entre brindis y abrazos. Tenet encendió el puro, me miró y me dijo: «No se lo digas a mi mujer».

Kansi había respondido a la llamada en la puerta y, de repente, se encontró tendido boca abajo en el suelo de su pequeña habitación, escuchando no la llamada a la oración, sino la lectura de sus derechos por parte de Miranda, del FBI. En dos minutos, la Chevrolet rodaba por las calles vacías de la ciudad camino del aeropuerto, donde esperaba un C-12 con los motores en marcha.

Durante cuatro años, la Agencia había intentado todo para capturar a un hombre; un hombre que la había puesto en evidencia atentando contra su propia sede y matando a sus propios empleados. Y, por fin, había conseguido mitigar en parte esa vergüenza. Cuando abandoné el edificio había una fina niebla baja. Mientras conducía para salir por la puerta del recinto hacia la carretera 123, vi el cruce de la calle donde ellos habían muerto. Para sus familias sería un alivio saber que el asesino estaba bajo nuestra custodia y seguramente moriría en el corredor de la muerte de Virginia. George Tenet estaba llamando a las familias mientras yo conducía hacia mi casa. Significó mucho para la Agencia detener a ese tipo, pero costó mucho tiempo, a pesar de que la Agencia al completo estaba muy motivada.

* * *

La captura de Kansi consiguió que, cuatros años después de que éste atacase su cuartel general, la Agencia se sintiese a gusto consigo misma. Además de la de Kansi, de forma rutinaria el CSG examinó, organizó y llevó a cabo rendiciones de terroristas en Estados Unidos y en otros lugares. Lamentablemente, fallamos en otro intento de captura que hubiera podido evitar el 11-S. Todos los directamente implicados en el atentado contra el World Trade Center en 1993, excepto uno, habían sido conducidos a Estados Unidos. El cabecilla era Ramzi Yusef, vinculado a otro agente de Al Qaeda, Jalid Sheik Muhammad. En 1996, un gran jurado federal de acusación de Nueva York había procesado a Muhammad por apoyar ese ataque desde el extranjero y por tener una implicación indirecta en los planes para derribar los Boeing 747 en el Pacífico. El FBI le dijo al CSG que Muhammad era tío de Yusef, al que describían como el cerebro, mientras que consideraban a Muhammad una simple mala influencia en su vida. A pesar de todo, queríamos a Muhammad. Menos de un año después del procesamiento, supimos que Jalid Sheik Muhammad estaba localizado en Doha, Qatar, donde supuestamente trabajaba para el Ministerio del Agua.

Como yo había pasado un tiempo en Qatar, no tenía mucho interés en permitir que los policías locales le detuviesen. Los recordaba como personajes de una comedia. En 1991, los coches de la policía qatarí que escoltaban mi caravana se las arreglaron para chocar unos contra otros en una ciudad casi sin tráfico. También recordaba sus engaños en 1990 respecto a cómo habían obtenido unos misiles Stinger (los habían comprado en Afganistán pero se negaban a admitirlo) y sus posteriores intentos de tener relaciones diplomáticas con Irán en un momento en el que Teherán estaba implicado en unas operaciones contra Estados Unidos por toda la región. Teniendo todo eso en cuenta, yo quería saber si podíamos llevar a cabo la rendición sin que lo supiera el Gobierno de Qatar. Por desgracia, la CIA y el FBI dijeron que no podían realizar una captura encubierta en Qatar. Y, como de costumbre, los planes del Departamento de Defensa para su versión de un secuestro involucraban a una cantidad de tropas más adecuada para conquistar la nación entera que para detener a un hombre.

Nuestro embajador en Qatar era Patrick Theros, un profesional y antiguo alumno del CSG. Yo le pregunté a Theros si le parecía posible ver al chambelán, el ministro de Asuntos de Palacio del Emir, y conseguir la aprobación de éste para perpetrar el secuestro, sin que se enterase nadie más. Él pensó que era posible, pero no garantizó nada. A pesar de todo, como no había ninguna otra opción disponible, el CSG acordó llevar a cabo un intento en el que el equipo de detenciones del FBI trataría de entrar con permiso, y un reducido número de altos cargos de la seguridad qatarí les acompañarían a realizar la detención.

A pesar de que los qataríes aseguraron que sólo un pequeño grupo de altos cargos conocía nuestros planes, Jalid Sheik Muhammad se enteró de ellos y se marchó del país antes de que llegase el equipo de detenciones del FBI. Por supuesto, estábamos indignados con la seguridad qatarí y supusimos que la filtración había llegado a través de Palacio. Un informe decía que Jalid Sheik Muhammad había abandonado el país con un pasaporte que le proporcionó el Ministerio de Asuntos Religiosos. Lamentablemente, el CSG sólo conocía una pequeña parte de la historia. Jalid Sheik Muhammad no sólo era una mala influencia para su sobrino, el cerebro del grupo, sino que el tío era en realidad el cerebro terrorista. No sólo fue él quien diseñó el plan para realizar el atentado contra el World Trade Center en 1993 y la tentativa contra el Boeing 747 en 1995, era además el colaborador directo de Bin Laden y jefe de operaciones de Al Qaeda. Si el CSG hubiera sabido eso, el NSC hubiera insistido en conseguir un comando de secuestros de la CIA o del Ejército, a pesar de haber dicho que no tenían la capacidad suficiente. Si hubiéramos sabido el papel de Jalid Sheik Muhammad, incluso después de escaparse, hubiéramos insistido en realizar un esfuerzo enorme para encontrarle. Pero ni la CIA ni el FBI tuvieron claro hasta después de los atentados del 11 de septiembre el papel fundamental de esta figura clave en Al Qaeda.

Otros países tampoco cooperaron en las capturas. En la primavera de 2002, Adam Garfinkle informó en *National Interest* que Estados Unidos intentó capturar a Imad Mugniyah cuando se encontraba a bordo de un avión que iba a aterrizar en Arabia Saudí. Pero el Gobierno saudí puso sobre aviso al avión para que no aterrizase, en lugar de colaborar con Estados Unidos para apresar al líder de Hezbolá.

* * *

A principios de 1998, Al Qaeda creció gracias a su unión con la *yihad* islámica egipcia. El FBI había descubierto el papel del egipcio Sheik Abdul Ramán en los planes para perpetrar atentados terroristas en Nueva York en 1993. Para 1996, había sido condenado a cadena perpetua en Estados Unidos. Sus amigos, entre los que se encuentran Osama Bin Laden y Ayman Zawahiri, líder de la *yihad* islámica egipcia, habían planeado vengarse e intentaron liberarle. En 1997, atacaron a un grupo de turistas en Luxor, Egipto, y mataron a 62 personas. La policía egipcia encontró cuerpos abiertos en canal, rellenos de folletos en los que se exigía la liberación del jeque ciego. Viendo que se enfrentaba al colapso de su industria turística, Egipto puso en marcha medidas muy enérgicas contra los *yihadistas*, incluso más duras de lo que habían sido las posteriores al intento de asesinato del presidente Mubarak en Etiopía.

Debilitada, la *yihad* islámica egipcia se acercó más a Bin Laden. El propio hijo del jeque ciego se asoció con Bin Laden y prometió vengarse de Estados Unidos. En febrero de 1998, la *yihad* islámica egipcia y Al Qaeda fueron algunos de los varios grupos que hicieron pública una declaración conjunta de guerra contra Egipto, Estados Unidos y otros gobiernos. A nosotros no nos sorprendió. Nos considerábamos en guerra contra Al Qaeda mucho antes de saber su nombre ni dónde estaba. Habíamos trabajado con gobiernos amigos, durante por lo menos tres años, para identificar y destruir células durmientes en Europa, África y Oriente Próximo. Habíamos organizado capturas de muchos de los agentes de Al Qaeda y habíamos planeado capturar al propio Bin Laden. En la primavera de 1998, Bin Laden fue encausado por el gran jurado federal de acusación reunido por la fiscal general de Manhattan Mary Jo White. El CSG quería incluir a Bin Laden en la lista de terroristas capturados. A principios de 1998, quisimos lanzar una ofensiva contra Al Qaeda. También quisimos empezar un proyecto de gran envergadura para proteger el interior del país contra el terrorismo, fuese de Al Qaeda o de otros grupos. Los acontecimientos que se produjeron en 1998 hicieron que fuese más sencillo persuadir al Congreso y a los medios de comunicación de que teníamos que hacer ambas cosas.

CAPÍTULO 7
EMPEZAR A PROTEGER LA PATRIA

Cuando, en 1995, me llamaron del gabinete de crisis un domingo por la noche diciéndome que algo había pasado en Tokio, los primeros datos apuntaban hacia las armas químicas. Las primeras informaciones generalmente están equivocadas, pero me dirigí al gabinete de crisis por si acaso. Los reportajes de los medios de comunicación resultaban bastante convincentes respecto a que alguien hubiese utilizado algún arma química. Mis llamadas a la CIA, al FBI y al Departamento de Estado no me informaron de nada nuevo respecto a lo que ya sabía por la CNN. Entonces llamé al Departamento de Sanidad y Servicios Humanos (Health and Human Service, HHS).

Poco tiempo antes, yo había organizado un grupo mixto de trabajo para luchar contra el terrorismo y las armas de destrucción masiva. Dos personas, tan preocupadas como yo ante la posibilidad de que la misteriosa organización de Ramzi Yusef pudiera hacerse con armas químicas o artefactos nucleares, me llamaron la atención por su capacidad de actuación. Una de esas personas era Lisa Gordon-Hagerty del Departamento de Energía. Había creado una conexión entre los científicos de los laboratorios nucleares del Departamento y los comandos del Mando Conjunto de Operaciones Especiales, gracias a la que realizaban entrenamientos en los que aprendían qué hacer si, llegado el caso, había que quitarle una bomba nuclear a los terroristas.

El otro miembro del grupo que me impresionó era Frank Young, del Servicio de Salud Pública del HHS. El Servicio de Salud Pública es un extraño híbrido civil y militar. Forma parte del HHS pero sus funcionarios visten uniformes de la Marina y guardan las jerarquías de la Marina. Por eso, Frank no era sólo médico, también era almirante. En su tiempo libre era pastor protestante. Frank había creado una red nacional de expertos en armas químicas y biológicas y de personal médico para investigar si algún informe anómalo pudiera estar reflejando el uso encubierto de armas biológicas o químicas por parte de los terroristas.

Aquel domingo por la noche de marzo de 1995, llamé a Frank desde el gabinete de crisis.

—Almirante, doctor, reverendo, Frank —empecé—. Está pasando algo extraño en Tokio.

—Según la prensa, parece que han arrojado un gas con agente nervioso —respondió Frank—. No el tipo de agente que tiene el Ejército japonés. Si te parece bien, organizo un equipo que se desplace allí lo antes posible para ayudar a los japoneses a descubrir lo que es. Llamo también a mis homónimos japoneses. Allí ya es lunes.

—Está bien, Frank. Le diré al Departamento de Estado que comunique con la embajada en Tokio para que les ayuden. Vamos a ver lo que encuentran y tendremos una reunión del CSG por la mañana.

Aquel lunes por la mañana fue la primera vez que los de Sanidad y Servicios Humanos asistieron a una reunión del núcleo del Grupo de Seguridad y Antiterrorismo en el gabinete de crisis.

Frank Young estaba sentado con su uniforme de almirante en el extremo opuesto al presidente de la mesa, y ya tenía un informe completo preparado: «El agente empleado ha sido el gas nervioso sarín, pero aparentemente no en una dosis tan concentrada como hubiera sido la de uso militar. El grupo responsable ha sido una secta religiosa conocida como Aum Shinrikyo».

Para entonces, yo conocía lo suficiente a la CIA y al FBI como para que no me cupiese duda de que nunca habían oído hablar de Aum. No me decepcionaron. Exceptuando los informes de prensa recogidos en las doce horas previas, no tenían nada en sus archivos sobre Aum. LLegado el momento, el nuevo representante de la CIA en el CSG, John O'Neill, para entonces ya se había granjeado mi respeto. El mes anterior habíamos trabajado juntos para coordinar el arresto de Ramzi Yusef, que se produjo en la primera semana de O'Neill en su nuevo destino, después de llegar a Washington procedente de Chicago donde se le había asignado un caso relacionado con el crimen organizado. Durante días trabajó sin parar, sin ir a casa, y no dejó ni un cabo suelto del plan. Quedó claro que O'-Neill era brillante y activo, pero también un bromista. Procedía, como yo, de una familia de clase trabajadora y tendía a hablar de una manera muy directa que algunos encontraban cáustica.

Decidí apretarle las tuercas un poco para ver cómo respondía.

—John, ¿cómo puedes estar ya tan seguro de que los Aum no están aquí? ¿Sólo porque no tienes una carpeta del FBI con información sobre ellos? ¿Has mirado en la guía de teléfonos de Manhattan para ver si están?

—¿Hablas en serio? —me preguntó O'Neill, que no estaba seguro de si me estaba haciendo el gracioso. Cuando le aseguré que hablaba en serio, se dirigió a su ayudante y le dijo que dejase la sala de la reunión para llamar al FBI en Nueva York. Poco rato después el agente del FBI regresó a la sala y le pasó una nota a O'Neill.

O'Neill le echó un vistazo.

—Joder —dijo—. Están en el listín: en la calle 48, este, con la Quinta Avenida.

Todos los que estaban en la reunión del CSG pensaron lo mismo: sarín en el metro de Nueva York. O'Neill llamó para pedir refuerzos.

—Necesitamos inmediatamente tipos que desactiven armas químicas. Tipos que puedan detectar e identificar sustancias químicas. El Ejército.

A los representantes del Pentágono en la reunión no les gustaba la idea de ver los camiones color verde oliva del Ejército bajando por el centro de Nueva York, escupiendo soldados vestidos con trajes espaciales, mientras la gente que comía en el Centro Rockefeller les miraba con cara de un pánico que iría en aumento. Por lo demás, la unidad química más cercana estaba en Maryland, a cuatro horas por la carretera estatal 95. Los tipos del Pentágono volvieron a recitar el mismo mantra en latín que los representantes del Departamento de Defensa entonaban cada vez que se les pedía hacer algo en Estados Unidos, *posse comitatus*. La frase hace alusión a una ley de 1876, promulgada a finales de la Reconstrucción, que prohibía a las autoridades militares federales ejercer poderes que correspondían a la policía civil, dentro de Estados Unidos (que era lo que habían estado haciendo en la Confederación ocupada, desde 1865 hasta 1876). La Ley contiene una cláusula que permite al presidente abolirla en una situación de emergencia. Yo había preparado un borrador para la abolición en el que sólo quedaban por rellenar unos espacios en blanco, y lo tenía guardado en un cajón de mi mesa, sin firmar.

No tuve que desplegar mi documento de abolición del *posse comitatus*. O'Neill persuadió al Pentágono de que llevase la unidad a un cuartel de la Guardia Nacional en Manhattan, mientras que el fiscal general del Estado intentaba preparar una justificación que permitiera conseguir una orden de registro. Mientras tanto, un «inspector del servicio de bomberos» llevó a cabo una inspección sorpresa del edificio. Encontró que los Aum estaban de traslado, metiendo cajas en una furgoneta alquilada. Un coche de vigilancia del FBI siguió a la furgoneta por la Quinta Avenida durante varias manzanas, pero la perdió en el tráfico del centro de Nueva York. Cuando la noticia llegó al gabinete de crisis, las venas de O'Neill parecían a punto de estallar: armas químicas perdidas en Manhattan mientras él estaba al mando. Pensé que debía ir a ver al consejero nacional de seguridad.

Mientras Tony Lake y yo estudiábamos cómo sería la dinámica de evacuación de grandes zonas de Nueva York, llamó O'Neill. Tenían la furgoneta. Disponían de una orden de registro. No habían encontrado nada más que cajas de libros. La oficina de la calle 48 estaba limpia.

Posteriormente supimos que los Aum no sólo habían preparado el gas nervioso sarín sino también un arma con ántrax. Rociaron con un spray de ántrax casero una instalación militar estadounidense en Japón, pero el tamaño de la espora era incorrecto y el ataque no consiguió que nadie enfermara. Además pasó desapercibido.

Yo había insistido mucho para que la Directiva de decisiones presidenciales sobre terrorismo, creada en 1995, abordase la posibilidad de que los terroristas pudiesen llegar a tener material químico, biológico o nuclear. Y, en aquel momento, la prioridad más alta de la política presidencial era evitar ese tipo de adquisición, y si se descubría que los terroristas realmente tenían ese tipo de armas, no habría otra prioridad que conseguir eliminar ese potencial. Además, la política presidencial se planteaba cómo manejar una situación en la que se hubieran utilizado ese tipo de armas.

A pesar de todo, en 1996 no teníamos capacidad alguna de enfrentarnos a armas químicas o biológicas si eran utilizadas en Estados Unidos. El viejo programa de la época de la guerra fría y la Defensa Civil se había ido marchitando hasta morir, antes incluso de que terminara la propia guerra fría. Después de la disolución de la Unión Soviética, los senadores Sam Nunn, Dick Lugar y Pete Domenici se habían dedicado a averiguar en qué situación estaban las armas nucleares, químicas y biológicas soviéticas. Los tres senadores habían conseguido dinero para contabilizar las armas, ponerlas a buen recaudo y destruirlas. Habían intentado financiar puestos de trabajo alternativos para los científicos soviéticos que trabajaban en armamento. Finalmente, reservaron una pequeña cantidad de dólares federales para entrenar a individuos que pudieran responder en un caso de emergencia en el que hubiera que enfrentarse a ese tipo de armas en ciudades grandes de Estados Unidos, sólo por si alguna de ellas caía en manos equivocadas y terminaba aquí.

El proyecto de los tres senadores, mi propia disposición y los hábitos de lectura de Bill Clinton se unieron para generar alguna forma de respuesta interna.

Mi disposición provenía de la experiencia que había adquirido mis cargos públicos durante la guerra fría y la Guerra del Golfo. En el último año de la primera, me visitó un funcionario del Servicio de Inteligencia del Departamento de Estado que llevaba una maleta blindada, del tipo aprobado por la CIA para transportar documentos especialmente secretos e importantes. Yo no sabía lo que estaba a punto de leer, sólo sabía que yo era una de las cinco personas en el Departamento de Estado a quienes les estaba permitido leerlo. Dentro del portafolios estaba el informe de un alto funcionario soviético que se había pasado a los servicios británicos. Contaba algo que toda la comunidad del espionaje estadounidense creía que no existía, un inmenso proyecto soviético para desarrollar y desplegar armas biológicas.

La Unión Soviética, Estados Unidos y otras naciones habían firmado en 1973 un tratado ilegalizando las armas biológicas. Nosotros destruimos las nuestras. La Unión Soviética dijo que había hecho lo mismo. Mintieron. No sólo no habían destruido su programa de armas biológicas sino que lo habían ampliado y habían desarrollado armas de una capacidad real aterradora. Sus laboratorios habían trabajado con los virus de Marburg y Ébola, unas cepas que hacen que la víctima se desangre por todos sus orificios y órganos hasta morir. Habían perfeccionado bombas, misiles y otro tipo de armas para diseminar agentes como el ántrax, el bacilo del botulismo, el virus de la viruela y cepas resistentes a los antibióticos del microorganismo responsable de la peste. De hecho, habían llenado diversas armas con esos agentes y las tenían almacenadas. Más de 100.000 soviéticos habían trabajado secretamente en ese programa en instalaciones repartidas por toda la Unión Soviética. Además, el simpático alto funcionario soviético con el que estuvimos negociando los tratados de control de armamento conocía todo lo relacionado con ese proyecto ilegal y con los esfuerzos llevados a cabo para que nosotros no nos enterásemos.

No era el tipo de noticia que ninguno de nosotros quería escuchar ni, desde luego, lo que más falta le hacía al secretario de Estado Jim Baker. Baker le había dicho al Pentágono, al Congreso y al presidente que podíamos firmar con toda seguridad grandes acuerdos sobre el control de armamento con los soviéticos. Dijo que era muy improbable que los líderes soviéticos se arriesgasen a ser descubiertos violando un acuerdo internacional sobre control de armamento y que si aun así llegaban a hacerlo, los servicios de inteligencia estadounidenses detectarían esa violación gracias a «los medios técnicos nacionales». Se encontró entonces frente a una realidad que demostraba que los propios soviéticos se habían arriesgado a ser descubiertos en medio de una gravísima transgresión, y que «los medios técnicos nacionales» estadounidenses no habían conseguido encontrar un programa de ámbito nacional de esa envergadura. Si no hubiera sido por la fe en los servicios de inteligencia británicos de un científico soviético de alto rango, nunca nos hubiéramos enterado de aquella amenaza en forma de armas biológicas.

La primera reacción de Baker fue mantener restringida la información sobre el programa soviético hasta conseguir que los líderes soviéticos admitiesen la existencia del programa y prometieran destruirlo frente a observadores estadounidenses. Lamentablemente, los soviéticos, cuando se les planteó la situación, no estuvieron muy dispuestos a colaborar. Dijeron que Estados Unidos seguramente tenía un programa similar. Querían inspeccionar nuestras instalaciones. Las conversaciones se prolongaron durante algún tiempo, hasta que los soviéticos estuvieron de acuerdo en destruirlo todo y permitir «visitas» recíprocas limitadas, aunque yo nunca me quedé del todo satisfecho respecto a que nos hubieran dado las dos cosas que realmente necesitábamos: primero, una lista completa de todo lo que habían desarrollado (y destruido), y segundo, los antídotos que habían creado para todas las posibles nuevas cepas con las que hubiesen infectado sus botes.

Dos años más tarde, cuando se vislumbraba la primera Guerra del Golfo, después de la invasión de Kuwait por parte de Irak, me pidieron que elaborase lo que sería nuestra política si hubiera que enfrentarse a las armas químicas iraquíes o a cualquier otro tipo de armas «especiales». La CIA sabía que Irak tenía entonces armas químicas; las habían usado por toneladas contra los iraníes. Irak era una de las dos docenas de naciones de las que el Gobierno estadounidense decía que tenía armas nucleares, químicas y/o biológicas.

En otoño de 1990, junto a mis colegas británicos en un grupo de cooperación anglo-estadounidense, intentamos valorar cuántos trajes protectores contra sustancias químicas y máscaras antigás necesitábamos para nuestras tropas y para los varios cientos de miles de soldados aliados de más de treinta países, por no mencionar a los civiles de la región, susceptibles de ser alcanzados por los misiles Scud iraquíes. Era una tarea inalcanzable. Seguramente no había en todo el mundo suficientes prendas protectoras para cubrir a la población en situación de riesgo. Acordamos que los civiles estadounidenses y británicos «no esenciales» volviesen a casa. Mi ayudante, Bill Rope, intentó tenazmente conseguir máscaras antigás en las instalaciones militares de Estados Unidos para enviarlas al personal de las embajadas. Unos años antes, Israel había equipado a toda su población con máscaras antigás y había repartido a sus ciudadanos cientos de miles de botiquines especiales. Nosotros ni siquiera éramos capaces de hacer otro tanto por nuestras fuerzas armadas.

La política de inoculación de las tropas estadounidenses y británicas de primera línea era también problemática. No existía un acuerdo sobre contra qué enfermedades había que vacunar a las tropas, y había una gran preocupación sobre los efectos secundarios de algunas medicinas. Yo pedí que los expertos del Ejército de Fort Dietrich me informasen sobre la situación de nuestras reservas de vacunas. Un coronel, que además era médico, vino al Departamento de Estado con su equipo de expertos.

—Muy bien, coronel, empecemos con el ántrax. ¿Con qué reservas de vacunas contamos?

—Tenemos un caballo —me contestó con un bochorno evidente. Al notar mi estupor, continuó—. Hemos inyectado progresivamente a esa pobre yegua con mucho ántrax y ahora es totalmente inmune. Podemos utilizar su sangre para producir decenas de miles de vacunas.

Sólo vi una respuesta que me pareció factible.

—Coronel, necesitamos que se hagan con más caballos.

Peor que la escasez de caballos infectados, era que nuestro Ejército no contara con vehículos modernos para detectar sustancias químicas y biológicas, y que hubiera tenido que pedir prestados al Bundeswehr alemán algunos vehículos blindados Fox. Éstos tenían el lamentable problema de hacer saltar falsas alarmas con cierta regularidad, hasta el punto de que las tropas ya no respondían metiéndose rápidamente en sus pesadas, abrasadoras e incómodas vestimentas protectoras. La realidad era que no teníamos tiempo de conseguir el potencial defensivo necesario para hacer frente a la guerra.

Decidimos entonces ocuparnos de la disuasión y las represalias. ¿Qué haríamos si Irak usase armas químicas o biológicas? Teníamos información de que planeaban asustarnos con un arma nuclear falsa. El supuesto plan era hacer explotar varios camiones cargados de explosivos fuertes mezclados con material radiactivo. Estados Unidos detectaría tanto la enorme explosión como la radiactividad y entonces supondría que Irak acababa de probar un arma nuclear. Según dicho plan iraquí, eso nos disuadiría de llevar a cabo la invasión.

Pero ¿podíamos nosotros disuadir a Irak? Si no podíamos, había pocas opciones decentes para una respuesta estadounidense. No teníamos armas biológicas, las armas químicas que nos quedaban de los años 1960 y 1970 estaban inmovilizadas, agujereadas y constituían un peligro para cualquiera que se acercara a ellas. Utilizar armas nucleares estaba fuera de lugar, y llegado el caso, ¿contra qué las usaríamos? ¿Contra los iraquíes que se habían visto forzados a luchar a favor de Sadam Hussein?

Llevamos la cuestión al «gabinete interno» del Comité Directivo presidido por Brent Scowcroft. Alrededor de la mesa de café de Scowcroft estaban sentados en un sofá y en sillones de orejas, el secretario de Defensa Dick Cheney, el Jefe del Estado Mayor Colin Powell y pocos más. Era uno de esos problemas que los directivos odian, un problema sin solución. Mientras pelaba unos cacahuetes, Scowcroft se volvió hacia Cheney.

—Señor secretario, usted ¿qué recomendaría?

Cheney miró a Powell de un modo que dejaba ver que habían estado hablando del asunto y que no se habían puesto de acuerdo.

—Vamos Colin, di lo que piensas —le apremió Cheney.

Powell se encogió de hombros y con una expresión de cordero dijo:

—Sencillamente creo que las armas químicas son una chorrada.

Scowcroft, un general retirado de la Fuerza Aérea, miró divertido a Powell.

—¿Una chorrada? ¿Eso es algún tipo de terminología militar?

Poniéndose más serio, Powell explicó:

—Las armas químicas sólo harán que nos retrasemos un poco. Reforzaremos los tanques y entraremos. No creo que Sadam use armas biológicas porque no son adecuadas para el campo de batalla. Tardan mucho tiempo en hacer efecto. Aparte de todo, esa mierda se puede volver contra ti. Y armas nucleares, yo no creo que las tenga.

Cheney intervino, ya de acuerdo con Powell.

—Además, ya estamos planeando echarles encima hasta el fregadero de la cocina. No podemos hacer mucho más, excepto dar prioridad a quitarles los arsenales de munición química o biológica que puedan tener —Hizo una pausa—. Lo que tenemos que hacer es decirle a Sadam que si utiliza algo de eso vamos a Bagdad y le colgamos.

Al final, el secretario Baker llevó una carta del presidente Bush para Tariq Aziz, ministro de Exteriores iraquí, a una reunión que tenían en Suiza. Hubo cierta polémica acerca de en qué términos exactos había que formular la amenaza estadounidense en aquella carta. Dijera lo que dijese, Tariq Aziz la devolvió después de leerla. Más tarde, señaló que si le hubiera dado a Sadam algo escrito así, Sadam le habría pegado un tiro. Hasta donde nosotros sabemos, Sadam no utilizó armas químicas, biológicas o nucleares en la primera Guerra del Golfo.

Todo eso fue lo que me llevó a preocuparme aún más por la posibilidad de que ese tipo de armas pudiese llegar a manos de los terroristas. Sin embargo, la preocupación del presidente Clinton sobre la misma cuestión tenía menos que ver conmigo que con sus propias lecturas. Los hábitos de lectura de Clinton siempre me habían sorprendido. Era un lector ecléctico, que según parece se quedaba hasta muy tarde todas las noches devorando algún libro. Después del atentado de Tokio, empezó a leer relatos de ficción como *Rainbow Six* y *The Cobra Event*, en los que los terroristas empleaban armas químicas y biológicas. Algunos de esos libros nos los enviaba para luego escuchar nuestros comentarios. Otros los discutía directamente con expertos ajenos al Gobierno. Los libros no hicieron sino reforzar algo que ya tenía decidido: había que hacer mucho más para evitar que este tipo de armas cayesen en manos de los terroristas, y teníamos que estar preparados si ellos ya lo estaban.

A pesar de la Directiva de decisiones presidenciales de 1995, sólo el Departamento de Defensa se estaba tomando en serio la amenaza químico-biológica, y la preocupación del Pentágono parecía limitarse a resguardar a sus tropas frente a ese tipo de armas. Nadie se responsabilizaba de la seguridad del resto de los estadounidenses que pudiesen ser alcanzados por armas químicas o biológicas, o incluso nucleares. Los otros departamentos no escuchaban mis insinuaciones acerca de que les convendría dedicar una cantidad importante de sus presupuestos para ese fin. En 1997 Sandy Berger había sido nombrada asesora nacional de Seguridad. Yo quería que fuese ella quien convenciera al presidente de que adjudicase fondos a esos programas, en el proceso que en definitiva se llama «petición de fondos al Congreso por parte del presidente». Berger aconsejó que no se hiciera:

—Si los departamentos no quieren dar ese uso a sus presupuestos, irán al Congreso a espaldas nuestras y pedirán que adjudiquen esos fondos a los proyectos favoritos de sus departamentos.

Fue una declaración desalentadora y acertada del poder real de la Casa Blanca.

—Lo que tienes que hacer, Dick, es que los miembros del Gabinete se caguen de miedo, igual que me has asustado a mí con esta historia. Haz que quieran hacer algo al respecto. Haz que la idea salga de ellos.

Parecía una invitación.

—Tú los convocas y yo les asusto —le contesté.

Se reunieron en la extrañamente agradable y apacible Blair House, un grupo de casas conectadas entre sí frente al edificio Eisenhower de la avenida Pennsylvania. La Blair House pertenece a la Oficina de Protocolo del Departamento de Estado y se utiliza para alojar a los jefes de Estado que visitan el país, no para realizar reuniones del Gabinete. No obstante, en marzo de 1998 los miembros del Gabinete y algunos altos cargos de los departamentos de Estado, Defensa, CIA, Justicia, FBI, HHS, FEMA, Energía, Oficina de Gestión y Presupuestos (Office of Management and Budget, OMB) y de otros despachos de la Casa Blanca se presentaron allí. La asistencia era obligatoria. Berger les había dicho a todos que el presidente quería que estuviesen allí, pero nunca les dijo si éste iba a estar. Cuando llegaron todos, Berger me mandó presidir la reunión, para sorpresa de los miembros del Gabinete que pensaban que lo haría el presidente. Iba a ser un «simulacro de sobremesa», una representación de una reunión del Gabinete en la cual se irían desvelando algunas cosas.

Se reunieron en un salón de baile sentados alrededor de unas mesas colocadas en forma de U. En la parte abierta de la U había una pantalla muy grande en la que proyectábamos los «hechos», a medida que se iban desvelando. Yo estaba de pie en mitad de la U con un micrófono sin hilos, sintiéndome como el presentador de un programa de televisión. En el CSG, hacíamos ejercicios de ese tipo para que salieran a la luz dificultades operativas, problemas de coordinación y carencias prácticas. El Gabinete nunca había hecho algo así antes.

Empezamos con un informe en la pantalla sobre una infección que se extendía por el suroeste. Podría haber sido un brote espontáneo, como alguna vez había ocurrido en Nuevo México (región a la que un científico denominó «la tierra de las pulgas y el hogar de la peste»). Después, otro informe: se diagnosticaba que los pacientes infectados tenían el virus de Marburg o el de Ébola, que eran incurables y contagiosos. Me dirigí hacia Donna Shalala, secretaria de Sanidad y Servicios Humanos.

—Éste parece ser un problema suyo —le dije—. ¿Qué va a hacer? ¿Pondrá la zona en cuarentena? ¿Está autorizada para hacerlo? ¿A quién enviará para ayudar?

Mientras esas cuestiones flotaban en el aire, me puse frente a la fiscal general Reno. Nunca le había preocupado el cargo de nadie y a veces me había llamado por mi línea privada cuando tenía un problema o una idea que pensaba que podría estar en mi cartera. Le dije:

—De cara a la argumentación, pongámonos en el caso de que la zona se pone en cuarentena. ¿Cómo podemos detener a la gente que quiere salir de la zona de cuarentena? ¿Ordenaría disparar a quien se resistiese?

Ningún miembro del Gabinete sabía la respuesta. Mientras tuviesen puntos de vista que difirieran, estaba claro que no habría plan.

El segundo escenario describía una ciudad estadounidense en la que se había arrojado un arma química. El grupo supo afrontar mejor esa situación, pero aun así reconocieron que la mayoría de las ciudades no estaban ni preparadas ni equipadas para hacer frente a algo así.

El tercer escenario estaba literalmente a la vuelta de la esquina. En esa situación, un grupo terrorista llamaba al FBI y anunciaba que tenía un arma nuclear en Washington. El reportaje continuaba con un equipo de investigación conjunto de Energía y Defensa, actuando a partir de una información proporcionada por la Guardia Costera, que localizaba el arma en una embarcación amarrada en un club náutico a menos de cuatro kilómetros de la Casa Blanca. El radio de acción de la explosión hubiera alcanzado a casi todo el centro de Washington. Pregunté:

—¿El FBI enviaría a la embarcación un equipo SWAT?

Lo hubieran hecho, pero se les dijo que sólo el equipo de comandos del Departamento de Defensa estaba adiestrado para actuar frente a un arma nuclear, y que ese equipo no estaba localizado en Washington.

—¿Esperamos? —pregunté entonces.

Estuvimos de acuerdo en esperar y llamar, para que viniese la unidad de comandos. La diapositiva que estaba en la pantalla planteó entonces la pregunta que suscitó más debate: ¿se lo comunicamos a los ciudadanos de Washington? Si pedíamos a los ciudadanos que evacuasen, los terroristas podían hacer explotar el arma de forma inmediata. Si no se lo pedíamos y el arma explotaba dos horas después, habría muertes evitables.

En el siguiente escenario, llegaban los comandos especiales del Ejército, especialistas en armamento nuclear, y se situaban cerca de la embarcación. De repente, los comandos atacaban a los terroristas y poco después disparaban al arma nuclear para inutilizarla.

—¿Había algún riesgo? —pregunté—. ¿Qué hubiera pasado si el disparo hubiera hecho explotar la bomba?

Los participantes del Pentágono enseguida aseguraron a todos que ningún comando del Ejército hubiera desobedecido las órdenes de ese modo.

—Pero es que no las han desobedecido —afirmé—. Les ordenamos que se desplegasen cerca de la embarcación. Al hacerlo les dimos autoridad implícitamente para actuar si pasaba algo que les hiciera sospechar que los terroristas iban a hacer detonar el arma. Y cuando subieron a la embarcación y vieron un reloj marcando la cuenta atrás, tenían la autoridad implícita para llevar a cabo cualquier tipo de acción que juzgaran necesaria para evitar la explosión. Si creen que no tienen tiempo de pedir permiso para poder salvar varios cientos de miles de vidas, ¿no deberían actuar?

Se produjo otro debate.

—Si la bomba hubiera explotado, FEMA, ¿qué habríais hecho? —pregunté—. ¿Tenéis unidades preparadas para efectuar operaciones de rescate en escenarios radiactivos?

Al final de las doce horas de reunión, un grupo de Cadillac negros salió de la Blair House, llevando de vuelta a sus despachos a una serie de altos funcionarios convenientemente asustados. La mayoría llamó inmediatamente a sus sedes para concertar reuniones. Ahora sabían que esos programas necesitarían más dinero, pero sobre todo sabían que sus departamentos necesitarían algunos planes.

En pocas semanas había llegado el momento de insistir, esta vez en la Sala del Gabinete y con la asistencia del presidente. Cuando llegaron los miembros del Gobierno, se encontraron con que sus sitios habituales estaban ocupados por extraños. En cambio, las etiquetas con el nombre de los miembros del Gabinete estaban en una fila de asientos cerca de la pared en la zona que normalmente correspondía a su personal, los que se conocen como «los de las filas de detrás». Los extraños reunidos en la mesa habían sido convocados a instancias mías por el almirante Frank Young, que se acababa de jubilar del Servicio de Salud Pública. Había un Premio Nobel de Química, varios científicos e investigadores sobre antídotos contra armas biológicas, y el director de los servicios de emergencia de Nueva York. Entre todos, habían hecho el borrador de una propuesta de presupuesto para llevar a cabo un plan de choque en respuesta a un ataque con armas biológicas. Informaron al presidente. Su plan conseguiría hacer en un año lo que yo confiaba en ir financiando en cinco. Clinton miró a los funcionarios del OMB asistentes a la reunión:

—Yo creo que esto hay que hacerlo. Veamos de dónde sacamos el dinero.

A Sandy Berger le había quedado claro que el terrorismo y la alerta interior eran problemas de gran magnitud, que eran prioridades presidenciales y que serían de los pocos presupuestos que aumentarían en Washington. Esas cuestiones no podían seguir siendo gestionadas por sólo uno de entre la docena de ayudantes especiales del presidente, que eran quienes estaban en el nivel más alto de todo el personal del NSC. Ni tampoco podíamos seguir considerando los discursos presidenciales como la guía oficial para los distintos departamentos y agencias. Berger pensó que necesitábamos un «zar del terrorismo» y quería que fuese yo. Ya había un puesto en Washington al que se conocía con el desafortunado nombre de «zar», el jefe de la Oficina en la Casa Blanca del Programa Nacional para el Control de las Drogas. Con un título tan largo, no resultaba extraño que la prensa le llamase «el zar de las drogas». Las pocas personas que habían tenido ese trabajo no lo habían hecho demasiado bien. De hecho, en 1996 yo insistí en que había que cambiar de persona y propuse ofrecerle el trabajo a Barry McCaffrey, un general del Ejército. En 1998, McCaffrey estaba haciendo su trabajo mejor que ninguno de sus predecesores, pero seguían existiendo enormes problemas de coordinación y rivalidades burocráticas en el programa estadounidense contra las drogas. Yo no quería que eso mismo se repitiese en los asuntos antiterroristas y me preocupaba que los departamentos viesen a un zar como un desafío a su autoridad.

No obstante, Berger lanzó la idea de un «coordinador nacional» para la lucha antiterrorista y propuso que quedase legislado mediante una nueva Directiva de Decisiones Presidenciales. Necesitábamos tener nuevas y más detalladas directrices sobre las políticas presidenciales. Hice tres borradores de nuevas directivas y los puse en circulación con los títulos PDD-X, Y y Z.

El Z actualizaba nuestro programa de Continuidad del Gobierno, que prácticamente quedó abandonado cuando desapareció la amenaza de un ataque nuclear por parte de la Unión Soviética. Si los terroristas podían atentar en Washington, en particular con armas de destrucción masiva, necesitábamos un sistema sólido de mando y control, con planes que delegaran autoridad y proporcionaran capacidad de decisión a los funcionarios de fuera de Washington.

El Y analizaba algo con el inacabable nombre de «protección de infraestructuras fundamentales y ciberseguridad». Después del bombardeo de Oklahoma, el presidente había pedido al fiscal general y a su ayudante, Jamie Gorelick, que hiciesen una revisión rápida de la vulnerabilidad de las instalaciones internas clave. Una de sus conclusiones nos sorprendió: la nación era cada vez más dependiente de redes de ordenadores que eran vulnerables a un ataque de piratería informática sin explosivos. Para afrontar esa debilidad, el presidente había creado una gran Comisión Presidencial para la Protección de Infraestructuras Fundamentales, a las órdenes del general de la Fuerza Aérea Tom Marsh. La comisión presentó un largo informe meticulosamente realizado que se podía resumir en una frase: en todo Estados Unidos hemos empezado a depender de vulnerables redes de ordenadores para gestionar el transporte, la banca, las redes energéticas y otras «infraestructuras fundamentales». En los documentos clasificados que acompañaban al informe, los comisionados señalaban que los servicios de inteligencia y el Ejército de Estados Unidos podrían hacer mucho daño a un enemigo que dependiera de los ordenadores tanto como nosotros. Si Estados Unidos podía hacer daño a otros, otros podían hacérnoslo a nosotros. El PDD-Y creaba un programa para abordar este nuevo problema.

El X era el documento de política global. Aunque en la mayor parte del texto se detallaban políticas antiterroristas, el X también planteaba la organización de una estructura general de gestión. La política de Estados Unidos tendría diez componentes y programas contra el terrorismo y para la seguridad. En cada programa estarían muy claras las responsabilidades, es decir, qué departamentos o agencias serían responsables. El CSG se convertiría oficialmente no sólo en un comité de respuesta a las crisis, sino también en un órgano de formulación de políticas con un presupuesto propio y un papel programático. Además, el CSG tendría que supervisar cómo se desarrollaban los diez programas, del mismo modo que un comité del Congreso tenía capacidad de supervisar un programa de la Administración. Los diez programas eran:

1. *Captura, extradición o rendición y procesamiento de los terroristas.* Aunque en principio no considerábamos el terrorismo como una cuestión de fuerza de ley, la contención del mismo tenía un componente policial. Este programa incluía la búsqueda de terroristas, allí donde estuviesen, para llevarlos a los tribunales estadounidenses. El liderazgo se le otorgaba al Departamento de Justicia y a su componente, el FBI.

2. *Desmantelamiento de grupos terroristas.* Este programa perseguía la destrucción de los grupos terroristas por medios distintos

de los usados por los encargados de hacer cumplir la ley. El liderazgo se le otorgaba a la CIA.

3. *Cooperación internacional contra los terroristas.* Éste era un programa para persuadir a otros países a luchar contra el terrorismo y proporcionar a aquellos que lo necesitasen la formación necesaria y otro tipo de medios. El liderazgo se le otorgaba al Departamento de Estado.

4. *Evitar que los terroristas puedan adquirir armas de destrucción masiva.* En este programa se desarrollarían los planes y la capacidad necesarias para detectar y neutralizar cualquier esfuerzo por parte de un grupo terrorista para desarrollar o conseguir armas químicas, biológicas o nucleares. El liderazgo lo compartirían la CIA y Defensa.

5. *Gestión de las consecuencias de un atentado terrorista.* Todas las actividades de alerta de la WMD estaban contenidas en el programa número cinco. El liderazgo sería compartido por Sanidad y Servicios Humanos y el FEMA, con papeles destacados para Defensa y Justicia.

6. *Seguridad en el transporte.* Diseñado para implementar las recomendaciones de la Comisión Gore para la Seguridad Aérea, el sexto programa se concentraba en prevenir el terrorismo en el que estuviese involucrado un avión. El liderazgo lo tendría el Departamento de Transportes.

7. *Protección de infraestructuras fundamentales y sistemas cibernéticos.* Este programa estaba detallado en la PDD-Y en todo lo relacionado con la implementación de la Comisión Marsh para la protección de infraestructuras fundamentales. El liderazgo lo compartiría Justicia (FBI) y Comercio, debido a que muchas redes informáticas son propiedad del sector privado, que es quien opera con ellas. El DOD también tendría un papel importante.

8. *Continuidad del Gobierno.* Este programa estaba diseñado para asegurar que hubiese un presidente y un Gobierno federal en funciones, incluso después de un intento de descabezar al Gobierno de Estados Unidos. Estaba detallado en el documento de alto secreto clasificado PDD-Z.

9. *Contrarrestar la amenaza del terrorismo extranjero en Estados Unidos.* Aunque el FBI oficialmente creía que no había células dur-

mientes en Estados Unidos, creamos un programa para evitar que surgiesen y para encontrarlas en caso de que las hubiera. Justicia (FBI) tendría el liderazgo, e Inmigración y Tesoro asumiría algunas funciones.

10. *Protección de los estadounidenses en el extranjero.* Los terroristas habían atentado contra bases estadounidenses en el extranjero e intentado atacar a civiles, entre otros lugares en nuestras embajadas. Este programa creaba misiones de Protección de las Tropas, Seguridad diplomática y mostraba una preocupación general por la seguridad y el bienestar de los estadounidenses en el extranjero. Era una misión compartida por el DOD y el Departamento de Estado.

Para coordinar esos esfuerzos, habría cuatro comités compuestos por gestores de alto y medio rango de los distintos departamentos. El Grupo de Seguridad y Antiterrorismo seguiría existiendo, y los programas 1-3, 6, 9 y 10 estarían a su cargo. Un nuevo Grupo de Coordinación para la Protección de Infraestructuras Fundamentales se encargaría del programa 7. El Grupo de Armas de Destrucción Masiva y Alerta se encargaría de los programas 4 y 5. El grupo inter-agencias ya existente de Continuidad del Gobierno se encargaría del programa 8.

Se creaba un puesto nuevo, el de «coordinador nacional» para presidir los cuatro comités. Éstos rendirían cuentas al Comité Directivo. El coordinador nacional sería además miembro del Comité Directivo para el Gabinete y tendría a su cargo a dos directores procedentes del personal del NSC, además de otro empleado del mismo organismo. Era previsible que la mayoría de los departamentos y agencias viesen esto como una forma de acumular poder por parte de la Casa Blanca. Sin embargo, nadie tenía una idea mejor. Ninguna agencia quería ver que un Departamento tuviese toda esta responsabilidad. En 1997, no había ningún tipo de apoyo para crear otra agencia, debido al desbarajuste que eso podía acarrear, porque la atención se trasladaría de los terroristas, a los burócratas de la Administración.

El PPD-X salió adelante, pero con unos límites claros sobre el poder del coordinador nacional, que habían sido añadidos por diversas agencias y departamentos. Este coordinador, al contrario que el zar de la droga, que tenía un presupuesto de varios cientos de millones de dólares, no tendría control directo sobre ningún tipo de fondos. Sólo podía hacer recomendaciones sobre presupuestos al presidente. El zar de la droga tenía varios cientos de empleados a su cargo; el coordinador nacional tendría doce. Finalmente, para dejar claro que el coordinador nacional era sólo un cargo más de plantilla dentro de la Casa Blanca, la directiva señalaba que no podía dar órdenes a los agentes de la ley, a las tropas o a los espías, algo que sólo podían hacer las agencias. Menudo zar. A pesar de todo, en conjunto, tener un coordinador nacional para la Seguridad, la Protección de Infraestructuras y contra el Terrorismo suponía un pequeño paso adelante. Con un título tan largo, enseguida se convirtió en el «zar antiterrorista» para los medios de comunicación. Era un claro avance contar con diez programas con obligaciones y responsabilidades definidas y centradas en los departamentos y agencias, pero el concepto de un zar antiterrorista se prestaba a equívocos. De hecho, algo sobre lo que los departamentos habían insistido y que la Casa Blanca había aceptado, era que no hubiese un zar con personal, presupuesto o capacidad de decisión. Parecía entonces que yo tendría la responsabilidad contra el terrorismo, pero sin las herramientas necesarias, ni la autoridad para llevar a cabo el trabajo.

Con todo el mundo satisfecho, los borradores X, Y y Z llegaron al presidente y se convirtieron en PDD-62, PDD-63 y unas semanas después, PDD-67. El presidente anunció las directivas al comienzo de su discurso en la Academia Naval de junio de 1998. El título de la PDD-62 era «Antiterrorismo y protección nacional», como reconocimiento de que la amenaza no se limitaba al extranjero. Con posterioridad, otros han querido adjudicarse haber sido los primeros en proteger el interior del país. La directiva de Clinton comenzaba así: «Debido a nuestra superioridad militar, es cada vez más probable que nuestros enemigos potenciales, ya sean países o grupos terroristas ... nos ataquen de forma poco convencional ... aprovechándose de nuestros puntos vulnerables ... contra la población civil».

La PDD-62 había salido en junio, el momento del año en el que los Departamentos empiezan a preparar las propuestas de programas para la revisión de presupuestos de la Casa Blanca, que culmina a final de año con las decisiones presidenciales. Esas decisiones, que se anuncian en enero o febrero, inician entonces un segundo viaje a través del Congreso que dura ocho o nueve meses. Son como dos embarazos seguidos, que duran en total unos dieciséis meses, con la consiguiente posibilidad de abortos.

Si algo me había proporcionado la PDD-62 era otra invitación a conseguir fondos para la lucha contra el terrorismo y los programas de seguridad. Me puse a trabajar. En enero, el presidente pidió al Congreso 10.000 millones de dólares para la lucha antiterrorista, la seguridad, la alerta contra las armas de destrucción masiva y la protección de infraestructuras. Antes de que todo el presupuesto federal llegase al Congreso, la Casa Blanca decidió organizar una serie de «Días temáticos» que durarían una semana. El presidente iría cada día a un lugar relacionado con una de las prioridades presupuestarias y describiría en un discurso de qué manera el nuevo presupuesto apoyaba esa prioridad. Empezó la semana y se llevó a cabo el primer acto. El personal de comunicación de la Casa Blanca nos informó de que nos correspondería el tercer día para «todo lo relacionado con la lucha antiterrorista». Teníamos unas 36 horas para encontrar un lugar donde organizar el evento, conseguir un público, buscar algo que sirviera para lo que quienes se dedican a la comunicación denominan «mostrar lo que tienes y vender una idea», y preparar un discurso. Ese tipo de situaciones poco razonables parecían lo normal en la Casa Blanca de Clinton. Como el personal de la sede presidencial siempre respondía a ese tipo de desafíos y conseguía organizar bien los actos, ese estilo de hacer las cosas en el último minuto perduró en los ocho años de mandato de Clinton.

Llamamos a la Academia Nacional de Ciencias, que está a cuatro manzanas de distancia de la Casa Blanca, conseguimos su auditorio y no resultó difícil reunir a un número suficiente de científicos que lo llenaran. El tema sería cómo utilizar la ciencia y la tecnología para aumentar nuestra seguridad. Encargamos una gran pancarta con ese lema para colgarla detrás del presidente. Nuestro personal empezó a llamar a personas de dentro y fuera del Gobierno que habían trabajado en iniciativas contra el terrorismo, protección del interior del país, alerta frente a las armas de destrucción masiva y ciberseguridad. Se les invitó al discurso y a que hicieran una pequeña demostración en la Academia. Yo pedí concretamente a los bomberos de Arlington, Virginia, que trajesen el nuevo prototipo de MDV, vehículo para descontaminación masiva (Mass Decontamination Vehicle), un camión que se podía usar para duchar a cientos de personas que hubiesen estado expuestas a armas químicas. Mi opinión era que había que dotar a todas las grandes ciudades con al menos un MDV de ese tipo, por lo que escribí una nota al respecto en el borrador del discurso del presidente. La fiscal general Reno la quitó, argumentando que las ciudades debían decidir por sí mismas qué hacer con la ayuda federal para la alerta interior contra las armas de destrucción masiva. Ese cambio refleja la lucha respecto a las prioridades que se mantiene aún hoy, y que provoca el despilfarro de miles de millones de dólares de fondos para la seguridad interior, porque los ayuntamientos compran cosas que no necesitan, e ignoran lo que realmente deberían tener.

Reno y yo habíamos tenido desacuerdos previos acerca de cómo entregar el dinero a las ciudades para que se preparasen frente a desastres químicos, biológicos o radiológicos. A ella lo que le preocupaba era que consiguiéramos satisfacer a los «depositarios de la apuesta», a saber, las autoridades locales. Lo que a mí me preocupaba era que las autoridades locales no supieran qué comprar o que justificaran la compra de cosas que tuvieran poco que ver con la defensa frente a sustancias químicas y biológicas. También pensaba que debíamos desarrollar planes para áreas metropolitanas que abarcasen algo más que el centro de las ciudades. Por ejemplo, Arlington tenía el primer MDV y lo tenía aparcado a seis kilómetros de la Casa Blanca. ¿Debíamos ignorar eso y comprar otro para Washington DC antes de que Cleveland tuviese su primer MDV? Yo quería utilizar esa promesa de dinero federal como un camino para convencer a las ciudades y a las zonas del extrarradio de que cooperasen en el desarrollo de planes unificados contra los desastres, igual que teníamos Equipos Médicos de Choque Metropolitanos, con médicos y personal sanitario. Reno, ex fiscal del condado Dade (Florida), no cambió de opinión. El dinero ya estaba llegando a las arcas de su Departamento y por eso no necesitaba variar su actitud.

Cuando amaneció nuestro Día Temático, fui al Despacho Oval para intentar hacer un «preinforme». Antes de cualquier aparición pública fijada en el programa del presidente, siempre había un intervalo de diez minutos, llamado preinforme, en el que una persona de su equipo le explicaba de qué trataba el asunto y qué tenía que hacer. Aunque estaba más que claro que Clinton no los necesitaba y que en ningún caso los aceptaría, los preinformes se mantuvieron en su programa. En los intervalos asignados podían pasar un par de cosas. O te dejaban sentado esperando fuera del Despacho Oval, o te invitaban a que pasaras y el presidente charlaría contigo de algo que no tenía nada que ver con el acontecimiento posterior. En nuestro Día Temático ocurrió lo segundo. Yo me temía que se pusiera a hablar del *impeachment* que en aquel momento era lo que dominaba los medios de comunicación y los mentideros de Washington.

En lugar de eso, el presidente eligió charlar de los problemas de su prima, una mujer que administraba viviendas de protección oficial en Arkansas. Seguimos hablando del tema mientras caminábamos hacia la limusina y, una vez en ella, mientras nos llevaban por Foggy Bottom con las sirenas puestas. Yo iba sentado a su lado con un microordenador portátil lleno de presentaciones en PowerPoint y material de refuerzo para contestar cualquier posible cuestión relativa a la propuesta de los 10.000 millones de presupuesto. Cuando la caravana entró en el garaje del sótano de la Academia, el presidente se dio por enterado de mi aparente preocupación de que hablásemos sobre el tema que nos ocupaba. Pasó de ser un muchacho afable de Arkansas a ser un presidente analítico, una dualidad que cautivaba tanto como aterrorizaba al personal de la Casa Blanca cercano al presidente.

—He leído el discurso, ¿sabes? —me dijo para alejar cualquier tipo de preocupación mía sobre que él creyese que el día correspondía a la atención sanitaria—. Yo veo este problema como si se tratase de flechas y escudos...

—¿Eh? —le pregunté mientras seguíamos sentados en el coche y los agentes del Servicio Secreto esperaban de pie para abrir las puertas.

—Sí, verás, es igual que el tipo que inventó el arco y las flechas; durante un tiempo fue por delante, hasta que otro inventó un escudo que paraba todas las flechas. Otro llega y pone una muralla alrededor de la ciudad, y el enemigo inventa la catapulta con la que consigue sobrepasar la muralla. Ofensa, defensa, acción, reacción. Ahora tenemos nuevas armas ofensivas frente a nosotros y necesitamos nuevas estrategias defensivas. ¿Estoy en lo cierto?

Reconocí que ésa era una forma de enfocar el problema. Llegamos al interior de la Academia, donde nos esperaba un auditorio lleno de gente. Cuando entramos, mi busca sonó y en él había un mensaje: «la policía del distrito se está llevando el MVD de Arlington con la grúa». Mi mejor número para reforzar el concepto «mostrar lo que tienes y vender una idea» estaba aparcado en una zona que el Servicio Secreto había decidido desocupar. Nunca teníamos tiempo suficiente para organizar esos acontecimientos de manera impecable.

Desde la primera fila del auditorio en la que estaba sentado me pareció que, durante los largos comentarios de introducción, Clinton estaba volviendo a escribir el discurso. Sin embargo, cuando empezó a hablar, utilizó el texto que le habíamos dado y que yo pude seguir con mi copia. Mi texto terminó, pero el presidente no. Salió de detrás del podio y apoyándose en él me sonrió. Me dio un vuelco el estómago porque le habíamos visto hacer eso antes y sabíamos lo que quería decir: iba a poner algo de su parte, a improvisar, y lo que podía ocurrir era que nos encontrásemos con un problema o que aquello fuese lo mejor del discurso, o las dos cosas a la vez.

—Lo que hemos visto aquí, como les puede decir cualquier militar que se encuentre entre el público, se remonta al principio de los tiempos... siempre que se ha inventado un arma ofensiva pasa un tiempo antes de que se desarrolle la correspondiente defensiva...

Habló de arcos, de flechas, de castillos, de fosos. Después señaló que ahora las cosas eran diferentes, «debido a la rapidez con la que se están produciendo los cambios» y que la tecnología está evolucionando. Se estaban desarrollando nuevas tecnologías ofensivas y las defensivas todavía no estaban disponibles. El presidente dijo que había tratado de alertar a la nación de los peligros del terrorismo sin asustar a la gente, evitando hacerles creer que todo lo que veían en una película de acción podía ocurrir al día siguiente.

Estábamos haciendo frente al terrorismo «de varias maneras, algunas sobre las que puedo hablar y otras sobre las que no puedo hablar», pero necesitábamos nuevas formas defensivas y sólo científicos e ingenieros como los que estaban allí reunidos podían crear esa protección. El presidente pidió a la audiencia que supiesen utilizar los fondos que él esperaba conseguir para que nuestras mentes científicas más preclaras pudiesen acortar la distancia que existía entre la introducción de nuevas armas de terror y la creación de nuevas defensas.

La sala estalló en un aplauso. Clinton se metió entre el público para darle la mano a la gente. Cuando llegó a mí, me agarró y me susurró al oído:

—Te ha gustado ese final, ¿a que sí?

Había identificado un nuevo problema y se enfrentó a él lanzándose de lleno a desarrollar una gran iniciativa, incluso en un momento en el que los presupuestos federales eran muy ajustados. Pasamos de no tener capacidad interior para afrontar los efectos del terrorismo y las armas de destrucción masiva, a estar financiando formación y equipamiento para los departamentos de salud pública, los hospitales, los servicios de bomberos y las unidades de emergencia. Empezamos a comprar medicinas especiales y vacunas, y las almacenamos secretamente en todo el país, además de prepararnos para fabricarlas inmediatamente en grandes cantidades si fuese necesario. Se llevarían a cabo programas de investigación y desarrollo sobre nuevas tecnologías de detección, diagnóstico y descontaminación, y nuevos productos farmacéuticos.

También habría más fondos en otros departamentos para hacer frente al terrorismo. Se crearían y se financiarían nuevas agencias para proteger las redes cibernéticas de la nación. Después del discurso, la fiscal general Reno, la secretaria de Sanidad y Servicios Humanos, Donna Shalala, y yo informamos al gabinete de prensa de la Casa Blanca sobre todas esas iniciativas. Supe que habíamos conseguido un avance conceptual cuando Shalala empezó diciendo: «el HHS es ahora una parte esencial en la lucha contra el terrorismo». Posteriormente Shalala se uniría a mí y al secretario de Defensa, Bill Cohen, en uno de los cinco episodios de la serie *BioWar* emitida en *Nightline,* que se dedicó a divulgar la necesidad de proteger el interior de nuestra patria frente a terroristas con armas de destrucción masiva.

Se realizaron ejercicios por todo el país, tanto simulaciones sobre la mesa como ensayos sobre el terreno, con unidades desplegadas. En uno de esos ejercicios reales, cientos de empleados del FBI y de los departamentos de Energía y Defensa desplegaron un campamento temporal fuera de Norfolk al recibir informes simulados de los servicios de inteligencia que indicaban que una célula terrorista infiltraría un arma nuclear en el cuartel general de la Marina. Los miembros del CSG estuvieron en el simulacro e interpretaron papeles reales, como en las simulaciones sobre la mesa que habíamos hecho tantas veces en Washington. Pero en los ensayos, las unidades de acción antiterrorista realmente asaltan objetivos. En el simulacro de Norfolk, los comandos tierra y aire de la Marina alcanzaron a una embarcación que hacía de buque nodriza de los terroristas, mientras que el Equipo de Rescate de Rehenes del FBI arremetía contra una casa en la que esperaba la célula durmiente. Una brigada especial de bombas nucleares apareció para desactivar el arma, mientras que empleados de distintas agencias hacían de periodistas que acribillaban a los funcionarios a duras preguntas en una rueda de prensa simulada.

Como parte de los comunicados de Anápolis, yo me había convertido en el coordinador nacional y empecé a surgir de las sombras de la Seguridad Nacional y los servicios de inteligencia para encontrarme con los medios de comunicación y para informar a los miembros del Congreso. Como me temía, la consecuencia que tuvo el hecho de que la prensa mundial se dedicase a escribir reseñas sobre el nuevo zar antiterrorista estadounidense fue que se generase un interés por mí que nunca quise atraer. Cuando me dirigía a mi despacho una mañana de 1999, sentí que pasaba algo raro. Fue el modo en el que me saludó el normalmente bienhumorado Jack Robinson, jefe de la Guardia Costera. Fue también la manera en que me miró, mientras yo iba hacia mi mesa, Beverly Roundtree, mi ayudante desde hacía diez años. Nada más sentarme frente al ordenador entró Lisa Gordon-Hagerty con una expresión en la cara como de «esto es algo jodido de verdad».

Lisa me preguntó:

—¿Has leído el telegrama?

Yo no tenía ni idea de lo que me estaba hablando. Me lo enseñó. La noche anterior un líder árabe había llamado a nuestro cónsul general diciendo que tenía una información muy importante que compartir con nosotros, y que el cónsul tenía que ir inmediatamente. Cuando llegó, le dio un «informe de los servicios de inteligencia» muy detallado. Básicamente el informe decía que Osama Bin Laden había dado orden de matar al Zar antiterrorista estadounidense, Dick Clarke. Me iban a asesinar en Washington.

—Vaya, una manera interesante de empezar el día —bromeé, pero a Lisa no le parecía que hubiese algo gracioso en el informe—. Mira, Lis, recibimos informes basura constantemente. Seguro que éste es uno de ellos.

Me lanzó una mirada fulminante y dijo suave y lentamente:

—¿Y qué pasa si no lo es?

—Bueno, como le dijo Mr. Spock al Capitán Kirk, si usted se muere todos subiremos un grado.

Seguí leyendo los detalles del informe, algunos de los cuales parecían convincentes.

No pareció haberle hecho gracia.

—Es que no te enteras, Dick. Osama está intentando que te maten.

—En realidad no es nada extraño si tenemos en cuenta que yo estoy intentando que le maten a él —respondí mientras Lisa abandonaba mi despacho a grandes zancadas.

No iba a dejar pasar el asunto. Ni tampoco lo iba a dejar pasar Sandy Berger, a quien previamente yo había conseguido convencer de que un pequeño destacamento del Servicio Secreto le protegiera durante las 24 horas del día. A petición de Berger, al final del día, el presidente había firmado un documento convirtiéndome en «protegido», lo que hizo que reuniera los requisitos necesarios para obtener el mismo manto protector del Servicio Secreto. Llamé al director del Servicio Secreto.

—Mira, si me lleváis por ahí con un Cadillac blindado rodeado de Chevrolets por delante y por detrás, lo único que conseguiremos es que resulte mucho más fácil encontrarme. ¿Podemos intentar algo distinto?

Después de intentar persuadirme durante unos minutos, me preguntó:

—Bueno, ¿quieres ser un objetivo, y ver si así conseguimos que salgan de la madriguera?

Me pareció bien.

Ser un objetivo significaba fingir que nada había cambiado, que no tenía protección. En realidad, habría agentes escondidos en mi vecindario y se situarían por los lugares por los que yo pasara. Coches sin distintivos me seguirían a una prudente distancia, buscando a alguien que me buscase a mí. En mi domicilio se instalarían nuevas cerraduras, alarmas y luces exteriores. Yo asistiría a la academia del Servicio Secreto para aprender cosas como conducción evasiva y también algo que aterrorizaría a mi equipo: a disparar una Sig Saber del 357. Para ser alguien convencido de que debería existir un control más estricto de las armas, andar por ahí con un cañón debajo del abrigo parecía extraño, pero sólo al principio.

Una noche cené en la terraza de un café del barrio Adams Morgan de Washington con un ministro de un Gobierno árabe que estaba de visita, y que dijo que quería conocer el verdadero Washington. Después de un rato de sentirse incómodo, dijo:

—¿No tiene usted protección, guardaespaldas?

No se me había ocurrido que él pudiera pensar que estar conmigo le convertía en vulnerable. Intenté que se sintiera mejor y le dije: «¿Ve usted ese mendigo que está en la acera, y a ese tipo de la barra? Nos están protegiendo». Mi amigo árabe parecía escéptico hasta que llegó su limusina para recogerle después de cenar, que fue bloqueada por una Chevrolet que salió de la nada con seis agentes del Servicio Secreto bastante impresionantes.

Después de semanas de investigación y vigilancia, llegamos a la conclusión de que la amenaza contra mí seguramente era falsa. Se redujo la seguridad que tenía asignada, aunque seguí con parte de la protección, pero mi odio por Bin Laden se convirtió en algo más personal, aun cuando estuviera a «salvo» por el hecho de vivir en Estados Unidos.

Para alcanzar el objetivo de Clinton de preparar a la población sin asustarla, había que explicarle a la prensa diversas cuestiones sobre terrorismo, a pesar del interés no deseado que eso despertaba. Como parte de una campaña de conferencias y de información para la prensa, acepté llevar a Lesley Stahl, del programa *60 Minutes*, a un lugar secreto donde se habían almacenado toneladas de medicinas específicas y equipamientos para hacer frente a un atentado con sustancias químicas o biológicas en la región del Atlántico ecuatorial. Mientras las cámaras de la CBS filmaban, abrí una caja y saqué una aguja autoinyectora de atropina, un antídoto contra el gas nervioso, e hice una demostración de cómo había que llevarla hacia el muslo. Stahl preguntó que si todo eso servía realmente para algo. Le contesté que si hubiera un atentado, por ejemplo con ántrax, estos almacenes secretos podrían salvar miles de vidas. Tres años más tarde, cuando nos enfrentamos a un ataque real con ántrax, ordenamos que esas medicinas almacenadas fueran distribuidas.

Stahl y yo también hablamos sobre Osama Bin Laden en el programa *60 Minutes*. Admití que Al Qaeda estaba buscando armas de destrucción masiva. Durante años habíamos recibido informes sin procesar de los servicios de inteligencia, y análisis completos de la CIA en los que se afirmaba que Al Qaeda buscaba armas químicas o nucleares. Sin embargo, cuando pedíamos más detalles no los tenían. A principios de 2001, frustrado, llamé a Charlie Allen, que se había convertido en subdirector de la Central de Inteligencia para la Recogida de Datos, una especie de coordinador de lo que las agencias de inteligencia de Estados Unidos hacían para conseguir información. Acordamos reunir a todos los encargados de recoger o analizar la información sobre Al Qaeda y sobre las armas de destrucción masiva de todas las agencias de inteligencia. Nos reunimos en un lugar secreto de Virginia. Acudieron muchas personas. Cada agencia informó de lo que sabía. Todavía más rumores y sombras. Nada específico, fidedigno ni practicable.

Por romper el molde, Charlie Allen y yo dividimos al grupo en dos equipos. Al primero le dijimos que asumiera el papel de Al Qaeda y que elaborase planes para adquirir armas de destrucción masiva sin que se enterasen los norteamericanos. Tenían el resto del día para elaborar un plan e informarnos de él. Al segundo equipo le asignamos la inteligencia norteamericana. Debían asumir que Al Qaeda tenía en marcha atentados con armas químicas y nucleares que habían logrado ocultar. El equipo estadounidense podía usar cualquier método o técnica para detectar las actividades, pero tenían que hacerlo deprisa, durante el simulacro, porque sabíamos que Al Qaeda quería usar las armas pronto. Charlie le preguntó al grupo: «Suponed que tienen armas especiales y que las tienen bien escondidas, de modo que no podéis verlas. ¿Qué es lo qué veríais? ¿Qué es lo que dirían o harían? ¿Qué indicadores colaterales habría?». Forzar a los analistas de las distintas agencias a trabajar conjuntamente y a pensar de maneras distintas sobre el problema les proporcionó energías renovadas.

El ejercicio nos enseñó tres lecciones: que no había un esfuerzo coordinado de los servicios de inteligencia de Estados Unidos para pensar de manera creativa sobre cómo encontrar las armas de destrucción masiva de Al Qaeda; que era más fácil esconder un programa de ese tipo que descubrirlo; y finalmente, que es imposible probar un negativo, es decir, que no podíamos probar que Al Qaeda no tuviese armas de destrucción masiva. El ejercicio supuso que los servicios de inteligencia empezaran a trabajar con renovados esfuerzos. Como parte de esos esfuerzos, un ciudadano de un país del tercer mundo que trabajaba para la CIA consiguió introducirse en un campamento de Al Qaeda en Afganistán, porque nos habían llegado informaciones de que allí se estaban fabricando armas químicas. El agente tomó muestras, pero los análisis no revelaron nada. La CIA se enorgulleció de los riesgos que el ciudadano de un país del tercer mundo había corrido yendo al campamento (posteriormente, Judy Miller del *New York Times* fue a Afganistán y llegó hasta las puertas de un campamento de Al Qaeda en el que se creía que tenían armas químicas, como parte de sus preparativos para hacer un monográfico de una semana de duración sobre Al Qaeda).

Los analistas estadounidenses que interpretaron el papel de Al Qaeda en nuestro ejercicio identificaron una zona como buena para esconder cosas. Como resultado, fue fotografiada repetidamente y las entradas de sus cuevas fueron cartografiadas. Esa región era un valle de Afganistán llamado Tora Bora.

Capítulo 8
Delenda Est

Nuestras embajadas en Tanzania y Kenia fueron atacadas casi simultáneamente el 7 de agosto de 1998. La de Tanzania sufrió muchos daños. En Kenia se produjo una matanza. Murieron doscientas cincuenta y siete personas y cinco mil resultaron heridas. Entre las víctimas había doce estadounidenses. Al Qaeda actuaba ahora según una *fatua* o decreto religioso que declaraba la guerra a Estados Unidos a principios de 1998 con la elocuencia de un ataque armado.

El CSG se reunió por videoconferencia a las cinco de la mañana. Pedí a Gayle Smith, asesora especial del presidente para África, que se sentase a mi derecha. En la pantalla pudimos ver que en la sede del Departamento de Estado la predecesora de Gayle y actual asesora del secretario de Estado para Asuntos Africanos, Susan Rice, se había unido al equipo habitual de lucha antiterrorista. Susan Rice formaba parte de esa raza poco habitual de políticos partidarios del «manos a la obra» y «resolvámoslo». A mi izquierda estaba Lisa Gordon-Hagerty, que acababa de unirse a mi equipo del NSC procedente de Energía. Había llegado a la Casa Blanca para colaborar en la preparación del programa de Seguridad Nacional, pero su primera misión iba a ser de auxilio y salvamento en África.

—Vamos a comenzar. Tenemos que ordenar esto, secuenciarlo—, dije iniciando la reunión.

—En primer lugar, el salvamento: hay que desplazar allí cuanto antes equipos de protección civil urbana especializados en búsqueda y rescate. Puede que todavía queden supervivientes dentro y dudo que haya unidades locales allí que se puedan hacer cargo de esto. FEMA, ¿quién hay disponible? Necesitamos dos.

El Organismo Federal de Administración de Emergencias ha dado fondos para que algunos cuerpos de bomberos locales contraten personal extra, reciban un adiestramiento especial y adquieran equipos para buscar cuerpos, vivos y muertos, entre las ruinas de los edificios. Aquella mañana el cuerpo de bomberos del condado de Fairfax, Virginia, fue el primero que se puso en marcha.

—Necesitaremos vuelos especiales de la Fuerza Aérea para llevar ayuda médica y traer a nuestros heridos a Europa. Los hospitales de allí no pueden asumir tanto trabajo.

En Europa, la Fuerza Aérea mantuvo en espera equipos médicos preparados para volar a la zona de desastre y evacuar a los heridos en ambulancias aéreas.

—Luego tendremos que disponer de ayuda médica en aquellos países para atender a sus heridos —añadió Rice—. Sobre todo es su gente la que ha resultado herida a raíz de un ataque contra nosotros. En segundo lugar, la seguridad. Defensa: ¿qué tenemos en la zona para garantizar la protección de los dos edificios y del personal que vamos a enviar?

La Marina había organizado equipos FAST (Fleet Anti-terrorism Support Teams), unidades de *marines* creadas para reaccionar rápidamente a emergencias terroristas y garantizar la seguridad en las zonas más vulnerables. Se llamó a los *marines*.

—En tercer lugar, la investigación: supongo que el FBI querrá enviar equipos de recuperación de pruebas a ambos lugares antes de que sean pisoteados. ¿E investigadores que ayuden a la policía local?

John O'Neill tenía equipos preparados en Los Ángeles, Miami, Nueva York y Washington. La unidad de Nueva York tenía su equipamiento en una base cercana de la Fuerza Aérea en Nueva Jersey. Partieron los primeros.

—En cuarto lugar, la coordinación: ahora no tenemos embajadas en estos países y nos dirigimos hacia allí con centenares de personas. Estado, ¿podemos enviar dos FEST?

El FEST (Foreign Emergency Support Team) era un Equipo de Apoyo en Emergencias Exteriores, un grupo mixto de respuesta rápida mandado por un oficial veterano del Departamento de Estado. Su misión era ir al país donde se produjera un ataque terrorista y proporcionar al embajador estadounidense un equipo muy especializado. La mayoría de las embajadas ni siquiera contaban con la cantidad ni el tipo de personal necesario para hacer frente a una emergencia de este tipo. El FEST sí. Había siempre una tripulación FEST lista para partir en cuatro horas o menos. Susan Rice quería que gente de su equipo se integrase en los dos vuelos FEST para socorrer y ayudar a sus dos embajadores.

—En quinto lugar, partir: nos pusimos de acuerdo en el número de personas y equipo que deberían viajar en una docena de C-141 o C-5. Ya sé que sólo disponemos de dos o tres listos para el despegue así que vamos a dar prioridad a este tema y cancelar otros vuelos. Si podemos conseguir que repongan combustible durante el vuelo, llegaremos allí más rápido. Lisa Gordon-Hagerty se pondrá al frente de toda la misión en nombre del presidente.

Lisa me miró estupefacta:

—¿Por qué yo?

Yo seguí diciendo:

—Ella decide qué se hace primero, qué necesitamos. Si hay algún problema sobre los equipos destinados a África, Lisa decide. En sexto lugar: detener el siguiente. No podemos presumir que todo acabará ahí. Puede que se hayan planeado más ataques. Lisa, vamos a cerrar todas las embajadas en África. Vamos a asegurar las embajadas de todo el mundo. Si algún embajador cree que alguien amenaza su recinto, puede cerrarlo sin consultar con Washington.

Por último, atribución y respuesta. CIA, reunámonos en mi despacho a las 7.30 para estudiar los hechos. Están invitados los directores de cada una de las oficinas del CSG. Creo que todos sabemos lo que desvelarán los hechos. Tendremos que presentar varias opciones al presidente.

Estaba satisfecho de que nos hubiésemos convertido en expertos en responder a los ataques terroristas, pero muy preocupado por tener que haberlo hecho. El FEMA, el FBI, el Departamento de Estado, la CIA, los *marines* y otras agencias respondieron rápidamente. La Fuerza Aérea, en cambio, no lo hizo. Los pilotos necesitaban que la tripulación descansase. El transporte aéreo también falló por falta de aviones cisterna operativos. El primer equipo de rescate extranjero en llegar al lugar fue el de Israel. Cuando mi homólogo israelí tuvo noticia del ataque, envió un bien nutrido equipo de búsqueda y rescate en un avión cargado con aprovisionamientos, destinado al lugar del desastre y mantenido en alerta permanente. Los israelíes no nos llamaron para preguntar; sabían que estaríamos ocupados.

Aquella mañana la reunión más restringida del CSG confirmó los indicios iniciales de que Al Qaeda había puesto en marcha los ataques. La CIA sabía que había una célula de Al Qaeda en Kenia, pero pensaron que, en colaboración con la policía de Kenia, el Gobierno estadounidense la había desarticulado. Pero había más problemas: la CIA llevó informes a la reunión que apuntaban a que Al Qaeda planeaba más ataques. Parecía inminente un ataque en Albania. También podía producirse otro en Uganda o Ruanda, aunque acabábamos de cerrar esas dos embajadas. Desde mi despacho, los miembros del CSG llamaron a sus departamentos por teléfonos de seguridad. El Departamento de Estado cerró nuestra embajada en Tirana. El Departamento de Defensa decidió enviar una unidad de FAST con *marines* bien armados que tomaron posiciones rodeando la embajada en la capital albanesa. El Gobierno de Estados Unidos estaba trabajando con la policía albanesa para acorralar al grupo de Al Qaeda.

Como estábamos bastante avisados de por dónde iban los tiros, pedí a la CIA y a la Junta de Jefes de Estado Mayor la creación de un equipo conjunto para desarrollar posibles respuestas contra Al Qaeda. Si finalmente el responsable de los ataques resultaba ser otro grupo, desarrollaríamos otros planes. Sin embargo, ninguno de nosotros lo consideró necesario.

Este día y los siguientes estuvimos entregados de lleno a reuniones con el presidente y los directivos, coordinando el «flujo» hacia África, y preparándonos para recibir los cuerpos de nuestros muertos. La semana pasó volando. Siete días después del ataque, los directivos se reunieron de nuevo con el presidente. Justo antes de la reunión, leí un informe de la CIA de una fuente en Afganistán en el que se daba cuenta de que Bin Laden y sus hombres de confianza planeaban una reunión el 20 de agosto para revisar los resultados de sus ataques y planear la siguiente oleada. Para la sesión se había convocado a los terroristas coordinadores de fuera de Afganistán. Nada más sentarnos en la Sala del Gabinete, pasé el informe a George Tenet, que estaba sentado a mi lado. Apunté: «¿Estás pensando lo mismo que yo?». Me lo devolvió con otra nota: «Puedes estar seguro». Ambos habíamos llegado a la conclusión de que este informe significaba que teníamos la oportunidad no sólo de iniciar un bombardeo como represalia, sino también de detener a Bin Laden y a sus hombres de confianza, si el presidente estaba de acuerdo con un ataque ahora, en plena cobertura periodística del escándalo Mónica Lewinsky. En aquel momento, Tenet y yo éramos los únicos en la Sala del Gabinete que conocíamos el informe de la CIA.

Durante la reunión, la CIA y el FBI aportaron pruebas detalladas de que la operación había sido obra de Al Qaeda.

—Nos la han metido doblada, presidente —comenzó diciendo Tenet—. No cabe duda de que es una operación de Al Qaeda. Tanto nosotros como los federales tenemos numerosas pruebas.

Ya se habían realizado algunas detenciones. Tenet describió la reunión prevista próximamente en Afganistán para el presidente y otros directivos, provocando asentimientos entre los asistentes. Los altos mandos estaban decididos: si Al Qaeda podía dictar *fatuas* declarándonos la guerra, nosotros podíamos responder de igual forma o peor. Aunque seguíamos los pasos de Al Qaeda desde hacía varios años, ahora sería prioridad absoluta eliminar a la organización. El presidente pidió a la asesora de Seguridad Nacional, Sandy Berger, que coordinase las diferentes piezas necesarias para la respuesta militar, planeada provisionalmente para el 20 de agosto, seis días después. Cualquier otro objetivo además del lugar de reunión de Al Qaeda sería decidido por la CIA y el Departamento de Defensa. Se desplazarían tropas a la zona. Habría que ponerse de acuerdo con Pakistán de alguna forma.

Clinton también pidió a Berger que se incorporase a un plan conjunto para hacer frente a Al Qaeda:

—Escuchad: tomar represalias ante estos ataques está muy bien, pero tenemos que librarnos de estos tipos de una vez por todas —dijo Clinton, clavando una mirada grave, por encima de sus gafas de lectura, a Tenet, Cohen y Berger—. ¿Comprendéis lo que estoy diciendo?

Habíamos tratado el tema de Al Qaeda como una de las distintas amenazas terroristas. Ahora yo confiaba en que los distintos departamentos estarían de acuerdo en una cosa: la destrucción de Al Qaeda era uno de nuestros cuatro objetivos prioritarios en materia de Seguridad Nacional, y no el menos urgente.

Aunque los paquistaníes nos estaban ayudando en la investigación tras los ataques a las embajadas, buscando refugiados huidos de África hacia Afganistán antes y después de los mismos, en el pasado no se habían mostrado tan colaboradores. Los militantes de Al Qaeda se habían movido libremente entre Pakistán y Afganistán. A pesar de que la Dirección de Información Interservicios de Pakistán estaba entrenando, equipando y asesorando a los talibanes en Afganistán, confesaron carecer de capacidad para influir en ese grupo y lograr que cerrasen los campos de entrenamiento de terroristas y entregasen a Bin Laden. Cualquier ataque militar estadounidense contra Afganistán debería realizarse cruzando el espacio aéreo paquistaní. Si no se les avisaba anticipadamente, podían derribar nuestros aviones o misiles de crucero. En caso contrario, algunos de nosotros creíamos que el ISID pondría sobre aviso a los talibanes y probablemente a Al Qaeda. Strobe Talbott, vicesecretario del Departamento de Estado, temía también que, al ver el ataque aéreo estadounidense, los paquistaníes dieran por hecho que se trataba de una incursión india. Talbott creía que Pakistán no dudaría en emprender un ataque contra India, antes incluso de haber confirmar lo sucedido, y esto podía desencadenar una guerra nuclear entre los dos rivales asiáticos (cada uno de los cuales disponía ya de bombas atómicas).

Todo esto sucedía con el telón de fondo del escándalo Lewinsky. Como a la mayoría de sus asesores, me enfurecía que el presidente no hubiese sido suficientemente precavido o disciplinado, aunque, por lo que yo sabía de la historia presidencial, la fidelidad marital también había sido un problema para varios de sus ilustres predecesores. Pero más todavía me indignaba el resentimiento, ilimitado hasta lo inconcebible, de los enemigos de Clinton, que no tuvieron reparos en dañar la imagen del país, no sólo la de Clinton, convirtiendo una cuestión personal del presidente en un circo público mundial para provecho político propio. Ahora temía que la fecha prevista para el interrogatorio del presidente sobre el escándalo, el 17 de agosto, se interpusiese en nuestros planes de asestar un golpe a la reunión de Al Qaeda.

No fue así. Clinton dejó bien claro que debíamos ofrecerle nuestro mejor asesoramiento en lo relativo a la Seguridad Nacional, dejando a un lado sus problemas personales.

—¿Todos recomendáis que ataquemos el 20? De acuerdo. No me deis consejos políticos ni personales sobre el momento propicio. Ése es mi problema. Dejad que me ocupe yo de él.

Si pensábamos que ése era el mejor momento para atacar los campamentos afganos, daría la orden y afrontaría las críticas al estilo de *Cortina de humo,* que sabíamos que se producirían, ya que la reacción de la opinión pública y del Congreso sería decir que estaba utilizando un ataque militar para distraer la atención sobre su comparecencia judicial. *Cortina de humo (Wag the Dog)* es una película que se estrenó aquel año, en la que unos asesores presidenciales ficticios creaban una crisis artificial en Albania para lanzar un ataque contra este país y distraer así la atención de los problemas internos. Lo irónico del caso es que a Clinton se le culpó de echar mano de dicha estratagema en 1998, mientras se enfrentaba a la amenaza tangible de Al Qaeda, pero nadie acusó a Bush de lo mismo en la guerra de Irak en 2003 a pesar de que esa «crisis» sí era plato precocinado; y de que Karl Rove, asesor político de Bush, dijo a los republicanos que se «apresurasen a declarar la guerra».

Clinton testificó el 17 y luego voló a Martha's Vineyard. Para cuando llegó Don Kerrick, el presidente se había tomado libre un día entero. Kerrick era un general del Ejército que había formado parte en varias ocasiones del personal del NSC y había jugado un papel decisivo en la crisis de Bosnia. Ahora, como asesor adjunto de Seguridad Nacional, llevaba los planes definitivos para el ataque contra Al Qaeda a la pequeña isla de la costa de Massachusetts.

La CIA y la Junta de Jefes de Estado Mayor habían señalado no sólo edificios del campamento de Al Qaeda donde se producirían los encuentros, sino también otros campamentos de Al Qaeda en Afganistán e instalaciones en Sudán adquiridas por Bin Laden.

Recomendaban que en el ataque se utilizasen sólo misiles de crucero, no comandos ni aviones pilotados, ya que ambos podrían traer como consecuencia heridos o prisioneros estadounidenses. Joe Ralston, vicepresidente de la Junta de Jefes de Estado Mayor, se mostró de acuerdo en volar a Pakistán, con escala en el aeropuerto, supuestamente para repostar en su ruta desde otro lugar. Llamó al máximo responsable del Ejército paquistaní y le invitó a cenar el día 20 en el aeropuerto para hablar de las tensiones entre Estados Unidos y Pakistán. El general paquistaní, amigo de Ralston, aceptó. Los misiles de crucero entrarían en el espacio aéreo de Pakistán y serían detectados mientras se celebrase la cena. Ralston explicaría que eran nuestros misiles y que no debían ser derribados. El plan requería que Ralston se embarcase en su avión y partiese antes de que se sirviera el postre.

El Ejército estadounidense se pone muy susceptible cuando un civil les dice cómo tienen que hacer su trabajo, o incluso con sólo preguntarles cómo piensan hacerlo. Todo el cuerpo de oficiales había recibido instrucciones de decirles a los civiles: «Limítense a darme el objetivo. Ya decidiré yo cómo alcanzarlo». Esta respuesta tiene su origen en los tiempos de Vietnam, cuando Lyndon Johnson se sentaba en el gabinete de crisis revisando planos y fotos, descartando objetivos a bombardear. Esta costumbre nos impidió saber cómo se hubiesen desenvuelto los militares en Somalia después de Aideed. De otro modo, habríamos sugerido que no era buena idea lanzar, de día, series de ataques con helicópteros sobre una ciudad. Fue también esa costumbre lo que impidió que yo pudiera implicarme formalmente en discusiones sobre qué plataformas deberían utilizarse para lanzar los misiles de crucero. No obstante, llamé a mis amigos de la Junta de Jefes de Estado Mayor para plantear que el Ejército paquistaní podría detectar movimientos extraños de la Armada estadounidense en su costa mucho antes de que Joe Ralston saboreara su sopa al curry. Me aseguraron que lanzarían los misiles desde submarinos sumergidos. Puede que emplearan un destructor, pero el paso de destructores estadounidenses por la costa paquistaní era frecuente.

Llegados a este punto, sólo un número reducido de personas del Gobierno estadounidense sabía que la represalia era inminente, básicamente aquellos de nosotros que estábamos en el Comité Directivo. Sin embargo una operación militar así, requiere trámites. Debe producirse un anuncio presidencial, resúmenes de prensa en varias agencias, informes al Congreso, una Notificación de Guerra para el Congreso, explicaciones al respecto en Naciones Unidas y transmitidas a nuestras embajadas para su utilización en países de todo el mundo, un refuerzo en la seguridad de las instalaciones norteamericanas en Pakistán y en otros lugares, y mucho más. Para hacer todo esto antes del ataque, necesitaba que los miembros del CSG y algunos de sus empleados preparasen y aprobasen los materiales. Sin embargo, los directivos estaban más preocupados por que pudiera producirse una filtración del inminente ataque. Finalmente éstos me autorizaron a convocar una reunión a última hora de la tarde, para contarles a los miembros del CSG lo que estaba a punto de suceder y ponerles a trabajar en el plan. La trampa era que no podían abandonar el complejo de la Casa Blanca hasta que se produjese el ataque —o al menos hasta que circulasen las noticias y los periódicos publicaran la información—.

Nadie pensó que ningún miembro del CSG fuera a filtrar una sola noticia sobre el ataque. Sin embargo, cada uno de ellos tenía equipos, que podían llegar a sumar cientos de personas. Muchos de estos empleados tenían personas en sus vidas a quienes confiarían secretos tan emocionantes como un ataque militar inminente. Ningún miembro del CSG protestó cuando les sorprendí en la reunión diciendo que debían permanecer allí un tiempo y que debían encontrar buenas excusas para sus oficinas y familias. Algunos veteranos como el vicesecretario de Estado Tom Pickering (que contaba con una ilustre carrera en el Senado) se limitaron a remangarse la camisa y a pedir un ordenador para empezar a trabajar. Sin embargo, un oficial de la CIA protestó por la inclusión de objetivos militares en Sudán. Yo expliqué que eran la CIA y el Departamento de Defensa los que habían elegido los objetivos, que los directivos —incluido George Tenet— habían propuesto los objetivos y que el presidente los había aprobado. A pesar de ello, me di cuenta de que él se sentía excluido del proceso por su propia agencia, y probablemente se quejaría después de la elección de objetivos militares, a la prensa o al personal del Congreso.

A medida que avanzaba la noche, cada vez era más consciente de que los objetivos estaban decididos. No obstante, el presidente seguía preguntando sobre unas instalaciones comerciales en Sudán propiedad de Bin Laden. En el último minuto, retiró este objetivo de la lista porque no tenía ningún valor militar ni ofensivo para Al Qaeda. Mantuvo la planta química de Shifa que la CIA había vinculado con Al Qaeda y con un componente de armas químicas único en su género.

Resultó que mis amigos de la Junta de Jefes de Estado Mayor me habían dado información falsa sobre los planes de la Armada. Al norte del mar Arábigo se fueron alineando destructores estadounidenses, con sus misiles preparados para el lanzamiento; no se trataba de un solo barco. Con toda seguridad, la Marina paquistaní se dio cuenta y alertó a Islamabad. El ISID recibió la alerta. Entonces se lanzó el primero de un total de setenta y cinco misiles. Algunos volaban en círculos mientras se lanzaban otros, pero todos se dirigieron hacia la costa paquistaní a unos seiscientos cuarenta kilómetros por hora. Casi dos horas después, impactarían sobre los campamentos de Al Qaeda en Afganistán. Asimismo se lanzaron otros Tomahawks desde el mar Rojo hacia Shifa en Sudán.

Los informes sobre la distancia a la que estuvieron los misiles de crucero de alcanzar a los líderes de Al Qaeda diferían. Sea cual sea la verdad, lo cierto es que Bin Laden no murió en el ataque. Sin embargo, parece que sí murieron oficiales paquistaníes del ISID. Distintos medios informativos dijeron que los paquistaníes estaban presentes en el campamento entrenando a terroristas de Cachemira. El ISID tenía varias oficinas en Afganistán y estaba ayudando a los talibanes en su lucha por controlar la zona norte del país, donde la Alianza del Norte seguía resistiendo. Creo que si el ISID paquistaní hubiese querido detener a Bin Laden o decirnos donde estaba, lo podría haber hecho sin apenas esfuerzo. No colaboraron con nosotros porque el ISID consideraba que Al Qaeda era útil para los talibanes. El ISID también consideraba a Al Qaeda y a sus afiliados una ayuda para presionar a la India, especialmente en Cachemira. Algunos, como el general Hamid Gul, el anterior director del ISID, también parecían compartir la ideología antioccidental de Bin Laden.

Durante los días siguientes, la reacción de la opinión pública estadounidense sobre las represalias fue tan adversa como podíamos haber imaginado. Según los medios de comunicación y muchos congresistas, Clinton se había lanzado a un ataque militar para distraer la atención del escándalo Lewinsky; el director de la CIA Tenet se inventaba la historia de una reunión de Al Qaeda porque Bin Laden seguía vivo; se llegó a creer que los sudaneses nunca habían fabricado precursores de armas químicas en Shifa o, si resultaba que sí lo habían hecho, era sin duda para eliminar malas hierbas: el Departamento de Defensa había desperdiciado valiosos misiles de crucero para atacar cabañas y tiendas; y Clinton evitó que el Ejército «pisara con sus botas» suelo afgano y se empeñó en utilizar inocuos misiles de crucero: los hombres de verdad utilizan comandos.

Nuestra respuesta a dos ataques terroristas mortales fue un intento de aniquilar el liderazgo de Al Qaeda, aunque no tardó en ser utilizado por parte de las emisoras de radio conservadoras y en la campaña en contra de Clinton. Esta reacción dificultó aún más la aprobación de ulteriores ataques contra Al Qaeda, así como mis intentos posteriores de persuadir a los directivos para que se olvidaran de encontrar a Bin Laden y se concentrasen en bombardear los campos de entrenamiento.

Lo que resultó particularmente frustrante fue que, al término de la sesión en la Sala del Gabinete, Clinton nos llevara aparte a Hugh Shelton, presidente del grupo de jefes de personal, y a mí y le dijera al anterior comandante de las fuerzas especiales:

—Hugh, lo que creo que de verdad acojonaría a esos tipos de Al Qaeda más que cualquier misil de crucero… sería la imagen de los comandos estadounidenses, los chicos Ninja con sus uniformes negros, saltando desde helicópteros a sus campamentos, disparando sus ametralladoras. Aunque no atrapemos a los máximos responsables, produciría un efecto considerable.

Shelton pareció disgustarse. Explicó que los campamentos estaban a mucha distancia de cualquier sitio desde el que pudiéramos coordinar una incursión con helicópteros. A pesar de lo cual, el comandante en Jefe del Ejército estadounidense estuvo de acuerdo en «ver lo que se podía hacer».

* * *

El mismo día en que enviamos misiles de crucero a Afganistán, el presidente Clinton firmó la Orden Ejecutiva 13099, por la que se imponían sanciones contra Osama Bin Laden y Al Qaeda. Algunos meses después se ampliarían estas sanciones a los talibanes, cuando determinamos que efectivamente había pocas diferencias entre su liderazgo y el de Al Qaeda. Con estas órdenes, la estrategia estadounidense para combatir la red financiera de Al Qaeda pasó de centrarse en un enfoque restringido basado en la aplicación estricta de la ley, a descansar en un enfoque más amplio que pretendía incorporar a la lucha contra Al Qaeda todos los medios y recursos del Gobierno de Estados Unidos.

Debíamos perfeccionar y coordinar mejor la inteligencia, la diplomacia, el cumplimiento de la ley y los esfuerzos reguladores en las docenas de departamentos gubernamentales, agencias y oficinas que estarían implicadas. La mayoría de estas burocracias tenían poca o ninguna experiencia en financiación terrorista. Muchos enfocaron el tema desde su propia y limitada perspectiva, sin interesarse en una estrategia conjunta. Algunos se involucraron en interminables disputas en su propio terreno contra lo que consideraban aspectos que competían al Gobierno. Pero el presidente quería respuestas y acciones, así que habría que dejar a un lado estas reticencias.

Pedí a Will Wechsler, un miembro de mi equipo, que se pusiese al frente de un nuevo subgrupo del CSG sobre financiación terrorista. Will se incorporó a mi oficina desde el Pentágono, donde había sido colaborador civil del general Shalikashvili, el presidente de la Junta de Jefes de Estado Mayor. Will y yo llegamos rápidamente a la conclusión de que por lo general los departamentos no estaban haciendo bien sus deberes en el rastreo y el desmantelamiento de las redes financieras mafiosas y que habían hecho poco o nada contra la financiación terrorista. Una de nuestras pocas victorias importantes contra la financiación criminal se había producido pocos años atrás cuando el presidente había recurrido a la Ley de Poderes Económicos Internacionales en caso de Emergencia frente al cártel de la droga en Cali. Ahora íbamos a enfrentarnos a Al Qaeda utilizando la misma vía.

Will comenzó reuniéndose con Rick Newcomb, el eficaz y discreto jefe de la Oficina de Control de Activos Extranjeros (OFAC) y arquitecto de la lucha contra el cártel de Cali. Conjuntamente preguntaron a todos los que formaban parte de la comunidad de inteligencia, agencias para el cumplimiento de la ley y el Departamento de Estado, a quienes se suponía conocedores de la financiación terrorista, lo que sabían acerca de las finanzas de Al Qaeda. Will entró en mi despacho con cara de preocupación tras su primera ronda de reuniones.

—Esto es una locura —dijo—. El FBI cree que deberíamos dejar este asunto en sus manos, y no pueden decirme nada que yo no pueda leer en los periódicos. La CIA nos ha dado un montón de datos de todo lo que tienen sobre el tema y piensa que esto responde a la pregunta. No hay valoraciones formales ni una visión de conjunto sobre de dónde procede el dinero. Por mi parte puedo decir que sólo unas pocas personas de la CIA saben algo sobre cómo estos tipos mueven el dinero por el mundo, y ninguno de ellos trabaja en el Centro Antiterrorista. La impresión general que he sacado de allí es que todo esto es una pérdida de tiempo porque, siguen diciendo, no cuesta mucho dinero hacer volar algo y Osama obtiene todo lo que necesita de su papi.

—Tienes que reunir a un grupo pequeño de personas que obtengan las respuestas —le dije—. Utiliza a Rick y a su equipo y a cualquier persona que puedas encontrar en la CIA que te sirva de ayuda. Implica al resto de las agencias, pero no les dejes que ralenticen tu ritmo. Haz preguntas. No necesito exactitud, tan sólo algunas respuestas que nos permitan empezar. Los chicos de la CIA están locos si creen que Bin Laden está organizando su red global en plan barato.

Lo que sucedió fue que poco después de esta conversación tuve la oportunidad de sacar el tema durante una reunión del Comité Directivo sobre terrorismo. George Tenet ofreció una versión que resumía el inmenso corpus de datos de la CIA (si sobrecargas a alguien con un gran número de detalles, habrá veces en que no se dé cuenta de que no le aportan nada nuevo).

—George —dije—. Era un buen informe, pero no nos decía todo sobre las finanzas de Al Qaeda. Seguimos necesitando saber cuánto dinero tienen, de dónde lo sacan, cómo lo mueven y dónde lo guardan.

A George no le hizo gracia, pero tampoco se la hizo a los otros directivos, ni al presidente, que había ordenado a la CIA que siguiese la pista del dinero de los terroristas en PDD-39 en 1995 y en PDD-63 a principios de 1998.

Wechsler volvió algunas semanas después con lo que habían bautizado como una nueva «teoría del caso». Como sucede con frecuencia en el Gobierno, después de analizar toda la ingente información de la CIA, surgió un panorama que era exactamente el opuesto a la idea inicial: aunque un atentado terrorista aislado pudiese costar muy poco, hacía falta mucho dinero para organizar todo lo que Al Qaeda tenía entre manos. Y aunque la fortuna personal de Bin Laden era incuestionablemente valiosa para constituir Al Qaeda, la red financiera de la organización excedía con mucho la capacidad económica de una sola persona. Estábamos ante una inmensa maquinaria global de recaudar dinero.

Esta maquinaria incluía tanto negocios legales como empresas criminales. Pero estaba claro que la fuente más importante del dinero de Al Qaeda era la recaudación constante procedente de donativos islámicos y de organizaciones no gubernamentales. Los terroristas movían su dinero mediante el contrabando tradicional, pero también por transferencias bancarias a través de los agujeros insospechados —y a menudo no regulados— del sistema financiero global, así como por el creciente sistema bancario islámico. Algunos aspectos seguían siendo poco claros, pero la «teoría del caso» daba la impresión de ser muy sólida.

Will me pidió que me fijase en los informes que hicieran una referencia vaga a las oficinas de «cambio de dinero» sin dar ninguna explicación útil acerca de los tipos de negocios que se describían. Sonriendo me dijo que había encontrado a una persona en la Red de Lucha contra los Delitos Económicos del Departamento del Tesoro que conocía el significado de dichas referencias. Así es cómo supimos por primera vez de la existencia *hawala,* un antiguo sistema clandestino que ofrecía transferencias de dinero sin que éste se moviese y prácticamente sin dejar rastro de trámite alguno.

La CIA sabía poco sobre este sistema, pero comenzó a investigarlo. El FBI sabía todavía menos, y siguió sin hacer nada. Cuando pedí al FBI que identificase algunos *hawalas* en Estados Unidos, comenzaron diciendo «¿Qué es un *wala*?»; y, tras explicárselo, replicaron que no había ninguno.

Wechsler encontró varios en la ciudad de Nueva York buscando en Internet. A pesar de nuestras peticiones repetidas a lo largo de los años siguientes, nadie del FBI fue capaz de responder ni siquiera a las preguntas más sencillas acerca del número, localización y actividades de los principales *hawalas* en Estados Unidos, y mucho menos de actuar. Con el tiempo también se hizo evidente que este tema tampoco era prioritario para el FinCen, ya que con el tiempo dejaron marchar al experto que inicialmente nos había informado sobre el sistema *hawala*.

Una vez que desarrollaron su teoría del caso, Will, Rick y su reducido equipo comenzaron a plantear estrategias sobre qué hacer al respecto. Era evidente que necesitábamos más de los servicios de inteligencia, pero no podíamos permitirnos esperar para actuar hasta que conociéramos toda la información. Había algo claro: gran parte del dinero recaudado procedía de particulares de Arabia Saudí. Muchos de los donativos recibidos por Al Qaeda procedían de entidades cuasi gubernamentales que el régimen utilizaba para difundir su versión del Islam en el extranjero. Es más, el Gobierno saudí parecía no disponer apenas de leyes o regulaciones para conocer el movimiento del dinero en el interior de su país, aunque manifestaba su intención política de controlarlo.

Decidimos que debíamos tener una conversación seria con los saudíes así como con algunos de los centros financieros de la región. Admitimos que el régimen saudí había cooperado muy poco en anteriores investigaciones dirigidas a hacer cumplir la ley en temas de terrorismo, como el ataque a las Torres Jobar en 1996 en el que murieron diecinueve miembros de la Fuerza Aérea estadounidense. Por lo tanto, intentaríamos un enfoque diferente.

En primer lugar, aunque los temas relativos al cumplimiento de la ley jugarían un papel destacado, éste sería principalmente un intento de hablar con los saudíes a nivel político. Nuestro papel sería localizar los «nodos» principales en la red financiera de Al Qaeda y luego desarticularlos o neutralizarlos utilizando cualquier elemento disponible del Gobierno de Estados Unidos. Estábamos deseando actuar, pero también sabíamos cuán menoscabada podría resultar nuestra credibilidad si se consideraba que lo hacíamos basándonos en una información débil —y llegados a este punto gran parte de nuestra información era poco sólida—.

En segundo lugar, emplearíamos la influencia inherente a la orden presidencial de bloquear las cuentas de Al Qaeda y de cualquiera que se considerase que ofrecía «ayuda material» a los terroristas —un perfil que podía apuntar potencialmente a actores destacados dentro de Arabia Saudí—. En tercer lugar, tendríamos que actuar desde los niveles más altos del Gobierno saudí, por lo que pedimos al vicepresidente Gore que hablase con el Príncipe sobre el problema y que recibiese a una delegación estadounidense para reunirse y discutir exclusivamente este tema con representantes de todos los departamentos saudíes relevantes juntos, para no perder tiempo. Y en cuarto lugar —puede que lo más importante— decidimos poner nuestras cartas sobre la mesa y mostrar a los saudíes lo que sabíamos de las finanzas de Al Qaeda, lo que no sabíamos, y lo que sospechábamos y queríamos contrastar con ellos para aclarar dudas.

Queríamos evitar el modelo típico de comportamiento saudí que habíamos visto: lentitud en el avance, promesas rotas, negativas y cooperación limitada a respuestas concretas a preguntas concretas. Al mismo tiempo, pensábamos que, como amigos de Estados Unidos desde hacía mucho tiempo, los saudíes merecían una oportunidad de establecer un nuevo tipo de relación con nosotros en temas de antiterrorismo. Deseábamos una asociación completa, entre bastidores, por supuesto. Pensábamos que quizás no tuviesen el deseo político de dificultar dicha asociación, pero también que valía la pena intentarlo manteniendo en reserva la amenaza de sanciones públicas contra las entidades saudíes en caso de que lo primero no funcionase.

Algunos departamentos del Gobierno no parecían estar de acuerdo con este tipo de acercamiento diferente que nosotros recomendábamos. A ciertas personas del Departamento de Estado no les gustaba la idea de amenazar con sanciones, a pesar de que esta forma de autoridad estaba implícita en la Orden Ejecutiva del presidente. A algunos miembros del FBI no les gustó nada el hecho de que fueran a entablarse conversaciones con los saudíes sobre la financiación de los terroristas fuera de sus canales habituales y sin hacerse cargo ellos del tema. Poco después de que hablásemos con el FBI sobre la iniciativa, una filtración llegó al *New York Times*, y estuvimos a punto de tener que cancelar el viaje. Y a algunos miembros de los servicios de inteligencia que guardaban celosamente «sus» vías de comunicación con la inteligencia saudí tampoco les gustó este acercamiento. El «territorio propio» es algo muy valorado en Washington. Esta objeción se mantuvo incluso después de que la CIA aprobase cada una de las informaciones que íbamos a discutir con los saudíes. Hubo incluso un último intento de abandono, por parte de algunos directores de operaciones de la CIA, el día en que las reuniones de Wechsler debían celebrarse —para subrayar nuestra incapacidad de manejar una información ya validada.

A pesar de los obstruccionistas de distintos departamentos, se celebraron reuniones en la región según el plan establecido. Obtuvimos respuestas a algunas preguntas. Forzamos a los mandatarios de Arabia Saudí a hablar con la policía y las agencias de inteligencia, algo que parecía evidente que no estaban acostumbrados a hacer. Se tomaron algunas medidas importantes, tales como la denegación del derecho de aterrizaje a las líneas aéreas Ariana por parte de Arabia Saudí y de Emiratos Árabes Unidos. Ariana, línea aérea nacional de Afganistán, había pasado a manos de los talibanes y se había convertido, de diversas maneras, en el medio de comunicación de Al Qaeda con el mundo exterior. Cuando los gobiernos comprendieron la fuerza inherente a la Orden Ejecutiva tras situarles ante la posibilidad de tener que elegir entre hacer negocios con Ariana Airlines o con American Airlines, la respuesta cayó por su propio peso. Posteriormente trabajamos con Rusia a través del Consejo de Seguridad de Naciones Unidas para añadir un aspecto multilateral a estas sanciones.

Sin embargo, al final, a pesar de las promesas saudíes de ofrecer más información y apoyo, se consiguió poco en los meses posteriores a la visita, y lo mismo pasó tras otra visita de Rick Newcomb para seguir adelante con el tema. A los saudíes no les gustó que siguiéramos centrándonos en los contactos entre Osama y su rica e influyente familia, ya que se suponía que habían roto cualquier lazo con él años atrás. «¿Cómo podemos decir a una madre que no llame a su hijo?», preguntaron. Reaccionaron a la defensiva cuando comentamos cierta debilidad en su régimen regulador, y ellos señalaron a su vez que recientemente los congresistas estadounidenses habían intentado debilitar aspectos de la Ley del Secreto Bancario en Estados Unidos. Y tenían razón en relación con el Congreso estadounidense; a pesar de que la Administración Clinton había buscado estipulaciones más duras para el blanqueo de dinero, sólo tras el 11-S el Congreso aunó la voluntad política de endurecer las leyes estadounidenses para hacer frente a la financiación terrorista y al blanqueo de dinero.

Así que volvimos a empezar. Mike Sheehan, del Departamento de Estado, intentó sin éxito en su entorno burocrático marcar las distancias políticas con Arabia Saudí y otros países a menos que ofrecieran más apoyo para hacer frente al terrorismo financiero. Rick Newcomb comenzó a estudiar qué entidades en Arabia Saudí podían merecer ser sancionadas. La CIA volvió a intentar localizar los importantes «nudos» en la red financiera de Al Qaeda. Se trataba de un trabajo importante y extremadamente difícil, pero necesario si íbamos a adoptar acciones unilaterales sin la cooperación real de los saudíes.

Después de que el secretario Robert Rubin se retirara, resultó más fácil lograr la colaboración del Tesoro. Rubin se había opuesto a que utilizáramos la Ley de Poderes Económicos Internacionales en caso de Emergencia para perseguir los frentes de financiación terrorista en Estados Unidos. Su actitud hacia el fortalecimiento internacional de las leyes sobre el blanqueo de dinero había sido poco entusiasta. El nuevo secretario del Tesoro, Larry Summers, fue un sorprendente soplo de aire fresco. Pidió a Will Wechsler su colaboración durante el último año de la Administración Clinton para desarrollar un acercamiento multilateral y localizar y combatir los paraísos de blanqueo de dinero en el extranjero que ofrecían servicios financieros «sin hacer preguntas» a Al Qaeda y otros terroristas y criminales. Esta iniciativa hizo que los países tuvieran que pagar un precio en los mercados financieros por su falta de cooperación, lo que afortunadamente obligó a una docena de países a reescribir sus leyes. Liechtenstein y Bahamas utilizaron estas nuevas leyes después del 11-S para ayudarnos a localizar y congelar una parte clave de la red financiera de Al Qaeda.

Cuando la Administración Bush comenzó su legislatura, quise consolidar nuestros esfuerzos para combatir el terrorismo financiero, pero encontramos muy poco apoyo. El nuevo asesor económico del presidente, Larry Lindsey, había defendido durante mucho tiempo que debían relajarse las leyes estadounidenses contra el blanqueo de dinero de forma que se debilitaran las normas internacionales. El nuevo secretario del Tesoro, Paul O'Neill, era indiferente en el mejor de los casos hacia los esfuerzos multilaterales de identificar y combatir los paraísos de blanqueo de dinero, y dejó que se cerrara el proceso antes de lograr la colaboración de Arabia Saudí.

En general, los cargos designados por Bush desconfiaban de cualquier cosa creada bajo la Administración Clinton y todo lo que presentara una naturaleza multilateral, por lo que el esfuerzo internacional por localizar la financiación del terrorismo tenía al menos dos elementos en contra. El nuevo enfoque de Bush a comienzos de 2001 se centraba en la confrontación con China, lo que suponía alejarse de distintas obligaciones multilaterales e invertir mucho dinero en un sistema de defensa antimisiles, y eludía investigar la red financiera de Al Qaeda. Will Wechsler dejó el Tesoro a los pocos meses del cambio de Administración.

* * *

Aunque había aprobado los bombardeos como represalia y las sanciones tras los ataques a las embajadas en África, Clinton también había pedido a Berger un plan global para hacer frente a Al Qaeda. Mi equipo comenzó a desarrollar lo que bautizamos como un plan «pol-mil». Un plan político-militar era lo que habíamos puesto en práctica por primera vez en el caso de Haití. Cuando el general Shalikashvili, predecesor de Hugh Shelton, presentó a Clinton un plan militar para invadir Haití, al presidente le impresionaron mucho los pormenores, la asignación de competencias, oportunidades, recursos. Clinton preguntó por el plan civil:

—El Ejército asumirá el mando en Haití dentro de pocas horas. Si no lo hacen, el Pentágono habrá perdido miles de millones de dólares. Pero, una vez que lo hagan, ¿qué? Necesitamos esa información detallada de lo que sucede tras el tiroteo.

El plan político-militar para Haití —y luego otros para Bosnia, Kosovo, Irán e Irak— llegó en forma de un grueso cuaderno de anillas con etiquetas para cualquier tema imaginable. Estaba repleto de planificaciones previas, anticipación de imprevistos posibles, especificación de metas y objetivos, identificación de los medios para alcanzar las metas, valoración de los recursos necesarios, oportunidades, y asignación de responsabilidades. El plan para Haití experimentó varias repeticiones y ejercicios antes de que las fuerzas estadounidenses entraran en la isla. Para los directivos la existencia del detallado plan político-militar era un manto de seguridad que incrementaba su confianza. Ahora preparamos uno para hacer frente a Al Qaeda.

Cada operación militar tiene una palabra o frase a modo de código, como Alcance Infinito, Causa Justa, El Cañón Dorado, Proporcionar Consuelo. Para expresar el propósito del plan político-militar para Al Qaeda, tomé una frase de Catón el Viejo, senador romano y orador famoso que en el año 201 a. C. había animado a la guerra terminando cada discurso con la frase: «Cartago debe ser destruida», o como habría dicho el mismo Catón, *Carthago delenda est.* Cuando se distribuyó el plan político-militar se denominó «Top Secret Delenda». Los vicesecretarios de Estado y Defensa, Tom Pickering y Walt Slocombe, alzaron la mirada de sus copias para asentir.

—Tienes razón —dijo Pickering—. Al Qaeda debe ser destruida.

Acabar con Al Qaeda requeriría un plan multifacético y minucioso. Las agencias de inteligencia necesitarían identificar y desintegrar las células de Al Qaeda, encontrar su dinero, entrenar y armar a sus enemigos y eliminar a sus líderes. Las autoridades tenían responsabilidades similares, como la de encontrar células durmientes en Estados Unidos. El Departamento de Estado persuadiría a otros gobiernos para que nos ayudasen, lograría la aprobación internacional de nuestras acciones y financiaría a las naciones que necesitasen ayuda para sumarse a nuestros esfuerzos. Los departamentos de Estado y Defensa reducirían el número de objetivos «susceptibles de caer como fruta madura» mediante el refuerzo de las instalaciones. El Tesoro confiscaría los activos de Al Qaeda aquí y trabajaría en el sistema bancario internacional para congelarlos en cualquier otro lugar. Se necesitaban recursos financieros, cuya cuantía se determinó. También se precisaba el apoyo de autoridades legales adicionales y se elaboraron planes al respecto. Se pidieron planes militares para posteriores bombardeos y posibles operaciones de comandos.

Al revisar el plan político-militar, los directivos acordaron que debíamos dejar de referirnos públicamente a Osama Bin Laden, que había sobrevivido al ataque con misiles el 20 de agosto, y centrar nuestra atención en la red de Al Qaeda. Lamentablemente, muy pocos directivos lo cumplieron en sus apariciones públicas. Al igual que los medios de comunicación, éstos estaban pendientes de un hombre, el líder de este grupo que nos había declarado la guerra sin razón alguna. Todos sabíamos que matar a Bin Laden no haría desaparecer a Al Qaeda. De hecho, inmediatamente después de su muerte se produciría una reacción violenta contra nosotros. También existía la certidumbre de que se convertiría en un mártir popular, como el comunista latinoamericano Che Guevara después de que la CIA le persiguiera y diera con él en Bolivia. Sin embargo, Bin Laden tenía algo especial. Había hecho lo que nadie había sido capaz de hacer antes, había unido a disidentes sin conexión alguna procedentes de docenas de países. Puede que sin él esta red se rompiese con el tiempo. Por eso, si bien todos sabíamos que teníamos que destruir a la organización y nos disponíamos a hacerlo, uno de los primeros pasos del camino que teníamos que recorrer era eliminar a su líder.

Mi experiencia de anteriores intentos por encontrar líderes extranjeros proscritos había sido desigual. Pasé la Nochebuena de 1989 en el Centro de Operaciones del Departamento de Estado mientras las tropas recorrían Panamá en busca de Manuel Noriega. Desde el Centro de Operaciones seguí la misa del gallo en el Vaticano y me fijé en el momento en que al ministro de Exteriores del Vaticano le pasaban una nota nuestra que informaba de que habíamos detenido a Noriega en la embajada del Vaticano en Panamá. A pesar de haber invadido el país y de haber atacado las guaridas conocidas de Noriega con las fuerzas especiales, había eludido nuestras operaciones durante días.

Desde la Casa Blanca, también participé en la coordinación de la operación para detener a Pablo Escobar, líder de uno de los cárteles de la droga colombiana. Aunque contábamos con la ayuda de la policía y el Ejército colombianos, Escobar siguió suelto durante años antes de morir por los disparos de una unidad especial colombiana. Estuve de acuerdo con Jonathan Howe en que debíamos arrestar a Farah Aideed por matar a representantes de las fuerzas de paz de Naciones Unidas, pero luego tuve que ver cómo pasaban los meses y Aideed se preparaba para nuestra llegada, hasta que finalmente las fuerzas especiales estadounidenses intentaron en vano capturarle y fueron asesinadas en el proceso, junto con un millar de somalíes.

Dada la reticencia del Ejército a planificar seriamente operaciones de comandos en Afganistán, y la volubilidad demostrada hasta la fecha por los amigos afganos de la CIA, la mejor opción para atrapar a Bin Laden parecía ser derribar un edificio en el cual se alojase. Con este objetivo, se pidió al Departamento de Defensa que mantuviera plataformas con misiles de crucero cerca de la costa paquistaní. En esta ocasión especificamos que debían estar en submarinos. A bordo de los submarinos, los misiles de crucero tenían múltiples opciones de objetivos. Los objetivos eran lugares en los que se pensaba que Bin Laden había estado antes, casas y villas en varias ciudades. Ahora todo lo que necesitábamos era una señal indicando que se encontraba de nuevo en uno de estos lugares, y que iba a permanecer allí unas horas.

Esto resultó difícil de conseguir.

Los espías de la CIA en Afganistán solían ser capaces de informarnos regularmente de los lugares en los que Bin Laden había estado unos días atrás. No sabían, salvo en raras ocasiones, dónde estaría al día siguiente. Sólo unas pocas veces, fueron capaces de decirnos dónde creían que se encontraba en aquel momento. Cuando nos llegaba el aviso de que un informante lo tenía localizado en ese mismo momento, el CSG se reunía inmediatamente por videoconferencia. En tres ocasiones durante 1998 y 1999, el CSG pidió reuniones urgentes de los directivos para recomendar al presidente un ataque con misiles de crucero sobre la instalación en la que se creía que Bin Laden se encontraba en el momento.

Teníamos que actuar rápidamente. Para cuando la información llegaba al CSG, ya era vieja. Mientras los directivos se reunían y recomendaban al presidente que adoptase medidas de fuerza, podían pasar una o dos horas más. Tras la aprobación presidencial, los misiles tardarían al menos dos horas en impactar contra su objetivo. Bin Laden tenía que permanecer en el mismo sitio todo ese tiempo, unas seis horas o más. Trabajando con la CIA y la Junta de Jefes de Estado Mayor, intentamos reducir ese tiempo. El general John Maher estableció un procedimiento por el cual los submarinos de combate se desplazarían a sus posiciones de lanzamiento y estarían listos para disparar sus misiles tan pronto como el CSG recomendase una reunión urgente de los directivos, lo que permitía ahorrar casi una hora.

Sin embargo, en cada una de esas tres ocasiones en que pensamos que teníamos una oportunidad, hubo una razón para no disparar los misiles. En dos ocasiones, George Tenet admitió ante los directivos que la información procedía de una única fuente que no siempre acertaba. Corríamos el riesgo de bombardear un edificio en el que no estuviese Bin Laden. Él recomendó que no se efectuaran los ataques.

—Mirad, tengo tanto interés en pillar a este tipo como cualquiera de vosotros. E incluso más. Pero ¿puedo decir que tengo el 100 por ciento, el 90 por ciento de confianza en estos informes? No. Es una sola fuente, no está confirmado.

En la tercera ocasión, Tenet y yo examinamos cuidadosamente las fotos del satélite con el objetivo propuesto por la CIA y determinamos que aquello daba más la impresión de ser un campamento habitado de caravanas de lujo que un escondite de terroristas. Temimos que el objetivo no fuese Al Qaeda, sino una fiesta o una cacería de halcones de algún Estado árabe amigo. Puede que nuestra fuente estuviese siendo utilizada para hacer que atacásemos a uno de nuestros amigos y provocar una desavenencia entre nosotros. Tenet y yo recomendamos que no se llevase a cabo aquel ataque. El ataque planeado se canceló.

Un estudio de las tres situaciones por Tenet, quien utilizó otras fuentes que habían podido informarnos más tarde, reveló que sólo una de las veces Bin Laden se encontraba en el objetivo propuesto. En aquella ocasión, la casa en la que estaba Bin Laden estaba situada cerca de un hospital, que habría sufrido daños colaterales en caso de un ataque con misiles de crucero. La CIA se mostraba extremadamente sensible ante la posibilidad de que sus fuentes pudieran equivocarse y la Agencia cargase con la responsabilidad cuando Estados Unidos atacase el lugar equivocado. El 7 de mayo de 1999, las bombas de Estados Unidos cayeron sobre la embajada china en Belgrado durante los bombardeos de la OTAN sobre Serbia. Una investigación demostró que el avión había alcanzado un edificio que debía ser bombardeado, porque la CIA había pensado, erróneamente, que se trataba de un complejo gubernamental serbio. Las relaciones de Estados Unidos con China resultaron grave, aunque temporalmente, dañadas por esta equivocación de los objetivos.

Tanto en estos tres momentos como durante la presentación del plan político-militar, intenté exponer a los directivos las razones por las que debíamos atacar los campamentos demostradamente pertenecientes a Al Qaeda, tanto si Bin Laden estaba allí como si no.

—Sé que no queréis destruir todas las instalaciones de Al Qaeda en Afganistán intentando atrapar a Bin Laden sólo para que el cabrón salga al día siguiente en una conferencia de prensa diciendo lo irreflexivos que somos. Así que no digamos que estábamos intentando atrapar a Bin Laden; digamos que intentábamos destruir los campamentos. Si damos con él, tanto mejor.

La respuesta que recibí de los demás directivos se puede resumir de esta forma: «¿Así que volvemos a gastarnos millones de dólares en misiles de crucero y bombas para volar un montón de selvas de entrenamiento y chozas de barro por valor de un dólar cincuenta?». Otras veces me decían: «Mira, estamos bombardeando Irak todas las semanas. Puede que tengamos que bombardear Serbia. La prensa europea, rusa e islámica ya nos llama "El Bombardero Loco". ¿Quieres bombardear un tercer país?».

En algunas ocasiones intenté argumentar que los campamentos, costase lo que costase su construcción, eran fábricas de terroristas entrenados por millares, que luego se iban a sus casas a montar células en países de todo el mundo. «Tenemos que detener esta cinta transportadora, esta línea de producción. Bombardeémosles de vez en cuando y los reclutas no querrán ir allí».

Esta línea de razonamiento tuvo cierto impacto entre los directivos, pero no el suficiente. El general Shelton comentó que el comandante regional, el general Anthony Zinny de CENTCOM, alertó contra bombardeos posteriores por el efecto negativo que habían tenido en Pakistán. Zinny temía que provocáramos una protesta pública en Pakistán que obligase a esta potencia nuclear a distanciarse de nosotros. Podíamos perder la influencia necesaria para evitar que la India y Pakistán entrasen en guerra, una guerra nuclear. Tanto Madeleine Albright en el Departamento de Estado como Bill Cohen en Defensa consideraron que los bombardeos rutinarios y regulares de Afganistán eran una idea poco atractiva.

Yo pensaba que tenía una relación especial con Albright y que podía convencerla, evocando el peligro político que suponía no actuar. Albright y yo, junto con un puñado de personas —como Michael Sheehan o Jamie Rubin—, habíamos acordado un pacto en 1996 para echar a Boutros-Ghali de la secretaría General de Naciones Unidas, un plan secreto que habíamos llamado Operación Expreso de Oriente, que reflejaba nuestra esperanza de que muchas naciones se uniesen a nuestro objetivo de alterar el liderazgo de dicho organismo. Finalmente Estados Unidos tuvo que hacerlo en solitario —ejerciendo su veto— y Sheehan y yo tuvimos que evitar que el presidente cediese ante la presión de los líderes mundiales para prolongar el mandato de Boutros-Ghali, a menudo corriendo hasta el Despacho Oval cuando nos enterábamos de que un jefe de Estado estaba telefoneando al presidente. Al final a Clinton le impresionó no sólo que nos las arregláramos para que se expulsase a Boutros-Ghali, sino también que se seleccionase a Kofi Annan para sustituirle (Clinton nos dijo a Sheehan y a mí: «Traedme un cuervo, voy a comerme un cuervo, porque aposté eso a que nunca lo conseguiríais»). Toda la operación había fortalecido la posición de Albright en su candidatura para convertirse en secretaria de Estado en la segunda Administración Clinton. Nuestra relación personal significaba que yo tenía acceso a Albright y podía hablar con ella con franqueza, pero ella también escuchaba a su vicesecretario, Strobe Talbott, que se oponía con firmeza a convertir la zona de campamentos terroristas en Afganistán en objetivo de bombardeos libres y rutinarios por parte de Estados Unidos. Talbott pensaba que ya era bastante malo que hubiésemos convertido el sur de Irak en una zona que podíamos bombardear en cualquier momento. Sabía que sus amigos rusos estaban aprovechando la ocasión para tildar a Estados Unidos de «Bombardero Loco».

No dejaba se ser una ironía que en el pasado a la gente le preocupase que Bill Clinton no fuera a utilizar la fuerza y que ahora le criticasen por abusar de ella. En el mundo islámico, se criticaba que Clinton siguiera bombardeando Irak. Tras el inicio de las hostilidades con Belgrado, hubo días en que las fuerzas estadounidenses bombardearon a la vez Serbia e Irak. El general Shelton y el general Zinni veían la idea de bombardear regularmente Afganistán como otra carga más sobre un Ejército que ya tenía demasiado trabajo. Habría que mantener un portaaviones amarrado permanentemente junto a la costa paquistaní, lo que suponía inmovilizar un importante activo militar estadounidense.

Sin embargo, la idea de bombardear toda la infraestructura de Al Qaeda nunca se descartó. Lo cierto es que la Junta de Jefes de Estado Mayor recibió instrucciones de preparar planes para bombardear las instalaciones no sólo con misiles de crucero, sino también mediante ataques estratégicos de los bombarderos B-1, B-2 y B-52. Los encargados de designar los objetivos se pusieron a trabajar, señalando los tipos de bombas y misiles específicos más indicados para edificios individuales en campamentos y otros lugares por todo Afganistán. Planificaron la coreografía necesaria para coordinar los aviones y misiles que irían allí, y decidir el orden así como los lugares por los que circularían los cargueros aéreos y cómo actuarían las unidades de rescate para ir en busca de los pilotos alcanzados. Esperé una nueva oportunidad para plantear el tema.

* * *

Aunque había pocos partidarios de un bombardeo a gran escala, seguía habiendo interés en eliminar a los líderes de Al Qaeda. Durante años habíamos presumido de que la Orden Ejecutiva contra la participación de las agencias estadounidenses en asesinatos era una prohibición firme contra el uso de fuerza letal en situaciones no bélicas. No era simplemente un tema jurídico: existían cuestiones morales así como consideraciones pragmáticas.

Israel había adoptado un programa para matar a terroristas tras la masacre de su equipo olímpico en Múnich. El Mossad, la Inteligencia israelí, envió equipos de ataque a Oriente Próximo y Europa, para asesinar a los implicados en el ataque de Múnich. Al menos en una ocasión, mataron al hombre equivocado debido a un error en la identificación. Los asesinatos apenas frenaron otros ataques posteriores contra los israelíes. Lo cierto es que Israel se vio atrapado en un torbellino de asesinatos y represalias que parecía empeorar por momentos.

Al Qaeda y Bin Laden pusieron a prueba nuestro propio autocontrol. Parecían decididos a continuar matando a personas inocentes, estadounidenses o no. Las fuerzas militares estadounidenses habían sido incapaces de dar con una forma de atacar eficazmente a la cúpula de Al Qaeda. Poco a poco, los directivos aceptaron la idea de que debíamos examinar nuestra política sobre el asesinato como forma de represalia.

Desde la Administración Reagan, en la política estadounidense se había permitido el uso de fuerza letal contra un terrorista si dicho acto letal era necesario para detener un ataque inminente. Era evidente que habría más ataques de Al Qaeda. Pero ¿qué significaba «inminente»? ¿Debíamos saber la fecha y el lugar exactos del siguiente ataque de Al Qaeda para utilizar fuerzas letales?

Lo que a los directivos les resultaba especialmente absurdo de nuestra política sobre el uso de la fuerza es que no fuera aplicable al Ejército estadounidense. Podíamos lanzar un misil de crucero sobre Afganistán o pedir a un piloto que lanzase una bomba con la intención de matar a los líderes de Al Qaeda, pero no podíamos pedir a un afgano que disparase a Bin Laden. Si empleábamos un bombardero, las posibilidades de daños colaterales eran mucho más elevadas. Es más, emplear un B-1 significaba que teníamos que reconocer públicamente nuestro papel y someter a gobiernos amigos, como el de Pakistán, a las críticas públicas por su apoyo o tolerancia ante la situación.

Se ha escrito mucho sobre el tema de que la Casa Blanca autorizase a la CIA para matar a Bin Laden. Varios reporteros, entre ellos Barton Gellman en *The Washington Post* —del 19 de diciembre de 2001—, han escrito que el presidente Clinton aprobó numerosos documentos de la inteligencia autorizando a la CIA el empleo de fuerzas letales contra Osama Bin Laden y sus leales. Sandy Berger explicó ante el Comité de Investigación Conjunta Congreso-senado que «recibimos instrucciones del Departamento de Justicia de no prohibir nuestros esfuerzos por intentar matar a Bin Laden, porque [la prohibición de asesinato] no era aplicable en situaciones en las que se actúa en defensa propia o contra posiciones de mando y control enemigas, como, sin duda alguna, es ésta».

Y sin embargo Bin Laden no fue asesinado. El presidente Clinton, según una información de *USA Today* —del 12 de noviembre de 2001—, expresó su frustración señalando: «Intente eliminar a Bin Laden... los últimos cuatro años que estuve en el poder».

Todavía hoy sigo sin comprender por qué fue imposible para Estados Unidos encontrar un grupo competente de afganos, estadounidenses, ciudadanos de países del Tercer Mundo, o cualquier otra combinación que pudiese localizar a Bin Laden en Afganistán y matarle. Algunos han afirmado que las autorizaciones letales eran confusas y que la gente involucrada en el conflicto no sabía lo que podía hacer. Cada vez que se producía una objeción de este tipo durante estos años, se redactaba una autorización adicional por parte de todas las agencias competentes, que era corroborada por la firma del presidente. Los directivos y el presidente no querían abrir la caja de Pandora que los israelíes se habían encontrado después de Múnich, no querían una política amplia de asesinatos ni una lista, pero la intención del presidente estaba muy clara: matar a Bin Laden. Creo que aquellos de la CIA que argumentaron que las autorizaciones eran insuficientes o poco claras utilizan esta afirmación como una excusa para encubrir que eran patéticamente incapaces de cumplir la misión.

Capítulo 9
La alerta del milenio

A principios de diciembre de 1999, el máximo responsable antiterrorista de la CIA, Cofer Black, me llamó.

—Cofer, no es viernes —bromeé.

Se había convertido en una especie de tradición el hecho de que los viernes por la tarde Black o Dale Watson, subdirector del FBI, llamaran con noticias de última hora que nos obligaban a pasar el fin de semana en la oficina. A las reuniones habituales de los viernes por la tarde del CSG las llamábamos las «locuras de los viernes».

—No, Dick, esta vez va en serio —insistió Black—. Jordan se infiltró en una célula que planea muchas explosiones para Año Nuevo. El Hotel Radisson, lugares turísticos frecuentados por cristianos, muchas víctimas estadounidenses. Dick, el caso es que no creo que esto sea todo. Ya conoces a Bin Laden, le gustan los ataques simultáneos. Son como cucarachas. Ves una y sabes que eso significa que hay un nido lleno.

Cofer Black era el tipo de agente duro y eficiente de la CIA que había demostrado lo que valía en los barrios y callejuelas más peligrosas. Representaba lo que la CIA necesitaba en grandes cantidades, pero disponía en pocas. Pedí a George Tenet que encontrase un tipo así para ponerse al frente del Centro Antiterrorista, alguien que estuviera de acuerdo con Tenet y conmigo en que debíamos proseguir la ofensiva. Desafortunadamente, Black informó a Tenet a través del subdirector de Operaciones de la CIA, Jim Pavitt, y Pavitt pensó que tanto Tenet como yo exagerábamos la dimensión de la amenaza de Al Qaeda y que le traeríamos problemas a la CIA. Ahora, sin embargo, Black había demostrado que Al Qaeda planeaba ataques en torno al cambio de milenio.

* * *

En los meses anteriores a la llamada de Cofer, se había hecho mucho para reforzar nuestros puntos vulnerables en Estados Unidos y en el extranjero. Teníamos cientos de instalaciones diplomáticas —embajadas, consulados, residencias de los embajadores, y demás— en más de 180 países. Algunas de ellas se construyeron siguiendo los criterios de seguridad adoptados tras la destrucción de la embajada en Beirut en los años ochenta. Pero muchas eran tan vulnerables que invitaban al ataque. A pesar de eso, la cultura institucional del Departamento de Estado se resistía a proteger las embajadas. Los diplomáticos estadounidenses odiaban estar alojados en fortalezas, con muros que les aislaban de las sociedades a cuyo servicio se suponía que estaban. Si disponía de nuevos fondos, el Departamento de Estado prefería hacer muchas cosas antes que construir más fortalezas. Esta actitud siempre me desanimó, ya que en los ataques a las embajadas moriría personal del Departamento de Estado. El Departamento debería haber intentado todo lo necesario para proteger a su propia gente. Sabía que Madeleine Albright comprendería el problema.

Tras una reunión de directivos en el ala oeste, le había pedido un encuentro a solas y caminamos juntos hacia West Executive Drive, donde esperaba su caravana de automóviles.

—¿Qué crees que pasará si pierdes otra embajada? —pregunté—. Los Republicanos del Congreso irán a por ti.

Conseguí captar su atención. Respondió fulminantemente.

—En primer lugar, yo no perdí esas dos embajadas. Las heredé en las condiciones en que estaban —la secretaria de Estado, reconociendo al amigo que había intentado ayudarla a conseguir su puesto, me sonrió con coquetería—. Te conozco Dick. Tienes un plan. ¿Qué quieres que apruebe?

—Comparte la responsabilidad —le dije—. Estas embajadas no albergan sólo a gente del Departamento de Estado; tienen personal de otra docena de agencias. Dejémosles que participen. Permíteme que coordine un proceso interdepartamental para reconocer las embajadas e identificar cuáles necesitan arreglos inmediatos, cuáles sería mejor cerrar. Y luego deja que me ocupe de conseguir el dinero para construir algunas nuevas, para reforzar las defensas en torno a otras.

Con la aprobación de la secretaria Albright, la Casa Blanca puso en marcha la misión de seguridad de las embajadas. Mandé equipos de seguridad diplomática, del Servicio Secreto, FBI, FEMA y expertos del Departamento de Defensa a ciudades de todo el mundo para vigilar nuestras embajadas de la misma forma que lo harían los terroristas.

¿Qué calles necesitábamos cerrar para evitar que un camión bomba se acercase demasiado? ¿Había suficiente policía y estaban haciendo su trabajo? ¿Dónde necesitábamos ametralladoras y zonas de fuego? Si había que cortar una calle, el embajador estadounidense iría a ver al ministro de Asuntos Exteriores personalmente. Si en una semana no funcionaba, el secretario de Estado o el asesor de Seguridad Nacional llamarían por teléfono. Si siguiéramos sin obtener resultados, anunciaríamos públicamente que se suspendían los servicios diplomáticos y consulares en el país y recomendaríamos a los ciudadanos y a las empresas estadounidenses que se alejasen de allí. Los equipos volvieron con listas de los pasos que había que dar de forma inmediata para endurecer las medidas en numerosas embajadas. También había embajadas que no podían salvarse, en las que no se podía hacer nada para mejorar su seguridad. Esas embajadas se cerraron y el Departamento de Estado envió a agentes de la propiedad para encontrar nuevos emplazamientos.

Pudimos, tras los ataques a las embajadas, convencer al Congreso de que se aprobase otra asignación de fondos suplementaria ante el estado de emergencia para cubrir los costes del primer incremento en medidas de seguridad y para construir dos embajadas tipo fortaleza para sustituir las que habíamos perdido. El CSG se reunió en torno a la mesa de conferencias del gabinete de crisis con el fin de estudiar los planes arquitectónicos para las nuevas embajadas desde Beijing a Berlín. A pesar de todo, cuando llegó el momento de analizar el presupuesto fiscal del año 2000, los argumentos del Departamento de Estado a la Casa Blanca no incluyeron los fondos necesarios para continuar el programa de refuerzo de las embajadas. En cuestión de cuatro meses desde los ataques en África, el programa de protección de las embajadas había sucumbido ante la prioridad de reducir los presupuestos.

Llamé a Josh Gottbaum, el número tres de la Oficina de Gestión y Presupuestos y el oficial designado para trabajar conmigo y asegurarse de que las prioridades del presidente en temas de terrorismo y Seguridad Nacional contaban con fondos. Expuse el problema. Josh lo entendió.

—Bueno, me parece que se trata de las embajadas del presidente y del presupuesto del presidente, no del Departamento de Estado —dijo—. Déjame ver esto... sí, creo que invertiremos varios cientos de millones para lo que quieren y añadiremos algunos cientos de millones de lo que sabemos que quiere el presidente. Hecho.

Mientras tanto, el Departamento de Estado había trabajado duro intentando presionar a los talibanes para que cerrasen los campos de entrenamiento de terroristas en Afganistán y entregaran a éstos. Lamentablemente, teníamos poca influencia sobre los talibanes. Las tres naciones que sí podían influir sobre ellos eran Pakistán, Arabia Saudí y los Emiratos Árabes Unidos. Eran los únicos que mantenían relaciones diplomáticas con Afganistán. Los saudíes y los Emiratos también facilitaban una ayuda económica sustancial a esa tierra devastada por la guerra. Los tres apelaron a los talibanes de nuestra parte para cooperar en el asunto de Bin Laden. También hablamos directamente con los talibanes. Las respuestas que nos llegaron desde Kandahar fueron negativas rotundas. Los talibanes hablaron de su deber islámico de acoger como invitados a quienes buscasen refugio. Hablaron de convocar un tribunal de expertos en el Islam para juzgar a Bin Laden si nosotros estábamos dispuestos a ofrecer las pruebas y las acusaciones. Nos aseguraron que estaban evitando que Bin Laden se involucrase en cualquier tipo de terrorismo.

Como respuesta, nosotros adoptamos una estrategia en tres fases. En primer lugar ofrecí una rueda de prensa en la cual hice constar que si se producía cualquier otro ataque terrorista de Al Qaeda contra Estados Unidos, haríamos responsables a los talibanes y habría represalias. Hubo alguna queja de que no había obtenido la aprobación necesaria para hacer esa declaración, pero nadie se retractó. En segundo lugar, pedimos a los saudíes y a los gobernantes de Emiratos Árabes que diesen por finalizadas sus relaciones diplomáticas con Afganistán así como la ayuda económica. Los Emiratos Árabes estuvieron de acuerdo en colaborar plenamente, y lo hicieron. Los saudíes también pusieron fin a sus relaciones diplomáticas. Ambos enviaron además a sus propios emisarios para entablar acuerdos con los talibanes. El emisario saudí era el príncipe Turki, ministro de Inteligencia. La prensa sugirió que había ofrecido más ayuda a los talibanes si entregaban a Bin Laden. Turki fue rechazado, algo que raramente sucede en la vida de un veterano príncipe saudí. En tercer lugar, impusimos sanciones económicas contra los talibanes. El presidente ordenó que todos los activos de los talibanes en Estados Unidos fueran expropiados. En una muestra poco habitual de solidaridad, Estados Unidos y Rusia promovieron conjuntamente sanciones en el Consejo de Seguridad de Naciones Unidas.

Existían dos problemas que impedían los progresos con los talibanes. La primera era que los talibanes creían, con bastante lógica, que si expulsaban a Bin Laden, como había hecho Sudán, Estados Unidos pondría entonces otras objeciones que bloquearían las ayudas. Estados Unidos querría asegurar los derechos de la mujer e insistiría en verificar que se ponía fin a la producción de opio. El segundo problema era que los líderes talibanes, como el *mulá* Omar, estaban completamente de acuerdo con los objetivos de Bin Laden y Al Qaeda. Había historias sobre matrimonios entre las familias de Bin Laden y de Omar. También había lazos económicos, militares y políticos que eran inviolables. Un oficial talibán, hablando sinceramente, le dijo al vicesecretario de Estado Rick Inderfurth:

—Si os entregamos a Bin Laden, tendremos que hacer frente a una revuelta en nuestro país.

* * *

Mientras sucedía todo esto, Al Qaeda, en pura lógica, estaba ocupada preparando un ataque contra nosotros. Se acercaba el Fin del Milenio y era una ocasión tentadoramente simbólica que, como Cofer Black ayudaría a descubrir, no podían evitar utilizar. En mi posición, en el momento en que Cofer llamó, sin conocer todavía los planes de Al Qaeda, mis opciones eran limitadas. Había intentado defender la idea de que Estados Unidos trabajaba más duro para luchar contra los talibanes en su guerra civil en Afganistán. La Alianza del Norte seguía dominando una tercera parte del país, pero las provincias cambiaban de bando como consecuencia de un combate o por dinero, y gran parte de los combatientes y todo el dinero eran aportaciones de Bin Laden para ayudar a los talibanes. Que la Alianza del Norte se desmoronase era sólo una cuestión de tiempo. Sugerí que podíamos ofrecer un contrapeso y enviar armas y financiación a las fuerzas de Massoud en el norte. Si Massoud suponía una seria amenaza para los talibanes, Bin Laden tendría que destinar sus armas y sus hombres a la lucha contra la Alianza del Norte en lugar de contra nosotros. Massoud había recibido apoyo, al menos simbólico, de India, Rusia y Uzbekistán. La CIA mantuvo un contacto abierto con él, pero se negó a facilitarle una ayuda significativa.

Una vez más, la dirección de la CIA vio en mi propósito de ayudar a la Alianza del Norte un riesgo para la Agencia. Entre aquellos que habían pasado quince, veinte o más años en la CIA, había una pauta clara: estuviese quien estuviese en la Casa Blanca se pondría nervioso por *la cause du jour*. Sería incapaz de lograr que el resto del Gobierno obtuviese resultados, entonces acudiría a la CIA. Presionaría a la Agencia para resolver los asuntos arriesgados y controvertidos. Luego, cuando las cosas fuesen mal, los de la Casa Blanca ya se habrían ido y la CIA cargaría con la responsabilidad. La Agencia veía la Alianza del Norte desde este punto de vista. Por supuesto, en aquel momento Massoud era un buen chico, pero más tarde el Congreso, o la prensa, o algún otro miembro de la Casa Blanca se centraría en el hecho de que había vendido opio, no había respetado los derechos humanos y había matado civiles. Echarían la culpa a la CIA. Las auditorías a la CIA revelarían claramente que se habían destinado algunos fondos a fines cuestionables. En el análisis final, la CIA anunciaba que la Alianza del Norte era irresponsable y no era rival para los talibanes.

Aunque en privado el personal de la CIA admitía ante mí la parcialidad de la Agencia, en las reuniones oficiales asentían y decían que se dispondrían a ayudar a Massoud y su Alianza del Norte. Aunque claro, primero necesitaban completar su revisión legal interna y luego tendría que haber una revisión legal de los distintos departamentos. El dinero para ayudar a Massoud, aparte de la ayuda simbólica que la CIA denominaba «baratijas», habría que dárselo a la Agencia, que se añadiría los fondos de que ya disponían.

Esta reticencia a financiar la Alianza del Norte si no se «encontraba dinero» me llevó a preguntarme qué es lo que estaba haciendo la CIA con el incremento en el presupuesto para la lucha antiterrorista que la Casa Blanca les había facilitado a través de varios presupuestos suplementarios para emergencias. Trabajando con la Oficina de Gestión y Presupuestos y los propios auditores de la CIA, descubrimos que casi todas las actividades de la Agencia contra Al Qaeda se habían pagado con los presupuestos suplementarios para emergencias. En el esfuerzo apenas se emplearon los fondos de base de la CIA. En 2000 y 2001 pedimos que identificase algunos fondos, algún dinero, destinados a otras actividades menos importantes que la lucha contra Al Qaeda, de manera que esos fondos pudieran transferirse a algo prioritario como hacer frente a Bin Laden. La respuesta formal y oficial de la CIA fue que no había ninguno. Otra manera de decir que todo lo que estaban haciendo era mucho más importante que luchar contra Al Qaeda.

Esta respuesta institucional contrastaba abiertamente con la fijación personal de George Tenet con respecto a Al Qaeda. Tenet me llamaba a menudo alarmado ante informes duros de las actividades de Al Qaeda. Testificó ante los comités del Congreso que Al Qaeda era la mayor amenaza para Estados Unidos. También contrastaban absolutamente con la actitud del Centro Antiterrorista en la CIA, las duras declaraciones de Cofer Black en 1997. Black quería destruir a Al Qaeda tanto como yo, sólo con que la Dirección de Operaciones se lo permitía.

* * *

Cuando Black llamó aquel día de 1999, acordamos rápidamente una reunión del CSG y advertimos a las embajadas, bases militares estadounidenses y a las 18.000 agencias de policía de Estados

Unidos. El mensaje era: Manténganse alerta, los terroristas de Al Qaeda pueden estar planeando ataques en torno a la llegada del Milenio. Estén en alerta máxima ante cualquier tipo de actividad sospechosa. Y luego nos mantuvimos a la espera.

El mensaje viajó al extranjero, pero también llegó a los agentes federales que debían hacer cumplir la ley, así como a muchos *sheriffs* locales, soldados, agentes de tráfico de carretera y agentes urbanos. La crisis se produjo en un lugar inesperado.

Un agradable paseo en barco entre la Columbia Británica y el Estado de Washington siempre terminaba con un control rutinario al pasar la aduana. Un pasajero de la cola se puso nervioso, su mirada era huidiza. Cuando la oficial de aduanas, Diana Dean le pidió que saliese de la fila, escapó corriendo y se dejó el coche en el ferry. Dean salió tras él y pidió refuerzos. Pocos minutos después habían detenido a Ahmed Resam. En su coche había explosivos y un plano del aeropuerto internacional de Los Ángeles.

Por si esto no era bastante para dejarnos atónitos, la CIA había obtenido más información sobre el plan de Al Qaeda en Jordania. El cabecilla de la célula, que había participado en la preparación de las bombas, había dejado recientemente su trabajo como taxista en Boston.

Cuando el Príncipe de Jordania visitó la fábrica de bombas escondida en una casa de clase media-alta, se sorprendió del volumen del alijo.

—No planeaban atentados terroristas, planeaban una revolución.

El Rey declaró inmediatamente el estado de emergencia e inundó las calles de soldados y vehículos armados. Se detuvo e interrogó no sólo a los sospechosos habituales. La investigación llevó hasta un miembro operativo de Al Qaeda en Pakistán, y a otro estadounidense que había vivido cerca del aeropuerto internacional de Los Ángeles.

Durante los quince meses posteriores a los atentados de las embajadas, el consejero de Seguridad Nacional, Sandy Berger, mantuvo docenas de reuniones con los directivos sobre Al Qaeda. Conocía sus nombres, su *modus operandi,* y temía que atentasen de nuevo antes de que pudiéramos paralizar su organización. Convocó a los directivos designados para situaciones de crisis.

—Hemos evitado dos ataques distintos planeados para el Fin del Milenio. Podéis apostar vuestro miserable sueldo federal a que planean más y debemos evitarlos también. He hablado con el presidente y quiere que todos sepáis... —al decir esto Berger miró a Janet Reno, Louis Freeh, George Tenet— ...que estamos ante el auténtico quid de la cuestión, que no hay nada más importante y que disponemos de todos los fondos. Hay que detener a este hijo de puta.

(Era el tipo de atención que necesitábamos en el verano de 2001, pero sólo la recibimos del CSG, no del Comité Directivo).

Tras la primera de estas reuniones de directivos, preparamos, a petición de Berger, un plan político-militar para la Alerta del Milenio: alertar a las unidades, incrementar la seguridad, acorralar a los sospechosos en todo el mundo.

Berger era, en general, un abogado prudente con una habilidad incomparable para ver las múltiples formas en que algo podía ir mal y fracasar; cómo, bajo determinadas circunstancias, la gente puede echarte la culpa aunque les ofrezcas una cura para el cáncer. Esta habilidad salvó a la Administración de muchas situaciones límite. También se había convertido en un sincero adalid de la lucha contra Al Qaeda, al comprender pronto la naturaleza de la amenaza. Berger tenía un entendimiento frío y cínico, pero preciso, de las imperfecciones y debilidades de los distintos departamentos y agencias. No creía que pudiéramos simplemente confiar en que el FBI, la CIA y el Ejército harían automáticamente lo correcto para protegernos.

En esta ocasión, sin embargo, el FBI respondió bien. Hizo una de las cosas en las que son muy buenos: solucionó el problema con personal. Miles de agentes se dispersaron para empezar a tirar de los hilos. Los hilos de Ressam, el hombre del ferry, llevaron a una célula dormida de muyahidines argelinos en Montreal. Cómo se les había escapado a los canadienses la existencia de la célula es difícil de comprender, pero ahora estaban colaborando. Las pistas que encontró la Policía Montada del Canadá indicaban la presencia de lo que parecían células en Boston y Nueva York. Cuando llamé a John O'Neill —entonces agente especial del FBI a cargo de la Seguridad Nacional en la ciudad de Nueva York— para preguntarle qué hacía, estaba en un callejón de Brooklyn donde sus agentes acababan de detener a un grupo operativo de Al Qaeda vinculado a Ressam.

El Departamento de Justicia tendía a examinar con escepticismo las peticiones del FBI para poner escuchas telefónicas por temas de Seguridad Nacional. Lógicamente, Justicia quería asegurarse de que no se produjesen abusos, para que el Congreso no restringiese su capacidad para realizar una vigilancia electrónica amparándose en la Ley de Vigilancia e Información en el Extranjero. Sin embargo, durante las semanas anteriores al Milenio, Fran Townsend y su equipo en Justicia cursaron docenas de peticiones FISA a los jueces especiales para Inteligencia. En una semana sucedió mucho más de lo que suele suceder en un año.

Durante los días siguientes, a medida que se acercaba la Navidad y el Milenio, Berger mantuvo reuniones diarias con los directivos. El presidente del Consejo del Poder Judicial y el director del FBI redactaron informes que incluían descripciones de camionetas sospechosas y resultados de mandatos judiciales de búsqueda. Aprendimos lo que significaba BOLO en la jerga policial, «Vigilad a...» (*Be On the Lookout for...*). Tenet llamó a sus homólogos en todo el mundo, sonsacó detalles, engatusó a los servicios de seguridad para la realización de incursiones preventivas contra posibles células.

Además de coordinar la ofensiva, el CSG se preparó para lo peor. Se desplegaron unidades para el Desastre y la Reconstrucción. Se movilizaron todos los elementos utilizados tras los atentados en África. Nadie en la lucha contra el terrorismo tendría vacaciones, especialmente en Nochebuena. El día de Navidad, Berger y yo pasamos la mañana en las oficinas del FBI con incontables agentes, y la tarde en el Centro Antiterrorista de la CIA con docenas de especialistas. Otra vez había que esperar.

En Yemen, un destructor de la Armada estadounidense planeaba hacer una llamada al puerto de Adén como parte del plan CENTCOM para incrementar los contactos y la colaboración entre militares. El destructor, que tenía el nombre de cuatro hermanos que murieron en el mismo barco durante la II Guerra Mundial, era el *USS The Sullivans*. Luego supimos que estaba en el punto de mira de Al Qaeda. Un barco pequeño estaba siendo cargado de explosivos de gran potencia para que colisionara con el destructor. Al Qaeda planeaba que este ataque se produjese simultáneamente con otros: el aeropuerto de Los Ángeles explotando en una confusión de sangre y cristales; el Amman Radisson viniéndose abajo entre las llamas y el polvo; turistas cristianos muertos a tiros en el Monte Nebo. Puede que la célula del Yemen supiese cuando cargaba el barco que los planes de Los Ángeles y Amman habían fracasado. Puede que supiesen que ellos eran la única parte del plan que los estadounidenses no habían descubierto. Sin embargo, cuando empujaron el barco para echarlo al agua, se adentró un poco en el puerto y se hundió. Los explosivos pesaban demasiado.

Bajo una bóveda del Centro de Coordinación para el Año 2000, esperamos la llegada de la medianoche en Riad, luego en París. No hubo importantes fallos informáticos, tampoco explosiones. Recorrí la lista, llamando a cada centro de mando y puesto de vigilancia que hubiese detectado que estaba pasando algo. La CIA comentó que más de medio mundo había celebrado el cambio de milenio sin incidentes. FAA informó que casi nadie volaba aquella noche y las líneas aéreas habían cancelado vuelos. El Servicio Secreto estaba listo para que el presidente se trasladase al Lincoln Memorial para la celebración de Washington. FEMA informó que las unidades concebidas para los desastres se encontraban en las bases aéreas y posicionadas en las ciudades. La Guardia Costera había llenado el puerto de Nueva York y sus ríos con lanchas patrulleras armadas. El Departamento de Energía había desplegado sus equipos de detección de armamento nuclear. Apenas podía escuchar a John O'Neill cuando llamé a su teléfono móvil; se encontraba en el puesto de mando de la policía de Nueva York en Time Square.

—Hemos zarandeado cada árbol; me imagino que si quieren hacer algo en Nueva York, lo harán aquí —explicó—. Por eso estoy aquí.

A medianoche subí al tejado para otear las celebraciones en el Lincoln Memorial. En el cielo frío de la noche estallaron los fuegos artificiales. Cuando terminó la celebración y el séquito del presidente inició su regreso a la Casa Blanca para continuar la fiesta, Sandy Berger me llamó desde la limusina.

—Todo bien, por ahora. ¿Algún problema?

—No, pero las celebraciones en Los Ángeles comienzan dentro de tres horas —respondí preguntándome cómo conseguiría mantenerme despierto hasta entonces. Habían sido tres semanas muy largas.

—Bien, gracias a todo el mundo de mi parte y de parte del presidente. Creo que hemos esquivado la bala, pero también hemos aprendido mucho. Nos queda mucho trabajo por hacer.

Berger tenía razón. Para cualquiera que lo hubiese dudado antes, el taxista de Boston, el aeropuerto de Los Ángeles, la conexión de Brooklyn, la célula de Montreal decían una sola cosa: están aquí.

A las tres de la mañana volvimos a la azotea y descorchamos una botella.

* * *

El Ejército tiene una práctica que denomina «Lecciones Aprendidas» o «Revisión Después de la Acción». Siempre que se lleva a cabo una operación militar o un ejercicio importante, se analiza en un proceso formal lo que fue bien y lo que pudo haberse hecho mejor. Dentro de la tradición militar de no querer luchar por la misma colina dos veces, los militares estadounidenses no están muy por la labor, como dijo Santayana, de «verse condenados a repetir», algo por no haber aprendido la lección a la primera. Después de la llamada Alerta Terrorista del Milenio de diciembre de 1999, los directivos encargaron al CSG que se preparara para una Revisión Después de la Acción para el Milenio. Cada agencia examinaba lo que había aprendido y el grupo analizaba colectivamente nuestros fallos. La lista de fallos giraba en torno a un hecho: era probable que hubiese células dormidas de Al Qaeda en Estados Unidos.

Yo llevaba al menos cinco años convencido de que Al Qaeda estaba aquí. No había tenido mucho éxito en mi intento de convencer al FBI de que prestase atención al tema. Oficialmente, el FBI decía que sólo conocía a un puñado de simpatizantes que estaban bajo vigilancia. No había células activas, según el Despacho, no había una amenaza fundada. John O'Neill y yo pensábamos de otra forma, pero O'Neill había sido transferido a la Oficina de Nueva York. Era la Oficina del FBI más importante del país y O'Neill la había convertido en el brazo operativo del FBI en su persecución de Al Qaeda en otros continentes. No obstante, la mayoría de las Oficinas principales y gran parte de la central del FBI se había concentrado en otros lugares. El interés de Louis Freeh por el terrorismo con bases en el extranjero parecía centrarse totalmente en la investigación del ataque a Jobar. La División de Seguridad Nacional, donde se centralizaba todo lo referente a terrorismo, estaba concentrada solamente en el espionaje ruso y chino, el caso del agente del FBI Robert Hanssen, el estadounidense que espiaba para los rusos, y el caso de Wen Ho Lee y la posibilidad de que se estuviera espiando en laboratorios nucleares.

En las cincuenta y seis Oficinas locales (excepto la de Nueva York) los temas prioritarios eran las drogas, el crimen organizado, y otras cuestiones que daban lugar a arrestos y procesos judiciales. Los gerentes de estas Oficinas tenían poco tiempo para la vigilancia y seguimiento de posibles radicales islámicos. En algunas ciudades, habíamos creado Grupos Conjuntos de Lucha Antiterrorista, JTTF (Joint Terrorism Task Forces) que reunieron a representantes de todas las Oficinas federales para el cumplimiento de la ley junto con la policía estatal y local. Yo había dado por hecho que estos Grupos se dedicaban a la búsqueda y persecución de Al Qaeda. Para comprobar esta suposición, viajé por todo el país visitando las Oficinas del FBI y las de los Grupos de Lucha Antiterrorista. Lo que vi era preocupante.

En cada caso, los agentes especiales responsables y los directores de los Grupos de Lucha Antiterrorista estaban convencidos de la ausencia de Al Qaeda en su región, pero apenas habían hecho ninguna investigación en este sentido. En lugar de eso, se dedicaban a seguir a cualquier organización terrorista que se dejara ver de forma obvia. En algunos casos eran grupos del Ejército Republicano Irlandés (IRA); en otros, indios sijs, o milicias locales.

—¿Hay pruebas de la presencia de Al Qaeda en esta ciudad? —preguntaba, por ejemplo.

A menudo me respondían:

—¿Qué es Al Qaeda? ¿Es lo del tipo ése, Bin Laidin? No ha estado por aquí.

Roger Cressey o Paul Kurtz continuaban el interrogatorio:

—¿Qué se dice de la *yihad* en las mezquitas, después de los servicios religiosos? ¿Qué información se pasan? ¿Con qué fines recaudan dinero?

—¡Diablos! No podemos ir a una mezquita, ni siquiera a una iglesia a menos que tengamos un motivo —respondían siempre—. Tampoco podemos infiltrar a nadie. Escuchen —añadían—. Perseguimos casos denunciables y al fiscal de aquí tampoco le interesan infracciones menores de apoyo al terrorismo. ¡Mierda! Si ni siquiera tenemos un ayudante del fiscal con acreditación.

Todos señalaron que las directrices del fiscal general les impedían hacer nada sin conocer de antemano un posible delito. No podían, sin que alguien les ofreciese una pista inicial, asistir a los servicios de las mezquitas o sentarse en las reuniones de grupos estudiantiles. Se les prohibía imprimir páginas web de organizaciones a no ser que sospechasen que se estaba produciendo un delito. En muchas ciudades los agentes ni siquiera tenían acceso a Internet.

Las directrices del fiscal general se adoptaron por primera vez tras el escándalo Watergate a comienzos de los setenta. En esa época se desveló que el FBI tenía fichadas y vigiladas a personas sin otra razón que la manía personal de J. Edgar Hoover. Para corregir este tipo de abuso, el Departamento de Justicia le puso al FBI una camisa de fuerza, y siguen con ella puesta.

Sin embargo, la falta de soporte informático es un fallo de la dirección del FBI. Los departamentos de policía local de todo el país tienen sistemas informáticos mucho más avanzados que los del FBI. En Nueva York he visto pilas de archivos sobre terrorismo por el suelo de las oficinas de los Grupos Conjuntos de Lucha Antiterrorista. Contaban sólo con un empleado mal pagado para el tema de los archivos, y no podía controlar el volumen de papel que se generaba. No había forma de que un agente conociese la información recogida por otro agente, aunque estuviesen en la misma oficina. Las grabaciones de conversaciones telefónicas permanecían ahí durante semanas porque no había suficientes traductores de árabe, farsi o pashto. Todas las traducciones se hacían en la ciudad donde se grababan.

Cuando el FBI descubría algo interesante e informaba a Washington, no salía nada por escrito de sus oficinas. Esto contrastaba con la actuación de la CIA, el NSA y el Departamento de Estado, que inundaban mi correo electrónico privado con cientos de informes detallados cada día. La única forma de saber lo que la Central del FBI sabía era mediante llamadas telefónicas de seguridad o reuniones.

El volumen de informes de otras agencias llegó a ser tan grande que creamos un Subgrupo de Amenazas que se dedicaba a recoger las pistas en una hoja de cálculo de Excel que denominamos «Matriz de amenazas». El subgrupo analizaba los informes recurriendo a preguntas como: ¿Cuál era la fuente de información? ¿Esa fuente ha sido útil anteriormente? ¿Hay alguna vía independiente para verificar el informe? ¿Qué deberíamos hacer para afrontar la posible amenaza? Después el subgrupo hacía un seguimiento, volvía a revisar el informe hasta que consideraba que se podía «desechar», borrarlo de la lista de amenazas activas. El subgrupo contaba con representantes del FBI, la CIA, el Servicio Secreto, NSA, DOD, Estado, FAA y a menudo otras agencias.

Steve Simon y posteriormente Roger Cressey estuvieron al frente del Subgrupo de Amenazas. No era raro que informaran de que el representante del FBI en aquel momento no estaba cooperando, lo que me obligaba a mí a hacer llamadas de alto nivel al FBI. Recuerdo un día concreto en que el amable Cressey entró furioso en mi oficina después de una reunión del Subgrupo de Amenazas y anunció:

—Ese cabrón va a conseguir que maten a más de un estadounidense. Se limita a sentarse ahí plácidamente. Nada que informar. Ningún comentario sobre el trabajo de los demás. No quiere comprobar nada.

Sabía que se refería al representante del FBI. Cuando preguntábamos al FBI si había delitos de apoyo al terrorismo tales como la creación de páginas web solicitando fondos u otras vías de financiación, no recibíamos más que miradas impasibles. Rick Newcomb, del Departamento del Tesoro, intentó dar pistas al FBI sobre dónde investigar en la financiación de los terroristas, pero sirvió de poco. Cuando el FBI dijo que en Estados Unidos no había páginas web en las que se reclutase a *yihadistas* para entrenar en Afganistán o en las que se pidiese dinero para los grupos terroristas activos, le pedí a Steve Emerson que lo comprobase. Emerson había escrito el libro *American Jihad* (La *yihad* americana), que me había aportado más información sobre grupos radicales islámicos en Estados Unidos que el FBI. En pocos días, Emerson tenía una larga lista de páginas web que se encontraban en servidores de Estados Unidos. Pasé la lista al Departamento de Justicia y al FBI. No pareció que hubiera reacción alguna, aunque el personal del Departamento de Justicia comentó lo difícil que era interponer demandas en casos «de libertad de expresión».

Las figuras más brillantes del FBI eran John O'Neill y Dale Watson, que sustituyó a O'Neill en Washington cuando John se fue a la Oficina de Nueva York. Eran un ejemplo de contrastes. O'Neill podía haber pasado por un congresista de Boston de origen irlandés, lector de la revista *GQ*. Watson se hacía el «buen chico», pero mascaba tabaco. Para estimular la cooperación CIA-FBI después de cuarenta años de hostilidad, las organizaciones se habían intercambiado sus directores veteranos en antiterrorismo. Watson llegó a su puesto en la Central del FBI después de pasar dos años en el centro antiterrorista de la CIA. Conocía su trabajo.

Cuando Dale Watson se sentó conmigo para elaborar el informe de Revisión Después de la Acción para el Milenio, sabía que tenía un problema.

—Tenemos que hacer añicos el FBI y reconstruirlo para tratar el terrorismo —confesó Dale—. Estamos fuera de juego persiguiendo ladrones de bancos mientras hay personas planeando matar a estadounidenses aquí mismo, en Estados Unidos.

—¡Aleluya! —pensé.

Watson logró que Freeh aprobase una reunión en Tampa para todos los supervisores veteranos del FBI procedentes de las cincuenta y seis Oficinas. Me pidió que comenzase la reunión explicando lo que era Al Qaeda y lo que pretendían hacer. Comencé así:

—Al Qaeda representa una conspiración política mundial oculta tras la máscara de una secta religiosa. Se dedica a asesinar a personas inocentes para llamar la atención. Su objetivo es una teocracia al estilo del siglo XIV en la cual las mujeres no tienen derechos, todos están obligados a ser musulmanes, y el sistema legal Sharia se utiliza para cortar las manos y lapidar a las personas hasta la muerte. También utiliza un sistema bancario internacional y una red financiera para apoyar sus actividades. Son inteligentes, muchos se han formado en nuestras universidades y tienen una visión a largo plazo. Piensan que pueden tardar un siglo en lograr sus objetivos, uno de los cuales es la destrucción de Estados Unidos. Disponen de un buen sistema de espionaje y emplean células durmientes y grupos activos que elaboran sus planes durante años antes de actuar. Son nuestro enemigo número uno y están entre nosotros, en nuestras ciudades. Encuéntrenles.

Después de mí continuó Watson:

—Son la prioridad número uno del FBI en terrorismo. Les encontraréis. Si tenéis que detenerles por cruzar la calle mal, hacedlo. Si el juez local no les procesa, llamadme. Si no conseguís que las escuchas telefónicas de la FISA sean aprobadas por el Departamento de Justicia, llamadnos, no os quedéis parados y de mal humor.

La gente tomaba notas, pero algunos miraban como si hubieran escuchado antes este discurso de «nuevas prioridades».

—Una cosa más —añadió Watson—. Vuestro bono, vuestra promoción, la ciudad de destino dependen de cómo llevéis a cabo esta misión.

Hubo cierta incomodidad entre los asistentes. Todos miraban disimuladamente a Dale.

—Lo digo en serio y Louis me respalda. Si no me creéis, ponedme a prueba. Dale había dejado de ser un buen chico.

Cuando Dale Watson me acompañó al coche, dijo:

—El FBI es como un portaaviones. Tarda mucho tiempo en dejar de ir en una dirección para dar la vuelta y tomar la contraria. Estas Oficinas locales tienen todas su propio sistema, han sido como reinos durante años. Al menos estoy iniciando algo.

Estaba empezando, pero se requerían años de dirección firme para asentarlo. Habíamos estado entregando millones de dólares al

FBI para la lucha antiterrorista y ni siquiera tenían un sistema informático que permitiera a los Grupos Conjuntos de la Lucha Antiterrorista compartir la información.

En el informe Revisión Después de la Acción para el Milenio se establecían veintinueve recomendaciones, la mayoría de las cuales se dirigían a la amenaza del terrorismo extranjero en Estados Unidos. Entre las propuestas estaba la creación de Grupos Conjuntos de Lucha Antiterrorista en cada una de las cincuenta y seis Oficinas del FBI, asignar oficiales de Inmigración y de las Oficinas del Departamento del Tesoro. Propusimos la creación de una central de traducción de escuchas telefónicas y contratar a más traductores. Hubo propuestas específicas para una acción conjunta con Canadá, a raíz del descubrimiento de la célula de Montreal, como la de coordinar nuestros visados y nuestras políticas de asilo político. Estaba claro que si se lograba entrar en Canadá, se entraba en Estados Unidos. En las temperaturas bajo cero de febrero, Roger Cressey y yo fuimos a Ottawa y obtuvimos la conformidad de nuestros homólogos canadienses sobre una lista de acciones conjuntas. El descubrimiento de la célula de Montreal también había sacudido los cimientos de la oficina del Primer Ministro.

Los directivos aprobaron una serie de propuestas para Después de la Acción. Las que podían ponerse en práctica inmediatamente, se llevaron a cabo. Para las que necesitaban más financiación, las agencias tendrían que colaborar con el Congreso para cambiar sus presupuestos del año 2001. El portaaviones había cambiado su ruta y ahora se dirigía hacia los terroristas extranjeros en Estados Unidos. Había tardado demasiado tiempo.

* * *

El presidente también recibió un resumen del Informe de Revisión Después de la Acción, junto con información actualizada sobre los intentos de la CIA para atrapar a Bin Laden o, al menos, indicar dónde lanzar los misiles de crucero. Clinton no estaba satisfecho con la marcha de la CIA.

Me parecía que para estudiar cómo localizar a los líderes de Al Qaeda necesitábamos una nueva perspectiva lo suficientemente amplia para permitirnos actuar. Charlie Allen estaba trabajando en el conjunto de prioridades del servicio de inteligencia para toda la comunidad. Le pedí que se reuniese con el almirante, director de operaciones de la Junta de Jefes de Estado, Scott Frey. Volvieron con una idea nueva. En vez de depender de activos humanos poco fiables para encontrar a Bin Laden, ¿por qué no hacer sobrevolar aviones no tripulados por la zona? El nuevo Predator disponía de un largo «tiempo para meditar» y retransmitía imágenes en tiempo real, aunque se encontrase a miles de kilómetros de distancia.

Había algunos problemas. Primero, necesitaríamos algunos Predator, y no había muchos. Algunos estaban en Bosnia, otros en Irak. Segundo, precisaríamos de dinero para financiar la operación. Por último, las agencias debían estar de acuerdo en hacerlo.

Este último era el mayor obstáculo. Demasiado arriesgado. Demasiado costoso. Demasiado «eso no se ha inventado aquí». Normalmente cuando me chocaba con un muro como éste, Sandy Berger intentaba convencer a sus homólogos de lo inteligente de la idea. En este caso, Berger simplemente dio la orden de que la misión se llevara a cabo. Hacia septiembre los vínculos con el satélite y otras pequeñas cuestiones técnicas necesarias estaban resueltas y el primer Predator voló hacia Afganistán.

Roger Cressey y yo hicimos viajes en mitad de la noche al norte de Virginia para observar Kandahar en una pantalla gigante de vídeo. Un equipo reducido estaba sentado ante sus monitores, sin creerse que lo que estaban viendo ocurría en ese mismo momento en el otro extremo del globo. Este tipo de despliegues de inteligencia era algo que sólo habíamos visto en las películas de Hollywood.

El pájaro volaba silenciosamente sobre un conocido campo de terroristas mientras un Land Rover se dirigía hacia la entrada.

—Siga a ese coche —el responsable de la misión llamó al «piloto» sentado delante de él en la oscura sala de Virginia. Entonces se volvió hacia mí y hacia Cressey con una gran sonrisa—. Siempre había querido decir eso.

El piloto mantuvo el Land Rover en la pantalla mientras se movía por plazas y mercados, dentro y fuera de un túnel. Al final se detuvo frente a una casa y los que iban en el vehículo entraron.

—Bueno, ahora sabemos que esta casa está vinculada con Al Qaeda.

Los Predator volaron en septiembre y octubre del 2000. Uno se averió durante el despegue, lo que provocó una pelea burocrática sobre quién pagaría los pocos cientos de miles de dólares que costaba su reparación. Durante otro vuelo, el radar de los talibanes detectó al Predator y lanzaron un antiguo caza-bombardero MiG. La cámara del Predator recogió cómo el bombardero se movía pesadamente en el aire, remontaba y comenzaba a trazar un gran círculo que terminó con el bombardero a unos cuatro kilómetros del Predator, apuntándole correctamente. La imagen del MiG pasó de ser una mota a un objeto enorme dirigiéndose como un rayo hacia la cámara.

—¡Mierda, nos va a dar! —gritó el controlador, mientras la mitad de la gente que estaba en la sala de control se lanzaba a cubierto bajo sus escritorios.

A unos veinte mil kilómetros de distancia el MiG pasó volando al lado del Predator, aparentemente incapaz de verlo.

Las imágenes de la cámara me convencieron de que estaba viendo a Bin Laden. No había submarinos cerca de la costa para disparar. La Marina había intentado durante meses llevarse de vuelta sus submarinos y lo había conseguido. Los vientos de la temporada empezaban a soplar, lo que dificultaba que el Predator volase sobre las montañas que tenía que atravesar. De mala gana, acordamos que los vuelos se reanudaran cuando terminase el invierno.

La Fuerza Aérea tenía la intención de experimentar con la colocación de pequeños cohetes o misiles en el Predator, con la esperanza de hacerlos funcionar hacia el año 2004. Les pedimos que lo tuvieran listo para finales de la primavera de 2001.

Se ha escrito mucho sobre los orígenes del vehículo aéreo no tripulado Predator y sobre las batallas burocráticas que siguieron a mi propuesta de utilizarlo como arma en la lucha antiterrorista contra Al Qaeda. En su libro *The Age of Sacred Terror* (La Era del terror sagrado) Dan Benjamin y Steve Simon citan a «un oficial veterano del Departamento de Defensa» que dijo que la CIA se opuso inicialmente al uso del Predator y la Casa Blanca «tuvo que hacer que la CIA se lo tragara. La Dirección de Operaciones (de la CIA) va a fiestas y recluta espías, y dice que esto es paramilitar y puede estropear mis relaciones con el Gobierno anfitrión».

Más adelante en el libro, cuando se habla sobre un modelo de Predator armado para atacar a Al Qaeda, Benjamin y Simon añaden que «al responsable de Dirección de Operaciones, Jim Pavitt, se le escuchó decir que si se utilizaba el Predator contra Bin Laden y se atribuía la responsabilidad por usar ese arma letal a la Agencia, pondría en peligro las vidas de los agentes de la CIA en todo el mundo». Finalmente, afirman que en una reunión de la Casa Blanca antes del 11 de septiembre, el director de la CIA, George Tenet, «intervino por obligación. Sería un error terrible, declaró, para el director de la Central de Inteligencia utilizar un arma como ésta».

El *New Yorker* pone en boca de Roger Cressey lo siguiente acerca de la disputa burocrática sobre del uso de un Predator armado antes del 11 de septiembre: «Suena terrible, pero solíamos comentar que había gente que no lo entendía... iba a haber muchos muertos». Y así fue. Se utilizó el Predator armado para ir tras Al Qaeda en Afganistán sólo después del 11 de septiembre. Demostró ser enormemente eficiente.

* * *

Durante el vuelo de prueba del Predator en octubre de 2000, la célula de Al Qaeda que había hundido su propia embarcación poco antes del Fin del Milenio intentó de nuevo atacar a un destructor estadounidense en Adén, Yemen. En esta ocasión lo lograron y mataron a diecisiete tripulantes del *USS Cole*. Durante más de tres años el CSG, Grupo de Seguridad y Antiterrorismo, se había ocupado de la seguridad en los puertos de la región que eran utilizados por la Marina de Estados Unidos. Steve Simon ha escrito un informe muy duro sobre la seguridad que encontró en un muelle de la Marina próximo a Dubai en los Emiratos Árabes Unidos. Sandy Berger envió el informe al secretario de Defensa. Yo fui personalmente a las posiciones de los francotiradores en las instalaciones de Estados Unidos en Bahrein al ver los numerosos informes en los que se indicaba que Al Qaeda planeaba atacar allí. El Departamento de Defensa había solucionado los problemas en Bahrein y Emiratos Árabes Unidos, pero las bases no eran los únicos puntos vulnerables. Cuando el *USS Cole* fue atacado, nos sorprendió saber que la Armada había tocado varios puertos en Yemen.

Mike Sheehan, entonces representante del Departamento de Estado en el Grupo de Seguridad y Antiterrorismo, resumió nuestros sentimientos.

—Yemen es un avispero de terroristas —dijo—. En primer lugar, ¿qué demonios hacía allí el *USS Cole*?

El sistema había fallado. Cuando CENTCOM decidió comenzar las visitas portuarias en Adén, nadie en el Departamento de Defensa informó sobre la propuesta para que se analizara la seguridad de forma conjunta por todas las agencias.

Al igual que en el caso de Jobar y del atentado contra las embajadas del este de África, el FBI envió a un amplio equipo para recoger pruebas e interrogar a los testigos. John O'Neill, el mejor preparado, lideró el mismo. Se encontró con la embajadora estadounidense con la que menos me hubiera gustado tratar en esas circunstancias, Barbara Bodine. O'Neill podía camelarse a un cadáver, pero no podía llegar a un entendimiento con la embajadora de Estados Unidos en Yemen. El Gobierno yemení participó en la investigación con desgana, lo que obligó al presidente Clinton a involucrarse personalmente. El Gobierno estadounidense no dejó duda alguna a los yemenís sobre la disyuntiva en que estaban inmersas en ese momento las relaciones entre Yemen y Estados Unidos.

Mientras tanto, en Washington, ni la CIA ni el FBI dejaron claro lo evidente: había sido Al Qaeda. Sabíamos que había una célula grande de Al Qaeda en Yemen. También había una gran célula de la *yihad* islámica egipcia, pero este grupo acababa de anunciar su fusión completa con Al Qaeda, así que ¿qué diferencia había en que hubiera sido uno u otro grupo el responsable del ataque? Lisa Gordon-Hagerty, Paul Kurtz y Roger Cressey habían trabajado sin descanso para analizar las pruebas, y tenían un caso claro contra Al Qaeda. Tendrían que pasar meses para que la CIA estuviera de acuerdo.

En las discusiones de los directivos, era difícil obtener algún apoyo para iniciar una represalia cuando ni el FBI ni la CIA admitían que el culpable era Al Qaeda. Una vez más propuse bombardear todos los campamentos de Al Qaeda en Afganistán, sin vincular necesariamente la operación a la captura de Bin Laden o a una represalia por el bombardeo del *Cole*. No hubo apoyo para realizar los bombardeos.

Mike Sheehan no se podía creer lo que estaba sucediendo en la reunión de los directivos tras el ataque al *Cole*. Había crecido entre militares: la academia de West Point, Corea, la academia de Fuerzas Especiales, equipos de rescate de rehenes en Panamá, El Salvador, Command and General Staff School, fuerza de paz en Somalia y Haití, dos mandatos con el NSC en la Casa Blanca. Siempre había dado por hecho que si las fuerzas del Ejército estadounidense eran atacadas y había bajas, los líderes del Gobierno vengarían los ataques. Sheehan conocía a esos líderes. Ahora, después del Command and General Staff School, estaba de civil en el Departamento de Estado como máximo oficial en la lucha contra el terrorismo; había trabajado con estos directivos durante años. Había fomentado que el Departamento de Estado utilizase todas sus armas diplomáticas contra Al Qaeda. Y sin embargo ahora, con diecisiete *marines* muertos, los directivos habían decidido no hacer nada, habían decidido esperar a las pruebas sobre quién había realizado el ataque. Sheehan estaba particularmente furioso de que el oficial de mayor rango no hubiera sugerido siquiera que Estados Unidos llevara a cabo planes de represalia previstos contra las bases de Al Qaeda en Afganistán y contra sus anfitriones, los talibanes. Sheehan detestaba a los talibanes, cuyos representantes le habían mentido descaradamente.

Un frío día de octubre de 2000, Sheehan se encontraba conmigo en West Executive Avenue contemplando cómo las limusinas abandonaban la Casa Blanca tras una reunión sobre el ataque al *Cole* para volver al Pentágono.

—¿Adónde nos va a llevar esto, Dick? —preguntó—. ¿Quién demonios creen que atacó el *Cole*, los putos marcianos? Los jefazos del Pentágono no van a autorizar que el Delta vaya a por Bin Laden. ¡Maldita sea! Ni siquiera van a permitir que la Fuerza Aérea bombardee la zona. ¿Qué tiene que hacer Al Qaeda para atraer su atención? ¿Atacar el Pentágono?

Se terminaba el tiempo de la Administración Clinton. Iba a darse al menos una gran iniciativa más en Seguridad Nacional e iba a ser un último intento de lograr un acuerdo palestino-israelí. Parecía que esta meta largamente perseguida iba a ser posible por fin. El primer ministro israelí había aceptado hacer grandes concesiones. A mí me hubiera gustado que se intentaran ambos objetivos, Camp David y bombardear los campamentos de Al Qaeda. Sin embargo, lo comprendía. Si podíamos lograr la paz en Oriente Próximo se evaporaría una buena parte del apoyo popular a Al Qaeda y gran parte del odio hacia Estados Unidos. Habría otras oportunidades de acabar con los campamentos. Los directivos me pidieron que pusiese al día el plan político-militar para la transición, indicando los temas en los que no había consenso, en los que no se había llegado a un acuerdo. En mi lista incluí ayudar a la Alianza del Norte, eliminar los campamentos y utilizar los Predator para eliminar a los líderes de Al Qaeda.

Clinton dejó el poder con Bin Laden vivo, pero tras autorizar acciones para eliminarle y reforzar los ataques sobre Al Qaeda. Había derrotado a Al Qaeda cuando ésta pretendía tomar Bosnia y conseguir que sus soldados dominasen la defensa del Estado separatista de los ataques serbios. Había visto antes que nadie que el terrorismo sería la mayor amenaza a la que tendría que hacer frente Estados Unidos, y por ello incrementó en gran medida los fondos destinados a la lucha antiterrorista e inició una serie de programas de protección interna. Puso fin al terrorismo iraquí e iraní contra Estados Unidos actuando rápidamente contra los servicios de inteligencia de cada nación.

Debido a la intensidad de la oposición política generada contra Clinton, fue muy criticado por bombardear los campamentos de Al Qaeda en Afganistán, por implicarse en tácticas de distracción para desviar la atención pública del escándalo de su vida personal. Por razones parecidas, no pudo despedir al recalcitrante director del FBI que no había logrado poner las cosas en orden desde el punto de vista burocrático ni descubrir a los terroristas en suelo estadounidense. Había otorgado a la CIA una autoridad sin precedentes para perseguir a Bin Laden y a Al Qaeda, pero no tomó ninguna medida cuando se fue constatando que la Agencia hacía nada o muy poco con esa autoridad. Como Clinton había sido criticado por oponerse a la guerra de Vietnam y no había hecho ningún servicio militar, se vio limitado en su capacidad de dirigirse al Ejército y animarles a operaciones antiterroristas en las que no querían participar. Lo había intentado en Somalia, y el Ejército cometió errores y le echaron la culpa a él. Al no darse una provocación mayor por parte de Al Qaeda que silenciase a sus críticos, Clinton pensó que no podía hacer más. Sin embargo, dejó preparados los planes y programas que permitieron a Estados Unidos responder a los grandes ataques cuando se produjeron, eliminando las barreras políticas para la acción.

Cuando Clinton dejó el poder, muchas personas, incluidos los líderes de la recién llegada Administración Bush, pensaban que él y su Administración estaban demasiado obsesionados con Al Qaeda. Después de todo, Al Qaeda sólo había matado a unos pocos estadounidenses, nada en comparación con los cientos de *marines* que murieron a manos de los terroristas de Beirut durante la Administración Reagan o los cientos de estadounidenses que mató Libia en el vuelo 103 de Pan Am durante la primera Administración Bush. Estos dos ataques no provocaron la represalia militar estadounidense. Por qué estaba Clinton tan preocupado con Al Qaeda y por qué habló del tema con el presidente electo, Bush, y por qué sugirió que Sandy Berger se lo planteara a su sucesora como consejera de Seguridad Nacional, Condi Rice. Lo cierto es que, en enero de 2001, la nueva Administración pensó que la recomendación de Clinton de que la eliminación de Al Qaeda fuera una de las máximas prioridades era extraña, como tantas otras acciones de la Administración Clinton, desde su perspectiva.

CAPÍTULO 10
ANTES Y DESPUÉS DEL 11 DE SEPTIEMBRE

Al Qaeda planificó los ataques con años de antelación, introdujo células durmientes, hizo un reconocimiento del terreno. Adoptaron una perspectiva a largo plazo, en la creencia de que su lucha les llevaría décadas, quizá generaciones. Estados Unidos funcionaba en un ciclo electoral de cuatro años, y a finales del año 2000 estaba empezando uno nuevo. En la campaña presidencial, no se había mencionado el terrorismo. George Bush y Dick Cheney habían hecho referencia al Tratado sobre Misiles Antibalísticos con Rusia. Habían hablado también sobre Irak.

En enero de 2001, una vez dejado atrás el fiasco de Florida, informé a cada uno de mis viejos amigos y colegas de la primera Administración Bush: Condi Rice, Steve Hadley, Dick Cheney y Colin Powell. Mi mensaje fue directo: Al Qaeda está en guerra con nosotros, es una organización muy competente, probablemente tiene células durmientes en Estados Unidos y está claro que está preparando una serie de ataques muy graves contra nosotros; tenemos que actuar con contundencia y rapidez, tomar decisiones respecto a lo que preparamos después del ataque al *Cole*, ir a la ofensiva.

Cada persona reaccionó de forma diferente. Cheney estaba, como siempre, tranquilo y calmado en apariencia, pero maquinando sin cesar detrás de esa máscara. Le pidió a un asesor que concertara una visita a la CIA para conocer sus opiniones con respecto a la amenaza de Al Qaeda. Por mí no había problema, porque sabía que George Tenet sería incluso más alarmista de lo que yo había sido sobre los planes de Al Qaeda. Cheney hizo efectivamente ese viaje, carretera arriba, a la Oficina Central de la CIA, uno de los muchos que haría. La mayoría de las visitas se centraron en Irak, lo que dejó a los cargos de nivel medio y a los analistas preguntándose si el veterano vicepresidente tenía razón sobre la amenaza iraquí; quizás eran ellos los que deberían hacer ajustes en sus propios análisis. No obstante, durante las primeras semanas de la nueva Administración, Cheney había oído perfectamente lo que yo había dicho sobre Al Qaeda. Ahora que estaba asistiendo a las reuniones de los directores del NSC presididas por Condi Rice (algo que ningún vicepresidente había hecho nunca), yo tenía la esperanza de que hablara sobre la urgencia del problema, de que lo pusiera en una lista de asuntos que requerían una acción inmediata. No lo hizo.

Durante la transición, Colin Powell dio el insólito paso de pedir una reunión con el CSG, los oficiales de alto rango de la lucha antiterrorista del NSC, el Departamento de Estado, el de Defensa, la CIA, el FBI y el Ejército. Quería ver cómo actuábamos en conjunto, cómo respondía cada uno a los comunicados de los demás. Como todos estuvimos de acuerdo sobre la importancia de la amenaza de Al Qaeda, Powell se quedó visiblemente sorprendido ante la unanimidad.

Brian Sheridan, el que pronto dejaría de ser vicesecretario de Defensa, lo resumió así:

—General Powell, yo voy a marcharme cuando cambie la Administración. Soy el único que tiene un cargo político en esta sala, pues todos los demás son profesionales de carrera. Así que deje que le dé un consejo que no está contaminado por ningún interés personal. Mantenga unido este equipo interrelacionado de representantes de diferentes agencias y haga de Al Qaeda su prioridad número uno. Puede que nos peleemos sobre las tácticas y puede que incluso nos llamemos imbéciles entre nosotros de vez en cuando, pero es el mejor equipo que he visto jamás y todos quieren liquidar a Al Qaeda. Vienen por nosotros y tenemos que cogerlos primero.

Powell hizo numerosas preguntas acerca de lo que podía hacer el Departamento de Estado, tomó notas pormenorizadas y más tarde le pidió a Rich Armitage (que se convertiría en vicesecretario de Estado) que se ocupara de ello.

Me encontré a Condi Rice deambulando por los pasillos del edificio de la Oficina Ejecutiva, en busca de mi despacho. Dijo que tenía buenos recuerdos de su trabajo en ese antiguo edificio, en los terrenos de la Casa Blanca. La acompañé hasta mi oficina y le di el mismo informe sobre Al Qaeda que le había presentado al resto. Su reacción fue muy cortés, como es habitual en ella casi siempre. Cuando me estaba preparando para informar a mi antigua colega y ahora jefa, me di cuenta de que ella era la cuarta consejera de Seguridad Nacional para la que había trabajado y la séptima a la que había tenido como colega.

Brent Scowcroft había sido el viejo sabio adorable, centrado sobre todo en el equilibrio de la estrategia nuclear hasta que se produjo la primera Guerra del Golfo. Aunque era muy amigo de Bush padre, Brent sufría por el hecho de que el secretario de Estado le excluyera a menudo y hablara directamente con el presidente. Tony Lake había sido el líder atento y apasionado, cuya imagen de catedrático ocultaba el hecho de que era un maestro en intrigas burocráticas, siempre varios pasos por delante de todo el mundo. Lake había ganado siempre las batallas burocráticas, pero no se había ganado el corazón del presidente. Las personalidades de ambos no encajaban bien, y Clinton le pasó al puesto de director de la CIA en su segundo mandato (Lake se retiró durante una dolorosa batalla por la ratificación del nombramiento en el Senado. Si hubiera sido director de la CIA, no me queda ninguna duda de que hubiera perseguido a Bin Laden implacablemente, apartando a los burócratas que se interpusieran en su camino).

Sandy Berger había sido ayudante de Lake, pero también era una vieja amiga tanto de Bill como de Hillary Clinton. Inicialmente, lo que daba por hecho el personal del NSC era que Berger era la comisaria política, pero su enorme capacidad para realizar un minucioso trabajo en los asuntos más difíciles de la Seguridad Nacional le ganaron el respeto de los burócratas. Como consejera de Seguridad Nacional había tenido el control del Departamento de Estado y del Pentágono.

Ahora estaba al frente Condi Rice, que parecía tener con Bush hijo una relación más próxima de la que ningún otro de sus predecesores había tenido con los presidentes bajo cuyas órdenes habían estado. Eso debería haberle dado algo de espacio para maniobrar, algún margen para determinar las prioridades. Sin embargo, el vicepresidente había decidido involucrarse en el ámbito de los directores del NSC. El secretario de Defensa había dejado también clara su postura de que a él no le importaba qué relación tuvieran los demás con el presidente; él estaba haciendo lo que quería. Mientras informaba a Rice sobre Al Qaeda, por la expresión de su cara me dio la impresión de que no había oído antes ese nombre, así que añadí:

—La idea que tiene la mayoría de la gente es que es el grupo de Osama Bin Laden, pero es mucho más que eso. Es una red de organizaciones terroristas asociadas, con células en más de cincuenta países, incluido Estados Unidos.

Rice me miró con escepticismo. Se centró en el hecho de que el personal de mi oficina era excesivo para el NSC (doce personas) y en que llevaba a cabo tareas operativas, incluidos los asuntos de seguridad interna. Dijo:

—El NSC tiene exactamente el mismo aspecto que tenía cuando yo trabajaba aquí hace unos años, excepto por cómo funciona tu Departamento. Todo es nuevo. Realiza tareas nacionales y no se dedica simplemente a hacer política, sino que parece estar preocupado por asuntos operativos. No estoy segura de que necesitemos mantener todo esto en el NSC.

Rice veía el NSC como un mecanismo para coordinar la «política exterior» y no como un lugar donde deberían tratarse asuntos como el terrorismo en Estados Unidos, estar preparados ante un ataque con armas de destrucción masiva o la seguridad de la red informática. Me di cuenta de que Rice y su ayudante, Steve Hadley, todavía tenían la mentalidad de la época de la guerra fría, de cuando habían trabajado en el NSC. La experiencia previa de Condi había sido como funcionaria del NSC durante tres años, en los que se ocupó del Pacto de Varsovia y la Unión Soviética durante aquel periodo. Steve Hadley había estado también en el NSC, nombrado para que llevara a cabo asuntos de control de armas con la Unión Soviética. Entonces había sido subsecretario en el Pentágono, además de encargado del control de las armas soviéticas. Me pareció que ninguno de los dos había trabajado en los nuevos asuntos de seguridad de la época posterior a la guerra fría. Traté de explicárselo.

—Esta oficina es nueva, tienes razón —empecé a decir—. Se trata de la seguridad posterior a la guerra fría, no se centra sólo en las amenazas al Estado. Se han borrado los límites entre lo nacional y lo internacional. Las amenazas que tiene ahora Estados Unidos no son las bombas de los misiles balísticos soviéticos, sino las que llevan los terroristas. Además, la ley por la que se formó el NSC en 1947 decía que el propio organismo tenía que ocuparse también de las amenazas interiores a la seguridad.

Mis argumentos no fueron del todo convincentes. Durante los meses siguientes, me sugirieron que resolviera cómo trasladar algunos de estos asuntos a alguna otra organización.

Rice decidió que el puesto de coordinador nacional de la Lucha Antiterrorista bajara de categoría. El coordinador ya no sería un miembro del Comité Directivo. El CSG ya no estaría bajo las órdenes de los directores, sino de un Comité de Vicesecretarios de Estado. El coordinador nacional ya no tendría el apoyo de dos directores del NSC ni contaría con el mecanismo de revisión de presupuesto del director asociado de la OMB. No obstante, me pidió que me quedara y que mantuviera a todo el personal. Rice y Hadley no parecían conocer a ninguna otra persona cuya competencia se ajustara a lo que ellos consideraban mi extraña cartera. Al mismo tiempo, Rice me pidió que elaborara un plan de reorganización para desviar algunas de las funciones de seguridad a algún lugar fuera del personal del NSC.

Una semana después de la toma de posesión, escribí a Rice y a Hadley para pedirles una reunión «urgente» de los directivos, o una del Gabinete, para estudiar la inminente amenaza de Al Qaeda. Rice me dijo que el Comité Directivo, que había sido la primera jurisdicción para los debates sobre la política antiterrorista en la Administración Clinton, no se encargaría del asunto hasta que éste hubiera sido «formulado» por los subordinados. Supuse que eso significaba una oportunidad para que éstos estudiaran los objetivos y prioridades. Pero en vez de eso, lo que significó fueron meses de retraso. La reunión inicial de los vicesecretarios para estudiar la política antiterrorista no pudo programarse en febrero. Tampoco pudo tener lugar en marzo. Finalmente, el Comité de Vicesecretarios se reunió en abril, por primera vez, para hablar de terrorismo. La primera reunión, que tuvo lugar en el gabinete de crisis, una pequeña sala de conferencias con paneles de madera, no fue bien.

El vicesecretario de Rice, Steve Hadley, comenzó la reunión pidiéndome que informara al grupo. Volví inmediatamente a las decisiones pendientes de cara a afrontar el problema de Al Qaeda.

—Tenemos que presionar tanto a los talibanes como a Al Qaeda armando a la Alianza del Norte y a otros grupos de Afganistán. Al mismo tiempo, necesitamos centrarnos en Bin Laden y su liderazgo reiniciando los vuelos del Predator.

Paul Wolfowitz, el vicesecretario de Defensa de Donald Rumsfeld, estaba inquieto y fruncía el ceño. Hadley le preguntó si se encontraba bien.

—Bueno, simplemente no entiendo por qué lo primero que hacemos es hablar de ese individuo, Bin Laden —contestó Wolfowitz.

Respondí de la forma más clara y convincente que pude.

—Estamos hablando de una red de organizaciones terroristas llamada Al Qaeda, que da la casualidad de que está dirigida por Bin Laden, y estamos hablando de esa red porque ella y sólo ella representa una amenaza seria e inmediata para Estados Unidos.

—Bueno, hay otros que también son amenazas, al menos en la misma medida. El terrorismo iraquí, por ejemplo —replicó Wolfowitz, no mirándome a mí, sino a Hadley.

—No soy consciente de que haya ningún terrorismo contra Estados Unidos apoyado por Irak, Paul, desde 1993, y creo que el FBI y la CIA coinciden en ese juicio, ¿no es así, John? —me dirigí al subdirector de la CIA, John MacLaughlin, que obviamente no tenía muchos deseos de estar en el medio de un debate entre la Casa Blanca y el Pentágono, pero que no obstante respondió.

—Sí, así es, Dick —dijo—. No tenemos pruebas de que haya ninguna amenaza terrorista iraquí activa contra Estados Unidos.

Por último, Wolfowitz se dirigió a mí.

—Le estás atribuyendo a Bin Laden demasiados méritos. No podría realizar todas esas cosas, como el ataque a Nueva York en 1993, sin un Estado que lo apoye. Sólo porque el FBI y la CIA no hayan tenido éxito en encontrar las conexiones, no significa que no existan.

No podía creerlo, pero Wolfowitz esgrimía la teoría, totalmente desacreditada, de Laurie Mylroie de que Irak estaba detrás del coche bomba de 1993 en el World Trade Center, una teoría que, tras investigaciones de años se había considerado totalmente falsa.

La situación se estaba poniendo demasiado tensa para la clase de reunión que le gustaba presidir a Steve Hadley, pero pensé que era importante poner sobre el tapete el alcance del desacuerdo.

—Al Qaeda está planeando graves atentados terroristas contra Estados Unidos. Tiene planes para derrocar a los gobiernos islámicos y establecer un Califato multinacional radical, y después emprender la guerra contra los Estados no musulmanes —entonces dije algo de lo que me arrepentí al instante—. Han publicado todo esto, y a veces, como pasó con Hitler en *Mi Lucha*, conviene creer que esta gente va a hacer realmente lo que dice que hará.

Wolfowitz aprovechó inmediatamente la referencia a Hitler.

—No puedo admitir ninguna comparación entre el Holocausto y este pequeño terrorista de Afganistán.

—No estaba comparando el Holocausto con nada —dije pausadamente—. Estaba diciendo que, igual que Hitler, Bin Laden nos ha dicho por anticipado lo que piensa hacer y nosotros cometeríamos un gran error si lo ignorásemos.

Para mi sorpresa, el vicesecretario de Estado Rich Armitage salió en mi auxilio.

—Nosotros estamos de acuerdo con Dick. Consideramos a Al Qaeda una amenaza seria, y contrarrestarla es una prioridad urgente.

Las instrucciones de Colin Powell habían funcionado.

Hadley sugirió llegar a un acuerdo. Empezaríamos centrándonos en Al Qaeda y, posteriormente, investigaríamos otros terrorismos, incluido cualquier terrorismo iraquí. Sin embargo, como ocuparse de Al Qaeda implicaba ocuparse de su refugio afgano, Hadley sugirió que necesitábamos una política sobre Afganistán en general y sobre un asunto directamente vinculado como era la relación entre Estados Unidos y Pakistán, así como el retorno a la democracia en ese país y el control de armas en la India. Todas esas cuestiones formaban un «paquete» sobre el que se tenía que decidir en conjunto. Hadley propuso que durante los meses siguientes se redactaran más documentos y se organizaran varias reuniones más.

* * *

Yo no era el único en afirmar la amenaza de Al Qaeda que Wolfowitz menospreciaba. Nuestro embajador en Indonesia, Robert Gelbard, estaba presionando al Gobierno de Yakarta para que hiciera algo sobre Al Qaeda y su filial, Jemmah Islamiyah (JI). Gelbard había cerrado la embajada de Estados Unidos en Yakarta cuando recibió informes fiables de que un grupo de asesinos de Al Qaeda, formado por seis personas, había sido enviado desde Yemen. Él había criticado públicamente al Gobierno de Indonesia por haber hecho la vista gorda ante la infiltración y la intención subversiva de Al Qaeda. El día de Navidad de 2000, la JI lanzó una ofensiva contra los cristianos, colocando bombas en veinte iglesias. Gelbard intensificó la presión, tanto en privado como en público.

Bob Gelbard había sido una estrella en el cuerpo diplomático durante tres décadas: había sido embajador en Bolivia, vicesecretario de Estado para la Oficina de Asuntos Internacionales y Narcóticos, enviado especial de la Presidencia a los Balcanes. No era el tipo de diplomático que se preocupaba por el protocolo en una cena, sino que entendía de helicópteros armados e interceptación de las comunicaciones. Había combatido contra los señores de las drogas y los matones serbios. Ahora veía lo que estaba pasando en Indonesia: el objetivo de Al Qaeda era que la nación islámica más grande del mundo se convirtiera en su próximo campo de batalla.

A su llegada al Pentágono a principios de 2001, Paul Wolfowitz comenzó a llamar a sus antiguos conocidos de Indonesia, donde había sido embajador. Lo que le dijeron fue que Gelbard estaba creando dificultades, haciendo demasiado ruido sobre Al Qaeda, que estaba obsesionado. Se dijo que fue Wolfowitz quien insistió en que se trasladara a Gelbard. Bob Gelbard volvió a casa y se retiró del cuerpo diplomático. En octubre de 2002, el frente local de Al Qaeda atentó contra unos clubes nocturnos en Bali, matando a 202 personas, la mayoría de ellos australianos. Diez meses después, llevaron a cabo un atentado en el hotel Marriott de Yakarta, en el que murieron 13 personas. Las investigaciones que siguieron revelaron una extensa red de operativos de Al Qaeda en Indonesia, Filipinas y Malasia, liderada por aquellos de los que había sospechado Gelbard y a los que había insistido en detener.

* * *

El retraso del comité de subdirectores continuó en la primavera de 2001, en parte por el estilo legalista y metódico de Hadley. Su idea era construir poco a poco el consenso de que era necesario actuar, «educar a los subdirectores». La verdad era también que el Comité Directivo se estaba reuniendo con un orden del día muy apretado y mucho trabajo atrasado en los asuntos prioritarios de Bush: el Tratado sobre Misiles Antibalísticos, el Protocolo de Kioto sobre medio ambiente, e Irak. No había tiempo para el terrorismo.

Pasó el invierno y llegó la primavera. Las reuniones diarias del personal del NSC estaban copadas por discusiones pormenorizadas acerca del Tratado sobre Misiles Antibalísticos y otros asuntos que a mi juicio eran vestigios de las preocupaciones de la guerra fría. Un día vi un chiste en un editorial en el que el Tío Sam estaba sentado en un trono, leyendo el Tratado sobre Misiles Antibalísticos, mientras debajo de su asiento ardía la mecha de una bomba colocada por un terrorista que escapaba por detrás de él. El chiste me impactó muchísimo. La frustración me sobrepasaba y pedí que me cambiaran de puesto.

Había terminado la revisión de las opciones de organización para la defensa nacional y la protección de las estructuras fundamentales que Rice me había pedido. Habíamos llegado a un acuerdo para crear en la Casa Blanca un puesto de responsabilidad, independiente del personal del NSC, para la Protección de las Estructuras Fundamentales y la Seguridad del Ciberespacio. Condi Rice y Steve Hadley suponían que yo continuaría en el NSC centrándome en el terrorismo y me preguntaron que a quién tenía en mente para el nuevo puesto que se crearía fuera del NSC. Para la aparente sorpresa de Condi Rice y Steve Hadley, solicité que me asignaran esa tarea.

—Quizá —sugerí— estoy demasiado cerca del problema del terrorismo. He trabajado en ello durante diez años y para mí es un asunto muy importante, pero quizá me estoy convirtiendo en el capitán Ahab y Bin Laden es mi ballena blanca. Quizás necesitéis a alguien que esté menos obsesionado.

Supongo que mi mensaje fue lo suficientemente claro: obviamente vosotros no dais al terrorismo la importancia que le doy yo, ya que estáis tardando meses en hacer cualquier cosa; así que buscad a otro que lo haga y que esté contento trabajando a vuestro ritmo. Acordamos que yo empezaría en el nuevo puesto de infraestructuras fundamentales y ciberespacio al comienzo del nuevo año fiscal, el 1 de octubre.

Sin embargo, en los cuatro meses que quedaban, yo estaba decido a hacer mucha presión para que se pusiera en funcionamiento un plan de la Administración para perseguir a Al Qaeda. Roger Cressey y yo reescribimos el plan político-militar a modo de borrador de una Directiva Presidencial sobre Seguridad Nacional, para que lo firmara el presidente. El objetivo: eliminar a Al Qaeda. Algunos miembros del comité de subdirectores sugirieron que lo sustituyéramos por «debilitar considerablemente a Al Qaeda».

A George Tenet también le habían pedido que permaneciera tras el relevo Clinton-Bush. Él y yo expresábamos a menudo nuestro pesar por que Al Qaeda no se estuviera tratando con más seriedad en la nueva Administración. A veces entraba en mi oficina y me encontraba al director de la Agencia Central de Inteligencia sentado en mi mesa o en la mesa de mi ayudante, Beverly Roundtree, esperándome para dar rienda suelta a su frustración. Acordamos que Tenet se aseguraría de que los informes diarios del presidente continuaran estando repletos de información sobre la amenaza de Al Qaeda. El presidente Bush, al leer los informes del Servicio Secreto cada día y notar que se ocupaban mucho de la organización terrorista, le preguntó a Condi Rice por qué no dejar de «matar moscas» y eliminarles. Rice me contó la conversación y me preguntó cómo se estaba desarrollando el plan para eliminar a Al Qaeda en el comité de subdirectores.

—Podemos presentárselo a los directivos en un par de días, tan pronto como podamos concertar una reunión —insistí.

Rice prometió ponerse a ello pronto, pero fue pasando el tiempo. Durante años, George Tenet me había llamado directamente cuando leía información en bruto acerca de una amenaza. A menudo, cuando verificaba esos informes con expertos de la CIA, me advertían de que esa fuente era no era de fiar o que el informe se contradecía con otra información más fiable. Ahora, las llamadas que me hacía Tenet en relación con los informes del Servicio Secreto sobre amenazas eran más frecuentes, y la información era buena. Había un creciente número de informes que aseguraban que la capacidad operativa de Al Qaeda estaba repuntando. Los servicios de seguridad de Italia, Francia y Alemania habían descubierto algunas células y habían hecho redadas. Había informes fiables sobre una amenaza a la Marina de Estados Unidos en Bahrein, lo que hizo que yo llamara al Príncipe heredero de Bahrein a un yate en el Mediterráneo para pedirle que incrementara la seguridad de nuestra base de la Marina y pedirle acceso a los prisioneros de Al Qaeda que habían sido detenidos recientemente. Los italianos tenían informes fiables de que habría un intento de atentar contra la cumbre del G-7 en Génova, lo que hizo que el CSG revisara los planes para ese encuentro con el Servicio Secreto y el DOD.

A finales de junio, Tenet y yo estábamos convencidos de que estaban a punto de ocurrir una serie de atentados graves.

—Es mi sexto sentido, pero presiento que va a suceder. Éste va a ser el ataque más grande —dijo Tenet.

Nadie podría haber estado más preocupado por la amenaza de Al Qaeda que George, pero durante varios años había sido incapaz de que su agencia encontrara la forma de ir contra el núcleo de Al Qaeda dentro de Afganistán. Los análisis de la CIA indicaban que lo más probable era que los ataques fueran a tener lugar en Israel o Arabia Saudí. Yo seguí pensando en el mensaje de la Revisión Después de la Acción para el Milenio: están aquí.

En primavera, cuando comenzaron los debates iniciales sobre política en la Administración, envié un correo electrónico a Condi Rice y los colegas del personal del NSC advirtiedo de que Al Qaeda estaba tratando de matar estadounidenses, tratando de que hubiera cientos de muertos en las calles de Estados Unidos. Durante la primera semana de julio, convoqué al CSG y pedí a cada agencia que se pusiera en alerta máxima y que cancelaran las vacaciones de verano y los viajes oficiales de los empleados de la lucha antiterrorista. Todas las agencias debían informar sobre cualquier cosa que se saliera de lo corriente, hasta de la caída de un gorrión de un árbol. Pedí al FBI que enviara otra advertencia a los 18.000 departamentos de policía, que el Departamento de Estado alertara a las embajadas y que el Departamento de Defensa declarara la Condición de Amenaza Delta. La armada retiró sus barcos de Bahrein.

Al día siguiente, pedí a los oficiales de seguridad de alto rango de la FAA, Inmigración, Servicio Secreto, Guardacostas, Aduanas y el Servicio de Protección de Instalaciones Federales que se reunieran en la Casa Blanca. Pedí a la FAA que enviara otra advertencia de seguridad a las líneas aéreas y a los aeropuertos y pedí que se hiciera un examen riguroso en los puertos de entrada. Nos planteamos hacer una advertencia al público general, pero no teníamos pruebas ni podíamos ser específicos. ¿Qué íbamos a decir? ¿Un grupo terrorista del que nunca han oído puede estar planeando hacer algo en algún lugar?

El FBI se unió a nosotros en esa reunión, y lo mismo hizo un experto antiterrorista de alto rango de la CIA, que explicó que la Agencia creía que Al Qaeda estaba preparando algo. Cuando terminó, añadí lo que ya les había dicho a los agentes del CSG.

—Acaban de oír que la CIA cree que Al Qaeda está planeando un ataque muy serio contra nosotros. Yo también lo creo. Han oído decir a la CIA que será probablemente en Israel o en Arabia Saudí. Puede ser, pero puede que sea aquí. Que no haya pruebas que digan que será aquí no significa que vaya a ser en el extranjero. Puede que intenten golpearnos en casa. Ustedes tienen que suponer que eso es lo que van a tratar de hacer. Cancelen las vacaciones de verano, organicen horas extras, pongan en alerta a los equipos de reacción antiterrorista para que actúen rápido. Comuníquenme y comuníquense unos a otros cualquier cosa fuera de lo corriente.

En algún lugar de la CIA había información de que dos conocidos terroristas de Al Qaeda habían entrado en Estados Unidos. En algún lugar del FBI había información de que habían estado pasando cosas extrañas en algunas escuelas de aviación de Estados Unidos. Yo había pedido que me informaran si un gorrión se caía de un árbol ese verano. Lo que estaba sepultado en la CIA y el FBI no era un gorrión que se caía de un árbol, las luces rojas y los timbres de alarma deberían haberse disparado. Tenían información específica sobre terroristas concretos, de donde se podía haber deducido lo que estaba a punto de pasar. Nada de esa información me llegó a mí ni a la Casa Blanca. Al parecer, ni siquiera subió por la cadena del FBI hasta Dale Watson, el subdirector ejecutivo encargado de la lucha antiterrorista. Por supuesto yo sé lo que hubiera hecho yo, porque lo habíamos puesto en marcha para la llegada del Milenio: una investigación a escala nacional, buscando a cualquier sospechoso que tuviera, por muy remota que fuera la posibilidad, la más mínima conexión.

El 4 de septiembre de 2001 tuvo lugar, por fin, la reunión del Comité Directivo sobre Al Qaeda que yo había pedido «urgentemente» el 25 de enero. Como parte de los preparativos para esa reunión, le insistí a Condi Rice en que considerara el tema con la máxima claridad. La Administración podría decidir que Al Qaeda no era más que un incordio, el precio que había que pagar por ser una superpotencia (como al parecer Reagan y Bush padre habían decidido sobre Hezbolá y Libia cuando esos grupos habían matado a cientos de estadounidenses), y obrar en consecuencia, como había hecho hasta entonces. O podría decidir que el grupo terrorista Al Qaeda y sus asociados representaban una amenaza gravísima para la forma de vida estadounidense, por lo que era fundamental hacer todo lo que fuera necesario para eliminar esa amenaza. No había término medio. Concluí apuntando que antes de elegir entre esas alternativas sería muy bueno para Rice que se imaginara a sí misma cuando en un futuro próximo Al Qaeda hubiera matado a cientos de estadounidenses.

—¿Qué desearías haber hecho entonces?

Cuando por fin tuvo lugar, la reunión de directivos fue en gran medida un fiasco. Tenet y yo hablamos apasionadamente sobre la urgencia y la seriedad de la amenaza de Al Qaeda. Nadie discrepó.

Powell planteó una estrategia agresiva para hacer presión y que Pakistán se alineara con nosotros contra los talibanes y Al Qaeda.

Se podría necesitar dinero, comentó, pero no había planes para obtener fondos.

Rumsfeld, que parecía distraído durante toda la sesión, siguió la línea de Wolfowitz, argumentando que había otras preocupaciones terroristas, como Irak, y que hiciéramos lo que hiciéramos en este asunto de Al Qaeda, teníamos que enfrentarnos a las otras fuentes de terrorismo.

Tenet acordó una serie de cosas que la CIA podría hacer para actuar con más agresividad, pero los detalles no se ultimarían entonces: cuáles serían las nuevas competencias que se le darían a la CIA, cuánto dinero se gastaría, de dónde procedería. Dudé de que el proceso resultara fructífero en un breve plazo de tiempo. La CIA había dicho que no podría encontrar ni un solo dólar en ningún otro programa para transferirlo al esfuerzo contra Al Qaeda. Pidió fondos adicionales del Congreso.

La única discusión acalorada giró en torno a si se debía hacer volar el Predator armado sobre Afganistán para atacar a Al Qaeda. Ni la CIA ni el Departamento de Defensa llegarían a un acuerdo para poner en marcha ese programa. Rice terminó la discusión sin haber llegado a solución alguna. Me pidió que terminara el documento de política general sobre Al Qaeda, una Directiva Presidencial sobre Seguridad Nacional, y que se lo enviara a ella para que lo firmara el presidente.

* * *

¿Podríamos haber impedido el ataque del 11 de septiembre? Sería muy simplista decir que sí. Lo que está claro es que había fallos en las organizaciones en las que confiábamos para que nos protegieran, fallos para obtener información en el lugar oportuno, fallos previos para actuar con audacia y reducir o eliminar la amenaza.

Si hubiéramos tenido cualquier oportunidad de impedirlo, si hubiéramos contado con los conocimientos que necesitábamos para evitar ese día, los que nos sentábamos a la mesa de reuniones como miembros del CSG habríamos dado literalmente nuestras vidas para hacerlo; muchos del CSG ya habían arriesgado sus vidas por el país. Pero hay que reconocer que si hubiéramos detenido a esos diecinueve locos ilusos que actuaron el 11 de septiembre, como deberíamos haber hecho, hubieran venido otros después. En algún momento podría haberse producido un espantoso ataque que hubiera requerido que Estados Unidos respondiera a gran escala y sistemáticamente para eliminar a Al Qaeda y su red. Al Qaeda había surgido de la tierra después de la guerra fría como si fuera una plaga que hubiera estado latente mucho tiempo, siguiendo su propio camino y sin que nada la apartara. Y Estados Unidos, lamentablemente, parece que sólo responde bien ante los desastres, y que no se inmuta ante las advertencias. Nuestro país parece incapaz de hacer todo lo que deber hacerse hasta que se da alguna calamidad atroz que da validez a la importancia de la amenaza.

Después del 11 de septiembre, pensé que se habrían superado las discusiones, que por fin todo el mundo vería qué era lo que había que hacer y se pusiera a hacerlo. La guerra justa era luchar por la eliminación de Al Qaeda, estabilizar las naciones amenazadas por los terroristas islámicos radicales, ofrecer una clara alternativa para contrarrestar la «teología» e ideología radicales de los terroristas y reducir nuestros propios puntos débiles en casa. Era una prioridad obvia.

Roger Cressey, mi ayudante en el NSC, vino a verme a principios de octubre, después del tiempo que yo había calculado para cambiar de mi puesto en la lucha antiterrorista al puesto en la Protección de las Infraestructuras Fundamentales y la Seguridad del Ciberespacio. El cambio se había retrasado por el 11 de septiembre. Él y yo, y todos los demás miembros de nuestra pequeña oficina, habíamos estado trabajando jornadas de dieciocho horas o más todos los días después de los ataques. A sus treinta y seis años, a Cressey le habían tomado muchas veces por un estudiante de posgrado diez años más joven. Pero eso se había acabado, se le notaba la preocupación, y ahora lo que le importaba es que yo quisiera permanecer trabajando contra el terrorismo en el NSC para implementar nuestros planes.

—No te vas a marchar ahora, ¿verdad? —me preguntó—. Por fin te están prestando atención, así que es mejor que te quedes y captures a tu ballena blanca, ¿no?

Cressey había crecido junto a los muelles de pescadores de Gloucester, Massachusetts. Conocía las obsesiones de los capitanes de los barcos pesqueros. Había deseado que yo me fuera al nuevo trabajo en Infraestructuras Fundamentales y Ciberespacio. La frustración que tenía con nuestros colegas y jefes del NSC había alcanzado cotas peligrosamente altas antes de los ataques.

Estaba agotado, agotado de los diez años en la Casa Blanca, del maratón a partir de los ataques, de las noches en vela repitiéndome lo que podría haber hecho para impedir los ataques. Miré a Cressey.

—Bueno, Rog, como te he dicho antes, la lucha antiterrorista va a ir sobre ruedas a partir de ahora. No necesitará de nadie como yo para hacerla funcionar. Todo el mundo sabrá lo que hay que hacer. No habrá desacuerdos sobre política ni necesidad alguna de que alguien esté con un palo detrás para que las cosas se hagan. Es algo obvio ahora. Les hemos dado el plan de juego hecho. Qué demonios, se lo dimos en enero —Cressey comenzó a sonreírme; había visto por dónde iban los tiros—. La seguridad del ciberespacio es una materia virgen donde podemos tener un verdadero impacto —continué—. Es la siguiente amenaza, la siguiente vulnerabilidad, pero la gente no lo entiende todavía. Vamos a dedicarnos a eso durante un año y veremos lo que podemos hacer*.

Un mes más tarde, después de un viaje de seis horas desde Washington, entramos en un bar en Silicon Valley. Acababa de convertirme en consejero especial del presidente para la Seguridad del Ciberespacio e iba a pasar dos semanas familiarizándome con los líderes de la industria de la alta tecnología de California. Había un conjunto de jazz tocando y pedí mi primera bebida alcohólica desde la noche del 10 de septiembre. La gente reía y disfrutaba del momento. Cressey y yo habíamos pasado todas las semanas desde los ataques refugiados en la Casa Blanca como en una fortaleza, yendo a nuestras casas unas cuantas horas al día, llevando máscaras de gas, esperando otra ola de ataques. En Palo Alto, como

---

* Cressey y yo pasamos un año trabajando sobre el problema de la seguridad en el ciberespacio, elaborando la Estrategia Nacional para la Seguridad del Ciberespacio de Bush, y luego dejamos totalmente la Administración.

en la mayor parte de Estados Unidos, la vida seguía su curso. La gente confiaba, igual que yo, en que los mecanismos del Gobierno, ahora despiertos, se encargarían de la amenaza terrorista de forma total y sistemática. Estábamos equivocados.

Wayne Downing, el teniente general retirado que había dirigido el Comando de Operaciones Especiales, me había sustituido como alto funcionario de la lucha antiterrorista en el NSC. Wayne y yo nos habíamos conocido veintiocho años antes, cuando él era un joven comandante y yo era un aún más joven analista del Pentágono, y nos había tocado compartir una oficina sin ventanas en las entrañas del Pentágono. Tan pronto como tuvo lugar el ataque a las Torres Jobar en 1995, le pedí a Wayne que dirigiera una investigación para ver si los mecanismos de seguridad de Estados Unidos habían sido poco estrictos en ese centro de la Fuerza Aérea. Así era, y así lo había dicho él, para disgusto del Pentágono. Era un general firme y eficiente, el hombre perfecto para el trabajo de coordinación de la respuesta tras el 11 de septiembre. A los pocos meses de sustituirme, Wayne Downing dejó la Casa Blanca, frustrado con la continua respuesta burocrática de la Administración ante la amenaza.

A Wayne lo reemplazaron dos personas, John Gordon y Randy Beers. Como ocurría con Downing, conocía a Beers y a Gordon desde hacía mucho tiempo; había empezado a trabajar con ellos en 1979 y 1981, respectivamente. Beers era entonces un joven oficial del cuerpo diplomático y Gordon era comandante de la Fuerza Aérea. John Gordon dirigió una sección de los misiles con armas nucleares en Wyoming, fue ayudante de George Tenet en la CIA y luego fue el primer director de la nueva Agencia Nacional de Seguridad Nuclear. Randy Beers y yo pasaríamos los veintitrés años siguientes trabajando juntos en la Casa Blanca y en el Departamento de Estado, como subsecretarios adjuntos, directores del NSC, vicesecretarios de Estado y ayudantes especiales del presidente. Cuando Randy Beers asumió la lucha antiterrorista en el NSC en 2002, comenzó a trabajar por cuarta vez para un presidente de la Casa Blanca (había trabajado antes allí para Reagan, Bush padre y Clinton). Beers tenía una enorme experiencia en política y en operaciones de servicios secretos, terrorismo, operaciones militares en el extranjero y departamentos de seguridad. Era el hombre perfecto para ese puesto.

Beers me llamó desde la Casa Blanca unos meses más tarde y me preguntó si podía pasarse por mi casa para tomar un trago y recibir algunos consejos.

—Randy, ¿desde cuándo tienes que llamar antes de pasarte por casa? Nos vemos en unos minutos.

Habíamos compartido nuestra experiencia y nos habíamos asesorado mutuamente durante años, pero me dio la sensación de que algo iba mal; quizá hubiera información nueva sobre otro ataque que pudiera estar planeando Al Qaeda. Me senté a la entrada de mi vieja casa, salida de un catálogo de Sears, y pensé de nuevo en la noche, doce años atrás, en que había estado sentado en el mismo sitio bebiendo Lagavulin y maldiciendo a la CIA por decir que Irak no invadiría Kuwait. Con unos años más y habiendo perdido el gusto por el whisky escocés, abrí una botella de Pinot Noir procedente de una pequeña bodega que había encontrado en el Russian River. Cuando Beers se sentó a mi lado lo primero que dijo fue:

—Creo que tengo que renunciar.

Creí saber la razón, pero pregunté. Su respuesta fluyó como un río que se desborda.

—Siguen sin entenderlo. En vez de ir a por todas contra Al Qaeda y eliminar los puntos vulnerables en nuestro propio país, joder, quieren invadir Irak otra vez. Tenemos una fuerza militar estadounidense simbólica en Afganistán, los talibanes se están agrupando de nuevo, no hemos capturado a Bin Laden, ni a su mano derecha, ni al jefe de los talibanes. Y no van a enviar más tropas a Afganistán para capturarlos o para ayudar al Gobierno de Kabul a asegurar el país. No, se están frenando, quieren invadir Irak. ¿Sabes hasta qué punto se fortalecerán Al Qaeda y otros grupos similares si ocupamos Irak? Ahora no tenemos ninguna amenaza de Irak, pero el 70 por ciento de los estadounidenses cree que Irak atacó el Pentágono y el World Trade Center. ¿Sabes por qué? ¡Porque eso es lo que quiere la Administración que piensen!

Me daba cuenta de que había una gran ansiedad acumulada contra la Administración Bush. Cogí otra botella de Pinot Noir.

Randy continuó.

—Peor todavía, están utilizando la guerra del terror con fines políticos. ¿Te acuerdas de aquel documento de la oficina de Karl Rove que alguien encontró en el parque? ¿Recuerdas lo que decía de que los republicanos debían presentarse a las elecciones con el asunto de la guerra? Bueno, pues lo han hecho. ¡Están haciendo una cortina de humo! Fueron contra Max Cleland, diciendo que no era un patriota porque no estaba totalmente de acuerdo con Bush sobre cómo tratar la seguridad interior. ¡Max Cleland, que perdió tres de sus extremidades por este país en Vietnam! —Beers había perdido la audición de un oído en Vietnam, donde había estado de servicio como *marine*—. No puedo trabajar para esta gente, lo siento, pero no puedo.

Beers dimitió. Tenía razón sobre la estrategia que utilizaba Karl Rove, no sólo contra Max Cleland, sino contra todos los demócratas. Dentro de la Casa Blanca, se había tomado la decisión de que en las elecciones parlamentarias de 2002 y en la reelección de 2004, los republicanos se presentarían a sí mismos bajo el manto de la bandera, diciendo que un voto a su favor era un voto contra los terroristas. «Presentarse con el asunto de la guerra» era el propósito de 2002. Por entonces, Rove quería decir la Guerra contra el Terror, pero también tenían en mente otra guerra que ellos urdirían.

Continuó el trasiego de los oficiales superiores de la lucha antiterrorista. Poco después transfirieron a John Gordon al puesto que había dejado vacante Tom Ridge como consejero de Seguridad Interior. Fran Townsend, que había trabajado para Janet Reno y que había desempeñado un papel fundamental para conseguir órdenes judiciales durante la Alerta Terrorista del Milenio, se hizo cargo del puesto de coordinador de la lucha antiterrorista del NSC en 2003.

Cuando miraba esa puerta giratoria que fue el puesto de la lucha antiterrorista después de mi partida, y pensaba de nuevo en los diez meses que serví al presidente Bush como coordinador nacional de la Lucha Antiterrorista y la Protección de las Infraestructuras, todavía me asombra no haber tenido nunca la oportunidad de hablar con él sobre terrorismo hasta el 11 de septiembre. De hecho, durante todo ese tiempo sólo tuve tres reuniones en las que esbocé los objetivos y las prioridades y le informé sobre algunos asuntos, pero cada vez fue sobre temas diferentes al terrorismo. Mi propuesta de informar al presidente sobre el terrorismo se aplazó hasta «después de que el Comité de Vicesecretarios y el Comité Directivo terminaran su informe». En este aspecto, la segunda Administración Bush era como la de su padre: el personal del NSC veía al presidente rara vez, y siempre con un acompañante. Este estilo se perfilaba en claro contraste con los dos mandatos de la presidencia de Clinton, en la que los miembros del personal del NSC se relacionaban con frecuencia con el presidente, contándole a menudo cosas que el consejero de Seguridad Nacional podría no haber dicho.

A juzgar por la interacción que tuve con Bush, estaba claro que las críticas que se le hacían de ser un chico rico, estúpido y perezoso eran un tanto inexactas. Cuando se concentraba, hacía el tipo de preguntas que revelan una mente muy pendiente de los resultados, pero buscaba una solución simple, la descripción superficial y estereotipada del problema. Una vez que conseguía eso, era capaz de poner mucha energía en su deseo de lograr el objetivo. El problema era que muchos de los asuntos importantes, como el terrorismo, como Irak, eran un fino encaje de sutilezas y matices importantes. Estos asuntos requerían análisis, y Bush y su círculo de asesores no tenían un interés real en análisis complicados; ya sabían las respuestas a los asuntos que les interesaban, eran creencias generalmente aceptadas.

Bush se informaba mediante charlas con un pequeño grupo de asesores de alto rango. Desde el principio se nos había dicho que «el presidente no es un gran lector» y se va a la cama a las 10.00. Clinton, por el contrario, estaría intentando leer todos los comunicados internos mientras veía las noticias en la televisión por cable hasta bien pasada la medianoche. Solía exprimir al máximo los conocimientos del personal de la Casa Blanca y del personal del Departamento, y luego se dirigía a la universidad y otras fuentes. La mayoría de las veces descubríamos que había leído el último libro o artículos de revistas sobre el tema que tuviéramos entre manos. Un día, Clinton me paró en el pasillo para decirme:

—Buen trabajo, ese discurso en Filadelfia.

Me pregunté cómo sabría lo que había dicho.

—¿Cómo diablos ha visto ese discurso? —pregunté.

El presidente me sonrió avergonzado.

—Tenía puesto C-SPAN anoche mientras leía —admitió.

Al mirar el programa de C-SPAN, descubrí que el discurso que di en Filadelfia sobre el proceso de paz en Oriente Próximo se había retransmitido a las 2.00 de la mañana. En otra ocasión, Clinton me dijo que había leído un libro nuevo de Gabriel García Márquez la noche anterior. Cuando traté de conseguir una copia del libro, me enteré de que todavía no se había publicado. Clinton estaba leyendo las galeradas.

Había, desde luego, innumerables diferencias entre Clinton y Bush, la mayoría de ellas evidentes, pero lo más revelador para mí era la forma en la que ambos buscaban y procesaban la información. Bush quería llegar a lo esencial y seguir adelante. Clinton trataba de encontrar y de mantener todos los asuntos delante de él, como el cubo de Rubik, examinándolos desde todos los ángulos hasta el punto de que sacaba totalmente de quicio al personal. Me he preguntado muchas veces desde el 11 de septiembre sobre la importancia que había tenido que George Bush fuera el presidente cuando sufrimos los atentados. ¿Qué hubiera pasado si Clinton hubiera estado todavía en el poder o si los procedimientos de voto de Florida hubieran sido distintos?

Aunque Bush había oído hablar de Al Qaeda en los informes del Servicio Secreto antes del ataque, había pasado poco tiempo documentándose sobre los orígenes y la naturaleza del movimiento. Su reacción inmediata después de los ataques fue, naturalmente, la de devolver el golpe. Su esquema, sin embargo, se resumía en su famosa frase «los que no están con nosotros están contra nosotros» y en su insistencia desde el principio en ocuparse de Irak como forma de demostrar el poder de Estados Unidos. Dudo que alguien tuviera alguna vez la oportunidad de presentarle el argumento de que atacar a Irak en realidad haría que Estados Unidos fuera menos seguro y fortalecería el movimiento terrorista islámico radical más amplio. Por supuesto que eso no se lo dijo el pequeño círculo de asesores, los únicos cuyos puntos de vista respeta y en cuyas opiniones confía.

Cualquier líder que podamos imaginar como presidente el 11 de septiembre hubiera declarado una «guerra al terrorismo» y hubiera terminado con el refugio afgano invadiéndolo. Casi cualquier presidente hubiera intensificado las medidas de alerta y la Seguridad Nacional. ¿Qué hizo exactamente George Bush después del 11 de septiembre que no hubiera hecho ningún otro presidente que podamos imaginar tras semejantes ataques? Al final, lo que fue excepcional en la reacción de George Bush ante el terrorismo fue que eligió como objeto para dar una lección a los posibles Estados patrocinadores del terrorismo, no a un país que hubiera estado implicado en el terrorismo contra Estados Unidos, sino a un país que no había estado implicado, Irak. Es difícil imaginar otro presidente que hubiera elegido lo mismo.

Otros (Clinton, Bush padre, Carter, Ford) podrían haber tratado de entender el fenómeno del terrorismo, qué es lo que llevó a quince saudíes y cuatro más a suicidarse para matar estadounidenses. Otros podrían haber intentando desarrollar un consenso mundial para tratar las causas fundamentales, aprovechando a la vez el momento para forzar a los gobiernos que hubieran estado aletargados o indecisos a que detuvieran a los terroristas conocidos y a cerrar las organizaciones visibles. Podemos imaginarnos a Clinton tratando, una vez más, de forzar un acuerdo palestino-israelí, yendo a Arabia Saudí y dirigiéndose al pueblo musulmán en una emotiva llamada a la tolerancia religiosa, exigiendo un acuerdo entre India y Pakistán para crear una zona desnuclearizada y estabilizar Pakistán. Tales esfuerzos podrían haber tenido éxito o no, pero lo que sí sabemos es que no hubieran exacerbado a la comunidad islámica ni hubieran radicalizado aún más a la juventud musulmana, agudizando su odio hacia Estados Unidos, de la forma en que lo ha hecho la invasión de Irak.

Era totalmente obvio, cuando habían sido secuestrados cuatro aviones, que había que mejorar la seguridad de las líneas aéreas, pero Bush se opuso a las peticiones para que los revisores de seguridad de los aeropuertos pasaran a ser funcionarios federales. Luego, cuando perdió esa batalla en el Congreso, puso a un viejo amigo de la familia, John McGaw, como jefe de la nueva agencia para dirigir a los revisores de seguridad. En unos meses, McGaw tuvo que ser sustituido por las críticas del Congreso. Esto se iba a convertir en un hábito. Bush y su compañero de cuarto de la escuela secundaria, Clay Jonson (el director de personal de la Casa Blanca), buscaron primero entre los partidarios de la familia y sus compinches políticos para adjudicar los puestos clave. Como me dijo un columnista republicano, «estos tipos son más endogámicos, herméticos y vengativos que la Mafia».

Era también totalmente obvio que después del 11 de septiembre las fuerzas armadas de Estados Unidos tenían que ocupar el refugio de Al Qaeda en el Afganistán dominado por los talibanes y matar a los líderes de la organización terrorista. Desgraciadamente, los esfuerzos de Bush fueron lentos e insignificantes. Comenzó ofreciendo de nuevo a los talibanes una oportunidad para evitar la ocupación de su país por parte de Estados Unidos y, cuando eso fracasó, envió inicialmente sólo un puñado de fuerzas especiales. Cuando los líderes de los talibanes y de Al Qaeda escaparon, envió fuerzas adicionales, pero menos del equivalente a una división completa, menos tropas estadounidenses para todo Afganistán que el número de efectivos que el Departamento de Policía de Nueva York tiene asignado en Manhattan.

Podíamos haber pensado que era igualmente lógico que tras el 11 de septiembre una de las prioridades fuera mejorar las relaciones de Estados Unidos con el mundo islámico, para cortar el apoyo a esa anormalidad del Islam que es Al Qaeda. Después de todo, Al Qaeda, el enemigo que nos había atacado, tenía entre manos su propia y muy exitosa campaña de propaganda para empujar a millones de musulmanes a actuar contra Estados Unidos, como primer paso de una campaña para sustituir a los gobiernos existentes en todo el mundo por regímenes similares al de los talibanes. Para derrotar a ese enemigo e impedir que logre sus objetivos, necesitamos hacer algo más que detener y matar gente. Nosotros y nuestros valores tienen que ser más atractivos para los musulmanes de lo que es Al Qaeda. Sin embargo, según todos los indicios, el apoyo a Al Qaeda y otros grupos similares ha crecido desde Marruecos hasta Indonesia. Si esa tendencia continúa, los imanes radicales y sus escuelas producirán (como entendió por fin Donald Rumsfeld en 2003, según se refleja en un memorando interno filtrado, donde pintaba un análisis mucho más sombrío de la guerra contra el terrorismo que en sus declaraciones públicas) más terroristas de los que podamos encarcelar o matar. Pero lejos de dirigir los esfuerzos a disminuir la atracción popular del enemigo que nos atacó, Bush le proporcionó a ese enemigo precisamente lo que necesitaba y deseaba, pruebas de que Estados Unidos estaba en guerra con el Islam, de que éramos los nuevos Cruzados que iban a ocupar las tierras musulmanas.

Ninguna otra cosa que hubiera podido hacer Estados Unidos habría proporcionado a Al Qaeda y a su nueva generación de grupos clónicos un reclamo de reclutamiento mejor que nuestra invasión, no provocada, de un país árabe rico en petróleo. Ninguna otra cosa podría haber invalidado tan eficazmente todas nuestras acciones positivas y haber cerrado así los oídos y los ojos de los musulmanes a los ulteriores llamamientos para que haya reformas en su zona. Era como si Osama Bin Laden, oculto en algún reducto de la alta montaña, se hubiera dedicado a controlar a distancia la mente de George Bush, repitiendo la consigna «invade Irak, tienes que invadir Irak».

Capítulo 11
Guerra justa, guerra injusta

No tenía por qué haber sido así. No teníamos por qué haber atacado Irak después del 11 de septiembre. Imaginemos una situación diferente en la que un presidente movilizara el país para enfrentarnos a los problemas fundamentales revelados por los ataques terroristas. ¿Cómo hubiera sido un esfuerzo global y satisfactorio de la lucha antiterrorista tras el 11 de septiembre?

Habría tres objetivos clave. Primero, el presidente se habría embarcado en un esfuerzo enorme para eliminar la vulnerabilidad de nuestro país frente al terrorismo y fortalecer la seguridad interior. Segundo, habría lanzado un esfuerzo global concertado para contrarrestar la ideología de Al Qaeda y el movimiento terrorista islámico radical, asociándose para promocionar el verdadero Islam, para obtener apoyo a los valores comunes estadounidenses e islámicos, y para configurar una alternativa al éxito del enfoque fundamentalista. Tercero, habría adoptado un papel activo en países clave no sólo para acorralar a los terroristas, destruir sus lugares de refugio y dejarles sin financiación, sino también para fortalecer a los gobiernos receptivos y hacer posible que ellos actuaran política, económica y socialmente contra las raíces del terrorismo tipo Al Qaeda (los países prioritarios serían Afganistán, Irán, Arabia Saudí y Pakistán). En ningún lugar de la lista de cosas que se deberían haber hecho tras el 11 de septiembre figura la invasión de Irak. Las cosas que teníamos que hacer hubieran requerido una enorme atención y recursos. Pero no había recursos disponibles porque se estaban destinando a Irak. Veamos lo que se hizo y lo que se tendría que haber hecho.

* * *

La prioridad número uno hubiera sido eliminar las vulnerabilidades del país frente al terrorismo y fortalecer la seguridad interior. En los días después del ataque del 11 de septiembre, la Casa Blanca se dio cuenta de que el presidente necesitaba hacer una declaración más completa al pueblo estadounidense sobre lo que había sucedido y lo que íbamos a hacer al respecto. Era preciso que se dijera algo fácilmente comprensible acerca de la prevención de ataques en Estados Unidos. El presidente decidió presentar a una persona, el gobernador de Pennsylvania, Tom Ridge, en el discurso que hizo antes de una sesión conjunta del Congreso. Sentado en el balcón de la Casa a cuyo servicio había estado una vez, Ridge parecía que venía de un reparto clave de papeles. Alto, de mandíbula cuadrada, un veterano de Vietnam herido, Ridge había tenido éxito como gobernador de un estado de los grandes. Bush le había pedido que viniera a la Casa Blanca para «dirigir la seguridad interior». No había más detalles en la oferta, pero en los días que siguieron al 11 de septiembre no se decía que no al presidente.

Unos días más tarde, fui en coche con el general Wayne Downing a la mansión del gobernador en Harrisburg. Encontramos a Ridge haciendo las maletas, porque acababa de renunciar a su cargo para ir a Washington. Cuando le informamos de las medidas que se habían puesto en práctica durante cinco años para proteger al país, pareció de alguna forma aliviado.

—Estupendo. Pensaba que iba a tener que empezar desde cero.

En un sentido, sin embargo, Ridge sí que tuvo que empezar desde cero. Se había tomado la decisión, y así se le había transmitido a Ridge, de que él estuviera a la cabeza de una organización paralela al Consejo Nacional de Seguridad, es decir, un equipo de Seguridad Interior de la Casa Blanca de alrededor de cincuenta profesionales para dirigir, coordinar y llevar a cabo la supervisión de los numerosos programas federales relativos a la Seguridad Nacional y a la prevención, alivio y recuperación en caso de catástrofes. Le había costado décadas al NSC llegar a ser efectivo, y su eficacia dependía todavía en gran medida de sus líderes y de los nombramientos del personal clave. Ridge, que no había servido nunca en el poder Ejecutivo de Washington, tenía que crear una nueva entidad rápidamente.

A Tom Ridge le habían dado gato por liebre cuando acordó venir a Washington para ayudar en la seguridad interior. Supuso que tendría una autoridad real como consejero del presidente en materia de Seguridad Interna, pero pronto descubrió que no podía hacer nada sin que antes le diera el visto bueno el jefe de personal de la Casa Blanca, Andy Card. Aunque Ridge se opuso a la idea de crear un nuevo Departamento y detestaba la idea de convertirse en su secretario, Bush y Card le obligaron a hacerlo. Ser gobernador de Pennsylvania no era como dirigir un Departamento a escala nacional con casi 200.000 empleados desempeñando funciones de seguridad confidenciales y de extrema importancia. Ridge era, fundamentalmente, un político, no un gestor ni un experto en seguridad.

Después de que la Administración Clinton hubiera hecho del terrorismo y la protección interior una creciente prioridad presupuestaria, habían aparecido una serie de tribunales y comisiones para ofrecer sus opiniones acerca de los problemas. Muchos habían tratado de lograr lo que yo llamo una solución de «diagrama de cableado», el movimiento y consolidación de agencias y departamentos. Muchos miembros del Congreso y de los tribunales eran incapaces de aceptar que muchas agencias federales pudieran contribuir a atajar un problema tan grande como el de la seguridad nacional y la preparación en caso de alerta; no era algo claro. Yo creía que una hábil coordinación y liderazgo de la Casa Blanca podría conseguir que las numerosas agencias trabajaran en los distintos componentes de un programa global coherente. Como funcionario de carrera con casi treinta años de experiencia en las oficinas centrales de Washington, creía que el método alternativo, renovar la instalación de las áreas organizativas, nos haría menos capaces de manejar la seguridad interior y la preparación en caso de alerta en los años venideros. Las pequeñas fusiones que dieron lugar a la creación del Departamento de Energía y el Departamento de Transportes tardaron años en cuajar. Ridge estaba de acuerdo y me dijo que lo último que necesitábamos era reorganizar y crear un Departamento nuevo.

El Congreso pensaba lo contrario. El Senador Joe Lieberman, que quería hacer un esfuerzo por mejorar la seguridad interior, había seguido la recomendación de un equipo externo liderado por Warren Rudman y Gary Hart y la había convertido en un borrador de ley para crear un Departamento nuevo. Las agencias que se fusionarían tenían, entre otras funciones, la responsabilidad de la industria pesquera, el desbordamiento de ríos, los delitos informáticos, el adiestramiento de la ciudadanía, los aranceles en las importaciones, el contrabando de drogas y el funcionamiento de las redes telefónicas. También tenían otras más claramente relacionadas con la seguridad. El presidente estaba en contra del proyecto de ley y llamó la atención sobre la nueva oficina de Tom Ridge. Pero muchos miembros del Congreso, de ambos partidos, pensaron que la oficina de Ridge no era suficiente. Su confianza en esa oficina se había debilitado pronto, cuando comenzó a aparecer ántrax en el correo de Estados Unidos y la respuesta de la Administración Bush parecía confusa.

Era confusa. Ridge y el fiscal general John Ashcroft competían por decidir quién coordinaría la respuesta, mientras que las apariciones televisivas del secretario de Salud, Tommy Thompson, dejaron a muchos estadounidenses menos tranquilos y aún más alarmados. Por suerte, en 1998 se había creado la Reserva Farmacéutica Nacional, de modo que los medicamentos que se necesitaban estaban disponibles, y se habían implementado procedimientos para actuar con mayor rapidez. Los laboratorios estatales para la salud pública se habían recuperado también, desde un estado casi patológico, mediante fondos federales en 1999 y podían responder a los miles de casos en que se veía ántrax, muchos de los cuales resultaron ser leche en polvo.

Tanto los republicanos como los demócratas del Congreso pusieron objeciones a la falta de disposición de la Casa Blanca para permitir que Ridge apareciera ante los comités del Congreso porque «no es apropiado que haga tal cosa el personal de la Casa Blanca». Algunos miembros del Congreso comentaron que como coordinador nacional, yo había comparecido ante nueve comités del Congreso para informarles sobre la lucha antiterrorista y la preparación nacional en caso de alerta.

Tanto los republicanos como los demócratas se quejaron de que la Casa Blanca se negara a dejar que Ridge apareciera ante comités del Congreso porque «el personal de la Casa Blanca no hace eso». Algún miembro del Congreso señaló que cuando yo era coordinador nacional, aparecí ante nueve comités del Congreso para informar sobre antiterrorismo y la preparación nacional para el caso de ataques.

La Oficina de Asuntos Legislativos de la Casa Blanca comenzó a hacer un recuento en el Congreso. El proyecto de ley de Lieberman sería aprobado en ambas cámaras, lo que supuso dos desastres para el presidente Bush: primero, un nuevo Departamento difícil de controlar, creado justo cuando sus agencias y personal tenían que estar trabajando en aumentar la Seguridad Nacional, y segundo, la principal ley nueva, en respuesta al 11 de septiembre, llevaría el nombre del hombre al que la mayoría de los votantes había querido como vicepresidente hacía sólo veinte meses. Para los analistas políticos de la Casa Blanca de Bush, era mejor tener sólo uno de esos dos resultados que tener ambos. Por consiguiente, el presidente Bush cambió radicalmente su postura y anunció la urgente necesidad de la Ley Lieberman, excepto que él no la llamó así, sino Ley de Seguridad Nacional.

En realidad, la propuesta de Bush añadía aún más agencias al mejunje de las que había en la legislación de Lieberman, incluido el Servicio Secreto. La Casa Blanca lanzó entonces un espectáculo a escala nacional para fomentar el apoyo al nuevo Departamento de Seguridad Interior. Los partidarios de la Administración insinuaban que quienes estaban en contra de la legislación eran antipatrióticos (pocos plantearon la cuestión de si la Casa Blanca había sido antipatriótica cuando se había opuesto a la misma ley pocas semanas antes). Aunque con retraso, debido a la insistencia de la Administración en que se limitaran los derechos de los funcionarios, se aprobó la Ley de Seguridad Nacional y se creó el Departamento.

El resultado, como reveló el *Washington Post* en un extenso reportaje en septiembre de 2003, ha sido un desastre decepcionante. Muchos de los dirigentes fueron escogidos por lealtades políticas, no por tener experiencia en el poder Ejecutivo. Los recursos no eran los adecuados para efectuar una fusión sin complicaciones. La Oficina de Planificación de la Transición, encabezada por la Casa Blanca, produjo pocos planes útiles. Muchos profesionales de carrera en puestos clave se fueron indignados. Los que se quedaron se quejan a menudo de que realmente tienen menos capacidad para trabajar en programas orientados a aumentar la seguridad, debido a que el nuevo Departamento está mal dirigido, hay muy pocos mecanismos de apoyo institucional que les ayuden y tienen que dedicar mucho tiempo a los retos administrativos que conlleva la reorganización.

Para aquellos que no han trabajado en el Gobierno federal pero que están familiarizados con el mundo de los negocios, la mejor manera de entender lo que les ha ocurrido a las organizaciones clave en temas de seguridad es pensar en la fusión Time Warner-AOL y elevarlo al cubo. Se fusionaron veintidós agencias simultáneamente en el nuevo Departamento, dentro de una organización que no existía por sí misma anteriormente.

Las primeras iniciativas del nuevo Departamento, más que hacernos sentir más seguros, se convirtieron en un tema para los humoristas de los programas nocturnos. El Sistema de Código de Colores hizo gastar al principio a las autoridades estatales y locales millones de dólares que no tenían, para responder a los cambios de color, pero esos cambios no iban acompañados de ningún tipo de información detallada sobre las posibles amenazas; información que debería compartirse con las autoridades locales. Los estados y ciudades empezaron a declarar que no responderían más a los cambios del código de colores. Entonces llegó el anuncio de que todos los hogares estadounidenses deberían tener cinta aislante, lo que provocó rápidamente que ciudadanos asustados vaciaron las ferreterías de los diversos tipos de cintas.

El personal de carrera bueno que se ha quedado en algunas agencias ha tratado con relativo éxito de aislarse de su propio Departamento, en particular el Servicio Secreto, los Guardacostas y la Dirección de Seguridad en el Transporte. Sin embargo, incluso el Servicio Secreto ha sido dañado por el nuevo Departamento, que (sin consultar con el Servicio Secreto, precisamente) ha acordado que los expertos del servicio, con experiencia en delitos financieros, estén subordinados al FBI en lo que se refiere a la financiación de la lucha antiterrorista. El FBI no forma parte del nuevo Departamento de Seguridad Nacional. La Dirección de Seguridad en el Transporte tampoco ha sido dotada con los fondos suficientes, hasta el punto de que el Departamento propuso reducir el número de Policías Aéreos Federales en los aviones, para luego retirar la propuesta unos días más tarde debido a las críticas públicas.

El Congreso cambió la legislación propuesta por la Administración para crear el Departamento, añadiendo detalles y datos específicos sobre las funciones y misiones. Un aspecto sobre el que el Congreso fue muy claro fue la necesidad de un nuevo centro en el Departamento que viera y analizara toda la información de que dispone el Gobierno sobre amenazas terroristas y que se formara «una segunda opinión». Tanto el FBI como la CIA vieron este mandato del Congreso como un desafío a su autoridad. Aunque a menudo enfrentados y poco dispuestos a compartir información sobre terrorismo, la CIA y el FBI pueden hacer causa común cuando se enfrentan con el mismo enemigo burocrático. Así, propusieron la creación de una entidad CIA-FBI para analizar la información sobre esa materia. El presidente Bush propuso esta nueva entidad en su mensaje sobre el Estado de la Unión en 2003 y poco después ya disponía de oficinas, personal y ordenadores. La «segunda opinión» del mandato del Congreso consiste en buena medida en vacantes federales sin cubrir en el Departamento de Seguridad Interior.

Además de hacer que el Departamento de Seguridad Interior sea capaz de dar una «segunda opinión» sobre los asuntos del Servicio Secreto relacionados con la Seguridad Nacional, está cada vez más claro que necesitamos mejorar la exactitud de la «primera opinión» en todos los asuntos de información, en los análisis que ofrece la CIA. La lista de fallos importantes de análisis de la CIA ya es demasiado larga para que podamos concluir que el sistema actual es aceptable. Es hora de hacer lo que tantos observadores experimentados de la comunidad de los servicios secretos han recomendado: eliminar la función de análisis de la información de la CIA y establecer un pequeño Departamento independiente con un personal de profesionales de carrera y expertos externos. Este nuevo Departamento de Información e Investigación debería tener un estatus un tanto parecido al de la Junta de la Reserva Federal, con un presidente respetado que mantuviera el cargo por un tiempo limitado, otros miembros de la Junta igualmente respetados y un personal selecto. Sus análisis deberían estar sujetos a inspecciones independientes regulares para asegurar la exactitud.

En cuanto al monstruoso Departamento de Seguridad Interior, es demasiado tarde ahora para una implementación gradual del mismo, que es como debería haberse hecho, pero no es demasiado tarde para hacer que el Departamento funcione. La misión de la Seguridad Interior es demasiado importante para esperar la década o las dos décadas que tardan normalmente los departamentos federales en ser eficaces. Transformar el Departamento de Seguridad Interior para que deje de ser el hazmerreír del Washington Beltway y se convierta en una organización que represente a un Gobierno inteligente requerirá la creación de un cuadro de Administración en todo el Departamento con lo mejor del funcionariado, los antiguos militares y el sector privado. Tiene que llegar a ser el lugar donde deseen trabajar los directivos de alto rango: «la General Electric del Gobierno»[*]. Para provocar esta metamorfosis, se tiene que transferir el personal de más rango y los servicios de otros departamentos con más experiencia. Puede que sea necesario ofrecer primas con las contrataciones. Crear un «efecto aureola» cuesta dinero. Lamentablemente, la Administración pretendía salvaguardar la seguridad interior con poco dinero, diciéndole a Ridge que el nuevo Departamento tenía que ser «fiscalmente neutro», lo que equivale a afirmar que no había más dinero para implementar la mayor reorganización gubernamental de la historia.

Entre las cosas que se podrían haber hecho en lugar del Departamento de Seguridad Interior, o incluso como parte o prolongación del mismo, estaba la creación de una agencia que se encargara sólo de la Seguridad Nacional. A muchos en Washington les atraía la idea de crear en Estados Unidos lo que se conocía en Gran Bretaña como el MI5. El servicio de Inteligencia Militar, división cin-

---

[*] General Electric ha sido y es, en Estados Unidos, el paradigma de empresa transparente y bien gestionada *(N. de la T.)*

co, fue el grupo que tuvo tanto éxito durante la II Guerra Mundial en dar caza a los espías nazis en el Reino Unido. Más tarde se convirtió en civil y ahora se conoce como Servicios de Seguridad británicos (BSS). Muchas otras democracias prósperas tienen algo parecido al BSS. En varios países, el servicio de seguridad tiene la tarea de detectar células terroristas durmientes y espías enemigos. En algunos países, estos servicios no tienen poder para hacer detenciones y sólo pueden obtener y analizar la información que luego se da a cuerpos de policía como Scotland Yard o la Real Policía Montada del Canadá. Aunque estos servicios de seguridad no han estado exentos de problemas, a menudo han sido eficaces en erradicar grupos específicos de terroristas y no han destruido sus democracias en el intento.

Antes y después del 11 de septiembre, la responsabilidad del servicio de seguridad en Estados Unidos ha pertenecido al FBI. Fue el FBI el que buscó a los infiltrados nazis en la II Guerra Mundial y persiguió a los comunistas durante la era McCarthy y después. Sin embargo, debido a los excesos y al maltrato de las libertades civiles por parte de J. Edgar Hoover, el Congreso restringió las funciones del FBI en Seguridad Nacional a partir de los años setenta. No obstante, el FBI continuó su función de contraespionaje, buscando agentes soviéticos y luego rusos y chinos. Hubo, desafortunadamente, varios casos lamentables en que los espías no fueron descubiertos (en el FBI y en la CIA) durante años. Hubo otros desaciertos burocráticos que permitieron que los espías escaparan o que tras acusar a algunas personas de espionaje, nunca se presentaran cargos contra ellas. El FBI tenía también la responsabilidad de buscar a los terroristas, y a menudo fue incapaz de detectar a Al Qaeda en Estados Unidos antes del 11 de septiembre, o incluso de encontrar al terrorista nacional de extrema derecha que colocó bombas en los Juegos Olímpicos de Atlanta y en otros objetivos.

Bob Mueller, un fiscal federal, se incorporó como nuevo director del FBI sólo unos días antes del 11 de septiembre. No se le puede culpar del fracaso de la Oficina en encontrar a Al Qaeda ni de no contar antes con una red informática. Mucha de esa responsabilidad corresponde a su predecesor. Desde el 11 de septiembre, Mueller ha tratado de dar una nueva orientación a la organización, pasar de la investigación de los delitos ya cometidos a la prevención de los mismos, desde las drogas y los atracos de bancos al terrorismo. En 2002, Dale Watson, el alto responsable de la lucha antiterrorista del FBI se retiró. Meses después, el sustituto de Watson pidió que le cambiaran de puesto y una tercera persona asumió ese cometido. En dos meses, el siguiente titular se retiró y el puesto quedó vacante de nuevo. Sin una dirección de mando estable a cargo de la lucha antiterrorista, la Oficina no ha sido totalmente capaz de realizar la transición entre la investigación de los delitos ya cometidos y su prevención y análisis.

Como descubrió Dale Watson en 2000, es difícil cambiar el rumbo de una burocracia que ha ido en otra dirección durante años. Los intentos de Watson antes del 11 de septiembre se encontraron incluso con la resistencia del fiscal general. John Ashcroft le negó a Watson su petición de más fondos para la lucha antiterrorista porque no era una de las tres prioridades del Departamento de Justicia de Ashcroft.

¿Sería más seguro Estados Unidos con la creación de un MI5, unos Servicios de Seguridad al estilo británico? Es tentador decir que sí. Una organización sobria, moderna y especializada de agentes y analistas del terrorismo podría tener más capacidad para atraer a los «mejores y los más brillantes», personas que aportarían creatividad a la hora de descubrir a los terroristas, pero que no quieren convertirse en policías federales armados. Los mejores agentes de la lucha antiterrorista del FBI, Aduanas, Inmigración, el Servicio Secreto, la Oficina del Alcohol, Tabaco y Armas de fuego y la policía de las ciudades podrían tener un apoyo y delegar algunas de sus funciones en un nuevo MI5. No habría ninguna de las distracciones de que actualmente hace gala el FBI. Si no es así, si el FBI mantiene su misión contra el terrorismo y disminuye su atención al crimen organizado, las drogas y los atracos a bancos, ¿quién desempeñará ese papel? Ya hay signos de que el cambio de dirección del FBI está facilitando las cosas a los delincuentes.

La realidad de Estados Unidos es que hay dos grandes obstáculos para la creación de un servicio de seguridad nuevo y eficaz. El primero es la alianza de la derecha y la izquierda política contra las medidas de seguridad, y el segundo es el propio FBI. La alianza de la derecha y la izquierda política es el fenómeno que hace posible que se unan organizaciones como la Asociación Nacional del Rifle y la Unión Americana de Libertades Civiles, normalmente bajo la tutela de congresistas como Dick Armey, para expresar preocupación ante los esfuerzos por fortalecer la posición de los oficiales encargados de la seguridad interior. Cualquier legislación que proponga un servicio de seguridad será recibido por un aluvión de críticas antes incluso de que hayan leído el proyecto de ley. El FBI, que no quiere perder el control de la Seguridad Nacional y que pase a manos de otra agencia nueva, se esforzará también en sabotear cualquier legislación a través de los medios de comunicación y en el Congreso. Si se aprobaran las leyes, buena parte del personal del FBI mostraría un comportamiento pasivo-agresivo en vez de cooperar con el servicio de seguridad.

Estos obstáculos no significan que no se debería luchar por crear el servicio de seguridad. Si hay otro incidente terrorista de importancia en este país, lo más seguro es que terminará por existir. Sin embargo, ahora hay muy poco entusiasmo en el Congreso para crear otra agencia, en vista de que incluso algunos miembros republicanos que trabajan en la actualidad en la Seguridad Nacional admiten que se puede demostrar el fracaso del Departamento de Seguridad Interior.

Por consiguiente, el mejor camino en la actualidad es crear el servicio de seguridad dentro del FBI, un servicio dentro de otro servicio, con un espíritu nuevo. No obstante, para que éste fuera eficaz, debería tener un presupuesto, una red informática, unas oficinas regionales (dentro de los edificios del FBI) y un sistema de personal propios. Debería tener capacidad para contratar y pagar bien a analistas civiles, agentes de la ley federal de otras agencias, agentes de seguridad de otros países y la mejor policía local en la lucha antiterrorista. Debería entrenar a un gran número de empleados en idiomas clave y en la filosofía, ideología y cultura de los terroristas potenciales. Por último, debería tener acceso automático a toda la información de que dispusiera el FBI y a cualquier información que tuviera el Gobierno.

Para que el servicio de seguridad no incurriera en los abusos de la época de J. Edgar Hoover, debería haber una supervisión activa por parte de una junta de ciudadanos que inspiraran seguridad y confianza en la inmensa mayoría de la opinión pública. Una Junta de Seguridad y Libertades Civiles debe ser algo más que un simple comité de quejas de una policía de paisano; debe determinar de forma activa el trabajo del servicio de seguridad, para asegurar que actúa de acuerdo con los principios en los que creemos como estadounidenses: los derechos y las libertades civiles.

Antes del 11 de septiembre, John Ashcroft había rehusado aumentar los fondos de la lucha antiterrorista y no había colocado el terrorismo entre los asuntos de mayor prioridad para el Departamento de Justicia. Cuando uno de mis empleados y yo nos reunimos con Ashcroft al principio de la Administración, nos preguntamos si la conversación que había tenido con nosotros no habría sido una actuación. En el viaje de vuelta a la Casa Blanca, mi colega me preguntó:

—No puede ser tan corto, ¿verdad? Quiero decir, no se puede llegar a ser fiscal general de Estados Unidos y ser así, ¿no?

Yo no estaba seguro.

—No lo sé —dije—. Puede que sólo sea cauteloso, pero al fin y al cabo perdió la reelección al Senado contra un hombre muerto.

Después de los ataques y provisto de la Ley Patriótica de Estados Unidos, Ashcroft gestionó tan mal el importante componente de la percepción de la guerra contra el terrorismo dentro del país, que se convirtió, para millones de estadounidenses, en el símbolo de alguien que atacaba, más que protegía, las libertades civiles. La forma en la que Ashcroft ha enfocado asuntos delicados relacionados con la seguridad y las libertades civiles ha provocado que muchos ciudadanos confíen todavía menos en el Gobierno.

Hay un conflicto obvio entre la Seguridad Nacional y las libertades civiles. Sabemos que Al Qaeda y grupos similares se han dado cuenta y lo utilizan en nuestra contra, solicitando el estatus de refugiados o pidiendo asilo político, ocultándose en instituciones religiosas y benéficas, comunicándose a través de Internet. Tenemos que tener cuidado, a la hora de proteger nuestras libertades civiles y derrotar a los terroristas, de no hacer cosas que creen una reacción popular violenta contra las medidas de seguridad. Como demuestra la oposición generalizada a la tan mal llamada Ley Patriótica, el fiscal general Ashcroft no ha sabido gestionar ese acto de equilibrio.

El ejemplo más atroz es el caso de José Padilla. Independientemente de que sea otras cosas, Padilla es, al parecer, un ciudadano estadounidense. No fue arrestado en un campo de combate extranjero, como el infeliz John Lindh, sino en Chicago. Luego, la Administración Bush le denegó sus derechos porque el secretario de Defensa, Donald Rumsfeld, decidió (sin duda después de una gran implicación personal en la inspección) que Padilla era un enemigo. Probablemente hay días en que Donald Rumsfeld cree que hay montones de estadounidenses en el país que son enemigos (incluida, quizá, en sus días malos, la mitad del cuerpo de prensa del Pentágono), pero eso no debería otorgarle la competencia para encerrarlos sin derecho a recurrir. En el caso de José Padilla, la Administración Bush ha cruzado la importantísima línea que crearon los fundadores de la nación para proteger a los estadounidenses de la posibilidad de que algún Gobierno futuro de este país violara sus derechos básicos.

Lo que Ashcroft y compañía hicieron en el caso Padilla, y con su propuesta de enmendar la Ley Patriótica para permitir acciones sin revisión judicial, fue, esencialmente, debilitar la confianza de muchos ciudadanos en la capacidad del Gobierno para salvaguardar nuestros derechos. En un momento en que necesitamos una mayor confianza de la opinión pública en el Gobierno, para que podamos adaptarnos a la amenaza terrorista, Ashcroft está haciendo cosas como enzarzarse en una discusión con los bibliotecarios sobre si el FBI puede o no examinar los registros de las lecturas. La probabilidad de que el FBI necesite alguna vez hacer eso es tan remota que nunca se debería haber permitido llegar siquiera a esta polémica. La batalla con los bibliotecarios, el caso José Padilla y la solicitud de una Ley Patriótica II hacen muy difícil alcanzar un consenso sobre lo que hay que hacer para mejorar la seguridad, porque se ha erosionado la confianza en la sensibilidad del Gobierno hacia las libertades civiles.

Los que critican todos los métodos para mejorar la Seguridad Nacional deben, no obstante, ser prudentes. Si las organizaciones que tenemos dedicadas a la seguridad interna no disponen de la destreza, el personal, la tecnología y las competencias que necesitan, puede haber más catástrofes terroristas en este país. La respuesta del Congreso y la respuesta popular a otra serie de catástrofes terroristas importantes en Estados Unidos, podría amenazar seriamente nuestras libertades civiles. Israel, Gran Bretaña, Francia, Italia y otras democracias han demostrado lo dispuestos que pueden estar los ciudadanos a renunciar a sus derechos ante un asalto constante de los terroristas. En consecuencia, quienes valoramos al máximo las libertades civiles de Estados Unidos deberíamos estar al frente de la defensa de unas medidas de seguridad apropiadas y eficientes, dotadas de mecanismos que lleven a cabo una inspección y revisión en profundidad, como la Junta de Seguridad y Libertades Civiles.

Ya que al Departamento de Seguridad Interior no se le dio el papel de un servicio de Seguridad Nacional ni se le permitió llevar a cabo la tarea asignada por el Congreso de ser una «segunda opinión» en el análisis del terrorismo, se podría pensar que al menos ayudaría a las ciudades de la nación a estar preparadas para enfrentarse a un ataque terrorista grave, concretamente a uno que implicara armas químicas, biológicas o radiactivas y nucleares. Cuando la Administración recortó los gastos para la creación del nuevo Departamento, intentó mantener la ayuda a la policía, los bomberos y otros servicios de emergencia lo más limitada posible en esas circunstancias.

En 2000, pedí al Departamento de Defensa y al Organismo Federal de Administración de Emergencias que decidieran qué unidades se necesitarían para enfrentarse a una pequeña arma nuclear que estallara en una ciudad de tamaño medio en Estados Unidos. Las dos agencias dijeron que tenía que ser más específico, así que elegí Cincinnati porque acababa de estar allí. El tipo de plan y las unidades federales que se necesitarían para ayudar a los oficiales metropolitanos de Cincinnati a ocuparse de tal desastre simplemente no existían. No obstante, muchos oficiales municipales suponían que había unidades federales en algún lugar que vendrían a ayudarles en caso de emergencia extrema. También señalaron que es en las primeras veinticuatro horas cuando se puede salvar a los heridos, y la mayoría de los oficiales locales con los que hablé dudaban de que la Caballería de Estados Unidos apareciera tan rápido. De hecho, muchos tipos de unidades federales que los oficiales municipales suponían que irían en su ayuda no aparecerían nunca. En la estructura de las Fuerzas Armadas ya no existen grandes hospitales militares de campaña estilo MASH (Hospital Quirúrgico Móvil del Ejército). Los Policías Militares escasean y están utilizados al máximo en los despliegues en el extranjero. (Ahora, debido a Irak, muchas unidades de la Guardia Nacional están también fuera del país, movilizando y llevándose consigo personal de la policía y de los bomberos de ciudades y pueblos. El nuevo Comando Norte, creado para ayudar en emergencias dentro del territorio de Estados Unidos, no ha desarrollado ni una sola unidad de campaña nueva para hacer frente a los requisitos internos; simplemente tiene la potestad de planificar las llamadas a unidades que por casualidad ya existen y están todavía dentro del país).

Así que cuando el antiguo Senador Warren Rudman me pidió, tras mi salida de la Casa Blanca, que me uniera a él para estudiar cómo adiestrar y equipar a los servicios de primera respuesta para que se ocupen de los ataques con armas de destrucción masiva, acepté con entusiasmo. Rudman se había dedicado a preparar la nación para reaccionar ante el terrorismo, tanto durante su gloriosa carrera en el Senado como después, como ciudadano privado. Discrepábamos en cuanto a la creación de un Departamento de Seguridad Interior, pero coincidíamos en la necesidad de entrenar y equipar al personal de la policía, los bomberos, los servicios de emergencia, la sanidad pública y los hospitales de nuestras ciudades principales. Rudman y yo empezamos a estudiar el estado de los servicios de primera respuesta en 2003, trabajando con un joven abogado de Harvard y atleta de triatlón, Jamie Metzl, que había realizado un magnífico trabajo para mí como becario en la Casa Blanca. Lo que descubrimos fue alarmante. El programa para entrenar y equipar a los servicios de primera respuesta, que habíamos empezado a finales de los años noventa, no se había desarrollado lo suficiente, ni siquiera después de los desastres del 11 de septiembre. Nuestras estimaciones indican que la Administración estaba pidiendo sólo un 25 por ciento de los fondos necesarios.

Un estudio de 168 ciudades mostraba que el 90 por ciento no había recibido ninguna ayuda federal adicional significativa desde los ataques del 11 de septiembre. Las organizaciones de servicios de emergencia no contaban con suficiente personal y tenían unos equipos arcaicos. Pocos tenían planes realistas o detallados para en-

frentarse a un ataque terrorista serio que utilizara armas químicas, biológicas o radiactivas. Los sistemas de emergencia de la policía y sus unidades de radio, los bomberos, los departamentos de
sanidad pública, los hospitales de urgencias y otros servicios de primera respuesta tenían largas listas de necesidades no atendidas.

El Gobierno federal estaba proporcionando ayuda a los servicios
de primera respuesta de los estados tomando como base una fórmu-
la cuyo resultado era que había ocho veces más fondos per cápita
para Wyoming que para California. Debido al empeoramiento de la
economía y sus efectos en las rentas de los estados y ciudades, lo
que estaban haciendo era reducir el personal de la policía y los
bomberos en 2003. Los fondos federales de la policía local bajo el
programa COPS fueron recortados por la Administración Bush.
Un año después del 11 de septiembre, la policía de Nueva York había sido reducida en cuatro mil oficiales con respecto al número
registrado el día del ataque.

Viajamos a ciudades de todo el país y oímos decir a todas las autoridades con las que hablamos (alcaldes, jefes de policía, jefes de
bomberos, directores de servicios de emergencia) que no estaban
recibiendo los fondos que necesitaban para tener sistemas de comunicación seguros y fiables, aparatos de respiración, equipos po-
tentes de búsqueda y rescate, personal; ni había planificación para enfrentarse a un ataque terrorista serio en el que se utilizaran
armas químicas, biológicas o radiactivas. Cuando estaba en la Casa Blanca, a los periodistas les encantaba preguntarme: «¿Qué es lo
que le quita el sueño por la noche? ¿Cuáles son las peores cosas que
podrían pasarnos?». Las peores no son, gracias a Dios, las más pro-
bables. No obstante, las dos cosas peores que podrían suceder son,
primero, el brote de una epidemia altamente contagiosa como resultado de un arma biológica, y, segundo, que se disparara un arma nuclear en una ciudad de Estados Unidos. Aun así, lo que Warren
Rudman y yo confirmamos es que ninguna ciudad tiene el plan, el
personal adiestrado, el equipamiento o los centros para coordinar un ataque biológico serio que requiriera el aislamiento hospita-
lario de las víctimas. Ninguna el estaba ni remotamente preparada
para ocuparse de un incidente en que se hubiera utilizado un ar-
tefacto radiactivo o nuclear.

Cuando se publicó nuestro informe, «Emergency Responders: Drastically Underfunded, Dangerously Unprepared»*, un portavoz de la Administración lo menospreció diciendo que lo que pretendíamos probablemente era tener «teléfonos chapados en oro». Entre los firmantes del informe estaban los antiguos presidentes de la Junta de Jefes de Estado Mayor, el almirante William Crowe y el general John Vessey, el Premio Nobel Joshua Lederberg, el antiguo secretario de Estado George Shultz, la antigua fiscal general Mary Jo White y el antiguo director de la CIA y del FBI William Webster. Warren Rudman respondió a las críticas diciendo lo siguiente en un comité de la Casa Blanca: «Nosotros no queremos teléfonos chapados en oro, sólo queremos aparatos de comunicación fiables para que no volvamos a perder nunca a cientos de bomberos porque no pueden oír la orden de evacuación, como en las Torres Gemelas».

Pedíamos 98 mil millones de dólares en un periodo de cinco años, más una cantidad no determinada para ayudar a la policía local, además de la solicitado a la Administración. Pero lo más importante para nosotros era que se nos sometiera a un estudio que especificara qué grado de mejoras de nuestra capacidad estábamos tratando de alcanzar. Como me dijo Warren Rudman: «Necesitamos un proceso transparente que diga que se puede conseguir esto con este dinero y en estos años. Si creéis que hay más áreas metropolitanas que necesitan aumentar antes sus prestaciones, muy bien, esto es lo que va a costar. Sin esas medidas, estos tipos de la Casa Blanca están simplemente sacándose de la manga la asignación del presupuesto para la seguridad interior».

La verdad es que la Administración no tiene ni idea de cuánto dinero se necesita para los servicios de primera respuesta ni otros servicios relacionados con la seguridad interior local y estatal, porque no ha tratado nunca de calcularlo. No se ha dedicado nunca a procesar los requisitos. Teme que un tratamiento de éstos muestre cómo se han escatimado fondos a los que nos defienden. En vez de

---

* «Respuestas de emergencia: drásticamente infradotadas, peligrosamente faltas de preparación». Se puede consultar la versión en inglés en Internet, en formato PDF (*N. de la T.*).

derivarse de las necesidades, la propuesta de financiación de la Administración se basaba en calcular cuál sería el presupuesto federal total y cuánto se adjudicaría a todo lo demás dentro de ese presupuesto.

Equipados o no, cuando haya un llamamiento, nuestros servicios de primera respuesta de todo el país acudirán a él. Son nuestra primera línea de defensa contra los terroristas. La Administración Bush arguye que los recursos adicionales que buscamos para ayudar a nuestros servicios de primera respuesta «simplemente no existen». Sin embargo, en la «guerra contra el terrorismo» estamos gastando en Irak, en el primer año de guerra y ocupación, seis veces lo que el estudio de Rudman pedía como suplemento anual para equipar a nuestros defensores aquí, dentro del país. Los recursos para Irak tampoco existían. La Administración decidió seguir acumulando la deuda nacional para pagar los gastos de Irak, pero no para pagar lo que nuestro personal de policía y de bomberos necesita para defendernos aquí en casa.

A pesar de la retórica de la Administración, los recursos que se necesitan para que el país sea más seguro han sido denegados y no se ha puesto en funcionamiento ningún sistema para determinar sus necesidades financieras reales. Las normas para gestionar la seguridad de las plantas químicas y otros activos fundamentales se han puesto en funcionamiento con efecto retardado. Se han hecho muchas propuestas para emplear nuevas tecnologías en la defensa interior, pero se han desplegado pocos sistemas en aeropuertos, puertos, pasos de frontera o en nuestras redes de datos y telecomunicaciones. Varias decisiones, muy discutibles, han erosionado la fe y la confianza del público en la sensibilidad hacia las libertades civiles por parte de los oficiales federales involucrados en la Seguridad Nacional.

Ideológicamente, la Administración Bush se opone a aumentar el gasto interior (aunque no tiene ningún problema con los enormes presupuestos del Departamento de Defensa), a contratar más funcionarios o a regular el sector privado. Aunque en abstracto parece necesario evitar todas estas cosas, es imposible aumentar la seguridad interior sin potenciar cada una de esas tres medidas más de lo que la Administración considera que debe hacerse.

Estados Unidos normalmente espera a que ocurra un desastre antes de responder a una amenaza. El desastre ya ha ocurrido. Ya no hay excusas para que la Administración, el Congreso y los gobiernos locales no cumplan con las mejoras en nuestra Seguridad Nacional y nuestra preparación en caso de alerta. Ocuparse de la protección o la seguridad interior significa identificar y reducir los puntos vulnerables más importantes ante un ataque. Y significa plantear un conjunto de requisitos nacionales para tener capacidad de respuesta y financiarlos luego sistemáticamente durante varios años. No hemos hecho ninguna de las dos cosas, como tampoco lo hemos hecho bien en cuanto a la organización, tecnología, recursos o sensibilidad en la protección de las libertades civiles. Para defender a Estados Unidos del terrorismo dentro del territorio nacional tan importante es reducir las vulnerabilidades como capturar a los «malvados», porque nunca capturaremos a todos y la cosecha de los enemigos de Estados Unidos de este año será sustituida por la de mañana. Mientras mostremos fragilidad, alguien la utilizará contra nosotros. Cada día que continuemos teniendo fronteras porosas o plantas químicas desprotegidas será otro día en que estaremos en peligro. Decidir el orden de prioridad de las vulnerabilidades que han de reducirse y encontrar una forma de pagar ese esfuerzo, es uno de los principales desafíos nacionales, equiparable a la carrera espacial o al rearme durante la guerra fría. Debería haber sido el centro de un gran debate y movilización nacionales. Pero no lo fue. Y a pesar de «La Guerra Global contra el Terrorismo» y a pesar de (o a causa de) la «Guerra contra Irak» todavía somos muy vulnerables al terrorismo.

* * *

El segundo objetivo prioritario tras el 11 de septiembre debería haber sido la creación de un contrapeso ideológico a la versión fundamentalista y radical del Islam de Al Qaeda, porque gran parte de la amenaza a la que nos enfrentamos es ideológica, la perversión de una religión. Las bombas y las balas, las esposas y los barrotes de la cárcel no van a atajar el foco de ese desafío ideológico. Debemos trabajar con nuestros amigos islámicos para forjar una respuesta cultural e ideológica a lo largo de los años, de la misma forma que luchamos contra el comunismo durante casi medio siglo actuando en los países; no simplemente con guerras y armas, sino mostrando una ideología más poderosa y atractiva. Por desgracia, a menudo hay silencio, o en el mejor de los casos una voz débil e incoherente, para contrarrestar la al parecer atractiva llamada de los líderes islámicos radicales.

Así lo entiende el nuevo líder del Comando Central. El general John Abizaid declaró al *New York Times* que Pakistán y Arabia Saudí estaban «involucrados en una lucha contra los extremistas que es crucial para su capacidad de mantener el control... es tanto una batalla de ideas como una batalla militar... no es el tipo de combate al que se envían las tropas aéreas del grupo 82». Sin embargo, los jefes de Abizaid en el Pentágono y en la Casa Blanca no parecen entender cómo se ha de librar la batalla de las ideas, ni las limitaciones de nuestras pistolas para destruir la ideología de Al Qaeda.

Será difícil para el Gobierno de Estados Unidos participar en la formulación de un mensaje sutil y satisfactorio sobre religión, pero ya lo hemos hecho antes. Cuando Estados Unidos se dio cuenta de que el comunismo estaba ganando adeptos, nos enfrentamos al reto de cómo vender nuestro país, la democracia y el capitalismo. Encontramos formas de ayudar a los partidos demócratas cristianos de Europa y de Latinoamérica e, irónicamente, a los movimientos islámicos en lugares como Afganistán. Encontramos o creamos portavoces, líderes, héroes, escuelas, libros, películas, programas de desarrollo. Ese esfuerzo contribuyó tanto a ganar la guerra fría como los tanques del Ejército estadounidense en Alemania occidental.

Cuando mis colegas de la Casa Blanca me preguntaron qué podían leer para comprender el problema después del 11 de septiembre, les insistí en que vieran una vieja película en blanco y negro, *La batalla de Argel.* En ella, las autoridades francesas de la lucha antiterrorista acorralan a todos los «jefes terroristas conocidos» y a sus líderes (¿les suena?), pero pierden la batalla con los terroristas porque no actúan contra sus puntales ideológicos. Después de detener a los líderes terroristas conocidos, pasa el tiempo y surgen otros terroristas nuevos, desconocidos. Lo más probable es que nos estemos enfrentando con la misma situación en el caso de Al Qaeda. La única forma de detenerlo es trabajar con los líderes de las naciones islámicas para asegurar que se enseñe de nuevo la tolerancia hacia otras religiones, que sus pueblos crean que tienen suficientes oportunidades de participar en el Gobierno y en la economía, que se erradiquen las condiciones sociales y culturales que engendran el odio.

En vez de tratar de trabajar con la mayoría del mundo islámico para moldear la opinión de los musulmanes contra los valores de los radicales, hicimos exactamente lo que Al Qaeda dijo que haríamos. Invadimos y ocupamos un país árabe rico en petróleo que no representaba ninguna amenaza para nosotros, mientras que apenas dedicamos una escasa atención al problema palestino-israelí. Hemos proporcionado a Al Qaeda la mejor propaganda de reclutamiento imaginable, y hemos creado dificultades para que los gobiernos islámicos amistosos puedan trabajar en estrecha colaboración con nosotros.

Yo no era un admirador de Sadam Hussein; de hecho, ya en 1989 había pedido insistentemente que se limitara su acceso a la tecnología de las armas de destrucción masiva, había sido uno de los primeros en defender la confrontación militar con Irak en 1990, concebí un programa de Naciones Unidas para eliminar sus armas de destrucción masiva en 1991, traté de reiniciar las hostilidades después de la primera Guerra del Golfo, defendí una gran campaña de bombardeo de Irak en 1993. Sé que en un sentido el mundo está mejor sin él en el poder, pero no de la forma en que se ha hecho, no al precio que hemos pagado y que vamos a pagar por ello; no desviándonos de eliminar a Al Qaeda y sus clones; no utilizando los fondos que necesitamos para paliar nuestra vulnerabilidad ante el terrorismo dentro de nuestro territorio, no al muy alto precio de aumentar el odio de los musulmanes hacia Estados Unidos y fortalecer a Al Qaeda.

Paul O'Neill, antiguo secretario del Tesoro, ha escrito que la Administración planeaba desde hacía tiempo eliminar a Sadam Hussein. Considerando todo lo que he visto y he oído, tiene razón. La respuesta de la Administración Bush a O'Neill fue algo del tipo: «Por supuesto que estábamos planeándolo». Clinton firmó una ley que hacía del cambio de régimen en Irak uno de los objetivos de la política estadounidense. Eso es cierto también, pero ni el Congreso ni Clinton tenían en mente cambiar el régimen a punta de pistola, a base de una invasión de Estados Unidos a Irak.

La Administración de George Bush hijo comenzó con Irak en su programa. Habían regresado muchos de los que tomaron las decisiones en la primera guerra contra Irak: Cheney, Powell, Wolfowitz. Mientras estaban fuera del poder, algunos de ellos habían dejado claro en escritos y discursos que creían que Estados Unidos debería derrocar a Sadam, terminar lo que no habían logrado hacer la primera vez. En las discusiones sobre el terrorismo de la nueva Administración, Paul Wolfowitz había insistido en centrarse en el terrorismo contra Estados Unidos patrocinado por Irak, aunque tal cosa no existía. En 2001, las discusiones se centraron cada vez más en Irak, en pedir al Comando Central que hiciera un plan para invadir Irak. Sentí una gran inquietud.

El presidente Bush ha dicho que el 11 de septiembre marcó un punto de inflexión en su idea de Irak. También hubo un supuesto momento en que el presidente decidió acudir a Naciones Unidas y otro en que decidió no esperar más a ese organismo, pero en todo momento parecía inevitable que invadiéramos. Se representaba a Irak como lo más peligroso para la Seguridad Nacional. Era una idea fija, un pensamiento rígido, un lugar común, una decisión tomada de antemano que ningún hecho ni acontecimiento podría desbaratar.

Rara vez en la historia se da el caso de que haya un único motivo por el que dos naciones se lanzan a una guerra. Las razones esgrimidas por la Administración Bush para su guerra con Irak han ido cambiando del terrorismo a las armas de destrucción masiva y al sufrimiento del pueblo iraquí. Además de esas razones articuladas públicamente, hay otras que según se dice se han discutido en el seno de la burocracia de Washington.

Se atribuyen cinco razones a tres altos consejeros (Cheney, Rumsfeld y Wolfowitz) y al presidente Bush:

• Limpiar el desorden que dejó la primera Administración Bush cuando, en 1991, permitió que Sadam Hussein consolidara su poder y matara a sus oponentes tras la primera guerra entre Irak y Estados Unidos.

• Mejorar la posición estratégica de Israel mediante la eliminación de un gran Ejército hostil.

• Crear una democracia árabe que sirviera de modelo a los Estados árabes amigos que están amenazados por las discordias internas, en particular Egipto y Arabia Saudí.

• Permitir la retirada de las fuerzas estadounidenses de Arabia Saudí (después de doce años), donde estaban emplazadas para contrarrestar al Ejército iraquí y que eran una fuente de antiamericanismo que amenazaba al régimen.

• Crear otra fuente de petróleo favorable al mercado de Estados Unidos y reducir la dependencia del petróleo saudí, cuyo Gobierno podría sufrir un derrocamiento algún día.

Creo que todas esas motivaciones estaban activadas. La mayoría de ellas reflejan la preocupación por la estabilidad de la dinastía Saudí a largo plazo. Además, creo que el presidente Bush en especial, sentía la necesidad de «hacer algo grande» para responder a los acontecimientos del 11 de septiembre. Claro que podría haber respondido invirtiendo seriamente para que estemos mejor preparados, trabajando para la estabilización de Afganistán, para la ayuda a otras naciones para enfrentarse a las raíces y a las manifestaciones del terrorismo fundamentalista islámico. Esas acciones hubieran sido «algo grande». Ninguna de ellas era, sin embargo, el paso simple, llamativo, rápido y potente que enviaría una señal a nuestro territorio y al extranjero, una señal que dijera: «No os metáis con Texas ni con Estados Unidos». Por desgracia, la invasión de Irak ha resultado ser algo diferente a lo que el presidente Bush y su círculo de asesores esperaban. La decisión de invadir Irak en 2003, tomada en gran medida de forma unilateral, fue equivocada y costosa a la vez. Los costes se pagaron en vidas, en dinero, y lo que es aún más importante, en la pérdida de oportunidades y en la creación o el empeoramiento de problemas futuros.

Los indicios más claros de la profundidad de comprensión del presidente Bush y de sus propias motivaciones se revelaron en la entrevista que le hizo Diane Sawyer en el canal de televisión ABC.

Sawyer le preguntó a Bush por la «constatación de que hubiera armas de destrucción masiva frente a la posibilidad de que [Sadam] pudiera estar dando pasos para hacerse con esas armas». Después de pensárselo, la respuesta del presidente fue: «¿Cuál es la diferencia?». Y luego añadió: «La posibilidad de que pudiera obtener armas. Si obtuviera esas armas, él sería el peligro».

Sawyer continuó, comentando que además del asunto de las armas se había «fracasado en establecer pruebas de la conexión con el terrorismo» y que eso era una falta de precisión en el mejor de los casos y «un engaño en el peor». El presidente respondió, «Sí. Mire... en lo que... en lo que basamos nuestras pruebas fue en una sólida evaluación de los Servicios Nacionales de Inteligencia». No podía haber sido más específico, dijo Sawyer para sí. «En lo que... yo, yo me basé para tomar la decisión, fue en suficientes informes de los servicios de inteligencia que me decían que este país estaba amenazado con Sadam Hussein en el poder». Sawyer preguntó otra vez, con valentía, qué es lo que haría falta para convencerle de que no había armas de destrucción masiva. De nuevo, Bush respondió con su mantra: «Estados Unidos es un país más seguro». Por último, desesperado, el presidente dijo: «Le estoy diciendo que tomé la decisión adecuada para Estados Unidos porque Sadam Hussein utilizó armas de destrucción masiva e invadió Kuwait».

Por tanto, Bush invadió Irak en 2003 porque Sadam había utilizado armas de destrucción masiva en los años ochenta y había invadido Kuwait en 1990.

Bush cerró el asunto con Diane Sawyer diciendo una vez más que tras la invasión de Irak «Estados Unidos era un país más seguro». De hecho, con nuestro Ejército a punto de estallar, nuestra credibilidad internacional más deteriorada que nunca, los musulmanes más radicalizados contra nosotros, nuestras relaciones con aliados claves dañadas y nuestros soldados sirviendo de dianas en un tiro al blanco, es difícil creer que Estados Unidos está más seguro por la invasión, como es difícil creer que el presidente Bush tenga buenos informes sobre las armas de destrucción masiva o que «este país estaba amenazado con Sadam Hussein en el poder».

Una y otra vez, la Administración ha alegado que había urgencia para actuar contra Irak porque había una amenaza creciente contra Estados Unidos. Han sido por lo general imprecisos acerca de los detalles de la amenaza, pero han dejado la impresión de que derivaba de las armas de destrucción masiva, es decir, de armas químicas, biológicas o nucleares que Irak estaba a punto de utilizar contra nosotros. Al igual que la mayoría de los burócratas involucrados en la Seguridad Nacional, creo que Irak tenía armas químicas y biológicas en 2003. Sabíamos que Irak las tenía en 1992 y con posterioridad, porque las habíamos visto. Irak mostró todos los indicios de que estaban escondiendo algunas en 1998, pero no había informes secretos fiables sobre qué había pasado desde 1998. Charles Duelfer era el experto estadounidense que dirigía el asunto y había pasado más de una década trabajando para Estados Unidos y Naciones Unidas en el análisis de las armas de destrucción masiva iraquíes. En 2002, Duelfer pensaba que no quedaba ningún arsenal importante que constituyera una amenaza. No se le hizo caso antes de la invasión ni durante meses después de la misma, y la Administración no le pidió que fuera a Irak para dirigir la investigación hasta 2004.

Como han puesto de manifiesto los estudios llevados a cabo por el Comité de Inteligencia del Senado y las Becas Carnegie, tanto la CIA como el presidente ocultaron al Congreso y al pueblo estadounidense que estaban emitiendo juicios sobre las armas de destrucción masiva de Irak basándose en información atrasada. Como se ha visto forzado a admitir el inspector de las armas de destrucción masiva David Kay, «probablemente, estábamos todos equivocados».

Aunque Irak hubiera tenido todavía arsenales de armas de destrucción masiva, la posesión de dichas armas no es en sí mima una amenaza para Estados Unidos. Más de dos docenas de naciones poseen armas de destrucción masiva, según una declaración no confidencial de la CIA ante el Congreso. En ningún momento pensé que las armas químicas o biológicas iraquíes suponían una amenaza inminente para Estados Unidos en 2002. Sadam tuvo sobradas oportunidades para utilizarlas contra Estados Unidos durante más de una década y no lo hizo. En cuanto a las armas nucleares, Irak había demostrado en 1991 su capacidad para crear un gran programa de desarrollo de armas nucleares encubierto. La CIA había demostrado su incapacidad para percatarse de un programa tan grande. Esos dos factores unidos fueron una fuente legítima de preocupación. Los medios para lidiar con ese riesgo estaban presentes, no obstante, en las inspecciones del Agencia Internacional de la Energía Atómica, en el control activo de las importaciones iraquíes relacionadas con el desarrollo nuclear y en la utilización de los servicios secretos de otras naciones. Es más, esos métodos pueden haber tenido éxito debido a que (como sabemos ahora) no había un programa activo de armas nucleares en 2002. No había indicios en 2002 de que Sadam tuviera la intención de fabricar armas nucleares, mucho menos la intención de utilizarlas y, lo que es bien seguro, no de forma inminente. De hecho, los análisis que dio a conocer la CIA públicamente concluían que había poco riesgo de que las armas de destrucción masiva de Irak se utilizaran contra Estados Unidos, a no ser que les atacáramos.

Tanto la Casa Blanca como la CIA debían tener conocimiento de que no había una «amenaza inminente» para Estados Unidos, pero una reivindicó lo contrario y la otra le permitió hacerlo sin corregir el error.

En su famoso momento «estelar» sobre la cubierta del portaaviones *USS Abraham Lincoln,* el presidente afirmó que la invasión de Irak era sólo una batalla «en la Guerra contra el Terrorismo que comenzó el 11 de septiembre». No es difícil entender por qué, después de escuchar reiteradamente esa clase de comentarios, el 70 por ciento del pueblo estadounidense creía que era Sadam Hussein quien había atacado el Pentágono y el World Trade Center. Sospecho que muchas de las heroicas tropas estadounidenses que arriesgaron sus vidas luchando en Irak pensaban, debido a las engañosas declaraciones procedentes de la Casa Blanca, que estaban vengando a los 3.000 muertos del 11 de septiembre. Qué cosa tan espantosa fue dar una impresión tan falsa a nuestro pueblo y a nuestras tropas. Sólo en septiembre de 2003, sólo después de ocupar Irak, sólo después de que el vicepresidente Cheney hubiera llevado al límite la credulidad en el programa *Meet the Press,* sólo entonces fue cuando el presidente expuso con claridad que no había «pruebas de que Irak estuviera involucrada en los ataques del 11 de septiembre». Esa nueva certeza debió de suponer una gran decepción para las tropas estadounidenses que estaban siendo el blanco de los francotiradores y saltando por los aires en los terrenos minados de Irak.

Después de que el presidente Bush se viera forzado a admitir públicamente que no había conexión entre el ataque de Al Qaeda del 11 de septiembre y el Gobierno de Sadam Hussein en Irak, los defensores de la guerra de Irak comenzaron a cambiar sus argumentos. Comenzaron a hacer énfasis en las «conexiones» y «vínculos» entre Irak y Al Qaeda en general, sin mencionar ya específicamente el 11 de septiembre. Cuando se le desafió en una declaración en el Congreso, el vicesecretario de Defensa, Doug Feith, prometió aportar informes que demostraran la conexión. No sólo envió un memorando a un comité del Congreso con el resumen de docenas de informes de ese tipo del Servicio Secreto, sino que alguien filtró el memorando, altamente confidencial, a una revista neoconservadora, que rápidamente publicó la información secreta. Los comentaristas neoconservadores señalaron entonces el documento filtrado ilegalmente como prueba concluyente del nexo Al Qaeda-Irak.

Para los no iniciados en cómo interpretar los informes no procesados de los servicios de inteligencia, el memorando de Feith podría haber sido convincente. Para aquellos que han leído miles de informes semejantes a lo largo de los años, el memorando de Feith probaba muy poco. El *Washington Post* citó al veterano experto de los Servicios de Información de la Defensa, Pat Lang, quien declaró que el memorando era «un listado de una montaña de informes no constrastados», muchos de los cuales probaban en realidad que Al Qaeda e Irak no habían tenido éxito en establecer un *modus vivendi*.

El *Post* continuaba con la cita de otro alto oficial del Servicio Secreto que decía que se trataba simplemente de «unos datos [...] entre los muchos millones que manejaba la comunidad de los servicios secretos, muchos de los cuales se consideraban probablemente inciertos». Es más, el propio Pentágono hizo pública una declaración tras la filtración del memorando de Feith, según la cual las noticias que se estaban dando de que el Departamento de Defensa había confirmado la nueva información sobre la conexión entre Al Qaeda e Irak antes de la guerra eran «inexactas», y continuaba describiendo el memorando de Feith en términos de que «no era un análisis de peso sobre la relación entre Irak y Al Qaeda [...] y no sacaba conclusiones».

Lo cierto es que muchísima gente, especialmente en Oriente Próximo, dio por buenos muchos de estos rumores, que terminaron registrados y archivados por las agencias de los servicios secretos en informes sin procesar. Eso no los convierte en «informes de inteligencia». La inteligencia implica analizar los informes en bruto, no consiste simplemente en enumerarlos ni calcularlos al peso. El análisis, a su vez, implica la búsqueda de métodos independientes para corroborar los informes. ¿Hablaron alguna vez los agentes de Al Qaeda con los agentes iraquíes? Me asombraría que no lo hubieran hecho. También me sorprendería si los agentes estadounidenses, israelíes, iraníes, británicos o jordanos, por alguna razón, no hubieran hablado con los agentes de Al Qaeda o con los iraquíes. Eso es lo que hacen los agentes de los servicios secretos, hablar unos con otros, a menudo bajo identidades falsas o «falsas banderas», buscando información o posibles desertores.

Es muy posible que los agentes iraquíes quisieran en algún momento tentar a Bin Laden con la posibilidad de darle asilo en Irak cuando todo el mundo sabía que Estados Unidos estaba presionando a los talibanes para que lo detuvieran. Si tuvo lugar o no esa tentación, lo que está claro es que Bin Laden no aceptó el asilo. ¿Había en Irak un grupo asociado a Al Qaeda con un campo de entrenamiento para los terroristas? Sí, en el área fuera del control de Sadam Hussein, en la zona norte del país, controlada por los adversarios de Sadam. La Administración Bush estaba enterada de la existencia de este campamento de terroristas, pero no decidió bombardearlo tras el 11 de septiembre, sino esperar dieciocho meses. El grupo y su campamento no debían haber sido una gran amenaza. Ahora, sin embargo, hay una conexión entre Al Qaeda e Irak, ya que los combatientes de Al Qaeda se han trasladado a Irak respondiendo a la invitación de Bush para «hacerlos salir».

Si hubiera habido pruebas de que Irak financiaba o daba refugio a Al Qaeda antes de la invasión, la Administración las hubiera presentado. Hay, naturalmente, pruebas de que Irán proporcionó refugio a la organización terrorista antes y después del 11 de septiembre. También de que los saudíes suministraron fondos a la misma y de que las «organizaciones benéficas saudíes se utilizaban como tapaderas de Al Qaeda. Cualquier «vínculo» iraquí con dicha organización no es más que una pequeña nota a pie de página en comparación con los vínculos de otros regímenes, y ninguna de las posibles conexiones entre Irak y Al Qaeda pasaba de ser una ayuda o un apoyo de menor interés.

Varias fuentes han informado de que en los planes internos del Pentágono se consideraba que sería suficiente una fuerza estadounidense de ocupación de alrededor de treinta mil soldados o una división con sus unidades de apoyo. El jefe de personal del Ejército, Eric Shinseki, había manifestado con franqueza a un comité del Congreso que una cifra realista sería 200.000, pero su cálculo fue rechazado públicamente por Rumsfeld, el secretario de Defensa. Durante la mayor parte de 2003, el número real de tropas estadounidenses en la escena iraquí, incluidas las unidades de apoyo en Kuwait, era de unos 150.000. Muchos analistas militares creían que el número era demasiado pequeño. Esta diferencia de opiniones es más que un baile de números. Si no hay suficientes soldados estadounidenses para asegurar las rutas de los convoyes o para descubrir a los francotiradores, el personal militar de Estados Unidos morirá o será herido por las bombas, las minas y las balas iraquíes. Merece la pena recordar que el secretario de Defensa Les Aspin fue expulsado de su cargo en 1993 porque se le acusó de no haber proporcionado a las tropas estadounidenses en Somalia lo que necesitaban para protegerse a sí mismas, y murieron diecisiete soldados. En los meses que llevamos de la ocupación iraquí, han muerto cientos de militares estadounidenses y muchos otros han sido heridos, en parte, porque no se ha dispuesto de suficientes recursos para detectar minas y francotiradores.

Hay costes adicionales por haber calculado erróneamente la fuerza de ocupación. La aportación de esos 150.000 efectivos de las fuerzas armadas estadounidenses a la escena iraquí ha dejado exhausto al Ejército. La mayoría de las brigadas operativas del Ejército están desplegadas en el extranjero. Las que han quedado en Estados Unidos son demasiado escasas para mantener la reserva de contingencia o la base de entrenamiento que se necesita. La Guardia Nacional y el personal de reserva han sido movilizados para servicios prolongados, lo que ha perturbado las vidas de decenas de miles de personas que cuentan con sus salarios civiles para pagar hipotecas y otros gastos familiares. La ironía es que durante su campaña presidencial en el año 2000, el equipo de Bush acusaba a las misiones de paz de haber extenuado al Ejército. Apuntaban que los batallones que habían estado ocupados en el mantenimiento de la paz no pasaban las inspecciones porque no habían podido mantener el nivel de competencia del entrenamiento y de las pruebas. Según esos indicadores, la Administración Bush ha causado daños muchísimo peores al Ejército y éstos aumentarán a medida que caigan en picado los nuevos alistamientos de la reserva y de la Guardia Nacional al Ejército. El estado de éste es preocupante porque, a diferencia de Irak, que no mostraba ninguna intención de atacarnos, Corea del Norte amenaza frecuentemente con una guerra. Si eso ocurriera con el Ejército atrapado en Irak y nuestras reservas al límite, el resultado podría no ser favorable.

Antes de la guerra, la Administración quería dar la impresión a los iraquíes que estaban observando de cerca de que nosotros sólo teníamos un problema con Sadam, sus hijos y un puñado más de gente. Si se marchaban pacíficamente (o con una bala), estaríamos satisfechos. El mensaje enviado a los comandantes iraquíes a través de varios medios era: «No luchéis, dejad que nos deshagamos de Sadam». Debido a esos mensajes, muchos comandantes iraquíes no lucharon y realmente enviaron sus tropas a casa. Sin embargo, después de que Jerry Bremer fuera nombrado procónsul de Irak, Estados Unidos tenía otro mensaje: «Estáis todos despedidos». Estados Unidos anunció no sólo que estaba dando de baja al cuerpo de los oficiales del Ejército iraquí, sino que fue más lejos y relevó a todos los miembros del partido Baath de cualquier cargo que pudieran ocupar. Después se les dijo a los cientos de miles de personas afectadas por estas reducciones y cambios, que ya no podrían disponer de las pensiones con las que contaban cuando llegara la hora de jubilarse. No es extraño que la popularidad de Estados Unidos se desplomara y que los servicios e infraestructuras fundamentales de Irak dejaran de funcionar.

Parece ser que el cese del Ejército y el intento de eliminar la influencia del Partido Baath cogió por sorpresa al militar que había estado encargado de planificar la ocupación subsiguiente a la guerra, el general retirado Jay Gardner. Meses después de haber sido sustituido por Bremer, Gardner admitió públicamente que entre sus planes estaba convocar al Ejército iraquí a sus puestos, examinar sus antecedentes y volver a asignar a la mayoría de ellos el tipo de tareas que habían tenido que realizar las fuerzas armadas estadounidenses.

En el Irak de Sadam Hussein, era preciso hacerse miembro del Partido Baath para conseguir la promoción a los puestos directivos en todos los campos económicos. Al despedir a todos ellos (y cancelar sus pensiones), de repente no había directivos con experiencia. Los rusos y otros pueblos que sufrieron bajo el Partido Comunista estarían familiarizados con el requisito de tener que hacerse miembros del partido. Sin embargo, tras la caída de la Unión Soviética, se permitió que los antiguos miembros del Partido Comunista continuaran en algunos puestos. De hecho, los dos primeros presidentes de Rusia (Boris Yeltsin y Vladimir Putin) fueron antiguos miembros del Partido. Tras las protestas, disturbios y ataques, la autoridad de ocupación de Estados Unidos dijo que pagaría las pensiones a los oficiales del Ejército iraquí y que permitiría a algunos participar en el nuevo Ejército o, al menos, actuar como instructores. Para entonces, no cabe duda, algunos oficiales del Ejército iraquí estaban ya tramando ataques contra las fuerzas de Estados Unidos.

Es difícil que la única superpotencia mundial tenga muchos amigos, pero no imposible. Las responsabilidades y perspectivas de una superpotencia son diferentes de las del resto de las naciones, pero muchos de los pueblos y gobiernos de esas otras naciones serán comprensivos y se mostrarán favorables si la superpotencia es un buen ciudadano global que respeta sus derechos y opiniones. Yo creía que ése era el concepto que subyacía al llamamiento del candidato Bush a una política exterior de Estados Unidos «más humilde» (se suponía que más humilde que la política exterior de Clinton). Pero esa idea se desvaneció rápidamente cuando el candidato Bush se convirtió en el presidente Bush. No era simplemente que Estados Unidos se opusiera al Tratado de Kyoto sobre medio ambiente o al Tribunal Penal Internacional (cosas ambas a las que teníamos que oponernos), sino la arrogancia en la forma con que lo hacíamos. En una reunión con mis empleados en el verano de 2001, insinué:

—Si esta gente de la Administración quiere una coalición internacional para invadir Irak el próximo año, no se están esmerando en hacer muchos amigos.

Cuando llegó la invasión en 2003, perdimos muchos amigos. Los datos de las encuestas ya habían indicado que Estados Unidos no era un país en el que confiaran o que gustara a la mayoría de la población de los países islámicos. Después de la invasión, esos números alcanzaron las cotas más altas de todos los tiempos, no sólo en los países musulmanes sino en todo el mundo. En los países musulmanes, la invasión de Irak acentuó el apoyo a Al Qaeda y un antiamericanismo radical. Por todas partes, éramos vistos ahora como un supermatón más que como una superpotencia, no ya por lo que hicimos, sino por el modo en que lo hicimos, desdeñando los mecanismos internacionales que más tarde necesitaríamos.

La próxima vez que Estados Unidos necesite del apoyo internacional, cuando precisemos que la gente de todo el mundo crea que es necesario actuar para lidiar con las armas nucleares de Irán o de Corea, ¿quién se va a unir a nosotros, quién va a creernos? Cuando los primeros ministros se pregunten en el futuro si deberían arriesgarse a tener una fuerte oposición interna en sus países por apoyarnos, reflexionarán sobre Tony Blair en el Reino Unido y en cómo perdió popularidad y credibilidad por aliarse tan estrechamente con la Administración de Estados Unidos y sus proclamas.

Más dañina incluso es la pérdida de credibilidad que han sufrido las instituciones encargadas de la Seguridad Nacional entre nuestra propia gente. Los estadounidenses saben ahora que Sadam Hussein no tenía nada que ver con el 11 de septiembre, que no había una amenaza inminente de las armas de destrucción masiva iraquíes, que había una etiqueta sorpresa secreta acerca de los costes de la guerra en vidas y en dólares. Es importante reparar la confianza en la palabra de Estados Unidos, es esencial que volvamos a ocuparnos de las amenazas reales, porque todavía hay amenazas reales por ahí y vulnerabilidad real aquí, en nuestro territorio. A menos que atajemos estos problemas reales, vamos a sufrir de nuevo.

Como sostiene un análisis escrito por Jeffrey Record y realizado en el Instituto de Estudios Estratégicos de la Escuela Superior de Guerra del Ejército, la guerra de Irak «fue un error estratégico de primera magnitud». En vez de dedicarnos con energía a la prioridad de crear un contrapeso ideológico para Al Qaeda, invadimos Irak y abastecimos a Al Qaeda precisamente del combustible propagandístico que necesitaba. Eso en cuanto a la segunda de las tres prioridades a las que deberíamos habernos dedicado después del 11 de septiembre. Nuestra tercera prioridad debería haber sido la de fortalecer los gobiernos clave que están en peligro ante Al Qaeda o que, como en el caso de Irán, están ya en manos de los terroristas que han apoyado a Al Qaeda.

* * *

El primer país que requeriría nuestra atención hubiera sido y era Afganistán, el lugar de refugio de Al Qaeda, dirigido entonces por los talibanes. Tras los ataques de Al Qaeda en Estados Unidos, la Administración Bush adoptó el objetivo que se había escrito meses antes y que había estado en espera pendiente de las reuniones de los subdirectores, de los directivos, de la consideración presidencial: eliminar a Al Qaeda. La nación lo exigía. La jefatura militar de Estados Unidos ya no podía desaconsejar el envío de tropas a Afganistán para destruir ese lugar de refugio. La CIA ya no podía poner objeción a la ayuda a los «irresponsables» de la Alianza del Norte en Afganistán. Y sin embargo, justo desde el principio, cometimos errores importantísimos. La guerra que libró Estados Unidos en Afganistán no fue la operación rápida y sin límites que podríamos haber esperado. No enviamos las fuerzas armadas inmediatamente para capturar a Al Qaeda y a los líderes talibanes. La Administración Bush decidió continuar los llamamientos a los talibanes para que entregaran a Bin Laden y a sus seguidores, y después, cuando atacamos, tratamos la guerra como un cambio de régimen más que como una operación de búsqueda y destrucción de los terroristas.

En la Administración Clinton, el Departamento de Estado había argumentado que la facción de los talibanes que gobernaba la mayor parte de Afganistán podía quizá separarse de sus aliados de Al Qaeda. Los oficiales del Departamento de Estado habían tratado de negociar con los talibanes, sin conseguir nada. La Administración Clinton, puso, sin embargo, a los talibanes sobre aviso de que se les consideraría responsables del terrorismo de Al Qaeda. En una inversión de papeles, la jefatura del Departamento de Estado de la Administración Bush, en particular el vicesecretario de Estado Rich Armitage, sostuvo antes y después del 11 de septiembre que Al Qaeda y los talibanes eran inseparables y deberían considerarse una sola entidad. Curiosamente, fueron la Casa Blanca y el Pentágono los que trataron de dar a los talibanes otra oportunidad después del 11 de septiembre. Incluso cuatro días después de iniciar el bombardeo de las instalaciones de Al Qaeda el 7 de octubre de 2001, el presidente Bush hizo de nuevo un llamamiento público a los talibanes para que cooperaran y entregaran a Bin Laden. Como no lo hicieron, dijo que Estados Unidos capturaría a Bin Laden «vivo o muerto».

La campaña militar de Estados Unidos contra Afganistán comenzó el 7 de octubre, e implementó los planes para bombardear los campamentos de Al Qaeda y las instalaciones militares de los talibanes, que habían sido preparados, pero no utilizados, durante la Administración Clinton. Osama Bin Laden, tras salir ileso del bombardeo y sin verse afectado por ninguna operación de la CIA ni de las fuerzas especiales, hizo público un vídeo en el que condenaba el bombardeo.

A excepción de una incursión de unas cuantas horas de las tropas de asalto en una pista de aterrizaje y un campamento a las afueras de Kandahar, inicialmente no se introdujeron en Afganistán las unidades del Ejército de tierra de Estados Unidos (a las tropas de asalto se les dio la orden de que no retuvieran la pista de aterrizaje y se les llevó de vuelta en helicóptero a un portaaviones). Estados Unidos se apoyaba en la Alianza del Norte afgana para atacar por tierra a los talibanes. La Alianza del Norte avanzó acompañada por un puñado de fuerzas especiales estadounidenses y británicas con apoyo aéreo. Estados Unidos hizo un llamamiento a la Alianza del Norte para que aminorara la marcha y para que no tomara la ciudad de Kabul, pero de todos modos, ellos continuaron.

Más de un mes después de que Estados Unidos iniciara la operación militar, el líder de los talibanes, el *mulá* Omar, todavía sano y salvo, ordenó a sus fuerzas armadas retirarse de Kabul y trasladarse a las montañas, sin que fueran perseguidos por las tropas estadounidenses.

Hasta el 25 de noviembre, siete semanas después de comenzar la operación, Estados Unidos no introdujo ninguna unidad del Ejército de Tierra (los *marines)* para tomar alguna antigua instalación de Al Qaeda y de los talibanes, cerca de Kandahar. Sin embargo, los talibanes mantuvieron el control de la ciudad hasta el 7 de diciembre. Como es lógico, cuando los *marines* entraron en la ciudad, no encontraron ni a Bin Laden ni al *mulá* Omar. La operación de finales de noviembre no previó ningún esfuerzo por parte de las fuerzas armadas estadounidenses para sellar la frontera con Pakistán, atrapar a los jefes de Al Qaeda y cerrar las vías de escape.

La Alianza del Norte continuó soportando la mayor parte del peso de la lucha a favor de Estados Unidos en noviembre. Mientras estuvieron tratando de capturar a las fuerzas de Al Qaeda en Kunduz durante dos semanas, parece ser que un avión entró y salió con el personal de Al Qaeda que se estaba fugando. Otras unidades de Al Qaeda y de los talibanes se retiraron al alto valle de Tora Bora, cerca de la frontera con Pakistán. Hasta mediados de diciembre, Estados Unidos no pudo persuadir a sus nuevos aliados afganos para que se adentraran en Tora Bora apoyados por consejeros de las fuerzas especiales estadounidenses y estrecho seguimiento aéreo. Se retiraron muy pronto y con las manos vacías. Ante las crecientes críticas de que el Pentágono estaba actuando con mucha torpeza y echando a perder la posibilidad de capturar a Bin Laden y a los jefes de Al Qaeda, el secretario Rumsfeld dijo un poco antes de Navidad que en el futuro las fuerzas armadas de Estados Unidos harían el trabajo ellas mismas, en vez de seguir dependiendo de los afganos.

En marzo de 2002, las tropas terrestres estadounidenses llegaron con la fuerza de una unidad y, casi cinco meses después de que Estados Unidos iniciara el combate, empezaron a barrer las áreas montañosas para capturar al personal de Al Qaeda. Aunque la Operación Anaconda se vio contestada por una resistencia importante, también fracasó en su intento de capturar a los líderes de Al Qaeda.

Dos años después de que Estados Unidos iniciara las operaciones militares contra Afganistán, las fuerzas armadas estadounidenses, los oficiales de la CIA y los afganos favorables a Estados Unidos todavía no habían encontrado a Osama Bin Laden ni a su segundo, Ayman Zawahiri; tampoco habían encontrado al líder de los talibanes, el *mulá* Omar. De hecho, mucho antes del segundo aniversario, el Ejército de Estados Unidos había desviado su objetivo hacia Irak. Las fuerzas especiales de Estados Unidos que habían estudiado árabe, la lengua de Al Qaeda, se habían sacado de Afganistán y se habían enviado a Irak. También fueron redirigidas las plataformas del Servicio Secreto que daban apoyo al Ejército. Las fuerzas armadas estadounidenses y las de los aliados de la OTAN controlaban todavía una zona limitada de Afganistán. De hecho, de todas las fuerzas armadas estadounidenses que combatían en la «guerra contra el terrorismo» en el escenario afgano y en el iraquí, sólo alrededor del cinco por ciento estaba en Afganistán.

La CIA tuvo menos vacilaciones. Como explicó el entonces director de la Lucha Antiterrorista de la CIA, Cofer Black, a un comité del Senado, «Después del 11 de septiembre, se acabaron las contemplaciones». Lo que no explicó es por qué había contemplaciones antes. Se podría argumentar que estaban esperando a que la Administración Bush decidiera cuál sería su política sobre Al Qaeda y qué prioridad le otorgaría a esa política. Sin embargo, lo que la CIA hizo de buena gana después del 11 de septiembre era lo que la Casa Blanca de Clinton había intentado que hiciera durante años, ciertamente desde los atentados con bombas en la embajada africana en 1998: introducir personal de la CIA en Afganistán, ayudar a la Alianza del Norte, utilizar el Predator y trabajar con otros servicios de seguridad para identificar y destruir las células en Europa, Oriente Próximo o en cualquier otro lugar.

El buen nombre de la Agencia no estaba en peligro por actuar en Afganistán después de los ataques de Al Qaeda en Estados Unidos. El único riesgo que correría el Servicio Secreto de Estados Unidos tras el 11 de septiembre vendría dado por no actuar, si empezaban las preguntas de por qué no había actuado antes y por qué no habían previsto los ataques en Nueva York y Washington.

La CIA no había actuado antes porque los directores de carrera de la Junta Directiva de Operaciones tenían aversión al riego. Querían evitar riesgos para ellos, para la reputación de la CIA, y sobre todo para la propia Junta Directiva. Meter personal de la CIA en Afganistán podría haber tenido como resultado que cayeran prisioneros de Al Qaeda, con la consiguiente publicidad bochornosa. Ayudar a la Alianza del Norte podría haber supuesto que los miembros de la Junta Directiva de Operaciones tuvieran que rendir cuentas ante los comités de supervisión del Congreso, respondiendo sobre si el dinero se había utilizado para el tráfico de heroína o para los malos tratos a los prisioneros talibanes. La CIA había sido blanco de críticas con anterioridad, cuando miembros anteriores de la Casa Blanca les habían involucrado en la guerra civil del Líbano, en el intercambio de armas por rehenes con Irán, en el apoyo a los militares latinoamericanos que luchaban contra los comunistas y en el atropello de los derechos humanos. La secretaria Albright, haciendo una reflexión sobre la historia de la CIA, me dijo que era fácil entender por qué eran reacios a asumir riesgos: actúan dentro del patrón pasivo-agresivo, dijo, como si «tuvieran el síndrome de un niño maltratado».

Antes del 11 de septiembre, George Tenet estaba tan preocupado por la amenaza de Al Qaeda como cualquier otro dentro del Gobierno, pero también intentaba reconstruir la CIA y en concreto la Junta Directiva de Operaciones. Primero como miembro del Comité de Inteligencia del Senado y luego en la Casa Blanca, había observado cómo una serie de directores de la CIA iban y venían rápidamente. Sabía que esa puerta giratoria de directores ineptos había herido la moral de la CIA e impedido solucionar el punto flaco de la Agencia, su incapacidad para colocar espías en posiciones críticas. Tenet no estaba dispuesto a discrepar con la Junta Directiva de Operaciones sobre los asuntos principales de la política del Servicio Secreto.

¿Qué debería haber hecho la Administración respecto a Afganistán después del 11 de septiembre? Debería haber enviado fuerzas armadas para cortar el paso de las rutas de escape a Bin Laden y encontrarle y arrestarle o matarle a él y a sus delegados. Cuando por fin introdujeron unidades del Ejército de Tierra en Afganistán y empezaron las operaciones de barrido en busca de Al Qaeda y de los talibanes, Estados Unidos y su socios de la coalición (incluidas Francia y Alemania) deberían haber establecido una presencia para garantizar la seguridad en todo el país. Pero no lo hicieron, y el resultado fue que el nuevo Gobierno del presidente Hamid Jarzi tenía poca autoridad fuera de la capital, Kabul. Hubo una oportunidad de terminar con la lucha de los distintos grupos y de imponer un Gobierno de integración nacional. Pero después de los esfuerzos iniciales para unir al país, el interés de Estados Unidos disminuyó y los caudillos volvieron a campar por sus respetos. Afganistán era una nación devastada por la guerra y las luchas entre facciones durante veinte años. Necesitaba reconstruirse por completo, pero al contrario que los fondos que se buscaron para Irak, la ayuda de Estados Unidos a la economía y al desarrollo de Afganistán no fue la adecuada y se entregó con muchísima lentitud.

Yo había trabajado con Jim Dobbins desde 1981 en asuntos que abarcaban desde colocar misiles de crucero en Europa hasta estabilizar Haití. Dobbins era un diplomático de carrera y un experto en asuntos militares y de seguridad. Trabajó en la reconstrucción de Somalia, Haití, Kosovo y Bosnia. En 2001 comenzó un trabajo similar en Afganistán. Estaba frustrado por la falta de recursos y de atención por parte de la Administración Bush. Como ha señalado Dobbins, en los dos primeros años de los esfuerzos para reconstruir Bosnia y Kosovo, los fondos disponibles sumaban un total de 1.390 y 814 dólares per cápita, respectivamente. Para Afganistán, los fondos asignados eran sólo 52 dólares per cápita.

Dobbins había trabajado en la creación de unos nuevos servicios de seguridad y de policía en varios Estados fallidos. Tenía la esperanza de hacer lo mismo en Afganistán, pero la Administración Bush no parecía estar interesada en llevar a cabo un esfuerzo serio. El objetivo aprobado por el Pentágono fue dotar al Ejército nacional afgano con sólo 4.800 hombres para el año 2004. Algunos caudillos regionales cuentan con una fuerza de diez mil hombres armados. Las unidades iniciales de las nuevas fuerzas armadas estaban siendo adiestradas por Estados Unidos, pero enseguida dejamos de ofrecerles apoyo y supervisión. Muchos de los nuevos reclutas abandonaron las fuerzas armadas, llevándose su equipo con ellos. Mientras tanto, el *mulá* Omar, líder de los talibanes, estaba todavía operando y reorganizando sus ejércitos a ambos lados de la frontera paquistaní. A pesar de que el Ejército de Estados Unidos lleva en Afganistán dos años, no hemos eliminado a los talibanes. Se suponía que Afganistán sería un ejemplo de las teorías de Rumsfeld de que se podrían combinar pequeñas cantidades de fuerzas especiales y la Fuerza Aérea para llevar a cabo lo que las grandes unidades del Ejército habían estado llamadas a hacer en el pasado. Dobbins y otros que examinaron de cerca el asunto de la seguridad afgana tenían la certeza de que Estados Unidos podría haber llevado una estabilidad real a Afganistán utilizando más fuerzas armadas, lo que podría haber hecho prácticamente imposible el regreso de los talibanes y de los terroristas. En vez de eso, el mayor número de las fuerzas armadas estaba retenido en Irak. Debido a la falta de atención y de recursos, Afganistán es todavía un lugar de refugio probable para los terroristas.

* * *

El segundo país que necesita de una ayuda significativa de Estados Unidos para prevenir su caída en manos de grupos similares a Al Qaeda es Pakistán. Pakistán había sido un área provisional y dividida en dos antes del 11 de septiembre. La Dirección de Información Interservicios del Ejército había proporcionado armas, hombres e información a los talibanes. Su personal había entrenado a los terroristas de Cachemira en los campamentos de Al Qaeda y había trabajado con terroristas relacionados con esta banda para ejercer presión sobre la India. Por otra parte, los servicios de seguridad y la policía paquistaní habían arrestado al personal de Al Qaeda que transitaba hacia Afganistán basándose en información específica proporcionada por las autoridades estadounidenses. Después de los ataques a Estados Unidos y a pesar de la popularidad de Al Qaeda en algunas zonas de Pakistán, el general Musharraf presionó con valor a sus agencias para que ayudaran a Estados Unidos a detectar cualquier presencia de Al Qaeda en el país. Entre los que fueron hallados y arrestados mediante la acción conjunta con Pakistán se encontraban dos de los más altos jefes de operaciones de Al Qaeda, Jalid Sheik Muhammad y Abu Zubayda. La CIA y el FBI habían determinado la relevancia de Jalid Sheik Muhammad en Al Qaeda, su liderazgo en la operación del 11 de septiembre, sólo después de estos ataques. Abu Zubayda, por el contrario, había sido identificado como objetivo clave para la acción de la CIA después de las amenazas del Milenio.

Durante varias semanas en el año 2000, la lista de asuntos del consejero de Seguridad Nacional Sandy Berger para tratar con Tenet había incluido la siguiente pregunta: «¿Han encontrado ya a Zubayda en Pakistán?». En el año 2000 le dije a Berger en varias ocasiones que quizá le llamaría durante la noche, porque la CIA estaba aproximándose a Zubayda. No llegué a hacer esa llamada. Cuando por fin lo detuvieron en 2002, parece ser que proporcionó información útil a sus interrogadores. Si la CIA lo hubiera capturado en el año 2000, según se había ordenado, podría haber informado de su conspiración con Jalid Sheik Muhammad para organizar los ataques que se iban a perpetrar en Estados Unidos con los aviones.

Hasta el día de hoy, Osama Bin Laden es un icono popular en Pakistán. Las mezquitas y sus escuelas asociadas en ese país inculcan el odio hacia Estados Unidos y hacia todo lo que no es el Islam. Hay grandes áreas de Pakistán a lo largo de la frontera afgana que no están todavía bajo el control del Gobierno central y ofrecen un lugar de refugio a Al Qaeda y a los talibanes. Todo esto es lo que sucede realmente en un país que tiene armas nucleares.

Y lo que es aún más alarmante, hay informes que indican que algunos científicos que han trabajado en el programa nuclear de Pakistán son también simpatizantes de Al Qaeda y han hablado de sus conocimientos especializados con Al Qaeda, Libia, Irán y Corea del Norte entre otros. No hay nada, incluido Irak, que pueda ser más importante que impedir que Al Qaeda obtenga armas nucleares.

Pakistán está siendo gobernado por el general Musharraf y el Ejército. La democracia se ha suspendido temporalmente, como a menudo ha ocurrido en la turbulenta historia del país. Ahora parece que Musharraf quiere verdaderamente erradicar Al Qaeda y el apoyo a sus creencias de Pakistán. Pero para hacerlo tiene que demostrar que el Gobierno y la economía pueden sostener al pueblo de Pakistán. Debe crear escuelas públicas que eduquen en la tolerancia, para reemplazar a las escuelas que predican el odio. La batalla ideológica por adueñarse de las mentes y de los corazones de los paquistaníes sólo podrá ser ganada por los renovadores seculares si la población ve que ellos pueden mejorar la calidad de vida de los numerosos paquistaníes pobres y sin educación, que son la cantera de donde Al Qaeda extrae gran parte de su apoyo.

Hay pocos asuntos que exijan más atención y recursos que Pakistán. Ese país, que una vez fuera ejemplo de una democracia islámica con un futuro altamente tecnológico, podría convertirse en el sueño de Bin Laden: una nación islámica bajo el control de los radicales, con apoyo popular al fundamentalismo y al terrorismo, y provista de armas nucleares. Un Estado semejante podría utilizar esas armas nucleares en una guerra de odio contra la vecina India o podría proporcionárselas a los terroristas. Por ahora, a las órdenes del general Musharraf, las armas nucleares están supuestamente bajo un estricto control. Sin embargo, Musharraf necesita ayuda para cambiar la actitud popular de su país, para que el apoyo al futuro concebido por Al Qaeda se transforme en apoyo a un futuro moderno, democrático y pacífico. Aunque Estados Unidos aumentara la ayuda a Pakistán en 2001, no es suficiente para que surta los efectos necesarios, para cambiar la dirección de la corriente y hacer que este país vuelva a la estabilidad. En una visita a Estados Unidos en 2003, el general Musharraf se quejó de que nuestro país le estaba ofreciendo fondos para una ayuda militar innecesaria y no le estaba proporcionando ayuda para el desarrollo económico que necesitaba desesperadamente.

* * *

Arabia Saudí es la tercera de las naciones prioritarias. Durante varios años antes del 11 de septiembre, el Gobierno de Estados Unidos suministró a los saudíes información sobre los miembros de Al Qaeda en su reino, información que parecía perderse en un pozo sin fondo. Rara vez se nos informó de los resultados, si es que había alguno, de las investigaciones sobre la información proporcionada. Lo mismo ocurrió con los llamamientos de Estados Unidos para que los saudíes investigaran la recaudación de fondos y el blanqueo de dinero que Al Qaeda estaba llevando a cabo en su reino, o la utilización de las organizaciones benéficas y de las ONG saudíes por parte de los operativos de Al Qaeda. Hubo un poco más de cooperación después del 11 de septiembre, pero los esfuerzos serios y perceptibles de los saudíes para acabar con Al Qaeda en su reino comenzaron solamente después de que la organización terrorista perpetrara atentados con coches bomba en Riad en 2003. ¿Por qué ese letargo, esa reticencia, ese rechazo?

Para que los lectores entiendan la actitud del Gobierno saudí durante los últimos años, será más fácil utilizar una analogía. ¿Cuál podría ser la actitud de Washington si algún país alegara que la secta religiosa católica del Opus Dei estaba implicada en el terrorismo a escala mundial y tenía que ser destruida y sus líderes muertos o arrestados? Sin mirar siquiera las pruebas aportadas por el Gobierno extranjero, algunos miembros del Gobierno de Washington dirían que ellos estaban de acuerdo con las creencias esenciales del Opus Dei. Algunos de los que ocupan puestos de absoluta confianza en el Gobierno podrían ser incluso miembros del Opus Dei (como se afirma del director del FBI, Louis Freeh) y, por tanto, no estar dispuestos a arrestar a aquellos con los que comparten creencias. La analogía no es muy precisa. El Opus Dei no está involucrado en el terrorismo, pero es muy cierto que el núcleo de creencias de Al Qaeda no es muy diferente del de muchos de los líderes saudíes, cuya versión del Islam, el wahabismo, predica la intolerancia hacia otras religiones y apoya la expansión de los dominios del Islam. Como Guardián de las Dos Mezquitas Sagradas (título oficial del Rey saudí), la dinastía Saudí se ha proyectado a sí misma como protectora de los musulmanes de todas partes y como partidaria de la doctrina del wahabismo. Consecuentemente, utilizaron fondos del Gobierno saudí para apoyar la *yihad* en Afganistán. Los fondos saudíes, oficialmente gubernamentales o no, han financiado, casi con toda certeza, las actividades de la *yihad* en Bosnia, y según la acusación del Gobierno ruso, en Chechenia. Con los fondos del Gobierno saudí se han fundado mezquitas y escuelas wahabistas no sólo en los países de la *yihad,* sino también en Europa y en Estados Unidos. Los fondos del Gobierno saudí, y los de algunos saudíes acaudalados, han fluido hacia una serie de organizaciones benéficas y ONG que a su vez han dado apoyo a los operativos de Al Qaeda.

¿Proporcionó el Gobierno saudí financiación y apoyo a Al Qaeda de forma consciente? Se trata de un Gobierno grande y opulento que no se destaca por su transparencia ni por exigir auditorías. No creo que ningún ministro ni ningún miembro de la familia real en puestos de responsabilidad apoyara los ataques a Estados Unidos; es más, hay pruebas de que hubo esfuerzos, aunque inútiles, por controlar a Bin Laden. Pero debe decirse también que los ministros y miembros de la familia real apoyaron deliberadamente la propagación del islamismo wahabista, las *yihad* y las actividades contra Israel a escala global. Hicieron caso omiso de que se estuvieran difundiendo enseñanzas antiestadounidenses en mezquitas y escuelas, donde se adoctrinaba en la intolerancia. Sustituyeron en las escuelas saudíes un currículo técnico, de estilo occidental, por una educación wahabista, centrada en la religión. Mientras la familia real y su mandato no fueron blancos obvios, algunos, indudablemente, hicieron la vista gorda ante multitud de cosas que facilitaban la vida a Al Qaeda.

Después de los ataques con coches bomba en Riad en 2003, parece que los servicios de seguridad saudíes recibieron la orden de acabar con Al Qaeda en el reino. A los expertos estadounidenses en la lucha antiterrorista les sorprende que los servicios de seguridad saudíes se hayan visto implicados en tiroteos y persecuciones callejeras. Han descubierto grandes alijos de armas, que no estaban destinados a la *yihad* en otros lugares o a atacar a las instalaciones de Estados Unidos dentro de ese reino, sino casi con toda seguridad a la guerra de guerrillas en Arabia Saudí, una guerra pensada para sustituir a la dinastía Saudí.

La caída de la dinastía Saudí no cogería por sorpresa a muchos altos funcionarios estadounidenses que han seguido durante años lo que ocurre en Oriente Próximo. Muchos temen desde hace tiempo, aunque no han sido capaces de probarlo, que esa dinastía, sus servicios de seguridad y su Ejército están plagados de termitas. Afectados profundamente por la caída del sha de Irán en 1979 y su sustitución por una teocracia antiestadounidense, muchos oficiales norteamericanos temen que se repita en Arabia Saudí la tragedia que envuelve todo el Golfo. Probablemente este temor ha influido en la forma de pensar de algunos cargos de la Administración Bush, incluido Dick Cheney, que quería ir a la guerra contra Irak. Sin Sadam, pensaron, Estados Unidos podría reducir su dependencia de Arabia Saudí, retirar las fuerzas armadas de ese reino y abrir una fuente alternativa de petróleo.

El antiguo director de la CIA Jim Woolsey ha hablado en público de la necesidad de un nuevo Gobierno en Riad. El riesgo que corre Estados Unidos es el de crear una profecía que lleve consigo su propio cumplimiento, eliminando el «mandato divino» estadounidense de la dinastía reinante en Arabia sin tener un plan o influencia alguna en lo que pase después. Sin embargo, irónicamente, la intervención militar de Estados Unidos en Irak ha reducido aún más el apoyo a Estados Unidos y a la dinastía Saudí entre los muchos descontentos que hay en el reino. Estamos estabilizando el país equivocado y, en el proceso, haciendo que su vecino sea más inestable.

El futuro y la estabilidad de Arabia Saudí es de primordial importancia para Estados Unidos; nuestra política no puede consistir únicamente en reducir nuestra dependencia de ellos. El Gobierno estadounidense debería comprometerse en varios ámbitos para desarrollar fuentes de información que permitan conocer lo que está ocurriendo realmente dentro del reino y crear así los medios para influir en el futuro de la nación. En lugar de hacer eso, el presidente Bush ha decidido dar una conferencia en Washington sobre la importancia de la democracia para los Estados árabes. Viniendo de un presidente tan odiado en todo el mundo árabe por haber invadido Irak para imponerle una democracia al estilo de Estados Unidos, sus palabras no han podido estimular una respuesta positiva. En efecto, dado que, según parece, Estados Unidos cree en la imposición de su ideología mediante la violencia de la guerra, mucha gente en el mundo árabe se pregunta cómo pueden criticar a los fundamentalistas, que buscan, asimismo, imponer su ideología a través de la violencia.

* * *

Irán, el cuarto de los países prioritarios, es tan importante como los demás en la guerra contra el terrorismo. Cuando la Administración Bush hablaba de Irak como una nación que apoyaba al terrorismo, incluido el grupo Al Qaeda, y decía que estaba produciendo armas de destrucción masiva, esos comentarios se ajustaban a Irán, no a Irak. Fue Teherán quien financió y dirigió Hezbolá desde su inicio. Fue Hezbolá quien asesinó a cientos de estadounidenses en el Líbano (en las barracas de los *marines*) y en Arabia Saudí (Torres Jobar). Hezbolá, con el apoyo iraní, había matado también a cientos de israelíes. Mientras que los «lazos» y «vínculos» entre Sadam y Al Qaeda eran mínimos, este grupo terrorista utilizó con regularidad el territorio iraní para trasladarse y fue su refugio antes del 11 de septiembre. La rama de Al Qaeda en Egipto, la *yihad* islámica egipcia, operaba abiertamente en Teherán. No es una coincidencia que muchos de los miembros del equipo directivo de Al Qaeda, el Consejo o Shura, cruzaran la frontera hacia Irán cuando las fuerzas armadas de Estados Unidos invadieron por fin Afganistán.

Mientras que las armas de destrucción masiva de Irak resultaron escurridizas para los inspectores de Naciones Unidas (y posteriormente para las tropas de Estados Unidos), el Agencia Internacional de la Energía Atómica de Naciones Unidas encontró pruebas de que Irán estaba desarrollando en secreto un programa de armas nucleares. Irán se había implicado mucho más activamente en el terrorismo y en las armas de destrucción masiva que Irak. Cualquier observador imparcial que hubiera examinado las pruebas en 2002 y 2003 hubiera dicho que Estados Unidos necesitaba prestar más atención y gastar más dinero en resolver las amenazas a la seguridad procedentes de Teherán que en las de Bagdad. No digo esto como argumento para invadir Irán. Después de haber considerado esa opción minuciosamente en 1996, no tengo deseos de volver a ello. Es, sin embargo, un argumento para que prestemos atención a las amenazas reales. Muchas de estas amenazas, como Irán, requieren respuestas serias, imaginativas y prudentes. En Irán hay fuerzas democráticas sólidas y activas. Estados Unidos, trabajando conjuntamente con otras naciones, debería ser capaz de fortalecer esas corrientes democráticas de Irán hasta el punto en que puedan tomar el control del aparato de Seguridad Nacional de los ideólogos, y todo ello sin destruir su credibilidad haciéndoles agentes de la CIA. No será una tarea fácil y necesitará de la atención constante de Estados Unidos, no muy diferente de la que se está dedicando a Irak.

* * *

Si no desviamos la atención del punto hacia donde debería haber estado dirigida tras el 11 de septiembre, antes de 2007 podemos tener que enfrentarnos al siguiente panorama: en Pakistán, un Gobierno como el de los talibanes, provisto de armas nucleares, que apoyaría a una nación satélite vecina, Afganistán, de similares características, y promovería el terror y una ideología del tipo de la de Al Qaeda por todo el mundo; en el Golfo, un Irán con armas nucleares, que promocionaría su propia versión de una ideología similar a la de Hezbolá; en Arabia Saudí, tras la caída de la dinastía Saudí, la creación, en versión propia, de una república teocrática del siglo XIV. Bajo esas circunstancias, aunque hubiéramos creado una democracia jeffersoniana en Irak, Estados Unidos y el mundo serían todavía muchísimo menos seguros. Por otra parte, desde principios de 2004 parece que Irak estaría moldeada más bien por las ideas del líder chií el ayatolá Sistani que por las de Jefferson.

El 11 de septiembre fue una tragedia muy dolorosa, pero trajo consigo una oportunidad inesperada. Se podía ver en las calles de Teherán como decenas de miles de personas se concentraban espontáneamente para mostrar su solidaridad con Estados Unidos. Se podía ver en las calles, donde brotaban banderas casi de cada casa. Se dio una oportunidad para unir a la gente de todo el mundo en torno a un conjunto de valores compartidos: tolerancia religiosa, diversidad, libertad y seguridad. Con el rápido avance de la globalización, tal reafirmación de los principios básicos, afines a las Declaraciones de Naciones Unidas después de la II Guerra Mundial, era muy necesaria. Pero no ocurrió. Desaprovechamos la oportunidad.

Mucha gente de todo el mundo tenía miedo también de que la única superpotencia mundial que quedaba tuviera una reacción violenta que desestabilizara países y regiones. Estados Unidos, después de todo, gasta más dinero en armas y en el Ejército que las siguientes siete naciones juntas. ¿Actuaría un sistema que toleraba tal gasto como un musculoso vaquero o, como temían los franceses, como una hiperpotencia? Muchos musulmanes de todo el mundo temían que Estados Unidos, a pesar de sus promesas, golpeara los regímenes islámicos y cumpliera así con la profecía del choque de civilizaciones del profesor Sam Huntington. Temían que Estados Unidos sólo quisiera resolver de boquilla el problema palestino, una prueba de fuego para tantos musulmanes. Muchos ciudadanos estadounidenses buscaron formas de demostrar su patriotismo. Sabíamos que habría mayores medidas de seguridad y más gastos, pero apartamos a un lado el miedo al Gran Hermano y nos dispusimos a unirnos como pueblo frente al odio irracional y a la violencia inefable. Nuestros líderes cayeron en la trampa, haciendo realidad los peores temores de mucha gente, tanto en nuestro territorio como en el resto del mundo. En vez de tratar de cultivar un consenso global unificado para destruir las raíces ideológicas del terrorismo, atacamos a una nación musulmana con una aventura militar en gran parte unilateral y sin que hubiera relación alguna. Tal y como muchas naciones pensaban que haríamos, Estados Unidos hizo un desaire deliberado al consejo de los árabes amigos y de los aliados de la OTAN, y buscó la seguridad mediante el uso de la fuerza militar, lo que nos ha dejado en una situación de mayor inseguridad.

Después del 11 de septiembre, se animó a los estadounidenses a que consumieran, no a que se sacrificaran. Lejos de pedir que pagáramos más impuestos para financiar la guerra contra el terrorismo, a los ciudadanos se nos dijo que pagaríamos menos impuestos y que los gastos derivados de la guerra y de las medidas de seguridad adicionales pasarían a nuestros nietos. El consenso contra el terrorismo se hizo pedazos con excesos como el arresto de ciudadanos estadounidenses en su propio país y su catalogación como «enemigos», para que se les denegaran abogados y un proceso como es debido. El fiscal general, en vez de unirnos, se las arregló para convencer a gran parte del país de que las reformas que necesitábamos hacer en la Ley Patriótica eran verdaderamente el comienzo del fascismo. En vez de paliar de manera seria y sistemática la verdadera vulnerabilidad de la seguridad en este país, la Administración sucumbió a la presión política para reorganizar agencias en medio de la «guerra contra el terrorismo», creando de ese modo una pesada burocracia. Al no estar dispuesta a financiar las mejoras de la seguridad en la medida necesaria, la Administración asignó fondos estatales para un proyecto que financiaba sólo a ciertas zonas, como la adquisición de armas de alta tecnología para las pequeñas poblaciones, mientras que se despedía al personal de la policía y de los bomberos en ciudades de alto riesgo.

El 11 de septiembre borró la memoria de un proceso único mediante el cual George Bush había sido elegido presidente unos cuantos meses antes. Ahora, mientras posaba con un brazo sobre el hombro de un bombero de Nueva York, prometiendo que capturaría a los que habían destruido el World Trade Center, se convirtió en el presidente de todos los estadounidenses. Su popularidad en las encuestas aumentó vertiginosamente. Tuvo una oportunidad excepcional para unir Estados Unidos, para acercar el país a sus aliados de todo el mundo con el fin de luchar contra el terrorismo y el odio, para eliminar a Al Qaeda, para acabar con nuestra vulnerabilidad, para dar estabilidad a importantes naciones amenazadas por el radicalismo. No hizo ninguna de esas cosas. Invadió Irak.

Después del 11 de septiembre ya no podía justificarse el fracaso en el intento de eliminar la amenaza que planteaban Al Qaeda y sus clones, o la imposibilidad de reducir la vulnerabilidad de Estados Unidos ante los ataques. En vez de atajar la amenaza con toda la atención que se requería, nos fuimos por la tangente, nos fuimos contra Irak, nos fuimos por un camino que nos debilitó a nosotros y que fortaleció a la próxima generación de Al Qaedas. Porque incluso cuando estábamos destruyendo la organización central de Al Qaeda, ésta estaba en plena metástasis. Era como la Hidra, desarrollando nuevas cabezas. En los treinta meses que han transcurrido desde el 11 de septiembre, ha habido muchísimos más ataques terroristas serios perpetrados por Al Qaeda y sus clones locales de los que hubo en los treinta meses previos a ese memorable acontecimiento. Me pregunto si Bin Laden y sus correligionarios planearon realmente el 11 de septiembre para que fuera como aplastar una vaina cargada de semillas que se esparcen por todo el mundo, permitiéndoles distanciarse del cuadro, mientras las organizaciones locales que han creado hacen avanzar la lucha, en la que llevan empeñados una generación, un paso más allá.

Poco después del 11 de septiembre, el presidente Bush nos pidió que hiciéramos unas cartas o listados de los «altos cargos de Al Qaeda», como si estuviéramos enfrentándonos a un ejercicio de la Harvard Business School, con una OPA hostil. Anunció su intención de medir el progreso de la guerra contra el terrorismo tachando las fotos de los capturados o de los muertos. Recuerdo una imagen que me alteró mucho: él estaba sentado junto a una cálida chimenea en la Casa Blanca, trazando una docena de cruces rojas sobre las caras de los antiguos dirigentes de Al Qaeda, y quizá no tardaría en hacerlo sobre la de Osama Bin Laden; mientras tanto, los nuevos clones de Al Qaeda trabajaban en los callejones y oscuras madrigueras de Bagdad, El Cairo, Yakarta, Karachi, Detroit y Newark, utilizando las escenas de Irak para avivar aún más el odio hacia Estados Unidos, reclutando a millares de seguidores cuyos nombres no conoceremos nunca, cuyas caras no estarán nunca en los insignificantes gráficos del presidente Bush, no hasta que de nuevo sea demasiado tarde.

La nación necesitaba un liderazgo serio y reflexivo para enfrentarse a los problemas que subyacían a lo reflejado por el 11 de septiembre: una ideología islamista desviada y radical en aumento, la vulnerabilidad real en la seguridad de una civilización muy globalizada. Sin embargo, Estados Unidos reaccionó de modo irreflexivo, dando respuestas desatinadas y rechazando el análisis en beneficio de los lugares comunes. El resultado ha sido una mayor inseguridad, cuyo precio estaremos pagando durante mucho tiempo.

EPÍLOGO

Este libro es, como dije en el prólogo, mi historia, tal como la recuerdo. Contarla me ha sido útil. Necesitaba hacerles saber que lo intentamos, que nos esforzamos por detener el gran atentado de Al Qaeda, que los profesionales del Grupo de Seguridad y Antiterrorismo se preocupaban por lo que hacían, y que habríamos dado nuestras propias vidas por poder impedir los atentados. Tengo que reconocer que, pese a todo el ruido que hice sobre la amenaza de Al Qaeda, no dimití en señal de protesta cuando el Gobierno de Clinton postergó mis recomendaciones de que se bombardeara su infraestructura ni cuando el Gobierno de Bush ignoró mis peticiones de acción «urgente». Tal vez tendría que haberlo hecho. Necesitaba contar por qué creo que fracasamos y por qué creo que Estados Unidos sigue siendo incapaz de abordar la amenaza de los terroristas que distorsionan el Islam.

Esa amenaza no es algo que podamos derrotar sólo mediante detenciones y encarcelamientos. Debemos trabajar con nuestros amigos islámicos para crear una alternativa real a la perversión terrorista popular del islamismo. No es algo que podamos hacer en un año ni en diez. No podemos creer que estamos venciendo porque hemos acabado con «la mayoría de los dirigentes conocidos de Al Qaeda» o porque hace ya tiempo que no hay un gran atentado. Ellos siguen reclutando adeptos, ayudados por nuestra invasión y ocupación de Irak. El tiempo corre y las nuevas Al Qaedas tienen cada vez más fuerza en numerosos países. El tiempo corre, pero nuestra vulnerabilidad ante atentados en nuestro propio territorio sigue existiendo.

El terrorismo, del que los candidatos presidenciales no hablaron ni una sola vez en el año 2000, será un tema fundamental en la campaña del 2004. Aunque escribo antes de que se hayan seleccionado los candidatos, el presidente Bush ya se dedica a decir a los responsables de la financiación, sin ninguna lógica, que su reelección merece dinero porque él «combate a los terroristas en Irak para que no tengamos que combatirlos en las calles de nuestro país». Nunca menciona que nuestra presencia en Irak no sirve para impedir que los terroristas vengan a Estados Unidos, mientras que sí sirve para desviar fondos que podrían servir para fortalecer nuestros puntos débiles, y también facilita el reclutamiento de terroristas. No obstante, tanto los corredores de apuestas de Las Vegas como los expertos de Washington creen que Bush ganará con facilidad. Da escalofríos pensar cuántos errores más puede cometer en los cuatro próximos años, que sirvan para fortalecer a los vástagos de Al Qaeda: ¿atacar a Siria o Irán, debilitar el régimen saudí sin tener un plan de recambio?

Una semana antes del 11 de septiembre escribí que lo que tenía que decidir el Gobierno era si Al Qaeda y su red no eran más que una molestia para la gran superpotencia o si representaban una amenaza fundamental; en este caso, era preciso actuar en consecuencia. A pesar del 11 de septiembre, a pesar de los numerosos atentados de la red de Al Qaeda en todo el mundo desde entonces, la mayoría de los estadounidenses y la mayoría de los miembros de su Gobierno siguen pensando que la gran superpotencia no puede verse derrotada por una banda de fanáticos religiosos que desean una teocracia mundial, un Califato del siglo XIV.

Nunca hay que infravalorar al enemigo. Nuestro enemigo actual piensa serlo durante mucho tiempo. Es inteligente y paciente. Para derrotarlo será preciso tener creatividad e imaginación, además de energía. Será el combate de los amigos de la libertad y los derechos civiles en todo el mundo.

¿Qué ocurrió con el equipo que intentó que la Casa Blanca de Bush prestara atención a Al Qaeda antes del 11 de septiembre y permaneció aquel día en el gabinete de crisis, intentando que las cosas no se vinieran abajo, pese a que estaban convencidos de que iban a estrellar un avión contra la Casa Blanca? ¿Dónde están Lisa

Gordon-Hagerty, Roger Cressey y Paul Kurtz? Todos se fueron de la Administración, frustrados. El presidente nunca les dio las gracias formalmente, nunca reconoció lo que habían hecho antes o durante el 11 de septiembre. Lisa se dedica a seguridad de materiales nucleares en Estados Unidos. Paul se dedica a la ciberseguridad. Roger y yo somos consultores de empresas del sector privado relacionadas con la seguridad y garantía de la información; aparecemos habitualmente en televisión y todavía intentamos lanzar advertencias sobre Al Qaeda.

¿Y los demás? Mike Sheehan dejó un buen puesto para irse a trabajar al Departamento de Policía de Nueva York como subcomisario para la lucha antiterrorista e intentar proteger personalmente la ciudad a la que tanto quiere. Se le puede ver en Wall Street, el puente de Brooklyn o el Lincoln Tunnel, comprobando las medidas de defensa. Rany Beers ha sido nombrado coordinador de Seguridad Nacional en la campaña de John Kerry.

Cressey, Beers y yo, además, damos clase a estudiantes de posgrado, con la esperanza de poder ayudar a la próxima generación de responsables de Seguridad Nacional a entender los peligros de las actitudes simplistas y unilaterales en materia de antiterrorismo. Es posible que alguno de nuestros alumnos tenga que adoptar, en el futuro, decisiones difíciles sobre nuestro país en la lucha contra el terrorismo, porque éste va a ser un combate que durará generaciones.

Como estadounidenses, tenemos la obligación de estar bien informados y reflexionar, para ayudar a nuestro país a tomar las decisiones acertadas en este tiempo de pruebas. Tenemos que volver a comprometernos, todos, con el antiguo juramento de «conservar, proteger y defender la Constitución de Estados Unidos de América contra todos los enemigos...».

ÍNDICE ANALÍTICO

Emergency Support Team,
NEST), 27
equipos de protección civil
urbana, 41
Escobar, Pablo, 248
Eslovenia, 27
Etiopía, 180, 196
Evans, Donald, 40
«exceso de construcción y exceso
de abastecimiento», 61

Fahd, rey, 83-86, 99, 111, 149,
154, 189
FBI, *véase* Oficina Federal de
Investigación
Feith, Douglas, 333
Fenzel, comandante Michael,
18, 19, 22, 24, 35, 36, 50
Feurth, Leon, 142, 155, 157
Filipinas, 86, 107, 129, 165, 171,
175, 188, 291
Finsbury Park, mezquita de
(Londres), 177
Fitzgerald, Patrick, 188
Flota Atlántica, 41
Flynn, Cathal «el irlandés», 141,
159, 160
Ford, Gerald, 103, 304
Francia, 88, 172, 178, 182, 192,
293, 320, 344
Freeh, Louis, 31, 132, 145, 150-
155, 269, 272, 273, 348
Frey, almirante Scott, 275
Fuerza Aérea estadounidense
(United States Air Force,
USAF), 28, 119, 141, 145, 170,
205, 212, 276, 279:

atentados contra las
embajadas en África, 228, 229
Israel, 70, 71
fuerzas especiales, 27, 96, 141,
180, 185, 237, 248, 279, 305,
340
Fundación Internacional de
Benevolencia, 177
Fundación Tierra Santa, *véase*
Holy Land Foundation

G-7, cumbre del, 293
Gaddafi, Muammar, 180
Gallucci, Robert, 95-97
Gardner, general Jay, 337
Garfinkle, Adam, 195
Garvey, Jane, 19, 20, 22, 34
Gates, Robert, 82
Gelb, Leslie, 59
Gelbard, Robert, 13, 290, 291
Gellman, Barton, 254
Gibson, John, 52
Gilbert, Margie, 50
Gingrich, Newt, 138
Giuliani, Rudolph, 44
Glaspie, April, 82
Golfo Pérsico, 58-60, 66, 71, 100,
147, 153;
véase también Guerra del Golfo
Gordon, general John, 192, 299,
301
Gordon-Hagerty, Lisa, 13, 15,
17, 24-28, 45, 50, 53-55, 139,
143, 197, 221, 222, 227, 229,
278, 358, 359
Gore, Al, 113, 137, 142, 143,
154, 160, 168, 169, 184, 242

armas de destrucción masiva,
201-203, 211
caída de la, 100, 176, 337
invasión de Afganistán, 57-59,
71-79, 86, 119, 165, 174, 175
United Airlines, 20:
vuelo 93 de, 23, 32
vuelo 175 de, 19
Uruguay, 136
Uzbekistán, 262

ValuJet, línea aérea, 160
Vaticano, 248
Verizon, 37, 38, 44
Verville, Elizabeth, 13
Vessey, general John, 323
Vest, Jason, 128
Viena, 177

Watergate, escándalo, 270
Watson, Dale, 30, 31, 50, 257,
272, 273, 295, 316
Webster, William, 323
Wechsler, Will, 238, 240, 241,
243-245
Weinberger, Caspar, 73, 74
Wellington, Martin, 156
White, Mary Jo, 182, 196, 323
Wiley, Winston, 105, 106
Wilson, Joe, 12

Wolfowitz, Paul, 25, 29, 51, 54,
83, 87, 128, 288-290, 296, 328
Woolsey, James, 110, 128, 350
World Trade Center, 31:
atentado de 1993 en, 31, 38,
51, 102, 104-108, 122, 125,
127-129, 132, 164, 172, 173,
183, 188, 195, 289;
véase también atentados del 11
de septiembre

Yasim, Abdul, 107
Yeltsin, Boris, 337
Yemen, 42, 54, 99, 119, 129, 171,
188, 266, 277, 278, 290
yihad islámica, 105, 108, 178-180,
196, 278, 351
Young, almirante Frank, 143,
197, 198, 210
Yusef, Ramzi, 106-109, 125-130,
141, 164, 171, 173, 175, 188,
189
Yugoslavia, 176, 185
Yunis, Fawaz, 183

Zawahiri, Ayman, 178, 196, 342
Zayed, presidente, 87
Zinni, general Anthony, 251,
252
Zubayda, Abu, 346